미중 전략경쟁과 한반도

KOREA KF
FOUNDATION

이 책은 한국국제교류재단의
정책연구지원을 받아 수행된 연구 결과물입니다.

성균중국연구총서 33

미중 전략경쟁과 한반도

성균관대학교 성균중국연구소 기획
이희옥 · 이율빈 책임편집

『미중 전략경쟁과 한반도』를 펴내며

　　한국과 중국의 한반도 전문가들이 머리를 맞댄 지 오래되었다. 이 작업은 동일한 문제에 대한 양자의 서로 다른 접근법을 상호 이해하는 과정이었고, 한편으로는 학문적 우애를 돈독하게 하는 장이기도 하였다. 시간이 갈수록 논의의 의제도 풍부해지고 다양한 배경을 지닌 학자들, 특히 청년학자들이 대거 참여하면서 새로운 분위기를 진작시키기도 했다. '한중정책연구포럼'은 일종의 정책 공공외교로서 양국학자들의 마음(hearts and mind)을 얻는 데 중요한 역할을 해왔고, 이러한 공간을 마련할 수 있었던 데에는 한국국제교류재단의 높은 안목이 무엇보다도 크게 작용하였다. 한편, 2020년의 '한중정책연구포럼'은 코로나19라는 특수상황으로 인해 수차례의 온라인 회의를 통해 소통하는 방식을 취할 수밖에 없었다. 그럼에도 불구하고 진지하게 회의에 참석해 탁월한 견해를 제시하고 또 열띤 토론이 진행되는 모습을 보면서 깊은 인상을 받았다.

　　2020년 한반도 정세는 일종의 교착국면에 놓여 있었다. 코로나19, 북한 요인, 한국정부의 전략, 중국 요인이 복잡하게 얽히고, 특히 한반도 비핵화의 열쇠를 쥐고 있는 미국의 대선까지 겹치면서 한반도 정세는 교착상태를 벗어나지 못하게 된 것이다. 이러한 교착상태의 요인은 다음과 같이 정리해 볼 수 있다. 첫째, 코로나19 정국에서 바이러스가 정권의 운명을 좌우하는 중요한 요인이 되었다. 미국 대통령선거도 예외는 아니었다. 그러나 더 중요한 것은 한반도 관련 당사국들이 모든 정책의 초점을 방역에 두어 보호주의가 만연하는 한편 자국의 국내정치에 주력했다는 사실이다. 다시 말해 자국의 국가이익에 깊은 영향을 주지 않는 한, 주변국들은 현상을 유지하는 소극적인 정책을 추진했다고 볼 수 있다. 둘째, 한국 요인이다. 한국정부는 교착국면을 풀기 위한 다양한 시도를 해왔다. 종전선언을 통해 평화체제로 가는 길을 모색하기도 했고, 다양한 인도적 지원과 방역협력 등을 통해 북한을 대화의 테이블로 끌어내고자 했다. 그러나 당사자이면서도 중재자의 역할에 주력할 수밖에 없는 상황에서 홀로 한반도 교착국면을 돌파하는 데에는 역부족이었다. 셋째, 한반도 문제의 중요한 당사국인 북한 요인이다. 북한은 국제제재로 인한 외부자원 유입의 봉쇄, 홍수 등 자연재해, 코로나19라는 삼중고에 시달렸다. 뿐만 아니라, 하노이 북미 정상회담이 성과를 내지 못하고 결렬된 이후 북한은 중국의 지원에 기대면서 새로운 전략적 구상을 지속해 왔는데, 특히 국내경제건설에 주력하면서 전략적 도발 대신 암중모색을 해 왔다. 넷째, 미국 요인이다. 미국은 북한의 비핵화 문제를 철저하게 국내정치와 연동하면서 한반도 문제를 근본적으로 해결하는 데까지는 정치적 일관성을 보여주지 못했다. 특히 2020년 하반기 미국의 대통령선거가 본격화되면서부터는 북한과 북핵문제가 선거에 미치는 유불리만 고려하는 상황이 빚어졌고, 결국 한반도 문제의 로드맵과 창의적 해법을 제시하는 데에는 이르지 못했다. 마지막으로 중국 요인이다. 중국은 한반도 문제의 '정치적 해결'을 지속적으로 강조해 왔다. 뿐만 아니라 한중, 북중 간 전략적 협력을 동시에 강화하면서 한반도의 평화와 안정에 건설적인 역할을 해왔다. 그러나 중국도 미중관계가 악화된 상황에서 굳이 한반도에서의 새로운 돌파(대북제재, 명시적 지원 등)를 통해 미중관계에 새로운 문제를 야기하지 않으려는 소극적인 태도도 있었다. 이와 함께 한국이 미국을 적극적으로 설득하면 중국도 움직일 수 있다는 논리를 제시하기도 했다.

2021년에는 이런 점을 고려하여 다시 평화프로세스를 가동할 필요가 있다.

먼저 대화국면을 열어나가기 위해서는 관련 당사국들이 변화하는 국제정세를 정확히 읽고 상대와 정책을 조정해 나가는 대타협의 시대로 돌입할 필요가 있다. 여기에는 몇 가지 중요한 정치적 모멘텀들이 있는데, 먼저 도쿄올림픽과 베이징올림픽이 모종의 전환점이 될 가능성이 있다. 그리고 미국 바이든 정부 출범 이후 새로운 한반도 정세에 대한 논의가 등장할 가능성 또한 주목해야 한다. 무엇보다도, 상대의 정책을 기다리고 대응하는 '전략적 인내'보다는 자신의 해법을 가지고 적극적으로 제시하면서 해결의 실마리를 찾는 노력이 더욱 절실해질 것이다.

코로나19 팬데믹으로 인해 오프라인 대화 기제의 창출이 상당히 어려워진 것은 사실이다. 하지만 이럴 때일수록 오히려 온라인 대화를 더욱 자주 열어 소통을 지속할 필요가 있다. 이렇게 보게 되면 코로나19는 위기이지만 동시에 기회이기도 하다. 그리고 위기를 기회로 바꾸는 데에는 행위자들의 의지가 매우 중요하다. 현재의 한반도 정세를 둘러싸고 "북한은 핵을 포기하지 않을 것", "미국의 선 비핵화·후 평화체제 방침은 더욱 강화될 것", "미중관계는 회복하기 힘든 디커플링으로 치닫게 될 것", "미중 전략경쟁 속에서 한반도 문제의 주변화가 심화될 것", "한국과 북한의 전략적 선택은 점차 어려워질 것" 등의 수많은 의제와 질문이 쏟아져 나오고 있다. 하지만 가장 중요한 것은, 여기에 투영된 숙명주의나 구조결정주의에서 벗어나 미래를 개척하려는 노력이다. "우리는 우리가 만든 세계 속에서 살고 있다"는 문구는 행위자들의 문제해결 의지가 얼마나 중요한 것인가를 일깨워 준다. 그리고 2021년이 행위자들의 의지를 바탕으로 한반도를 둘러싼 여러 문제를 해결하는 새로운 원년이 되기를 기대해 본다.

이 책을 발간하기까지 많은 과정을 거쳤다. '한중정책연구포럼'을 지속하는 과정에서 새로운 한반도 연구자를 발굴하는 한편, 지역적으로도 다양한 학자들이 참여할 수 있도록 배려했다. 이 연구시리즈는 같은 주제에 대해 한국과 중국의 학자들이 각각 발표하고 상호토론을 거쳐 책자로 발간하는 작업이었기에, 한국과 중국 전문가들이 한반도 문제를 보는 유사성과 차이가 보다 선명히 부각될 것으로 믿는다. 또한, 이 책은 지난해부터 이어지는 연구시리즈의 일환이므로 양국 전문가들의 견해에 어떠한 지속과 변화가 있는지를 확인할 수 있는 렌즈이기도 하다. 이 프로그램을 전폭적으로 지지해 준 한국국제교류재단의 이근 이사장, 한국과 중국의 전문가 여러분께 모두 감사의 인사를 드린다. 아울러, 책의 기획부터 출판까지 여러 사람들의 헌신적인 노력이 없었으면 이 책은 빛을 보지 못했을 것이다. 연구소에 막 합류한 이율빈 박사는 조선대학으로 옮긴 강수정 교수의 일을 맡아 모든 프로그램을 조율했으며, 최소령 연구원은 논문의 수합과 교열에 이르기까지 궂은일을 마다하지 않았다. 우리의 이러한 기획 의도를 확인하고 정성을 다해 책자를 발간해 준 선인 출판사의 편집실무자들에게도 감사의 인사를 전한다. 지식 공공외교의 한 모형이 되고자 했던 초심을 잃지 않고 이 연구시리즈를 지속가능한 프로그램으로 발전시켜 나가고자 한다. 독자 여러분의 아낌없는 질정을 바란다.

성균중국연구소 소장
이희옥

‖ 차례 ‖

Ⅰ. 미중 전략경쟁과 동북아

Ⅱ. 한반도 정세

Ⅲ. 한중관계

▶ 한중관계의 새 지평

Ⅳ. 한반도 평화의 모색

I

미중 전략경쟁과 동북아

미중 전략경쟁의 속성

미중 경쟁의 10가지 핵심질문

김용신(金容信)*

1. 서론

2018년 양국 간 고율 관세 부과로 시작된 미중 통상 전쟁 이후 양국 관계의 갈등은 이념, 제도, 체제, 문명 경쟁의 양상으로 전면적으로 확산하면서 미중 전략 경쟁(US-China strategic competition)의 모습을 보이고 있다. 미중 양국 간 전략 경쟁은 경제와 안보 영역을 포괄한 지역 및 세계 질서 형성에 결정적인 영향을 미치기 때문에 경제 및 안보의 대외 의존도가 높은 한국에게 핵심이익이 걸려있는 문제라고 할 수 있다.

현실주의 전통의 권력 전이(power transition)의 측면에서 미중 전략 경쟁은 국제정치의 오래된 패권 경쟁의 새로운 역사이다. 그러나 미중 패권 경쟁은 디지털 경제로의 전환기에 발생하고 있기에, 인공지능, 빅데이터, 위성항법장치, 양자컴퓨터 등 새로운 기술 영역에서의 기술패권경쟁을 수반하고 있다.

* 인하대학교 중국학과 조교수

기술 패러다임의 변화는 기존의 강대국 경쟁에 새로운 변화를 주는 '게임체인저(game changer)'가 될 수 있기에 주목할 필요가 있다.

미중 경쟁은 다양한 영역에서 현재 진행 중이기에, 아직 확정적인 결론을 내리기보다 미중 경쟁의 중요 쟁점들을 검토할 필요가 있다. 본고에서는 향후 미중 경쟁을 이해하는 데 핵심적인 열 가지 질문들을 아래의 순서로 먼저 검토한다. 미중 경쟁의 현 상황을 종합적으로 보여줄 종합국력에 대한 비판적 평가를 시작으로, 미중관계의 변화에 따른 중국의 외부균형(external balancing) 변화, 미중 전략 경쟁의 결정 요인, 키신저 질서 해체 이후 동아시아의 신흥 질서 및 안보구조와 경제적 세계화의 변화 가능성 등을 모색할 필요가 있다. 열 가지 핵심질문을 검토한 후, 최근 전 세계적 질서 문제에 중요한 영향을 미치고 있는 코로나 팬데믹이 미중 경쟁에 미친 영향을 간략하게 검토하고자 한다.

2. 핵심질문

o 핵심질문 1: 중국 종합 국력의 '재평가'

미중관계의 변화는 개별 국가 수준에서의 문제로 한정되지 않기에, 미중 양국의 국력 변화와 패권국으로서 구축한 질서 사이에는 일정 정도 시간적 간극이 존재할 가능성이 높다. 국가 단위를 주요 분석 수준으로 상정한 기존 연구들은 미국이 2차 대전 이후 구축해 온 전후 질서를 과소평가하고 중국의 종합 국력 증진을 과대평가할 가능성이 존재하므로, 국력의 전이만이 아닌 패권국으로서 공공재를 제공하면서 구축한 질서의 변화에도 주목할 필요가 있다. 한국의 입장에서 패권국이 제공하는 다양한 공공재 중 어떠한 것들이 국가이익에 핵심적인 요인이며, 공공재 제공자의 변화는 어떤 도전이 될 것인가?

o 핵심질문 2: 중국의 외부균형(external balancing)과 대중 전략

미국의 인도-태평양전략과 중국의 일대일로(AIIB+RCEP)가 중기적으로 국가이익을 둘러싼 경쟁을 할 가능성이 높고 중국도 미국이 만들어 온 자유주의 국제질서 바깥에서 행동하고자 하는 유인이 강화되고 있다. 그러나 현재 양국의 종합국력 수준에 비춰볼 때, 당분간 글로벌 영역보다는 아시아에서 단층선(Fault line)을 형성할 가능성이 높다. 이때 한국은 기존의 정책방향을 넘어 '극중'을 위해서는 어떠한 대중 인식을 가지고 대중 전략을 설계해야 하는가?

o 핵심질문 3: 미중 전략 경쟁의 결정 요소

디지털 플랫폼 경제는 기술의 패러다임을 변화시켜, 과학 기술 혁신의 선두 주자(first-runner)뿐만 아니라 효율적인 이행(implementation)을 하는 국가에게도 유리한 환경을 제공해 줄 수 있다. 과거에는 소수의 엘리트 과학자들의 발명(discovery)이 과학기술과 경제발전의 원동력이었으나, 디지털 플랫폼 경제에서는 만들어진 모델을 수집된 데이터로 훈련하고 부분적으로 수정하는 적용(application)이 산업발전의 주요 추동력이 되는 게임체인저가 되고 있다. 미중 전략 경쟁 상황에서 어떤 요인들이 경쟁의 결정 요인이며, 각 요인별 미중 양국의 현황은 어떠한가? 또한 미중 무역 전쟁에서 시작된 미중 전략 경쟁이 향후 기술 패권, 디지털 플랫폼, 금융 패권 경쟁 등으로 확대된다면, 극중을 위해 한국은 어떠한 대중 전략을 세워야 하는가?

o 핵심질문 4: 키신저 질서 해체 이후 동아시아의 신흥 질서

동아시아에서 키신저 질서의 해체 이후 미중관계 추세에 대해서는 다음 세

가지 가능성을 염두에 둘 수 있다.

① 미국 주도의 단극 질서가 지속적으로 유지되면서, 중국이 미국 주도의
  게임의 법칙 안에서 지속적으로 활동할 가능성.
② 미중 갈등이 지속되고 상승하여 결국 미중을 중심으로 하는 새로운 양
  극 질서로 전환할 가능성. 이 유형은 상호 협력이 부재한 배타적 시스템
  과 협력(cooperation)과 경쟁(competition)이 공존하는 'coopetition' 상황
  모두를 포함.
③ 미중 간 세력 전이가 발생하여 전 세계가 중국 중심의 단극 질서로 재편
  될 가능성.

미중 간의 경쟁은 국가 간 경쟁에 그치지 않고 질서의 경쟁과 직결되기에,
국력 경쟁과 질서 변화 사이의 간극은 한국과 같은 역내 중견국가들에게 선
택의 공간을 제공해 줄 것이다. 위의 가능성 중 어떤 시나리오의 개연성이 가
장 높고, 한국의 입장에서 최고의 시나리오(best scenario)와 최악의 시나리오
(worst scenario)는 무엇인가?

o 핵심질문 5: 미중 경쟁과 동북아 안보 구조의 전환

키신저 질서의 해체는 필연적으로 동북아 안보 구조의 전환을 수반할 것이
다. 아이켄베리 교수는 트럼프 재선 이후 한미 동맹은 전통적 동맹(traditional
alliance)에서 거래적 동맹(transactional alliance)으로 변할 것이라고 전망했다.
한미 동맹이 거래적 동맹으로 전환될 경우 한국과 미국은 무엇을 어떻게 거
래할 것인가? 한미 동맹의 변화는 한·미·일 안보 삼각 관계에 어떤 영향을
미칠 것인가? 동북아에서 안정자(stabilizer) 역할을 했던 미군의 역할은 어떻
게 변화할 것인가?

○ 핵심질문 6: 미중관계와 경제적 세계화의 변화

미중관계가 단순히 국가 차원에서의 문제가 아니라 질서의 문제라면, 미중관계 역시 기존의 세계화를 어떻게 변화시키는지에 대해 주목할 필요가 있다. 신자유주의적 세계화는 두 가지 중요한 압력에 노출되어 있다. 우선 5G, 인공지능(AI) 등과 같은 기술 발전은 서비스 무역의 국경 간 이동을 촉진시켜 기존 재화 무역 중심의 질서에 변화를 추동하고 있고, 하나의 가치 사슬로 묶여있던 세계를 다극 질서로 전환하고자 하는 힘도 존재한다. 미중 전략 경쟁은 세계 경제를 하나의 가치 사슬로 통합했던 글로벌밸류체인(GVC: Global Value Chain)에 어떤 충격을 줄 것인가? 앞으로 부상할 중국 중심의 밸류체인(China Value Chain)은 기존의 GVC와 얼마나 양립할 수 있을 것인가?

○ 핵심질문 7: 한국의 대중 정책과 한중관계 포지셔닝

지금까지 한국의 대중 및 대미 정책은 중국과는 경제적 의존, 미국과는 안보 의존 상황에 기초하여 미중 어느 쪽에도 균형(balancing) 전략이나 편승(bandwagoning)을 택하기보다는 사안에 따른 헤징(hedging) 전략을 취하는 경향이 많았다. 그러나 지금과 같은 소극적이고 반응적인(reactive and passive) 정책이 과연 한반도를 둘러싼 안보 및 경제 질서의 전환 국면에서도 효과적 대응 방안인가? 미중 양국의 전략 경쟁 상황에서 한국은 중국을 극복하기 위해 어떠한 장기적 포지션을 취해야 하는가?

○ 핵심질문 8: 코로나 사태 이후 미중 양국의 국력 변화

중국 우한에서 시작되어 전 세계적인 팬데믹으로 확산된 코로나19는 개별 국가들의 경제 성장률에 부정적인 영향을 미칠 가능성이 높다. 중국 정부는 코로나 사태에 대응하기 위해 우한 지역에 대한 전면적인 봉쇄 전략을 택했는데, 이는 중국의 GDP 성장률 및 내수 확대 정책에 매우 부정적인 영향을 미칠 것으로 예상된다. 코로나 사태는 국력의 핵심 요소인 경제발전에 있어 미중 양국에 어떤 영향을 미칠 것인가?

o 핵심질문 9: 코로나 사태 이후 글로벌밸류체인의 변화

이전에는 경험해보지 못한 높은 전염성을 지닌 코로나19는 재화, 노동, 서비스의 국가 간 자유로운 이동에 의해 확대된 경제적 세계화에 제동을 걸고 있다. 탈냉전 이후 서구 자유 진영의 운영체제가 전 지구적 차원으로 확장되면서 전 세계는 하나의 가치 사슬(global value chain)로 묶이게 되었고, 동아시아 개발도상국들은 제조업의 빠른 혁신을 추동하면서 세계의 공장으로 탈바꿈하여 빠른 경제 성장을 이룩할 수 있었다. 중국 역시 2001년 12월에서야 브레턴우즈 체제에서 자유무역 다자 질서를 관할하는 세계무역기구(WTO: World Trade Organization)에 가입하였는데, WTO 가입을 기점으로 더욱 긴밀하게 세계 무역 질서에 편입되었다. 전 세계를 촘촘하게 묶었던 글로벌밸류체인은 미중 통상 전쟁을 시작으로 붕괴의 조짐이 보이기 시작했는데, 코로나 사태는 여기에 어떤 영향을 미칠 것인가?

o 핵심질문 10: 코로나 사태 이후 미중 이념 갈등의 심화

9·11테러나 2008년 금융위기 이후 개별 국가들은 보호주의로 회귀하기보다는 국가 간 협력의 강화를 통해 위기 상황을 모면하였다. 그러나 최근 전 세계적인 포퓰리즘의 확산과 국가주의가 강화되는 상황에서 코로나 사태의 확산은 인종주의적 대응을 확산시키며 국제 사회의 협력을 심각하게 위협하고 있다. 이에 더해 코로나 확산 방지에 어느 정도 성과를 거둔 중국 관료들이 중국의 국가주의적 봉쇄 정책의 우월성을 강조하며 중국식 대응 모델의 우수성을 강조하면서, 권위주의 국가와 민주주의 국가 간 거버넌스 모델의 효율성에 대한 이념적 갈등의 모습도 나타나고 있다. 코로나 사태 이후 세계

는 냉전 시기에 팽배했던 전방위적인 체제 우월 경쟁으로 확대될 것인가?

3. 코로나 팬데믹이 미중 경쟁에 미치는 영향

1) 코로나 발생의 원인에 대한 논쟁

중국 관방 언론들은 CCTV 대형 다큐멘터리 「同心戰"疫"」 등에서 코로나가 원인 미상으로 자연 발생하였음을 전제하고 있다. 그러나 홍콩대에서 활동하다가 미국에 정치적 망명한 옌리멍(閻麗夢) 등의 학자들은 미국의 보수 정치 논객인 스티브 배넌(Steve Bannon) 등이 참여한 기관의 후원을 받으며 코로나 바이러스가 랩에서 조작 및 제조되었음을 주장하고 있다. 옌리멍의 논문에 대해서는 "조작이라고 단정하기엔 논문 완성도가 부족하다"는 견해가 우세하여, 코로나 발생 원인에 대한 논쟁은 대체로 자연 발생설이 정설로 받아들여지고 있다. 그러나 코로나 팬데믹과 이에 대한 과학적 검증이 끝나면, 그 결과에 따라 국제 공동체가 양분될 수 있는 파급력을 지니고 있다. 코로나 팬데믹이 중국에서 시작됐지만 미국, 유럽, 인도, 브라질 등 냉전 당시 자유 진영 국가들에게 훨씬 큰 피해를 안겨준 점을 고려하면, 코로나 발생 원인에 대한 최종 결론은 포스트-팬데믹 이후 국제 질서를 결정하는 매우 중요한 요인이 될 가능성이 높아 보인다. (2020년 9월 24일 현재 전 세계 및 주요 국가의 코로나 사망자 수: 전 세계 992,943명, 미국 207,538명, 인도 92,317명, 러시아 19,948명, 브라질 139,883명, 중국 4,646명, 한국 395명)

2) 코로나 대응책에 대한 논쟁

어떠한 정치체제가 팬데믹과 같은 비상 상황에 더욱 효율적으로 대응할 수 있는가 하는 거버넌스 논쟁이 확대되는 계기가 되었다. 중국 정부는 「코로나 바이러스에 맞선 중국의 행동」백서(『抗擊新冠肺炎疫情的中國行動』白皮書)를 발표하면서, 중국의 정치 체제가 방역에서 지닌 정치적 우세를 강조하고 있다. 또한 백신 전쟁에서도 WHO에 따르면 "중국은 코로나19 백신 개발에서 선두를 달리고 있으며, 일부 백신은 이미 임상시험에서 그 효과가 입증됐다"고 알려지고 있다. 2020년 10월 현재 시노팜과 시노백, 칸시노 등 4개의 제약회사가 출시 직전 단계인 3상 임상시험을 진행하고 있다고 알려져 있다.

동남아 국가 중 코로나 팬데믹에 가장 큰 피해를 입고 있는 국가인 필리핀 두테르테 대통령은 코로나 백신과 남중국해 문제를 거래했다는 논쟁에 휩싸이고 있는데, 이 논쟁이 방증하듯 코로나 백신을 이용한 중국의 국제정치적 영향력이 향후 주변국들에게 강화될 것을 예상할 수 있다. 미국은 FDA가 백신 승인이 대선이라는 정치적 목적에 의해 좌우되지 않을 것이라고 강조하고 있으나, 백신의 성패가 미국 국내 및 국제정치에 미치는 영향이 적지 않으리라 예상되고 있다.

3) 국제 공공재의 붕괴?

코로나 팬데믹은 2차 대전 이후 브레턴우즈(Bretton Woods) 시스템을 기초로 국제 공공재 제공을 주도했던 미국 주도 국제질서의 붕괴 혹은 변화를 가속화시킬 것으로 보인다. 미국은 WHO가 중국 정부를 두둔한다는 의구심에 기반하여 2007년 7월 정식으로 세계보건기구에 탈퇴를 통보했다. 또한 상품 무역이라는 기술적 배경과 미국 주도 경제 질서하에 형성된 글로벌밸류체인 형성의 국제 공공재였던 WTO(세계무역기구) 개혁 역시 지속적으로 교착 상태를 벗어나지 못하고 있고, 트럼프 미국 대통령은 WTO 탈퇴를 긍정적으로 검토하고 있다고 알려지고 있다. 보건과 통상 분야에서 공공재를 제공할 의사가 없음을 적극적으로 밝히고 있는 현재 미국의 상황을 고려할 때, 장기적으로 국제 공공재를 누가, 어떻게 제공할 것인가 역시 주목해 봐야 할 문제이다.

4. 결론

동아시아 발전국가 및 개혁 개방 이후 중국의 급속한 경제발전은 미국 주도의 브레턴우즈 체제 안에서 가능했다. 미중 통상 전쟁 이전 중국의 경제발전은 미국 주도의 전 세계적 가치 사슬이라는 국제적 분업체계 속에 중국이 적극적으로 참여하였기에 가능했다. 그러나 무역 총량의 절대적 증가에도 불구하고 수직적 국제 분업 체계 속에서 저부가가치 산업에 머물러 있는 상황을 타개하기 위해 중국 역시 자체적인 기술 혁신을 추동할 수 있는 산업정책을 강화하였고, 이는 결국 미중 간 기술 및 무역 전쟁으로 상승되었다.

기술, 무역에만 국한되어 발생하지 않고, 안보 문제까지 확대되면서 미중 전략 경쟁 형태로 확대 및 심화되고 있던 와중에 발생한 코로나 팬데믹은 미중 양국과 국제 사회에 아래의 두 가지 중요한 질문을 던지고 있다. 중국이 미국 주도의 체제 안에 계속 머물 자격이 있는 정당한 성원(legitimate member)인가? 중국은 미국 주도의 국제질서에 대해 향후 어떤 태도를 취할 것인가? 위 두 가지 질문에 대해 미중 양국이 명시적으로 답변을 표명할 수밖에 없는 중요한 역사적 분기점이 도래하고 있다.

바이든 이후의 중미 경쟁과 중한관계

왕융(王勇)*

1. 바이든 행정부 이후의 중미경쟁 양상

미국 민주당 조 바이든 후보가 600만 표 이상 앞서며 2020년 미국 대통령 선거에서 승리하였다. 트럼프 대통령의 부정 선거 의혹 제기와 바이든에 대한 공격에도 불구하고, 바이든 당선인 인수팀에 대한 정권 인수인계 절차를 승인하였으며, 바이든 당선인의 백악관 입성은 확실시된다. 바이든 취임 이후 미국의 대중(對中) 경제·무역 정책과 중미 경제·무역 관계의 기본 방향은 경쟁과 협력이 결합된 관계, 즉 협력적인 경쟁관계가 될 것이다. 이러한 협력적인 경쟁 관계에는 몇 가지 특징이 있다.

첫째, 바이든 행정부는 미국과 중국이 경제·무역에서 얻을 수 있는 공통이익을 다시금 확인하고, 중미 경제·무역의 상호 의존과 상호 이익을 강조할 것이다. 중미 경제·무역 관계는 상호 의존과 상호 이익이라는 특징을 가

---

* 베이징대학교 국제관계학원 교수

지고 있는데, 이는 지난 30년간 경제 세계화의 발전과 중미의 경제 통합, 글로벌 공급 사슬이 만들어낸 결과이다. 트럼프 행정부가 임기 막바지에 적극적으로 중미 경제·과학기술의 '디커플링(decoupling, 탈동조화)'을 추진하였던 것과는 달리 바이든 행정부는 중미 경제가 상호 협력에 의존하고 있다는 현실을 받아들이고, 미국 생산자와 소비자 모두에게 큰 이익을 가져다주는 중미 경제·무역을 지속적으로 발전시킬 것이다.

둘째, 바이든 행정부의 대중(對中) 경제·무역 정책은 중국 시장을 개방하는 것에 초점을 둘 것이다. 바이든 행정부는 빠른 시일 내에 트럼프가 중국 제품에 징수하였던 관세를 폐지할 수도 있다. 하지만, 이러한 조치는 중국이 시장 개방에 더 많은 노력을 기울인다는 조건하에 실행될 것이다. 미국과 중국 간의 '2단계 무역 협정' 협상 가능성에 대해서는 알 수 없다. 하지만 중국 정부는 중국 시장 진출에 대한 미국 기업들의 요구를 고려해야 하고, 미국 정부는 중국 기업들이 미국에서 겪는 투자 및 경영에 대한 어려움을 고려해야 하기 때문에 양국은 반드시 시장 개방에 대해 심도 있는 논의를 진행할 것이다. 최근 중국 인터넷 기업인 바이트댄스(ByteDance)의 틱톡(TikTok), 텐센트(Tencent) 등과 중국의 하이테크 기업인 화웨이(Huawei) 등이 미국 시장에서 고초를 겪고 있는 것이 대표적인 사례이다. 시장 개방은 일방향이 아닌 쌍방향으로 진행되어야 하며, 중미는 협의와 협상을 통해 시장 개방 원칙을 재차 확인하고, '국가 안보'라는 구실로 다자간 경제·무역 규칙을 우회했던 관행을 규제해야 한다. 구체적으로 보면, 2016년 이후 지연되었던 중미 BIT(양자투자 협정) 협상이 재개될 가능성이 높다. BIT 협상을 조속히 재개할 수 있다면 양국의 무역 및 투자 갈등을 해소하는 데 도움이 될 것이다. 양국은 BIT를 통해 상대국의 시장 개방을 유도하고자 하며, 이러한 협상은 양측 모두에게 이익을 가져올 것이다. 물론 미국은 이른바 '호혜성(reciprocity)'이 개방의 기본 원칙이라는 점을 더욱 강조하고 시장 개방에 대한 규제 조치를 강화할 수도 있다.

셋째, 미국은 국제협력 체제를 강화함으로써 중국의 산업정책 행위를 규제할 것이다. 바이든의 정책 어젠다는 다자간 협력체에서의 미국의 리더십을 특히 강조하고 있다. 그렇게 때문에 미국은 WTO 틀 안에서 중국의 산업정책과 산업 보조금을 더욱 규범화하도록 요구하여, 중국의 산업정책의 투명성과 규범성을 높이려 할 것이다. WTO 관련 규정 개정과 개혁을 추진함에 있어 바이든 행정부는 트럼프 행정부가 WTO 상소기구(Appellate body) 심사위원 임명에 반대하는 등 WTO 정책 관련 사안에 대해 보였던 비협조적이고 파괴적인 관행을 바로잡을 것이다. WTO 관련 규정 개혁을 추진하고 다자간 협력체의 역할을 강화하는 것이 새 행정부의 중점 사업이 될 것이다.

물론 다자간 협력체에 불확실성도 존재한다. 바이든 행정부가 WTO 개혁에 대한 공화당과 일부 민주당 의원들의 반대를 얼마나 잘 조율할 수 있는지 좀 더 지켜봐야 하며, 오바마 행정부 후반기에 미국의 관심이 TPP, TTIP 등 거대 FTA 협상으로 쏠리며 다자주의가 약화되었던 점은 향후 미국이 다자간 협력체를 표방함에 있어 불확실한 요소로 작용된다.

바이든 행정부의 정책은 WTO 체제와 WTO 분쟁해결기구를 강화할 것이다. 이는 트럼프 행정부가 WTO의 개혁 방향을 좌지우지하려 했던 것과는 분명히 다를 것이다. 바이든 행정부는 다자주의 노선을 고수할 것이며 트럼프가 펼쳤던 경제·무역 정책에 근본적인 수정을 진행할 것이다. 한편, 트럼프 행정부 시절 미국과 일본, EU가 협력하여 중국의 국유기업과 비(非)시장적 관행 등을 규제하였는데, 바이든 행정부 역시 미국, 일본, 유럽의 3자 협력 체제를 유지하면서 보조금과 산업정책에 대한 견제를 담은 WTO 개혁 추진을 강화할 것으로 보인다.

바이든 시대의 미국 및 서방과 WTO의 관계는 트럼프 행정부 출범 이전의 상태로 돌아갈 수도 있다. 이는 WTO 체제하에서 선진국들이 개발도상국 및 신흥경제국과 긴장 국면을 유지하며 새로운 협상 의제에 합의를 이뤄내지 못하였던 시절로 회귀할 수 있음을 뜻한다. 수년간 존재해왔던 교착 상태가 다시 돌아올 수 있기 때문에 새로운 국면에서 바이든 행정부가 어떠한 리더십을 발휘하여 다자무역 체제의 역할을 유지하며 강화하고, 선진국과 개발도상국 간의 갈등을 해결할 수 있을지 귀추가 주목된다.

넷째, 바이든 행정부는 미국과 중국의 기술 경쟁을 지속할 수 있으며, 중국의 기술 발전을 저지하기 위한 중미 간 디커플링을 추진할 가능성도 있다. 미국은 냉전 이후의 유일한 패권국가이기 때문에 미국의 패권 전략 측면에서 미국을 들여다봐야 한다. 미국의 양대 정당인 공화당과 민주당은 미국이 지닌 모든 문제에서 이견을 보이고 있지만, 중국의 급부상에 대응하고 이를 억제하는 데에서만큼은 공감대를 형성하고 있는데, 양 당은 중국의 급격한 부상을 억제하기 위해 중국이 미국과 서방 국가의 기술을 획득하는 것을 제한해야 한다고 생각한다.

그러나 다른 한편으로, 바이든 행정부는 미국 기업들의 여론을 적극적으로 반영하고 있으며, 미국 기업들은 중국으로의 기술 제품 수출을 과도하게 제한하여 미국 기업의 중국 시장점유율이 상실되어서는 안된다고 주장하고 있다. 중국에 대한 기술 규제 조치는 합리적이어야 하며 중국 시장에서 미국이 얻을 수 있는 이익에 영향을 미쳐서는 안 된다는 것이 미국 재계의 의견이다. 이들은 과도한 제재 조치가 되려 미국의 경제 안보를 해치고, 궁극적으로 미국의 국가 안보 이익 목표에 해가 될 것이라고 주장한다. 이에 따라 미국 재계는 지나치게 중국을 규제하였던 트럼프 행정부의 기존 중국 규제 정책에 대해 수정을 요구할 것으로 보인다.

따라서, 바이든 행정부의 대중 기술·무역 정책은 이른바 강대국 간의 경쟁이라는 계산과 중국 시장 점유율을 계속 확대해야 한다는 미국 재계의 요구 사이에서 균형을 맞출 것이다. 바이든은 기술 수출 규제법령을 제정하는 과정에서 미 재계의 의견을 더 많이 수렴할 것으로 보인다. 한 가지 예상 가능한 결론은 국방, 군수와 가장 밀접하게 연관된 산업에는 기술 규제를 강화할 것이나, 비(非)군사 기술 분야에서는 미국 기업들이 중국 내수시장에 보다 원활하게 진출할 수 있도록 기술 규제를 완화할 수 있다는 것이다. 즉, 미국 재계의 요구에 따라 미국의 기술 규제 정책은 미국이 중국에 기술 우위를 계속 유지하는 수준에 머물게 될 수 있다. 미국 상무부는 1980년대에 이미 미국 산업에 대해 중국보다 1~2세대 앞선 기술을 유지하도록 하고, 1~2세대 이전 기술은 중국에 수출할 수 있도록 하는 문서를 내놓은 바 있기도 하다.[1]

또한, 바이든은 기존의 기술적 우위를 공고히 하고 강화하는 것이 중미 기술 경쟁의 핵심이라 여길 것이다. 미국은 국내 산업에 대한 지원을 확대하여 중국에 대한 기술경쟁 우위를 유지할 것으로 보인다. 미국은 경제·무역 협상을 통해 중국의 산업지원 정책을 제한할 것이며, 특히 '중국제조 2025(中国制造2025)' 계획과 관련된 중국의 차세대 통신 기술 발전을 견제하는 조치를 취할 것이다. 이와 동시에 반도체, 빅데이터, 인공지능, 바이오 의약 등 관련 산업에 대한 미국 정부의 지원은 확대할 것이다. 미국의 이러한 조치가 불가피한 것일지라도, 이는 WTO 규정 위반에 해당하기 때문에 향후 WTO 규정에 의해 미국도 조사 대상이 되는 불이익을 받게 될 것이다. 바이든 행정부는 중국의 산업 보조금을 공격하기보다는 중국처럼 보조금을 지급하여 미국 산업의 기술력을 키우려고 할 것이다. 이는 바이든이 국내 투자를 우선시해야 한다고 호소한 지점에서도 알 수 있다.[2]

---

1) 王勇, 『中美经贸关系』, 中国市场出版社, 2007.

2) 托马斯·弗里德曼(Thomas Friedman)对话拜登, 「先投资美国, 谨慎制衡中国」, 2020年12月3日, https://cn.nytimes.com/opinion/20201203/biden-interview-mcconnell-china-iran/

2. 바이든 행정부 이후 중미협력 전망

바이든 행정부에서는 미국과 중국이 경쟁뿐만 아니라 다양한 분야의 협력을 모색할 수 있기 때문에 양국 관계에 더욱 긍정적인 영향을 미칠 것으로 보인다. 미국과 중국은 다자간 협력체에서 협력할 수 있을까? 경제 세계의 지속 여부는 중미 양국의 정책 선택에 따라 결정될 가능성이 높다. 중미 경제는 이미 세계화의 발전을 유지하는 데 앞장서고 있으며, 양국은 특별한 영향력과 책임을 가지고 있다. 바이든 취임 이후 중미 경제의 상호 의존적 관계 및 호혜성을 재확인할 것이며, 글로벌 공급망의 분열이 빠른 기간 내 복구되어 경제 세계화는 지속될 가능성이 높다. 물론 미국과 중국은 협상을 진행할 것이고 협상 결과는 세계화의 발전 추세에 영향을 미칠 것이다. 협력 가능한 분야에는 아래의 내용이 포함될 수 있다.

첫째, 인프라 투자와 건설 분야에서의 협력이다. 중국은 인프라 투자와 건설에서 큰 강점을 갖고 있고, 이 점에서 미국이 직면한 큰 문제를 해결하는데 도움을 줄 수 있다. 인프라의 경우, 투자 부족과 시설의 장기적인 노후화가 미국 경제와 사회의 분열을 초래하는 주요 원인이다. 인프라 중에서도 특히 노후된 지역의 건설 투자금이 턱없이 부족하여 일부 지역은 경제 구조 전환에 실패하게 되었다. 2017년 트럼프 대통령 집권 이후 중국세계화센터(CCG) 등의 중국 싱크탱크와 중국 당국자들은 중미 무역 불균형을 보완하고, 중미 경제 관계를 심화하기 위한 방안으로 양국의 협력 가능성을 제기한 바 있다. 미국의 대중 강경파는 유감스럽게도 무역 전쟁, 과학기술 전쟁을 고집하고 있는데, 이들의 주된 목적은 중국에 대한 제재 조치를 이용하여 중국의 경제 발전을 압박하고 중국의 평화적인 부상을 저지하는 것이다. 바이든이 집권하게 되면, 중미관계가 완화되고 경제·무역 관계에서 발생하였던 과도한 안보 우려 및 경제·무역이 지나치게 정치화되었던 상황이 반전될 것이다. 중국과 미국은 평등한 상호 이익을 바탕으로 인프라 투자와 건설에 대한 협력 가능성을 검토할 것이다. 물론 인프라 투자 자체는 미국이나 중국의 국내 정치에서 정치적으로 민감한 주제이지만, 충분히 협력의 가능성을 모색할 수 있다. 양국이 정치적 한계를 극복할 수 있다면 이는 서로에게 이익이 될 것이다.

둘째, 글로벌 경제 거버넌스 틀에서의 협력이다. 미래의 중요한 분야에서 미국과 중국은 모두 다자간 무역 체제와 글로벌 거버넌스의 틀을 지지하는데 공통된 관심사가 있다. 이 이슈에 대해서는 미국과 중국의 입장이 교차되는 지점이 많기 때문에 기존의 국제질서와 규범을 유지하기 위해서는 양국의 협력이 요구된다. 트럼프 시대에는 '미국 우선주의' 정책을 강조하였고, 여러 국제기구에서 탈퇴하기도 했다. 중국과 관련된 문제에 대해 미국 정부는 국제기구와 기관이 중국의 과도한 영향을 받고 있다고 주장하며 다른 나라들과 공조하여 국제기구 내 중국의 영향력을 저지하고 있다. 바이든 행정부는 트럼프의 일방주의와 '미국 우선주의' 정책에 큰 변화를 가져올 것이고 미국의 정책 목표는 다자주의를 고수하고 다자적 틀에서 미국의 영향력과 주도권을 유지하는 쪽으로 바뀔 것이다. 이에 따라 다자간 협력체를 유지하는 데 있어 미국과 중국의 공동 이익은 늘어날 것이다. 다만, 구체적인 의제 설정과 규정에서 미국은 여전히 중국을 비롯한 신흥경제국 및 개발도상국과 경쟁적인 관계를 맺을 수밖에 없다. 하지만 이 같은 경쟁관계가 중미 간의 협력을 배제하지는 않는다. 미국과 중국이 국제적 틀에서 협력할 가능성은 존재하며, 다자적 틀에서의 협력은 오히려 양국의 관계를 개선할 것이다. 미국과 중국은 2017년 트럼프가 집권하기 이전 G20 체제 혹은 유엔 기후변화협약 체제에서의 경쟁과 협력의 관계로 돌아갈 수 있다.

마지막으로, 미국 내 분열과 미국 국내정치의 양극화가 중미 경제 · 무역 관계에 큰 제약을 가져올 수 있다. 미국에는 서로 다른 이익집단이 있으며, 이익집단의 정치가 미국의 외교 정책, 대외 경제 · 무역 정책 그리고 중미관계에 큰 영향을 미치고 있다. 트럼프의 대선 패배에도 불구하고 미국의 포퓰리즘과 보호주의 세력은 여전히 존재할 것이다. 코로나19의 영향이 컸음에도 불구하고 트럼프가 대선에서 7,400만 표를 받은 사실을 통해 미국의 포퓰리즘, 보호주의 세력이 여전히 강력하다는 것을 알 수 있다. 이들은 미국 정당 정치를 통해 미국의 대외정책, 중미 경제·무역 관계에 큰 영향을 미칠 것으로 보인다. 트럼프는 미국의 이데올로기인 우파, 극우파, 종교적 보수 세력, 백인 우월주의자 그리고 미국 사회의 중산층과 하층 계층을 대변한다. 반면, 바이든의 지지기반에는 월가의 자본 그룹, 실리콘밸리의 하이테크 기업, 할리우드의 '드림 웍스(DreamWorks)' 등 글로벌 이익 집단을 비롯하여 진보적 지식인, 소수 민족, 여성, 환경보호주의자 및 일부 노동자와 노조 등이 있다. 양당 지지층은 산업기반과 이익집단 기반에서 큰 차이를 보이고 있다.

두 정당의 지지세력은 미국의 국내 발전 방향과 개혁 의제에서 큰 의견 차이를 보이고 있다. 현재 미국에는 제도적 빈부 격차가 존재하며, 이는 미국 현 사회 문제의 주요 원인이라고 할 수 있다. 두 정당은 미국 내 인종 갈등, 총기 범죄, 인구구조의 변화, 인프라의 노후화, 공교육의 몰락 등의 문제에 서로 다른 개혁 방안을 내놓고 있다. 미국의 현 상황은 당장 실질적인 개혁이 시급하지만, 미국 공공정책 결정에 영향을 미치는 요소인 돈에 의해 좌우되는 정치 시스템, 권력집단, 대규모 자본 규제 등으로 인해 미국은 보다 공정하고 정의로운 사회 분배 정책을 추진함에 있어 상당한 어려움을 겪고 있다. 미국의 사회와 정치가 직면하고 있는 분열의 상태에서 벗어나려면 미국은 아직 갈 길이 멀다.

3. 중미 경쟁이 중한 협력에 미치는 영향

첫째, 바이든의 대중 정책은 미국의 하이테크 기업, 글로벌 기업의 이익을 더욱 반영하면서 국내 보호주의 세력과의 균형을 맞출 것이다. 바이든은 기술 협력을 포함한 중미 경제 · 무역 협력을 계속 발전시킬 것이다. 이러한 협력은 양국의 이익에 부합한다. 하지만, 이와 동시에 미국의 정책 과정에서 무역보호주의는 여전히 그 존재감을 드러내고 있다. 또한, 중국의 전략에 대한 불신으로 인해 중국의 미국 기술과 핵심 부품에 대한 접근을 제한하도록 요구하는 사례도 있다. 바이든의 정책은 중국과의 경제협력 틀을 안정시키는 한편 중국을 겨냥할 것이며, 양국 간의 경쟁을 제한하는 한편 동시에 중국의 기술 역량 성장을 제한할 것이다.

둘째, 미국과 중국의 경쟁은 달라지지 않을 것이다. 하이테크 분야에서 트럼프의 기술 '디커플링' 시도 중 일부가 지속될 수도 있고, 글로벌 공급방의 재구성 또한 계속해서 이루어질 수 있다. 현재 구체적인 방법과 정도는 알기 어렵지만, 이른바 기술 '디커플링'은 미국과 중국이 각각 중심이 된 독자적인 국제 공급망과 '두 개의 평행 시장'이라는 상호 대립적이고 단절된 시장을 형성할 수도 있다. 물론 기술 '디커플링'에 있어 바이든 행정부는 미국 재계의 의견을 더욱더 귀 기울여 들을 것이다. 글로벌 기업들은 미국과 중국 간에 더 많은 경제협력 관계가 존재한다고 생각한다. 중국의 기술 추격에 대해 미국이 해야 할 일은 중국으로의 기술 수출을 중단하는 것이 아니라, 미국이 기술 선도자의 지위를 더욱 강화하는 것이다. 對 중국으로의 기술 수출을 통해 미국의 국가 경쟁력을 강화할 수 있으며, 다른 경쟁국들이 미국의 지나친 기술 규제를 이용해 미국 기업을 불리하게 만드는 것을 방지할 수 있다. 이에 바이든 행정부는 트럼프 행정부의 노선을 이어가면서 미국 정부의 과학기술 기업 지원을 강화하고 과학 및 기술 연구개발에 더 많은 자금지원과 인센티브를 제공함으로써 미국 기술 기업의 글로벌 리더 자리를 굳건하게 할 수도 있다. 미국 정부는 하이테크 기업지원에 관해서도 국제 경제·무역 규정을 개정할 것이며, WTO 다자 협상의 틀에서 국가의 산업 지원 수준, 산업 보조금 및 정부 지원 조치에 대해 더 많은 규제를 가하는 내용이 포함된 새로운 경제·무역 규정을 제정할 것이다.

셋째, 중미 경제·무역 및 기술 경쟁은 중한 협력 기회와 도전을 함께 부여할 것이다. 한국은 중미 무역 및 과학기술 협력에서 많은 혜택을 받았다. 안정적인 중미 경제·무역 관계는 세계화의 틀 속에서 한국 기업에게 국제 시장으로 나아갈 수 있는 큰 기회를 제공해 왔다. 세계화 초기, 한국 기업들은 미국 시장에서 특히 자동차, 가전 및 전자 산업에서 엄청난 발전을 이루었다. 또한 중국이 WTO에 가입한 이후 20년간, 중국 시장은 더욱 개방되었고, 급속하게 성장하는 시장과 소비 잠재력은 한국 기업에 새로운 성장 공간을 제공하였다. 중미 양국 시장의 성장은 한국 경제의 급속한 성장을 이끌었고, 이를 통해 한국은 세계의 주요 경제국이 될 수 있었다.

하지만 트럼프 집권 4년 동안 중미 간 전략적 경쟁관계는 점차 격화되었고, 심지어 '전면적 디커플링'과 '신(新)냉전'의 위험까지 겹쳐 한국은 가장 큰 도전에 직면하게 되었다. 한국은 여전히 안보에서는 동맹국인 미국에 의존하고 있지만 시장에서는 점점 더 중국에 의존하고 있으며, 안보와 시장 관계에서 한국은 어려운 선택에 마주해 있다. 미국의 지역안보 구상의 목적은 미국의 패권을 수호하고 중국의 평화적 굴기를 억제하는 데 있기 때문에, 중국의 전략적 이익을 해치는 것은 물론 중한 정치, 경제 및 과학기술 관계발전에 장애 요인이 되고 있으며, 한국은 정책 선택에 어려움을 겪고 있다.

한국은 중미 간의 전략적 경쟁에서 대해 '한쪽 편들기(选边站)'를 하지 않고 있다는 점을 분명히 함으로써 자국의 이익을 지켜나가고 있다. 미국의 압박으로 인해 한국이 중국과의 관계를 포기하거나 중국 시장에서의 성장 기회를 포기하는 일은 없을 것이다. 한국은 중국 시장에서 여전히 큰 우위를 점하고 있으며, 중국 경제의 구조적 고도화와 함께 큰 발전을 이뤄내고 있다. 특히 최근 몇 년간 중국 경제의 체질 개선으로 기술 제품에 대한 수요가 지속적으로 확대되면서 중국의 기업과 제품이 한국의 주요 경쟁상대로 부상하고 있다. 만약 한국 기업이 중국 시장에서 발전할 기회를 잡지 못한다면, 한국은 국내외 시장에서 갈수록 경쟁력을 높이고 있는 중국 기업과 제품으로부터 타격을 받게 될 것이다. 중국은 이미 세계 최대 내수시장으로 부상하였다. 2017년과 2019년의 데이터에 따르면, 중국은 세계 최대의 내수 시장으로서 그 시장 규모가 미국을 앞질렀다. 중국의 국력이 더욱 강화됨에 따라 중국 경제의 총량은 10년 내에 미국을 넘어설 것이며, 중국 시장의 잠재력은 더욱 커질 것이다. 그렇기 때문에 한국은 미국과 중국 사이에서 '한쪽 편들기'를 요구하는 미국의 압박을 견뎌내고, 중국과 하이테크 무역 분야에서 지속적으로 협력해야 한다. 한국이 미국과 중국 사이에서 어느 한 편에만 서지 않고 중국과의 관계를 지속하는 한, 경제관계에서 한국과 중국의 공동 이익은 증가할 것이다. 또한, 중국에 있어서 한국의 전략적 가치는 더욱 강해질 것이고, 중한관계가 발전하며 한국과 중국의 경제 기술 등 분야에서의 협력은 더욱 늘어날 것이다.

동아시아 지역경제 통합은 한국이 미국의 안보 보호에서 점차 벗어나 안보와 시장 사이에서 양자택일의 딜레마에서 벗어날 수 있게 할 것이다. 현재 '역내포괄적경제동반자협정(RCEP)' 타결로 지역통합 추세가 지속적으로 강화되고 있는데, 특히 한중일이 처음으로 자유 무역 협정에 포함되었다. 이러한 방식은 한중일 3국의 경제·무역 협력을 더욱 강화할 것이다. 한중일 3국의 공동 이익은 앞으로 더욱 증가할 것이며, 한국과 일본은 중국 시장에서 더 많은 점유율을 차지할 것이다. 이러한 지역 경제·무역 통합의 발전은 해당 지역의 주요 국가들이 미국의 안보 보호와 정치적 통제에서 점차 벗어나게 하여 대외 정책, 특히 안보 정책에서 스스로의 독립성을 강화하도록 촉진할 것이다.

넷째, 중한 양국은 차세대 기술인 빅데이터, 인공지능, 인터넷 활용 등에서 무궁무진한 협력 잠재력을 갖고 있다. 반도체 산업 기술 연구개발과 시장 활용 측면에서 한국 기업은 큰 우위를 누리고 있으며, 점점 더 커지는 중국 시장에서 한국은 더 많은 기회를 얻을 수 있다. 물론 중국의 기술 혁신은 스스로의 노력에 달려있지만, 한국 기업은 중한 협력으로 더 많은 이익을 얻을 것이고, 한국은 미국과 중국의 시장을 모두 아우르는 기술과 제품을 개발할 수 있을 것이다. 한국과 중국의 무역 및 과학기술 협력은 글로벌 경제 정치 시스템에서 한국의 위상을 높이고 미국으로부터의 상대적 독립성을 높이는 데 도움이 될 것이다.

4. 결론 및 전망

바이든의 당선은 미국의 대 중국 정책에 대한 이익집단의 정치적 기반이 바뀌어 중미 경제·무역 관계가 안정적인 방향으로 나아갈 수 있음을 의미한다. 바이든은 중국과의 전략적 경쟁을 강조하면서도 중미 간의 부분적인 공통 관심사를 재차 강조하며 이를 바탕으로 협력을 도모할 것이다. 트럼프가 부과한 관세를 철폐할 가능성도 있는데 이는 결국 시장 개방에 대한 중국의 태도에 따라 달라질 수 있다. 기술적인 부분에서의 '디커플링'은 계속될 수 있지만 바이든 행정부는 미국 재계의 의견을 더욱 수렴하여 미국의 기술적 우위를 유지하는 동시에 중국 시장을 놓치지 않을 수 있는 정책을 수립할 것이다. 미국 내 심각한 정치 양극화 때문에 경제 및 무역 정책을 포함한 바이든의 중국 정책은 국내 정치, 특히 공화당에 의해 크게 제약을 받을 것이다.

한국은 그간 미국 및 중국과의 경제협력을 통해 많은 이익을 얻었다. 안정적인 중미 경제·무역 관계는 세계화의 틀 속에서 한국 기업에게 국제 시장으로 나아갈 수 있는 큰 기회를 제공하고 있다. 현재 중미 간 전략 경쟁이 심화되면서 한국은 자신의 편에 설 것을 요구하는 미국의 압박에 직면하였고, "안보는 미국, 경제는 중국"이라는 딜레마 앞에 서 있다. 한국과 중국이 경제·무역 기술에서 협력을 이어나간다면 이는 분명 한국의 최대 이익에 부합할 것이다. 한국 정부는 미국과 중국 사이에서 '한쪽 편들기'를 하지 않겠다는 뜻을 분명히 밝혔으며, 어느 정도 자주성을 갖는 것이 한국의 이익을 지키는 최선의 방법임을 분명히 알고 있다. 중미 기술 경쟁은 중한 기술 교류 협력에도 분명한 기회를 가져왔으며, 중한 양국 기업은 전통 기술 제조업 분야에서의 협력 이외에도 빅데이터, 인공지능, 반도체 협력 등 신기술 분야에서도 협력할 수 있다. 그리고 중한 경제 기술 협력은 정치적 이점으로 작용하여 지역 정치에서 한국의 독립적인 자주성을 높이고, 궁극적으로 한국이 지역 정치의 강국으로서 자리 매김하는 초석이 될 것이다.

미중 기술경쟁의 위기와 기회

이왕휘(李王徽)*

　트럼프 행정부 출범 이후 미국과 중국의 패권 경쟁이 무역에서 과학기술로 확산되었다. 2018년 무역전쟁을 개시할 때 미국의 목표는 대중 무역 적자의 해소였다. 보복관세를 주고받으면서 무역전쟁의 정도와 범위가 확대되면서 미국은 중국의 과학기술 굴기를 공세적으로 견제하고 있다. 대중 견제의 초점은 불법적인 지식재산권 침해, 강제적 기술이전, 기술 도용 등의 근절에서 인수합병 제한, 수출 제한, 공동연구 금지, 인재유출 제한 등으로 이전되고 있다. 이와 동시에 제재 대상도 전략물자를 생산하는 군민 융합(military-civil fusion: 軍民融合) 기업에서 상업용 물자를 생산하는 민간 기업으로 확장되고 있다.

　미국이 기술민족주의 또는 디지털보호주의를 통해 중국을 압박하는 가장 큰 이유는 중국의 과학기술 수준이 미국에 필적할만한 정도로 발전했다는 인식에 있다. 실제로 4차 산업혁명의 핵심으로 간주되는 인공지능(AI), 5세대

---

* 아주대학교 정치외교학과 교수

(5G) 통신, 블록체인, 핀테크 등에서 미국과 중국의 격차는 빠르게 줄어들고 있다. 중국의 알리바바, 텐센트, 바이두, 화웨이, 바이트댄스 등은 그 규모와 기술 수준 모두에서 미국의 구글, 아마존, 애플, 페이스북, 넷플릭스와 대등한 수준으로 평가되고 있다. 미국 기업과 중국 기업의 경쟁은 동남아시아와 인도를 비롯한 해외시장으로 확산되고 있다.

중국의 비약적인 과학기술 발전은 장기적인 산업정책의 결과라고 할 수 있다. 2013년 취임한 시진핑 주석은 신상태(新常態)하에서 경제성장의 목표를 양에서 질로 재규정하였다. '대중창업 만인창신'(大衆創業, 萬衆創新)이란 기치 하에 추진되고 있는 공급 측 개혁(供給側改革), 중국제조(中國制造) 2025, 인터넷 플러스(互聯網+) 등은 대표적인 혁신주도형 발전전략(創新驅動發展戰略)이다. 2020년 4월에는 코로나19 위기의 극복을 위한 계획에 미래 신산업의 기반이 되는 신형인프라(新型基礎施建設) 건설이 포함된 문건이 발표되기도 했다.

이러한 산업정책의 결과 중국 산업은 AI, 5G, 핀테크, 블록체인 등을 중심으로 괄목할만한 발전성과를 내고 있다. 브루킹스연구소의 2018년 제조업 지수를 보면, 중국은 2010년대에 미국을 앞질렀다. 미국이 중국보다 더 많은 원천기술을 가지고 있지만, 최근 몇 년간 논문 및 특허의 수를 비교해 보면 일부 분야에서는 양과 질 모두에서 중국이 미국을 능가하고 사례도 하나둘씩 나오고 있다. 이 때문에 미국 과학기술계에서는 중국을 심각한 경쟁자로 간주하면서, 미국도 중국과 같은 산업정책을 적극적으로 추진해야 한다는 주장을 하고 있다.

현재 미국의 대중 견제는 AI, 5G, 핀테크에 집중되어 있다. 미국의 틱톡 사용 금지 조치는 중국 기업이 개발한 AI 기술이 얼마나 앞서있는가를 잘 보여준다. 마이크로소프트, 오라클, 월마트 등 미국의 유수 기업이 틱톡의 미국 사업 부문을 인수합병하려고 시도한 이유는 1억 3천만 명이 넘는 사용자뿐만 아니라 딥러닝 기술을 활용한 AI 알고리즘에도 있었다. 물론 중국 기업이 AI 기반 전반에 우위를 확보한 것은 아니다. 중국기업의 성과는 특정한 문제를 해결하기 위해 인간이 정한 알고리즘에 따라 작동하는 '협의적/약한(narrow/weak) AI'에 집중되어 있다. 학습하고 진화하며 다양한 일을 통합적으로 수행할 수 있는 '일반적/강한(general/strong) AI'와 인간의 지능을 넘어서는 초(超)AI에서 중국은 미국, 영국, 캐나다를 뒤쫓고 있다. 그렇지만 중국은 세계최대의 인구가 생산하는 막대한 정보와 느슨한 개인정보 보호를 활용하여 협의적/약한 AI를 다양한 산업에 활용하고 있다.

차세대 이동통신의 표준기술인 5G에서도 미국은 중국을 강력하게 압박하고 있다. 미국은 2018년 4월, 북한과 이란에 대한 자국의 경제제재 조치를 위반했다고 중국의 2대 통신장비업체 중싱통신(ZTE)에 7년간 미국 기업과의 거래를 금지하였다. 세계 통신장비산업의 약 30%, 기술특허의 약 50%, 표준필수특허 15%를 보유한 화웨이를 방해하기 위해 미국은 다양한 제재 조치를 부과하고 있다. 미국의 제재는 미국 국경 내에서만 한정되지 않고 있다. 2018년 12월에는 미국의 제재 법안을 위반했다는 이유로 화웨이의 창업자 런정페이의 딸이자 최고재무책임자(CFO)인 멍완저우(孟晩舟)를 체포하도록 캐나다에 요구하였다. 또한 미국은 동맹국들에게 화웨이 장비를 사용할 경우 미국은 정보 공유를 제한하겠다는 경고하면서 노키아, 에릭슨, 삼성 등을 대안으로 추천하였다. 2020년 미국 국무부는 미국은 유럽과 아시아의 동맹국들에게도 새로운 장비의 도입은 물론 기존 장비의 철거를 목표로 하는 클린네트워크(clean network) 프로그램을 공개하였다. 이 프로그램이 성공적으로 추진될 경우, 중국의 디지털 실크로드 구상은 실현이 사실상 불가능할 것이다.

미국의 광범위한 제재에도 불구하고 2013년 IMT 2020 추진조직을 설립해 5G 상용화와 기술표준 개발을 해온 중국의 5G 산업발전은 계속되고 있다. 5G 가입자 수를 보면 중국에서는 2020년 8월 1억 명이 넘었지만, 미국에서는

1분기에 118만 명에 불과했다. 또한 중국은 5G와 관련하여 제조(스마트공장), 교통(자율주행, 스마트고속도로 등), 의료(원격 진료, 원격 수술), 가상현실(VR)·증강현실(AR), 물류, 교육, 행정서비스 등 다양한 분야에서 활용할 수 있는 융합서비스를 개발하고 있다.

이런 맥락에서 미국의 위성항법 시스템(Global Positioning System), 러시아 글로나스, 유럽 갈릴레오의 대안으로 베이더우(北斗) 시스템을 2020년 6월 완성했다는 사실도 주목할 필요가 있다. 35개 인공위성으로 구성된 이 시스템은 중국이 독자적으로 미사일 및 레이더 시스템과 같은 무기체계에는 물론 5G를 바탕으로 하는 자율주행을 포함한 IoT 기술을 발전시키는데 기여할 것이다.

핀테크 산업에서도 중국은 미국에 앞서 있다는 평가를 받고 있다. 중국 모바일 결제 시장을 양분하고 있는 알리바바와 텐센트는 중국 시장에서 축적한 자본과 경험을 바탕으로 동남아시아와 인도에 진출하였다. 알리바바의 자회사로 상하이 증시와 홍콩 증시에 상장을 앞둔 앤트 파이낸셜(Ant Financial)은 세계최대 금융기관으로 발전할 잠재력을 가지고 있다. 한편, 중국인민은행은 블록체인(blockchain) 기술에 바탕을 둔 세계 최초의 중앙은행디지털통화(central bank digital currency)인 디지털통화전자지불(Digital Currency Electronic Payment)—이하에서는 디지털 위안으로 약칭—을 주요 민간 금융기관들과 함께 시범운용하고 있다. 중국이 자본계정 자유화를 추진한다면, 디지털 위안은 위안화 국제화를 촉진시켜 미국 달러화의 과도한 특권을 제한하는데 기여할 수 있을 것으로 예상된다.

미국은 금융패권을 유지하기 위해 중국 기업에 대한 제재를 검토하고 있다. 미국 증시에 상장된 중국 기업에 대한 규제가 본격화되면서 SMIC은 미국 증시에서 상장을 철폐하고 상하이 증시에 상장하였고 알리바바는 홍콩 증시에 2차 상장을 하였다. 한편 미국 연방준비제도는 디지털 위안에 대비하기 위해 디지털 달러의 발행 준비에 착수하였다. 페이스북이 주도한 27개 핀테크 기업들과 금융기관들이 추진하고 있는 리브라(libra, 天秤幣) 프로젝트는 자금세탁과 자본도피에 악용될 가능성을 우려한 규제 당국의 반대에 직면해 있다.

　미국이 중국에 대해 확실한 우위를 확보하고 있는 분야는 반도체이다. 반도체가 4차 산업혁명의 핵심 산업인 AI, 빅데이터, 5세대 이동통신, 사물인터넷(IoT) 등을 구현하는데 가장 핵심적인 하드웨어이다. 또한 반도체는 2018년 석유를 제치고 중국의 최대 수입품이 되었다. 국내에서 설계에서 생산까지 할 수 있는 생태계를 조성하기 위해 중국의 기업, 연구소, 대학은 세계 최대의 반도체 소비국으로 장점을 살려 공동 연구개발을 유도하였으며 천인계획(千人計劃)을 통해 세계적 수준의 전문가를 초빙하였다. 화웨이의 자회사인 하이실리콘이 설계에서는 최고 수준에 근접했지만, 중국 최대의 위탁제조업체 SMIC는 미국, 한국, 대만과 같은 5나노 급의 칩을 생산할 수 있는 수준에 도달하지 못하고 있다.

　2020년 9월 미국의 반도체 수출금지 조치는 화웨이의 통신장비 제작에 큰 타격을 입혔다. 미국은 전 세계 반도체의 12%를 생산하는 데 불과하지만 반도체 제작 장비 산업의 50%를 차지하고 있다. 따라서 미국의 대중 제재의 핵심은 반도체보다는 반도체 제작 장비에 있다. 최첨단 반도체를 생산하는 데 필수적인 미국산 장비와 소프트웨어의 사용이 제한될 수 있기 때문에, 설계를 주로 하는 미국 기업은 물론 위탁생산을 하는 대만의 TSMC와 한국의 삼성전자와 SK하이닉스가 화웨이에 반도체 공급을 중단하였다. 심지어는 하이실리콘의 위탁을 받아 화웨이 칩을 생산해온 SMIC도 미국의 제재 대상이 되면서 화웨이가 첨단 반도체를 조달하는 것이 사실상 불가능한 상태에 있다.

　미국의 대중 과학기술 제재는 한국에게 위기와 기회를 동시에 제공하고 있다. 특히 화웨이 제재는 한국의 반도체 및 5G 산업에 중요하다. 먼저 화웨이에 반도체를 수출하는 삼성전자와 SK하이닉스의 매출은 단기적으로 감소할 것이다. 2020년 상반기 기준으로 삼성전자는 메모리 반도체 매출의 8%, SK하이닉스는 전체 매출의 10% 정도를 화웨이에 의존하고 있다. 그러나 화웨이의 비중이 줄어든 만큼 다른 통신장비 업체의 비중이 늘어날 것으로 예상되기 때문에 장기적인 전망은 아주 비관적이지만은 않다고 할 수 있다. 그러나 미국이 중국 기업 전체에 반도체 공급을 중단하는 경우, 한국의 반도체 산업은 큰 타격을 받을 것이다. 이에 미국은 자국 내에서 반도체 생산(현재 수요의 약 12%)을 증대하기 위해 TSMC에게 요청하여 애리조나에 5나노미터 급 칩을 생산하는 파운드리 공장을 건설하기로 발표하였다. 또 삼성전자는 텍사스주 오스틴시에 있는 파운드리 공장 증설을 검토하고 있다.

5G 산업에서도 영향은 양면적이다. 통신장비는 물론 단말기에서 화웨이와 경쟁하는 삼성전자에게 미국의 화웨이 제재가 시장 점유율을 높일 수 있는 기회가 될 수 있다. 2020년 2분기에 처음으로 화웨이에 단말기 시장 점유율 1위 자리를 내주었던 삼성전자는 화웨이 제재가 효과를 나타내기 시작했던 8월에 1위에 다시 복귀하였다. 또한 삼성전자는 9월 미국 최대 이동통신사인 버라이즌에 5G 통신장비를 제공하기로 계약을 체결하면서 화웨이를 추격할 수 있는 발판을 마련하였다. 반면 전체 5G 네트워크 중 약 30%를 화웨이 장비로 구축한 LG유플러스는 미국의 제재를 받을 가능성을 우려하고 있다.

한국 기업은 미국의 제2차 제재(secondary sanction)의 위험에도 노출되어 있다. 상무부 산업안보국의 수출통제 기업 목록(Entity List)에 오른 기업에게는 수출 규제, 제2차 제재, 최종용도(End-use) 규제 및 중국인과 공동연구 금지가 적용된다. 이 중 미국이 제재하는 중국기업에 미국의 사전 허가 없이 수출금지 상품을 수출할 경우 제3국 기업은 상무부의 금지고객목록(Denied Persons List)에 등재되어 미국 기업과 거래가 금지되는 제2차 제제에 유의할 필요가 있다. 2018년 「2019 국방수권법」에 포함된 「수출통제개혁법」(Export Control Reform Act)에서는 중국제조 2025와 관련된 첨단기술 또는 신흥기술과 기초기반 기술(emerging and foundational technologies)―① 바이오 ② 인공지능 및 머신러닝 ③ 위치 항법 기술 ④ 마이크로프로세서 기술 ⑤ 첨단 컴퓨팅 ⑥ 데이터 분석 ⑦ 양자 정보 및 양자 센싱 ⑧ 물류 기술 ⑨ 3D 프린팅 ⑩ 로봇공학 ⑪ 뇌-컴퓨터 인터페이스 ⑫ 극초음속학 ⑬ 첨단신소재 ⑭ 첨단감시기술―에 대한 수출관리를 명문화하였다.

장기적으로 미중 패권 경쟁이 심화되면, 한국은 양자택일을 해야 하는 상황에 처하게 될 것이다. 현재 미국은 탈동조화(decoupling; 脫鉤)를 통해 중국을 글로벌 공급망에서 고립시키려는 전략을 추진하고 있다. 과학기술 분야에서 미중 경쟁은 플랫폼(또는 생태계)을 중심으로 전개될 것이다. 중국은 미국의 대중 견제가 장기간 유지될 경우를 대비해 독자적인 플랫폼을 구축하기 위한 노력을 시작하였다. 화웨이가 개발한 홍멍(鴻蒙; Harmony OS)이 그 전조라고 할 수 있다. 미국이 구글의 안드로이드 운영체제를 사용하지 못하게 만들자 화웨이는 독자적인 운영체제인 홍멍을 대안으로 개발하였다. 향후 기술 수준과 호환성에서 안드로이드에 비견될 수 있는 정도로 발전할지는 알 수 없지만, 홍멍이 세계 최대의 통신시장이라는 이점을 활용하여 자생할 가능성은 있다.

5G에서도 플랫폼 경쟁이 가속화되고 있다. 미국은 클린 네트워크 프로그램을 통해 자국은 물론 동맹국에서 중국 통신장비와 통신사의 완전한 배제를 추구하고 있다. 첫째는 클린 통신사이다. 중국 이동통신사는 물론 이와 연계된 통신사가 미국 통신 네트워크에 접근할 가능성을 원천적으로 차단한다. 둘째는 클린 앱 스토어이다. 미국 기업이 운용하는 모바일 앱 스토어에서 중국산 앱을 퇴출시킨다. 셋째는 클린 앱이다. 미국에서 사용되는 통신장비에 중국산 앱의 선탑재를 금지하는 것은 물론 화웨이 앱스토어에서 미국산 앱의 제거를 요구한다. 네 번째는 클린 클라우드이다. 불법적인 도용을 막기 위해 미국 시민의 민감한 개인정보와 미국 기업의 지식재산권이 알리바바, 바이두,

텐센트, 차이나 모바일, 차이나 텔레콤 등의 클라우드에 저장되거나 처리되지 않도록 한다. 마지막은 클린 케이블이다. 인터넷을 연결하는 해저케이블이 중국의 정보수집 위협에 노출되지 않도록 국제적인 협력을 추진하는 것이다. 클린 네트워크 프로그램에는 화웨이 장비를 사용하지 않은 전 세계 25개 클린 통신사 목록이 제시되어 있는데, SKT와 KT는 들어있지만 LG유플러스는 빠져 있었다. 5G 네트워크에서 화웨이 장비를 완전히 제거하지 않는 한 LG유플러스에 대한 미국의 압박은 사라지지 않을 것이다.

미국의 대중 제재가 구조화되어 탈동조화가 장기간 지속되면 과학기술 분야에서도 신냉전 구조가 형성될 수 있다. 2020년 중반부터 중국은 미국의 최대한 압박에 대응하기 위해 "국내 대순환을 위주로 국내외 쌍순환이 상호 촉진"하는 쌍순환(雙循環) 전략을 검토하고 있다. 즉 이 전략의 강조점은 수출지향의 국제대순환이 아니라 내수중심의 국내대순환에 있다. 중국은 최악의 경우 글로벌 공급망에서 미국은 물론 유럽과도 단절된 동아시아(한중일 + 동남아시아) 지역공급망에서 생존할 방안을 모색하고 있다. 이렇게 되면 동아시아 IT 생태계는 중국으로 중심으로 재편될 것이다.

클린네트워크 프로그램과 쌍순환 전략을 비교해 보면 현재 미국과 중국 모두 한국을 자기편으로 끌어들이려는 의도가 분명하다. 미국이 중국을 더 강력히 압박하면 탈동조화는 신냉전으로 발전하여, IT생태계가 미국 진영과 중국 진영으로 나뉘질 가능성도 존재한다. 만약 생태계가 양분되면 한국은 둘 중 하나를 선택하든지 아니면 두 개 이상의 상이한 기술표준 모두를 호환할 수 있는 하드웨어와 소프트웨어를 독자적으로 개발해야만 한다. 단기적으로, 한국 기업은 미국 진영을 선택하지 않을 경우 많은 피해를 볼 것이다. 장기적으로, 한국 기업은 성장 잠재력이 더 높은 중국 진영을 무시할 수 없다. 따라서 양 플랫폼 모두에 호환이 가능한 기술을 개발하는 것이 최선의 방안이라고 할 수 있다. 세 가지 방안 중 어떤 경우를 선택하든지 간에 지금보다는 더 많은 비용과 노력을 투입해야 하기 때문에 효율성이 낮아질 가능성이 다분하다. 미중 패권 경쟁의 피해를 최소화하기 위해서는 우리나라와 유사한 입장에 처한 유럽연합(EU) 및 일본과 공조를 모색해야 한다.

중미 경쟁과 디지털산업

위완잉(于婉瑩)*

1. 디지털 경제의 시대, 국가 간 경쟁의 새로운 형태

최근 인공지능, 빅데이터, 사물인터넷, 클라우드 컴퓨팅 등 차세대 정보통신기술은 인터넷과 결합되면서 글로벌 경제 성장의 주요 동력이자 많은 국가의 주요 성장 영역으로 부상하였고, 디지털 경제는 짧은 시간 내에 큰 성과를 거두고 있다. 중국 화웨이에서 발표한 글로벌연결지수(GCI)2018 보고서에 따르면 최근 15년의 디지털 경제 성장 속도는 글로벌 GDP 성장 속도의 2.5배에 달했고 2025년에는 전 세계 디지털 경제 규모가 23조 달러로 2017년보다 두 배 가까이 늘어날 것이라고 전망했다.[1] 디지털 경제는 글로벌 경제 성장의 새로운 엔진과 핵심 동력으로 부상하면서 국력의 중요한 부분으로 자리 잡고 있다. 2020년 텐센트연구원은 '디지털 중국 지수 보고서 2020'을 통해 '디지털

---

* 베이징대학교 지역연구원 연구원

1) 中國信通院, 『全球數字經齊新圖景(2019年)』, http://www.caict.ac.cn/kxyj/qwfb/bps/201910/t20191011_214714.htm (검색일: 2020.11.08).

우선'을 미래 생존과 발전의 필수 코드로 제시했다. 중국의 경우 2019년 디지털 경제는 35조 8,000억 위안으로 증가해 GDP의 36.2%를 차지했고 GDP 성장에 67.7%의 기여를 했다.[2] 이처럼 디지털 경제가 국가 경제 발전과 국력에서 차지하는 비중은 점차 커지는 추세이다.

대량의 데이터에 대한 수집, 저장, 사용, 분석, 모델링 기술을 기반으로 데이터가 디지털 지능으로 전환되고 상업적 용도를 통해 가치가 창출되면서 새로운 '데이터 벨류 체인'이 형성되고 있다.[3] 따라서 데이터는 새로운 경제 자원으로 부상되고 중요한 전략적 의미를 가지게 되었으며 특히 디지털 경제 시대 기술경쟁이 글로벌 전략 경쟁의 핵심 영역으로 부상되고 있다. 이러한 디지털 기술과 디지털 경제의 발전은 주로 선진국을 중심으로 전개되고 있지만 중국을 포함한 일부 신흥국도 디지털 기술 분야에서 빠른 성장을 이뤘고 특히 중국은 5G 분야에서 세계를 선도하고 있다.

디지털 경제가 가속화되면서 이를 지탱하는 정보통신기술의 발전, 특히 빅데이터, 인공지능, 5G 등 미래 핵심 기술의 선점 여부는 국가 군사, 안보와 직결된 영역이 되었다. 과거에 미국을 중심으로 한 선진국들은 첨단기술에 대한 절대적 리더십, 나아가 세계 패권을 유지하기 위해 신흥국가의 첨단과학기술 발전에 대해 예민하게 반응하고 통제해왔다. 즉 패권적 지위가 신흥국가의 경제나 군사적 도전을 받을 때 미국은 과학기술 수출입 정책을 조정해 자신의 패권에 대한 도전과 위협을 견제해 왔던 것이다. 오늘날 국제전략 경쟁, 특히 중미 간 전략경쟁의 양상으로 볼 때, 5G 네트워크 기술은 디지털 경제 시대의 핵심 경쟁 이슈로 떠올랐다고 할 수 있다.[4]

---

2) 中國信通院, 『中國數字經濟發展白皮書(2020年)』, http://www.caict.ac.cn/kxyj/qwfb/bps/202007/t20200702_285535.htm (검색일: 2020.11.08).

3) UNCTAD, Digital Economy Report: Value Creation and Capture: Implications for Developing Countries, https://unctad.org/webflyer/digital-economy-report-2019 (검색일: 2020.11.08).

디지털 경제시대의 빠른 변화에 적응하기 위해 중국은 이미 이들 하이테크 분야를 성장 동력으로 삼는 데 주력하고 있다. 이를 위해 중국 정부는 2030년까지 세계 선두의 인공지능(AI) 혁신 중심지로 만들겠다는 '차세대 인공지능 발전 계획'을 발표했다. 2020년 4월 9일 발간한 〈더욱 완벽한 요소의 시장화를 위한 체제 구축에 관한 의견〉은 노동력, 자본, 토지, 과학기술, 데이터 등 5대 요소 분야를 중심으로 개혁의 방향을 제시하는 가운데 데이터를 하나의 새로운 생산요소로 격상시켜 디지털 경제 발전의 기초와 바탕이 되도록 하는 개혁 방향을 제시했다.

중국이 '신형 인프라(新基建)', '디지털 실크로드(數字絲綢之路)'를 본격 추진하고 있을 뿐 아니라 코로나19 대응에서 디지털 기술을 광범위하게 사용하는 등 디지털 경제발전을 가속하는 가운데, 미국은 중국의 디지털 분야 추격이 경제와 안보 영역에서 이중적 위협이 될 수 있다는 우려를 하고 있다. 이에 미국은 중국과의 디지털 기술경쟁 압력에 대응하기 위해 대중국 과학기술 수출입 정책을 대폭 조정하기 시작했고 중미 양국의 경쟁이 본격화하면서 중미 간 디커플링 추세가 이어지고 있다. 또한 미국은 새롭게 파트너를 찾고 다자간 네트워크를 구축하여 중국과 디지털 기술 분야의 규범 경쟁에서 우위를 유지하고 글로벌 밸류체인을 다시 형성해 글로벌 패권의 지위를 지키려고 노력하고 있다. 이는 기존 패권의 연장선상에서 새로운 형태의 디지털 패권으로 나타나고 있다.

---

4) 閻學通, 「數字時代的中美戰略競爭」, 『世界政治硏究』 2019年第2輯, pp. 1-18.

2. 글로벌 혁신중심의 이동과 글로벌 디지털 패권

디지털 경제의 발전은 글로벌 차원에서 경제와 리더십 지형을 새롭게 만들고 있다. 디지털 경제의 발전에 따라 일부 국가와 지역은 새로운 발전 동력을 얻게 되면서 빠른 경제 성장으로 주목받는 한편 글로벌 차원에서 디지털 불균형이 심화되는 현상이 나타나는 등 새로운 글로벌 문제를 낳고 있다.

첫째, 디지털 경제의 급속한 성장으로 혁신 영역에서의 아태 지역 도시들의 매력이 강화되고 아태지역에서의 새로운 경제 성장세와 영향력이 확대되면서 가장 경쟁력 있는 지역으로 부상하고 있다. WIPO에서 발표한 '2020 글로벌 이노베이션 지수 보고서(GII)'에 따르면 중국, 인도, 필리핀 등 일부 아시아 경제체의 순위가 신속히 상승되면서 글로벌 혁신의 중심축이 동쪽으로 이동하는 추세가 발견되고 있다. 그러나 상위 경제체 중 중국을 제외하고 모두 고소득 국가에 속하고 중국은 GII 상위 30개 중 중위 경제권에 속한 유일한 국가이다.[5] 아시아에서 '디지털 실크로드'는 디지털 경제 발전과 '일대일로'의 결합으로 상호작용하고 있으며, 최근 2020년 서비스무역교역회에서 발표된 '일대일로 디지털 무역지수 발전 보고'에 따르면 '일대일로'의 디지털 교역 협력 측면에서 아시아 국가와 중국이 더욱 긴밀해진 것으로 나타났다. 이 지역은 향후 디지털 경제와 디지털 벨류체인의 형성 및 재편을 둘러싸고 치열한 경쟁이 이루어질 가능성이 크다.

둘째, 디지털 경제는 전통적인 남북 간 격차를 그대로 반영된 것이 아니라 선진국인 미국과 개도국으로서의 중국이 공동으로 리더십을 행사하는 양상을 나타나고 있다. 예를 들면 중미 양국은 블록체인 기술 관련 특허의 75%, 글로벌 사물인터넷 지출의 50%, 글로벌 공공 클라우드 시장의 75% 이상을 차

---

5) WIPO, Global Innovation Index 2020, https://www.wipo.int/global_innovation_index/en/2020/ (검색일: 2020.11.08).

지하고 있으며 세계 70대 디지털 플랫폼 시가총액의 90%를 차지하고 있다. 유럽은 이 중 4%를 차지했고 아프리카와 라틴 아메리카의 합은 1%에 불과했다. 7개의 '슈퍼플랫폼'인 마이크로소프트, 애플, 아마존, 구글, 페이스북, 텐센트, 알리바바가 시가총액의 3분의 2를 차지했다.[6] 2019년 글로벌 경쟁력 보고서에 의하면 중국이 28위로 세계 20%를 차지했고, 특히 정보통신기술 활용 분야에서 중국의 순위가 8단계 상승하여 디지털 분야가 중국의 경쟁력 상승을 떠받치는 주요 원인으로 부상했다. 중미 격차는 여전히 현저하지만 '정보통신기술 활용', '위생', '시장규모'가 미국을 앞서고 있고 격차가 축소되는 추세가 나타나고 있다.[7]

셋째, 글로벌 수준에서 인터넷 경제의 양극화 추세로 인한 '디지털 디바이드' 문제다. 경제협력개발기구(OECD)는 2000년대부터 디지털 디바이드 추세를 새로운 정책이슈로 주목하면서 이를 '사회경제 수준별의 개인, 가정, 기업, 지역이 정보통신기술 획득과 인터넷을 이용하는 기회의 격차'로 정의했다.[8] 디지털 격차는 국가별, 지역별로 또는 집단별로 정보 부자와 정보 빈곤자 간에 디지털 정보 기술을 파악하고 적용하는 데 있어서의 불평등이나 격차를 의미한다.[9] 국가별 디지털 경제 규모로 볼 때 2018년 미국은 12조 3,400억 달러로 세계 1위, 중국은 4조 7,300억 달러로 2위를 기록했고 일본, 영국, 독일, 프랑스는 3-6위를 차지했다. 디지털 경제는 짧은 기간에 전 세계적으로 엄청난 부를 창출했지만 이런 부는 주로 선진국을 중심으로 한 소수의 국가에 집

---

6) UNCTAD, Digital Economy Report: Value Creation and Capture: Implications for Developing Countries, https://unctad.org/webflyer/digital-economy-report-2019 (검색일: 2020.11.08).

7) World Economic Forum, The Global Competitiveness Report 2019.

8) OECD, Learning to Bridge the Digital Divide, http://www.oecd.org/site/schoolingfortomorrow knowledgebase/themes/ict/bridgingthedigitaldivide.htm (검색일: 2020.11.08).

9) 熊光清, 「經濟全球化進程中的國際數字鴻溝問題 : 現狀, 成因和影響」, 『國際論壇』 2009年第3期, pp. 32-36.

중돼 있다. 화웨이의 디지털 경제관련 조사에 의하면 글로벌 차원에서 볼 때 디지털 경제와 기술 경쟁은 '세 개의 세계'로 분화되는 추세를 나타나고 있다. 즉 디지털 경제 발전 수준에 따라 대체로 프런트러너(frontrunners), 어답터(adopters), 스타터(starters) 3개의 단계로 구분할 수 있다. 주목할 부분은 조사 대상인 79개국이 글로벌 GDP의 95%를 차지했다는 점이다.[10] 또한 세계은행의 통계에 의하면 2017년 전 세계 GDP 80조 6,800억 달러 중 G20 회원국의 누적 GDP 규모는 전 세계 85%에 달하고, 기타 170여 개 경제국은 15%에 불과했다. 이러한 격차는 코로나19로 인해 더욱 심화되는 추세다. 지역적 차원에서 볼 때 아태지역 역내의 경쟁력 구도도 불균형을 보여주고 있으며, 아시아 태평양 지역은 기술적으로 가장 앞선 경제권을 가지고 있음에도 불구하고 혁신능력과 상업적 활력은 유럽과 북미에 미치지 못하고 있다.

넷째, 디지털 패권에 의한 글로벌 자유무역질서의 위기이다. 디지털 디바이드 문제는 디지털 자원의 특성을 통해 일종의 패권으로 연결되고 있다. 패권의 형태는 경제의 발전 단계에 따라 차이가 나타난다. 과거의 패권은 주로 군사 및 경제수단을 통해 발현되었으나, 디지털 시대의 인터넷과 정보기술 분야 발전은 경제와 국가 안보에 직결되는 이중적인 특성으로 인해 강대국 경쟁의 주요 영역으로 부상해 새로운 헤게모니의 형식으로 나타나고 있다. 엄청난 부를 창출한 디지털 경제는 소수 국가나 회사, 개인에게만 집중되고 있다. 소수 선진국들이 전파 기술과 매체에 대해 고도로 독점을 유지하고 있는 상황에서, 소위 디지털과 정보의 유통은 소수 대국만의 특권으로 사용되는 경향이 있다. 이것은 디지털 기술 분야에서 독점적 지위와 우위를 가진 국가가 다른 나라의 정보 개발과 이용을 방해, 제한, 억압 또는 파괴하고 나아가 자국의 가치관, 이념, 이데올로기 등을 다른 나라에 강요함으로써 정치군

---

10) HUWAWEI,Powering Intelligent Connectivity: with Global Collaboration, https://www.huawei.com/minisite/gci/en/ (검색일: 2020,11,08).

사적 수단으로는 얻기 어려운 패권적 이익을 추구하는 디지털 패권으로 나타나고 있다.11) 한편, 디지털 기술 발전이 국력신장에 지니는 적극적인 역할은 이미 현저하게 나타나고 있다. 예를 들면 개발도상국은 인터넷상의 공유 자원을 충분히 활용하여 자국 경제의 비약적인 발전을 추진할 수 있다. 디지털 후진국은 디지털 패권을 반대하며 기술과 정보의 자유 유통과 새로운 질서를 통해 디지털 디바이드와 경제 격차의 확대를 해소하려고 한다. 반면 디지털 강국은 디지털 기술의 우위에 의해 다른 나라에 디지털 패권을 행사하여 글로벌 패권 지위를 유지하려고 한다. 이들 간의 이익 충돌은 필연코 상호 간의 경쟁과 갈등이 초래되고 이러한 경쟁은 단순히 5G나 디지털 기술의 경쟁이 아니라 각각의 체제와 규범 간의 경쟁으로 이해해야 한다.

3. 미국 대중국 기술 수출입 정책의 변화

신흥국가의 기술 발전에 따른 국력의 신장은 전쟁의 공수 균형을 전환할 수 있고 패권국에게는 안보 경쟁 압력을 가져올 수 있다.12) 미국은 일찍이 과학기술이 자신의 패권적 지위에 대해 지니는 중요성을 인식하여, 과학기술외교를 중시하고 경쟁국의 과학기술 발전에 예민하게 반응해 왔으며 과학기술 수출 규제를 경쟁자를 견제하는 주요 방식으로서 사용해 왔다. 과거 미국의 과학기술외교는 가치관 및 규칙의 수출과 '외부 위협 감지'라는 이중적 속성을 가지고 있었다. 즉 미국이 이 두 가지 측면에서 동시에 위협을 감지하면 동맹국들과 연합하여 경쟁국 과학기술력의 해외 확장을 억제하는 정책을 취

---

11) 錢愛兵, 「社會信息化進程中的數字霸權現象分析」, 『情報科學』 2003年第5期, p. 544.

12) Stephen van Evera, "Offense, Defense, and the Cause of War," *International Security*, Vol.22, No.4, 1998, pp. 5–43.

한다.[13] 실제로 과거에 신흥 국가의 잠재적 위협이 느껴질 때마다 미국은 '파트너' 국가에 대한 기술 수출입 규제의 완화를 활용하여 경쟁자의 부상을 대응해 왔다. 즉, 1970년대 소련으로부터의 안보경쟁 압력과 1980년대 일본으로부터의 경제경쟁 압력에 대응하고 그들의 부상을 견제하기 위해 미국은 단계별로 대중국 기술 수출입 완화 정책을 취했고 이 시기에 중국은 미국의 중요한 기술협력 '파트너' 역할을 수행했던 것이다.

먼저 군사영역을 중심으로 한 소련에 대한 기술 견제 과정을 살펴보자. 1970-1980년대에 미국은 자신의 패권에 대해 소련으로부터 가해진 외부 도전을 완화하기 위해 중국과 협력하는 방식을 취했다. 즉 소련에 대한 기술 수출입을 제한하고 점진적으로 대중 기술 수출 규제를 완화하기 시작하는 등 중국과의 기술협력을 강화했다. 소련의 위성발사에 의한 '스푸트니크 충격'에 휩싸여 미국은 중국과 민감한 군사 분야 협력까지 전개하였다. 그리고 일본에 대한 견제는 주로 경제영역에서 추진되었다. 미국은 기술적 우위를 이용하여 기술을 아시아 기타 국가로 이전하고 아시아 기반 생산 네트워크(Asian based production networks)를 구축하여 일본의 생산 네트워크를 대체했다. 이 과정에서 중국은 새로 구축된 아시아 다국적 생산 네트워크 중 가장 중요한 파트너 역할을 했다. 1989년부터 미국은 다시 대중국 수출방침을 규제로 전환했고 관련 법안을 통해 중국에 대한 과학기술제품 수출통제가 재개되면서 차별적 조치 해제에 대한 중국의 요구가 중미 과학기술 관계에서 일상적으로 이뤄지긴 했지만 상대적으로 정책은 안정적이었다.

그러나 트럼프정부 출범 후 미국의 대중 기술통제 정책에 중대한 변화가 나타났다. 안보 영역에서 볼 때 2017년 발표된 미국 '국가안보전략보고'에서 민감한 기술 분야에서 중국의 인수·합병을 제한할 것을 요구하면서 중미 과

---

13) 黃琪軒, 「大國戰略競爭與美國對華技術政策變遷」, 『外交評論』 2020年第3期, pp. 94-119.

학기술 협력에 개입을 확대하기 시작했다. 또 2018년 미국은 「국가안보전략보고」에서 중국을 전략적 경쟁자로 규정했고 경제와 무역 영역에서 대중 경제무역 정책을 대폭 조정했다. 2018년의 「수출통제개혁법안」, 「국가안전 및 개인 데이터 보호법안」 등의 정책 역시 중미 과학기술 산업체인 협력을 차단하려는 내용을 담고 있었다. 이와 동시에 과학기술 영역에서 '국가안보 위협'을 명분으로 ZTE, 화웨이 등 중국 통신장비 업체들을 제재하고 중미 과학기술 교류를 통제하기 시작했으며, 미국 국방부의 '5G 생태시스템 보고'는 미국 정부가 5G전략경쟁에 전면적으로 개입할 것을 요구했다.[14] 최근의 「The endless frontier Act」 법안은 중미 간 과학기술 격차 해소에 대한 미국의 우려를 반영하고 있으며 대중 과학기술 우위를 계속 유지하자는 취지에서 제기된 것이다. 이러한 대 중국 과학기술 수출입 정책의 전환은 중미 과학기술 관계를 변화시킨 것으로 평가되고 있다. 미국은 여전히 디지털 분야에서 중국에 앞서고 있지만 중국의 발전 속도가 빠르고, 특히 중국이 국가전략 차원에서 디지털 산업을 육성하고 국제적 영향력이 확대되어 미국의 디지털 우위가 점차 사라지며 미국의 민감한 신경을 건드리게 된 셈이다.

미국은 경쟁국으로부터의 압력에 대응할 때 늘 동맹이나 다자주의를 활용해 그 위기를 극복했다. 예를 들어 경쟁국의 부상을 상쇄하는 데 경쟁국으로부터의 압박감이 커질수록 기존 동맹이나 다자주의를 이용하거나 새로운 다자주의를 구축하거나 강화하려는 미국의 의지도 선명하게 드러내곤 했다. 여기서 거론되는 미국의 의지는 미국이 글로벌 이익 분배와 룰을 정립할 수 있는 권위를 확보하는 것이며, 여기서 관건은 5G를 포함한 핵심 과학기술의 흐름과 유통을 통제하는 주도권을 가지고 있는지에 달려 있다. 이런 점에서 볼 때 중미 디지털 전략적 경쟁이 심화될 경우 미국은 강력한 파트너와의 협력

---

14) Defense Innovation Board, The 5G Ecosystem: Risks & Opportunities for DoD, 3 April 2019.

을 통해 기술과 공급체인 독점을 유지하고 '기술적 리더십'과 '디지털 패권'을 추구할 것이다.

실제로 미국은 일찍이 다자주의의 중요한 옹호자 중의 하나였다. 그러나 미국의 다자주의 지지는 자신의 핵심 국익에 따른 것이며, 미국의 다자주의에 대한 지지는 합법성 모색, 책임 분담, 국제 업무의 지도권을 유지하기 위한 것이다.15) 따라서 글로벌 조직은 수평적 제도적 장치가 아니라 미국의 어젠다 설정권과 미국적 담론을 확보하는 등 제도적 장치로 기능함으로써, 미국의 국내 정책은 다자간 조약을 통해 합법적인 국제규범으로 탈바꿈했다. 이것은 최근 미국이 많은 다자협력체제에서 탈퇴한 이유를 설명할 수 있다. 즉 미국이 다자주의를 포기한 것이 아니라 새로운 다자주의를 구축하여 그것을 '미국 우선'의 체제에 포함시킴으로써 미국이 주도하는 국제질서를 유지하는 보조적 도구로 활용하려는 의도가 담겨 있다. 이러한 맥락에서 제기된 '경제 번영 네트워크(Economic Prosperity Network: EPN)'는 미국의 '신뢰할 수 있는 파트너'로 구성된 연합체로서 중국을 제외한 미국 주도의 새로운 글로벌 공급망(GSC)을 구축하고, 인터넷 멤버들과의 협력을 강화해 새로운 글로벌 산업체인, 공급체인, 벨류체인 재구성을 전략적 목표로 삼고 있다.

4. '디지털 전쟁'을 둘러싼 중미관계 전망

미국은 중국 정보기술 분야의 약진을 새로운 안보 위협, 즉 '디지털 위협'으로 간주하고 있다. 이러한 '국가 안보에 대한 위협'을 이유로 중국 정보통신

---

15) G. John Ikenberry, "Multilateralism and U.S. Grand Strategy," in Stewart Patrick and Shepart Forman (eds.), *Multilateralism & U.S. Foreign Policy: Ambivalent Engagement* (Boulder, Colorado: Lynne Rienner Publishers, 2002), pp. 122–123.

기업에 대한 금지가 심화되고, 중미관계가 통상마찰에서 기술경쟁으로 비화되면서 새로운 전략경쟁으로 번지고 있다. 디지털 과학기술 분야에서 디지털 주권의 경쟁이 점차 치열해질 것으로 전망된다.

미국은 1980년대 미일 기술 경쟁에서 아시아 생산 네트워크가 효율적으로 뒷받침되며 일본과의 경제경쟁 압력에 성공적으로 대응할 수 있었다. 디지털 경제의 활성화에 따라 아시아에 신흥경제권이 집중되면서 혁신능력이 높아진 이 지역은 미국이 디지털 패권을 유지하기 위해 미국이 주도하는 체제로 편성하려고 파트너를 선정하는 중심 지역이다. 즉 대국과 신흥국가를 미국 주도의 체제로 편입시켜, 정보기술의 유통 방향을 통제함으로써 패권을 공고히 하고, 중국의 기술 진보로부터의 압박감을 해소하려고 한다. 인도, 호주, 아세안국가 등 국가는 미국이 찾는 다음 파트너인 만큼 미국의 다음 경쟁자일 가능성도 높다.

과거의 미소 냉전과 같은 '냉전'이 재현될 가능성은 미흡하지만 동맹 중심의 디지털 연합 전선이 등장하고, 동맹의 함의가 더욱 확대되면서 새로운 형태의 '디지털 냉전'의 가능성이 제기되고 있다. 미국이 다자주의 전통을 버리고 다자협력기구를 탈퇴하거나 비협조적 태도를 보이는 것은 중국을 겨냥하려는 목적임이 명확하다. 그러나 중국이 국제 공공재 제공을 통해 미국의 다자협력 탈퇴로 인해 여러 분야에서 나타난 공백을 메우고, 오히려 중국의 소프트파워를 향상시키는 것은 미국이 절대 받아들일 수 없는 일이다.

미국이 주도하는 동맹체제와 중국이 주도하는 파트너십 구도의 진정한 경쟁이 전개된다면 이런 대결은 단순히 군사적, 경제적 실력이 기준이었던 과거와는 달리 '표준'과 '기술적 우위'에 대한 쟁탈전으로 이어질 것으로 전망된다. 미국과 중국 간에 디지털 기술 분야에서 본격적으로 글로벌 리더의 경쟁이 벌어질 경우, 경쟁의 향배는 룰을 정할 수 있는 고지를 누가 선점할지, 중국이 미국의 압박을 얼마나 수용하고 용인할 수 있는지, 그리고 국제환경에서 혁신을 계속 유지할 수 있는지에 달려 있다. 현 상황에서 코로나19는 가장 큰 불확실성으로 작용하고 있다. 비동맹 원칙을 고수하는 중국도 새로운 기능을 주문받은 미국의 동맹 네트워크에 대응하기 위해 자국이 주도하는 파트너십의 내실화를 꾀해야 할 시기이다.

미국의 동아시아 동맹국인 한국은 미래에 미국의 거센 편가르기 압력에 입장 표명이 불가피할 것이다. 2019년 한일 무역분쟁의 격화로 핵심기술 산업체인의 위기가 발생한 이후 한국은 핵심기술 자주화의 중요성을 깊이 인식하고 대외의존도를 의도적으로 낮추고 있다. 전 세계적으로 역세계화 추세가 나타나고 있는 것은 분명하지만 세계화는 끝나지 않고 지역화 추세로 전개될 것으로 보인다. 현실적으로 중한 경제무역 관계에서 한국이 인접국으로의 '니어쇼어링(nearshoring)' 이점을 완전히 포기할 수 있는지, 코로나19가 아직 끝나지 않은 상황에서 한국이 불확실한 매몰 비용을 감당할 능력이 있는지 여부는 앞으로 검토해야 할 과제이다.

글로벌리즘에 바탕을 둔 신자유주의자들은 갈수록 커지는 상호의존적 세계에서 체계적인 상호의존의 성장이 세계 정치 수준에서 새로운 기회와 협력 분야를 동시에 창출할 것이라고 주장하면서도, 동시에 더욱 많은 충돌이 발생할 가능성 역시 제기한다. 실제로 2008년 글로벌 금융위기로 인해 글로벌 금융 시스템이 재편되었지만, 동시에 국가들은 G20이라는 글로벌 거버넌스 모델을 만들어냈고, 다자주의는 여전히 유연성과 지속성이 강하다. 2020년 텐센트에서 발표한 '디지털 중국 지수 보고서'에 따르면 '디지털 우선'은 미래의 생존과 발전을 위한 필수 코스로서, 미래의 경제와 사회는 디지털 변혁을 가속화해 디지털 세계와 물리 세계의 전면적 통합을 이뤄낼 것이라고 지적했다. 이런 점에서 디지털 격차는 더 커지고, 디지털 패권의 위험도 지속될 것이다. 그러나 디지털 경제는 국제사회의 상호작용을 한층 더 촉진하여 국가 간 관계도 더욱 긴밀하고 민감해지도록 만들고 있다. 각 국가들도 국내외 정세 변화에 따라 지속적으로 자국의 디지털 전략을 조정할 것이다. 이 과정에서 어떻게 글로벌 디지털 거버넌스를 통해 디지털 디바이드, 디지털 패권 및 이로 인한 충돌을 극복하고 국가 안보와 경제 발전, 국제 공조 간의 균형을 형성할 것인지는 미래 '디지털 상호의존시대'[16]의 가장 중요한 과제이다.

---

16) UN Secretary-General's High-level Panel, Digital Cooperation: The Age of Digital Interdependence, https://www.un.org/en/pdfs/DigitalCooperation-report-for%20web.pdf (검색일: 2020.11.08).

미중 경쟁과 AI산업

이지윤(李智潤)*

1. '기술' 패권 개념의 등장

전 세계가 코로나19라는 전례 없는 위기를 맞이한 상황에서 패권국 미국과 중국의 위기관리능력이 시험대에 오르고 있다. 중국은 코로나19 팬데믹 속에서 2020년 1분기의 경제성장률이 약 -6.8%에 머무는 등 개혁개방 이래 최악의 경제성장률을 보이고 있다. 이러한 상황에도 불구하고 중국은 '일대일로(一帶一路)'를 통해 중국 주도의 새로운 실크로드를 만들어 미국에 대항하는 친중국 네트워크를 형성하고자 하고 있으며, 이러한 중국의 전략적 도전에 대해 미국은 협력하기를 거부하면서 국가안전보장전략(National Security Strategy)과 같은 공식적인 문서에서 중국을 수정주의 국가(revisionist state)라고 비판하고 있다. 이러한 미중 간의 갈등은 관세를 둘러싼 미중 무역분쟁에서 첨예하게 나타나고 있으며 이는 새로운 글로벌 가치사슬이 형성되고 있는 국제분업질

---

* 성균관대학교 성균중국연구소 연구원

서 속에서의 미중 간의 주도권 싸움으로 번지고 있다. 이러한 강대국 간의 패권을 둘러싼 싸움은 과거 역사 속에서도 자주 일어났다.

1870년 당시 패권국이었던 프랑스와 도전국이었던 프로이센 사이에 전쟁이 발생했고, 1894년에는 당시 동아시아 패권국이었던 중국과 도전국이었던 일본 간에 청일전쟁이 발발하였다. 과거에는 국가 간의 패권경쟁에서 한 국가의 힘을 결정짓는 국력(national power) 개념이 '군사력'이나 '경제력'을 중심으로 설명되었고, '군사력'이나 '경제력' 등 물질적 권력의 국가별 분포가 전쟁의 승패를 결정짓는 요소였다.[1] 따라서 국력은 보통 군사비, 국내총생산(GDP) 및 국가역량종합지수(CINC) 등과 같은 총량지표로 측정되었으나, 기존의 총량지표들은 오늘날 미중 간에 벌어지고 있는 패권경쟁을 설명하는 데는 한계가 있다. 제4차 산업혁명 시대에서 미중 간의 패권경쟁은 군사력이나 경제력보다는 '기술[2]'을 토대로 이루어지고 있기 때문이다. 세계경제는 이미 빅데이터나 인공지능과 같은 첨단기술의 성장에 의존하기 시작했고, 이를 통해 미국이 패권을 유지하는 한편 패권국으로서 세계질서를 지속적으로 주도하고자 하고 있다.

한편 중국은 '기술'이 백년국치(百年國恥)에서 벗어나 '중국몽(中國夢)'을 실현하기 위한 수단으로 보고 미래 기술의 주도권을 확보하는 것이 앞으로 중국에게 가장 중요한 과제라고 파악하고 있다. 특히 중국은 기술혁명을 이루

---

1) 대부분의 학자들은 군비지출, 국내총생산(GDP) 및 국가역량종합지수(Composite Index of National Capability; 이하 CINC)와 같은 총량지표로 한 국가의 힘을 측정한다. 이러한 총량지표는 국가의 국민에 대한 치안, 보호 등에 지출되는 비용을 제외하지 않고 국가 자원을 집계하기 때문에 과장될 소지가 있다. 예컨대 인구가 많은 국가의 경우 대규모 군대를 편성할 수 있는 이점이 있다. 하지만 반대로 군대 유지에 드는 비용 등 안보 부담으로 인해 해외에서 힘을 투사할 수 있는 자원이 부족할 수도 있다. Michael Beckley, "The Power of Nations: Measuring What Matters," *International Security* 43-2 (2018), p. 9.

2) Ashley J. Tellis, et al., *Measuring Power in the Postindustrial Age* (Santa Monica, CA: RAND Corporation, 2000), pp. 2-3.

지 못했던 과거의 경험이 제국주의 침략을 겪게 만든 원인이라고 간주하면서, 그러한 역사적 과오를 다시는 되풀이하지 않기 위해서는 기술혁신에 중점을 두어야 한다고 강조하고 있다. 산업혁명 시기 기술혁신에 중점을 두었던 유럽과 달리 중국은 낡은 기술에 집중해 있었다. 한편, 중국은 1840년 아편전쟁으로 인해 강제로 근대화가 되었고, 양무운동(洋務運動)을 전개하기도 하였다. 중국은 21세기에 들어서면서 국가의 가장 중요한 전략으로서 기술혁신을 강조하고, 과거의 역사적 실패를 되풀이하지 않기 위해 기술패권을 강조하고 있는데, 최근의 미중 무역전쟁은 이러한 '기술'패권경쟁에 속한다.

2. 미중 무역분쟁의 본질: '기술'패권경쟁

최근의 미중 무역분쟁에서 미국과 중국은 서로에게 관세를 높이면서 마찰을 빚어왔다. 미국은 2017년 8월 통상법 301조에 따라 지식재산권 침해여부를 조사하기 시작하였다. 이후 2017년 11월 미중 정상이 2차 회담을 했지만 결렬되어 결국 2018년 양국이 무역분쟁의 길로 들어섰다. 미중 무역분쟁은 2018년 1월 태양광 패널 등에 대한 세이프가드 조치를 국가 안보와 연계시키면서 시작되었다. 이후 미국은 중싱(中興)통신에 대해 고율의 상계관세를 부과하고, 미국 기업의 부품 판매를 금지하는 등 여러 가지 압박을 가하기 시작하였다. 미국은 2018년에 5월 약 510억 달러에 이르는 중국의 제조품에 대해 25%의 관세를 부과하기도 하였다.

미중 양국의 무역분쟁은 2020년 1월에 체결된 미중 간 1단계 무역합의에 의해 어느 정도 일단락되었다. 미중 양국은 중국이 미국으로부터 약 2,000억 달러에 해당하는 제품들을 추가로 수입하는 조건으로 1단계 무역 합의안에 공식적으로 서명하였다. 중국의 왕이 외교부장은 "미중 간 갈등을 해결하고,

미중 1단계 무역합의를 공동으로 이행하겠다"고 천명하였다.[3] 그러나 코로나 19의 확산 이후 중국의 미중 1단계 무역합의가 제대로 이행되지 않고 있고, 미국 내 매파(hawkish) 세력이 미중 1단계 무역합의를 파기하려는 압력이 거세지는 등 미중 간 '탈동조화(Decoupling)' 현상이 심화되고 있다. 실제로 코로나19 이후 미중 양국의 상호 무역액이 줄어들고 있고 거의 모든 산업에서 각자의 길을 걷고 있는 '탈동조화' 현상이 나타나고 있다. 코로나19로 양국이 봉쇄 조치를 취하면서 '탈동조화'와 함께 '탈세계화'도 나타나고 있으며 이는 전세계적인 '글로벌 가치사슬(Global Value Chain)'에도 영향을 미치고 있다. 새로 들어선 미국의 바이든 정부에서도 글로벌 가치사슬 속에서 중국이 영향력을 최소화시키려는 정책을 사용할 것이고, 이를 위해 향후 전개되는 새로운 국제분업 질서에 있어서의 주도권을 확보하기 위한 미중 간 첨단기술 경쟁이 더욱 심화될 것이다. 첨단기술 개발에 성공하는 국가가 무역뿐만 아니라 안보에 있어서 우위를 차지하게 되고, 패권에 가까워질 것이기 때문에 미국과 중국이 첨단기술 개발에 박차를 가하고 있다.

특히 중국의 시진핑 주석은 '자주혁신'을 통해 자체적인 첨단기술을 개발하는 데 주력하고 있다. 중국은 개혁개방 이후부터 오늘날까지 경제성장 및 국가경쟁력 향상을 위해서는 과학기술이 중요하다는 점을 강조해왔다. 특히 시진핑 주석은 '혁신주도형 발전전략(創新驅動型發展戰略)'을 강조하면서 첨단산업 경쟁력 강화정책, 첨단 과학기술 육성전략, 그리고 과학기술 인재 육성전략 등을 추진하고 있다. 중국은 2030년까지 혁신형 국가 건설을 목표로 하고 있고, 제조강국으로 거듭나기 위해 '중국제조(中國製造) 2025'를 2015년부터 추진해왔다. 아울러 중국은 2050년까지 글로벌 과학기술 혁신 강국이 되겠다는 야심찬 전략을 내세우고 있다.[4] 이를 위해 시진핑 주석은 '국가 중점 R&D계

3) 「國務委員兼外交部長王毅就中國外交政策和對外關係回答中外記者提問」, 『新華社』, 2020年5月25日. http://www.gov.cn/guowuyuan/2020-05/25/content_5514563.htm (검색일: 2020.11.24)

획'의 일환으로 13대 중점 전문 프로젝트를 지원하고 있는데, 이 중에서 특히 AI 산업을 강조하고 있다.

중국 정부 산하 연구기관인 중국과학원(中國科學院)이 2020년 7월에 발표한 『2020년 인공지능 발전백서(2020年人工智能發展白皮書)』에 따르면, 바이두(검색 기술, 자연어 처리 기술), DJI(이미지 인식 기술, 지능형 엔진기술), 센스타임(딥러닝 기술), 메그비(컴퓨터 비전기술), 아이플라이텍(AI음성기술) 등과 같은 중국 AI 기업들이 상위 20위권 내에 진입해있다. 이렇듯, 중국 기업들의 경우 중국 정부의 적극적인 지원에 힘입어 검색, 지능형 엔진기술, 딥러닝, 얼굴인식 등 다양한 AI 기술을 개발하고 있다. 한편, 미국의 경우 MS(검색기술, 자연어처리기술), 구글(검색기술, 자연어처리기술), 페이스북(얼굴인식기술, 딥러닝기술), 오토메이션 애니웨어(비정형 데이터 기술), IBM왓슨(AI학습기술) 등의 AI기업들이 상위권 순위 내에 포함되어 있다. 미국과 중국 외에 영국, 프랑스 등의 국가들도 AI를 중점적으로 추진하면서 국가 차원의 대규모 투자를 하면서 국가 간 AI 기술패권경쟁을 심화시키고 있다.

3. 미국과 중국의 AI정책의 추진방향

AI의 등장은 각국의 정책이슈로 급부상하고 있으며 특히 AI 기술 분야의 선두주자인 미국의 인공지능정책은 최근 몇 년간 기업, 학계, 정부 분야에서 많은 호응을 얻고 있다. 우선 기업분야에서의 인공지능 연구는 과거 1990년 대부터 본격화되었으며 체스 챔피언에게 이겼던 IBM의 '딥블루(Deep Blue)'나 '왓슨(Watson)' 및 DARPA의 'Calo' 프로젝트 등을 수행했고, 오늘날에는 민간

---

4) 오세경 외, 「첨단기술을 둘러싼 미·중 간 패권 경쟁 분석」, 『KIEP 오늘의 세계경제』, Vol. 20, No. 18 (2020. 6), p. 2.

부문 플랫폼 기업들이 AI 기술 개발을 위한 인간과 사회에 이익이 되는 AI 파트너십(Partnership on Artificial Intelligence to Benefit People and Society)을 체결하는 등 인간과 유사한 지능을 가진 AI를 실현하고자 하는 기업들의 노력이 지금까지 지속되고 있다. 학계에서는 미국의 스탠포드 대학이 2016년 9월 '인공지능에 대한 스탠포드 100년 연구(One Hundred Year Study on Artificial Intelligence)' 프로젝트에서 「2030년의 인공지능과 삶(Artificial Intelligence and Life in 2030)」[5] 보고서를 발간하기도 하였다. 위 보고서에서는 드론과 자율주행 자동차 기술이 향후 물류나 여행의 행태를 변화시키고 가정용 로봇이 보안 기능을 제공하는 등 AI가 인간의 삶에 미치는 영향이 확대될 것이라고 전망하였다.

아울러 최근에 미국 카네기멜론대, 버클리 캘리포니아, 매사주세츠공대(이하 MIT) 등과 같은 미국 대학들의 경우 AI에 큰 재원을 투자하여 AI인재를 육성하고자 하고 있으며, 실제로 2020년에 MIT는 약 1조 원의 재원을 투자하여 AI 단과대학에 속하는 '슈워츠먼컴퓨팅칼리지'를 설립하여 모든 학문에 AI를 접목하는 등 사상 최대의 AI 프로젝트를 수행하고 있다.

과거 오바마 정부와 트럼프 정부도 AI 정책의 추진방향을 제시하면서 AI 발전을 위해 적극적으로 노력하였다. 2016년 10월 오바마 정부하의 국가과학기술위원회(NSTC)는 「AI의 미래를 위한 준비(Preparing for the Future of Artificial Intelligence)」라는 보고서를 발표하여 주요 기관들의 인공지능 활용 역량을 높일 수 있는 방안을 모색하였다. 2016년 12월에는 「인공지능과 자동화가 경제에 미치는 영향(Artificial Intelligence, Automation and Economy)」이라는 보고서를 발표하여 AI가 향후 수십 년간 미국 경제에 어떠한 영향을 미치는지를 분석하였다. 트럼프 정부도 2018년 5월에 「미국인을 위한 AI」 보고서를 발표

---

5) 미국 스탠드포드 대학 AI 100 2016 Report, https://ai100.stanford.edu/sites/g/files/sbiybj9861/f/ai100report10032016fnl_singles.pdf (검색일: 2020.11.16).

하여 AI R&D 우선지원, AI 규제개선, AI 교육 강화 등의 AI 정책을 추진하였다. 아울러 트럼프 정부는 2019년 2월 11일 'AI 분야에서 미국의 리더십 유지 (Maintaining American Leadership in Artificial Intelligence)'라는 행정명령6)에 서명하였는데, 이는 최초의 연방 차원의 AI 전략으로 미국의 경제와 안보를 보장하기 위해 미국이 AI 분야를 선도해야 한다는 트럼프 정부의 생각을 보여준 것이다. 이 행정명령은 국가 전반의 AI 역량을 높이기 위해 연구개발 투자, 인프라 개방, 거버넌스 표준화, 전문인력 확충, 국제협력 등 5대 전략을 제시하고 있다. 하지만 이 명령에서 5대 전략을 실행하는데 필요한 재원확보 방안은 별도로 제시되고 있지 않아서 연방기관들이 이를 추진하는 데 한계가 있다.7) 아울러 2019년 2월 12일에 미국 국방부는 '인공지능 전략을 요약한 보고서'를 발표하면서 국가 안보에 있어서 책임있고 인간중심적인 AI 도입의 중요성을 강조하였다. 또한, 국방부는 AI전략을 전담할 '합동 인공지능 센터(JAIC)'를 설립하여 AI 프로젝트를 신속하게 추진함으로써 AI 거버넌스를 추진하고 있다.

중국정부는 인공지능을 차세대 혁신분야로서 중국경제의 새로운 성장 동력으로 간주하고 있다. 중국 정부는 2015년부터 AI 산업을 육성하고 있으며, 지방정부에서도 효율적인 지역별 AI 맞춤형 정책을 추구하고 있다. 실제로 베이징은 기술개발 및 산학연구 융합 등에 집중하고 있으며, 상하이는 기업을 대상으로 생태계 조성, 산업 융합, 투자 지원, 인재 육성 등 구체적 정책을 수립하였다. 2015년 5월에 발표한 '중국제조 2025'에서는 스마트 제조산업의 육성을 강조하였다. 2016년 샤오캉(小康)사회를 목표로 양회에서 제정된 13·5 규획에서는 인간과 로봇의 상호작용을 강조한 인터넷 플랫폼을 확보하겠다고 발표하였다. 2016년 5월에는 공업정보화부(工業和信息化部)와 국가발전개

---

6) 미국의 AI 이니셔티브 https://www.whitehouse.gov/ai/executive-order-ai/ (검색일: 2020.11.15).

7) 김규리, 「미국 인공지능(AI) 관련 최신 정책 동향」, 한국정보화진흥원, 『Special Report』, 2019.6, pp. 2-3.

혁위원회(國家發展改革委), 과학기술부(科技部) 등이 공동으로 제정한 '인터넷 플러스 인공지능 3년 행동실시방안("互聯網"人工智慧三年行動實施方案)[8]'이 발표되었다. 여기서는 AI혁신 플랫폼을 구축하여 인공지능에 대한 표준을 제정하고 주력 기업을 육성하여 AI 분야의 선도국가로 발돋움하겠다는 목표를 강조하고 있다. 2016년 9월 공업정보화부와 재정부는 공동으로 '인공지능발전계획 2016-2020(智能製造發展規劃(2016-2020年)'을 수립하여 중국이 제조강국으로 부상하는 데 있어 AI의 중요성을 역설하고, 구체적인 발전방향을 제시하였다. 2017년 양회에서도 4차 산업혁명을 강조하면서 AI가 최초로 정부공작보고에 포함되었다. 여기서는 다양한 산업 분야에서 인공지능 기술을 활용하고, 인공지능 관련 기업과 다른 산업 간 융합의 필요성이 역설되었다. 2017년 7월 중국 국무원은 '차세대 AI 발전 규획(新一代人工知能發展計劃)[9]'을 발표하였으며, 이는 4차 산업혁명 시대에 AI가 중국의 핵심전략으로 간주되고 있음을 보여주고 있다. 여기서 1단계는 2020년까지 AI 산업규모의 1조 위안 초과 달성, 2단계는 2025년까지 AI 기술과 응용에서 선두주자가 되어 혁신체계, 산업발전 환경 그리고 스마트 인프라 구축 등을 목표로 하고 있다. 2017년 12월 중국 공업정보화부에서 '차세대 인공지능 산업발전 3개년 행동 계획 2018-2020 (促進新一代人工智能產業發展三年行動計劃 2018-2020年)'이 수립되었는데, 여기서는 중국제조 2025와 연계하여 3개년의 구체적인 행동계획을 보여주고 있다. 2019년 3월에는 공산당 중앙 전면심화 개혁위원회에서 '인공지능과 실물경제 심도 융합에 관한 지도의견'이 통과되었다. 시진핑 주석은 2020년 양회에서 중국이 2025년까지 무선 네트워크 및 인공지능(AI)에 이르는 첨단기술 부문에

---

8) 중국 국무원 「"互聯網"人工智慧三年行動實施方案」(2016.5.23), http://www.gov.cn/xinwen/2016-05/23/content_5075944.htm (검색일: 2020.11.24)

9) 중국 국무원 「國務院關於印發新一代人工智能發展規劃的通知」(2017.7.8), http://www.gov.cn/zhengce/content/2017-07/20/content_5211996.htm (검색일: 2020.11.26)

약 1조 4,000억 달러를 투자할 것이라고 강조하기도 하였다.

이렇듯 4차 산업혁명 시대에 중국은 중화인민공화국 건국 100주년이 되는 해인 2049년까지 '중화민족의 위대한 부상'을 꿈꾸고 있으며 이를 미국이 저지하려고 하는 가운데 미국과 중국의 AI 기술패권 경쟁이 더욱 심화하고 있어 이에 따른 한국의 정책방안을 모색할 필요가 있다.

4. 한국의 정책방안

AI는 일반목적기술(general purpose technology)에 해당되어 전 산업영역에서 융합이 가능하다. 원래 중국은 '인터넷 플러스'를 통해 AI, 클라우드, 빅데이터를 전통산업과 융합시켜 산업구조를 전환하려는 전략을 추진해왔으며, 인터넷과 제조업의 융합을 통해 '중국제조 2025'를 구체화하였다. AI, 클라우드, 양자컴퓨터를 포함한 첨단기술의 경우 민군겸용(民軍兼用)이라는 특징도 지니고 있다. 따라서 중국의 AI 기술 제재에 참여하는 국가와 기업이 늘어날 수도 있으며, 드론 등 첨단기술로 제재가 점점 확대되어 나가고 있어 향후 미중 AI 기술패권의 경쟁이 심화될 것으로 전망되고 있다. 미국은 '경제번영 네트워크(EPN)'를 형성하여 자국의 동맹국을 위주로 글로벌 네트워크를 재편함으로써 중국의 AI 기술패권을 저지하고자 하고 있다. 이러한 반중(反中)경제블록은 중국을 배제한 글로벌 공급망이라고 볼 수 있다. 코로나19 이후 미중 AI 기술패권 경쟁이 심화될수록 한국은 미국과 중국 양국으로부터 압력을 받을 가능성이 높다.

따라서 한국은 어느 한 국가만 추종하지 말고 사안별로 대응방안을 마련하여 유연하게 대처해야 할 것이다. 특히 한국은 코로나19가 심각한 상황 속에서 미국의 바이든 대통령 당선으로 인한 국제정세의 변화 및 중국의 경기침체 등을 잘 활용할 수 있는 정책방안을 수립해야 할 것이다.

첫째, 한국정부는 중국정부와 AI 분야를 비롯한 첨단기술 분야에서의 협력을 강구해나가야 할 것이다. 실제로 한국정부와 중국정부는 2020년 5월부터 양국 간 '기업인 입국 신속통로제도(입국절차 간소화 패스트트랙)'를 운영하기로 합의하였으며, 지난 5월 12일 중국 경제계획 총괄부서인 국가발전개혁위원회(國家發展和改革委員會)는 북중 접경지역에 해당하는 지린(吉林)성 창춘(長春)시에 AI, 5G 등 첨단기술 분야에 여러 한국 기업이 참여하는 '창춘 한중 국제협력시범구 가이드라인(中韓國際合作示範區總體方案)'을 발표하는 등 양국은 일대일로(一帶一路) 공동건설을 위해 노력하고 있다.

둘째, 한국정부는 미국정부와도 AI분야에서의 협력 및 연구를 지속적으로 확대시켜나가야 할 것이다. 예를 들어 과학기술정보통신부는 지난 9월 15일 '제5차 한미 ICT 정책포럼'을 개최하여 양국 AI, 5G 보안, 국제기구 협력 등의 이슈들에 관해 논의하였으며, 경제협력개발기구(OECD)의 AI 권고안에 대해 양국이 지지의사를 표명하기도 하였다.

셋째, 2019년에 과학기술정보통신부를 비롯한 여러 부처가 제시한 '인공지능 국가전략'을 통해 기존의 전자정부를 넘어선 AI기반 차세대 지능형 정부로 변모해야 할 것이다.

넷째, AI 기술의 혜택이 특정계층에게만 머무르지 않고 모든 국민이 혜택 받을 수 있도록 일자리 확충 등을 통해 사람 중심의 AI시대를 구현해야 할 것이다.

마지막으로 코로나19가 유행하고 있고 미중 간의 기술패권경쟁이 이루어지고 있는 상황에서 미국과 중국의 정치경제적 상황을 주시하고 한국이 직면하고 있는 위기와 기회를 고려해서 새로운 대응방안을 수립해야 할 것이다. 특히 미국과 중국이 AI, 차세대 반도체, 양자컴퓨터 분야를 선점하기 위해 치열하게 경쟁하고 있는 상황에서 한국은 새롭게 형성된 글로벌 가치사슬 속에서 상대적으로 유리한 고지를 획득하는 정책방안을 강구해야 할 것으로 여겨진다.

I

미중 전략경쟁과 동북아

미중 전략경쟁과 동북아 질서의 변화

중미 전략게임과 동북아

신챵(信強)*

도널드 트럼프 대통령 집권 이후 미국의 대중국 전략이 구조적으로 조정되면서 중미 양국 간의 전략 경쟁이 격화됐고 본래 불안했던 동북아 지역의 평화와 안정에 걷히지 않는 안개가 드리우게 되었다. 게다가 2020년 코로나 바이러스의 발생과 전 세계적 대유행은 동북아 지역의 안보 협력, 정치적 교류와 경제발전의 앞날에 예측하기 어려운 불확실성과 불안정성을 초래했다.

1. 미국 대중국 전략의 구조적 조정

4년 가까운 기간 동안, 트럼프 행정부의 대중 전략은 전략 포지셔닝에서 정책결정에 이르기까지 일련의 심도 있는 구조적 변화가 나타났다. 또 미국의 대중 정책 수단과 조치에도 중대한 변화가 나타났다. 이러한 변화들은 네 가

---

* 푸단대학교 국제문제연구원 교수

지 방면에서 드러나고 있다.

첫째, 대중국 전략 포지셔닝이 조정됐다. 즉 중국을 '결함이 있는 협력 파트너'에서 '전략적 경쟁 상대'로 조정했다. 1972년 닉슨 대통령의 방중 이후 냉전이 종식될 때까지 미국은 중국을 소련의 세계적 확장에 맞서 싸우는 '준 맹우'로 규정했다. 냉전 종식 이후에도 중국은 여전히 정치, 사회, 이데올로기 분야에서 미국과 큰 차이를 보였다. 그러나 중미 양국이 경제 무역 분야에서 상호보완성이 크고, 중국이 미국 주도의 국제경제, 무역, 금융, 과학 시스템에 융합하기 위해 적극적이었던 점을 감안해, 미국은 중국을 '결함 있는 협력 파트너'로 간주했고 양측 모두 협조와 대화를 통해 이견을 조정하고 협력을 강화하고자 했다. 그러나 트럼프 집권 이후 미국은 중국을 '수정주의 국가'이자 '전략적 경쟁 상대'로 규정했고 심지어 중국을 미국의 패권 지위에 대한 유일하고 장기적인 '위협'으로 여겼다. 2017년 12월 18일, 트럼프 정부는 〈국가 안보전략 보고서〉를 통해 중국을 미국의 '전략적 경쟁상대'로 명시하고 '미국의 힘과 영향력, 이익에 도전하고 미국의 안보와 번영을 잠식하려 한다'라고 주장했다.[1] 2018년 10월 마이크 펜스 부통령은 '미국에 대한 중국의 각종 도발'을 비난하는 연설을 통해 중미 간 '신냉전의 신호탄'을 쏘았다. 2020년 7월 23일 마이크 폼페이오 국무장관은 캘리포니아주 닉슨 도서관 강연에서 공개적으로 '중국은 미국과 전 자유세계에 대한 위협'이라며 '이념적으로 가까운 국가 민주연맹'을 구성해 중국에 공동 대항할 것을 촉구했다.[2]

둘째, 대중국 전략적 사고가 '원-원'에서 '제로섬'으로 달라졌다. 수년간 미국 양당 제도파 의사결정자들은 보편적으로 중미 간 교류가 '원-원'이라는

---

1) US Department of Defense, "National Defense Strategy of USA 2018", January 19, 2018, at: https://www.defense.gov/Portals/1/Documents/pubs/2018-National-Defense-Strategy-Summary.pdf

2) Secretary of State Michael R. Pompeo Remarks at the Nixon Library: "Communist China and the Free World's Future", July 23, 2020, at: https://www.state.gov/communist-china-and-the-free-worlds-future/

결과를 만들었고, 양국 모두 자국의 이익을 최대화할 수 있었다고 생각했다. 이런 인식을 바탕으로 미국은 각 분야에서 중국과 면밀하고 광범위하게 교류하며 접촉해왔으며 두 나라는 협력을 통해 막대한 이익을 얻었다. 그러나 트럼프 집권 이후 중국의 종합국력은 급격히 상승한 반면, 미국의 국력은 상대적으로 쇠락했다. 미국은 중미 협력을 통해 이익을 얻었음을 인정하지만, 중국이 미국보다 더 많은 이익을 얻었기 때문에 미국 입장에서는 '득보다 실이 크다'는 이유로 '윈-윈 사고'의 유효성에 의문을 제기했다. 일례로 2020년 6월 24일 로버트 오브라이언 백악관 국가 안보보좌관은 연설을 통해 미국 양당이 '중국 위협'을 수십 년간 과소평가 해온 것은 미국 외교정책의 가장 큰 실패라고 밝혔다.[3] 얼마 후 폼페이오도 미국의 대중 정책은 중미관계를 수십 년간 '엄청난 불균형'으로 발전시켰고 '미국보다 중국에 더 유리하다'고 공개적으로 밝혔다.[4] 트럼프 행정부는 이른바 '윈-윈' 인식이 미국의 정책결정을 오도했고 궁극적으로 미국의 종합국력 우위를 축소시켰다고 주장하며 '중국이 얻은 것이 곧 미국이 잃은 것'이라는 제로섬 게임의 마인드로 전향했다.

셋째, 대중 전략 목표가 '접촉 정책을 통한 중국 변화'에서 중국의 부상을 압박하고 견제하는 것으로 변화했다. 중미관계 정상화 이후 미국의 역대 정부는 대중 관여 정책을 통한 '중국의 변화'를 추구했다. 그러나 부상하는 중국에 대해 미국 정책결정자들은 중국이 미국이 원하는 대로 변화하지 않을 뿐만 아니라 오히려 점점 더 침략적이고 대항적으로 변하고 있으며 미국의 패권 지위에 심각한 도전을 하고 있다고 생각했다. 폼페이오의 다음과 같은 언급은 이런 생각을 잘 보여준다. "우리는 중국과의 접촉을 통해 예의와 협력이

---

3) 〈國家安全事務顧問羅伯特・奧布萊恩關於中國的講話〉, 2020年6月27日. https://china.usembassy-china.org.cn/zh/the-chinese-communist-partys-ideology-and-global-ambitions-zh-com/

4) Secretary of State Michael R. Pompeo Remarks at the Nixon Library: "Communist China and the Free World's Future", July 23, 2020, at: https://www.state.gov/communist-china-and-the-free-worlds-future/

가득한 밝은 미래를 만들 것으로 생각했다. 그러나 오늘 우리는 가혹한 사실을 인정해야만 한다. 이런 사실은 향후 수십 년간 우리를 이끌 것이다. 중국과 맹목적으로 접촉했던 과거 모델은 실패했다. 우리는 계속 이렇게 할 수 없다. 같은 실수를 반복해선 안 된다."5) 이를 위해 트럼프 행정부는 그동안의 '비현실적이고 효과가 없었으며' 심지어 '잘못된' 대중 정책 목표를 버리고 중국 굴기를 경계하고 억제하는 데 총력을 기울여 미국의 글로벌 패권 지위를 수호하기로 했다.

넷째, 대중 전략 수단이 '조건부 전략적 협력과 경쟁' 위주 수단에서 '전 정부(whole of government), 전 사회적(whole of society) 대중 압박 봉쇄'로 전환됐다. 지난 수년간 중미 간 경제, 무역마찰로 인한 관세전쟁이 계속 가열됐을 뿐만 아니라 트럼프 정부는 안보, 군사, 정치, 외교, 과학기술, 인문 교류 등 각 분야에서 모두 대중 압박을 강화했다. 일본, 호주, 인도 등 국가를 '인도태평양 전략'으로 적극적으로 끌어들였고, 남중국해에서 '항행의 자유' 작전을 감행했다. 또한 대만에 대한 무기 판매와 미국과 대만의 실질적 관계 향상을 추진하고, 홍콩에 대한 특별관세대우를 일방적으로 취소했다. 그밖에도 중국의 내정을 간섭하는 여러 법안을 시행하고, 중국 고위 관료와 군 고위 장성에 대한 비자 제재, 중국의 대미 투자에 대한 엄격한 심사와 제한, 재미 중국 유학생의 첨단기술 전공 제한, 첨단 기술 수출과 지적재산권 이전 축소, 중국의 대미 '정치 침투' 조작, 중국의 '사이버 공격'에 대한 비난 등 대중 정책 '콤비네이션'을 통해 중미 전략게임을 확대하고 과열시켰다.

---

5) Ibid.

2. 중미 전략게임의 전면적 전개

중국 내부 발전 추세 및 대외전략 의도에 대한 오독과 심각한 곡해를 바탕으로 트럼프 행정부는 기존의 미국 대중 정책 프레임을 대폭 조정함으로써 중미관계를 '재창조'하려 한다. 이에 따라 미국은 거의 모든 정책 분야에서 더욱 공세적인 정책을 펴기 시작했고 중국에 대한 '전방위적 타격'으로 중미관계를 어려운 '전략적 조정기'로 몰고 갔다.

첫째, 안보와 군사 분야에서 중국에 초점을 맞춘 군비 압박을 강화했다. 최근 중국의 급속한 군사 현대화에 맞서 트럼프 정부는 군사 영역에서 중국을 최우선 가상의 적으로 간주한다는 점을 분명히 했다. 예를 들어 펜타곤이 발표한 〈국방전략 보고서〉는 현재 미 국방이 직면한 최대의 도전을 다음과 같이 명시하고 있다. "군사적 우세가 러시아와 중국에 의해 침식되고 있다. 이를 해결하지 않으면 결과적으로 우리의 억제 전략과 위협 능력이 훼손될 것이며, 우리가 추구하고 동맹과 공동 설정한 자유 개방 질서를 해칠 것이다."[6) 2018년 3월 6일 댄 코츠(Dan Coats) 미국 국가 정보국장은 국회 상원 군사위원회에서 중국 군사 개혁이 심화됨에 따라 향후 중국의 '더욱 치명적인 연합 작전 능력'은 미국과 동맹국 군대를 중국 대륙에서 떨어진 곳에서 위험에 빠뜨릴 것이라고 증언했다.[7) 트럼프 정부 입장에서는 중국 군사력이 발전함에 따라 미국은 첨예한 대립 조치를 취해야 하며, 중국에 대한 군사적 우위를 확대하고 강화해 중국이 군사 영역에서 미국과 그 동맹국에 도전이 되지 못하

---

6) US Department of Defense, "DoD Official: National Defense Strategy Will Rebuild Dominance, Enhance Deterrence", Jan 19, 2018, at: https://www.defense.gov/News/Article/Article/1419045/dod-official-national-defense-strategy-will-rebuild-dominance-enhance-deterrence/

7) US Department of Defense, "Intel Chiefs Tell Senate Committee of Dangers to America", March 6, 2018, at: https://www.defense.gov/News/Article/Article/1459432/intel-chiefs-tell-senate-committee-of-dangers-to-america/

도록 해야 한다.

둘째, 경제 분야에서 일방적인 무역 제재를 가해 중국의 산업 고도화와 과학기술 발전을 저지하겠다는 것이다. 트럼프는 경선 기간에도 자주 중국이 '불공평한' 무역 방법을 이용해 미국을 '경제적으로 침략'하고, 미국 기업의 기회를 '훔쳐서' 막대한 대미 무역적자를 통해 이익을 얻고 미국의 경제성장을 심각하게 해치고 있다고 비난했다. 취임 후 트럼프는 체계적인 대중 무역전쟁으로 중국의 시장 진입을 억제하고 대미 무역적자를 줄이고 지적재산권 보호 등에서 미국에 중대한 양보를 하게 하려 했다. 2018년 3월 22일 트럼프는 중국에서 수입되는 전자제품, 산업기기, 제약 원료, 항공 우주, 전기자동차와 산업로봇 등 주요 분야의 500억 달러 상당 상품에 대해 대규모 관세 부과를 발표하며 본격적인 대중 무역전쟁에 돌입했다. 2019년 5월 10일 미국은 2,000억 달러에 이르는 중국 수입품에 대한 관세를 10%에서 25%로 올릴 것을 발표했다. 8월 24일 미국이 일방적으로 5,500억 달러에 이르는 중국 수입품의 관세율을 올리겠다고 발표하면서 중미 무역 분쟁은 최고조에 달했다. WTO가 정한 국제규칙을 공공연히 무시하고 보호주의와 일방적 수단으로 중국을 '극한 압박'하는 미국의 행위에 대해 중국이 보이콧과 반격에 나서면서 중미 무역전쟁은 다시 격화되고 있다. 어려운 협상 끝에 중미 양국이 2020년 1월 15일 '중미 1단계 경제 무역 협의'를 달성했음에도 불구하고, 미국은 중국에 대한 관세 제재 조치를 멈추지 않았다. 게다가 그 후 트럼프 정부는 중신궈지(中芯國際, SMIC), 하이캉웨이스(海康威視, HIKVISION), 즈제티아오둥(字節跳動, Tiktok), 웨이신(微信, Wechat) 등을 포함한 100여 개 중국기업에 제재와 압박을 가하는 정책을 지속적으로 내놓아 정상적인 중미 무역 질서와 중국기업의 정당한 권익에 심각한 손해를 입혔다.

셋째, 외교 분야에서 '인도태평양 전략'을 내세워 중국의 '일대일로' 이니셔티브를 견제한다. 미국은 중국의 일대일로 이니셔티브의 목적이 '배타적 세력권'을 구축해 중국의 지역 안보 영향력을 확대하고 궁극적으로 인도태평양 지역에서 미국을 '축출'하는 것이라고 생각한다. 이에 대해 트럼프 정부는 '인도태평양 전략'을 통해 일본, 한국, 호주 등 인도태평양 동맹국과 관계를 강화하는 동시에 동남아와 남아시아 지역으로 뻗어나가 인도, 베트남, 인도네시아 등 국가를 끌어들여 힘을 합쳐 중국을 포위하고자 한다. 2018년 5월 30일 제임스 매티스((James Mattis) 국방장관은 하와이에서 미군 '태평양사령부'의 명칭을 미군 '인도양–태평양 사령부'로 공식 개칭한다고 발표했다. 2019년 11월 4일 미국 국무부는 「자유롭고 개방된 인도태평양 지역: 공동 비전 촉진」이라는 제목의 보고서를 통해 인도의 '동진정책', 일본의 '자유롭고 개방된 인도태평양 개념', 호주의 '인도태평양 지역 개념' 및 한국의 '신남방정책' 등과 긴밀한 협력을 강조했다.[8] '인도태평양 전략' 아래 미국은 서태평양 지역의 군사력 투입을 지속적으로 확대하고 해·공군 병력과 자원 배치를 최적화하며 중국에 대한 상대적 군사우위를 유지·강화하고 있다. 또한 동맹국과의 협조를 강화해 맞춤형 양자 및 다자 군사협력을 추진해 미국에 유리한 지역 전략 균형을 유지하고 있다.[9]

넷째, 사회적으로 중국의 대미 '정치 침투'를 조작했다. 2017년 이래 미국에서는 중국 굴기에 대해 새로운 우려가 나타났다. 중국의 대미 기관과 전체 사회적 '정치 침투와 영향력'에 대한 관심과 걱정이 그것이다. 미국의 대학, 과학 연구기관, 동아리, 언론계 및 산업계에 미치는 중국의 영향을 지적하고 미국의 언론 자유와 학술 독립성 등을 저해한다고 비난했다. 2018년 2월 13일 미국 연방수사국장 크리스토퍼 레이(Christopher Wray)는 국회 증언에서 미국에 있는 중국 교수, 과학 연구자, 학생들은 모두 잠재적인 '비전통적 정보 수

---

8) US Department of State, "A Free and Open Indo-Pacific: Advancing a Shared Vision", November 3, 2019, at: https://www.state.gov/a-free-and-open-indo-pacific-advancing-a-shared-vision/

9) 韋宗友, 「美國在印太地區的戰略調整及其地緣戰略影響」, 『世界經濟與政治』, 2013年第10期.

집원'으로 미국 '전체 사회에 위협이 되고 있다'고 말했다. 레이의 이 같은 발언은 곧 새로운 대중 정치 공격을 촉발했다. 2019년 이후 미국은 중국 유학생과 학자의 미국 유학과 방문을 제한하는 조치를 취하면서 '안보 위험'을 빌미로 중국 유학생과 연구원의 비자 발급을 거부했다. 통계에 따르면 미국은 지금까지 최소 3,000명의 학위 과정 유학생과 과학 연구 협력에 종사하는 중국 대학원생과 연구자들의 비자를 취소했다. 그 외에 미국은 여러 조치를 통해 중국 유학생의 전공 선택과 취업을 제한했다. 특히 '기밀 획득'을 방지하기 위해 중국 과학 연구자가 미국 대학 및 연구기관 또는 민감한 연구에 종사하는 것을 제한했다. 2002년 2월 18일 미국은 신화사(新華社), 인민일보(人民日報), 중앙텔레비전(中央電視, CCTV) 등 5개 중국 언론을 「외교사절단법」의 적용 범위에 포함시키고 미국 내 활동을 제한했다. 3월 2일 이들 5개 언론기구의 주미 중국인 직원 100명 감축을 요구하고 나머지 직원에게는 '제한된 기간 내 출국'을 강요했다. 5월 23일 미국은 시안 교통대학(西安交通大學), 통지대학(同濟大學), 중국인민대학(中國人民大學) 등 13개 중국 대학을 블랙리스트에 포함시키겠다고 발표했다. 이 같은 각종 조치는 미국의 대중 압박이 사회와 문화 교류 영역까지 만연했음을 보여준다.

3. 중미전략 게임이 동북아 정세에 미치는 영향

트럼프 정부가 적대적 대중 정책을 취하면서 중미관계는 1972년 이후 전례 없는 긴장 시기에 접어들었다. 현재의 중미관계 현황을 자세히 살펴보면 다음과 같은 특징을 알 수 있다.

첫째, 중미 양측의 거의 모든 고위급 소통과 협조 기제, 채널이 무력화되거나 실패했다. 양국 전략 고위층 간의 상호 의심과 경계는 전례 없는 수준으로 높아졌고 본래 취약했던 양국의 전략적, 정치적 상호 신뢰도 심각하게 훼손됐다. 민주당의 조 바이든 후보가 2020년 11월 대선에서 트럼프를 꺾고 백악관에 입성하더라도 중미 간 전략적 상호 신뢰는 단기간에 회복되기 어려울 것이다.

둘째, 전략적 상호 신뢰가 심각하게 결여되어 있어 중미 양국은 거의 모든 분야에서 실질적이고 건설적인 어떤 협력도 하기 어렵다. 북핵 문제에서의 협력을 포함한 지역 안보 도전에 대한 대응 및 본래 긴밀한 협력이 이루어졌던 많은 의제에서도 양국은 지속적인 협력 동력이나 유인을 찾기 어렵다. 특히 중미 양국은 코로나 바이러스라는 공중보건 이슈에서도 분쟁을 방치하지 않고 협력하긴커녕 오히려 전략적 경쟁과 양국 관계를 더욱 악화시켰다.

셋째, 중국과 미국은 각각 현재 국제체제에서 부상하는 국가(崛起國)과 현상유지 국가(守城國)로서 양자관계의 구조적 갈등은 정치, 안보, 외교, 군사, 무역, 과학기술, 문화 등 거의 모든 분야에서 '전방위적' 경쟁과 대립으로 나아가고 있다. 특히 양국은 대만 문제, 남중국해 문제 등 지역안보 문제를 둘러싸고 논쟁과 대립이 날로 격화되고 있어 지역 안보 위기로 비화할 가능성도 배제할 수 없다. 중미관계에 내재된 거대한 리스크에 관해, 2020년 10월 7일 미국 전 국무장관 헨리 키신저는 중국과 미국은 날로 격렬해지는 경쟁을 위한 '교전수칙'(rules of engagement)을 마련해야 하며, 그렇지 않을 경우 제1차 세계대전 이전의 불확실한 상황이 재연될 수 있다고 분명하게 경고했다.[10]

갈수록 격화되는 중미 전략게임은 글로벌 권력 구조에 직접적으로 변화를 촉발하고 동북아 지역의 안보와 안정에 영향을 미친다. 그뿐만 아니라 전 세계적으로 위력을 떨치고 있는 코로나 바이러스도 국제질서와 대국 관계에 경

---

10) 搜狐網, 「基辛格 : 中美必須設立交戰規則」, 2020年10月9日. https://www.sohu.com/na/42335
8788_115479.

시할 수 없는 영향을 미치고 있다. 동북아 각국은 불확실성이 팽배한 동북아 지역 정세에 대응하기 위해 아래와 같이 효과적이고 타당한 정책 조치를 신속히 취해야 한다.

먼저 안보 분야에서 동북아 지역은 본래 북핵 문제, 대만 문제와 중국 댜오위다오(센카쿠열도) 문제 등 언제든지 폭발할 수 있는 '화약통'을 다수 갖고 있다. 이런 문제는 중미 양국의 심도 있는 전략적 협조 및 협력과 더불어 관련 국가의 적극적인 호응과 협조가 필요하다. 그러나 중미 전략게임이 갈수록 격화되면서 양국은 대응 가능한 지역 안보 위기에서 협력하기 어려워졌고, 두 나라가 위기 충돌의 당사국이 될 가능성도 배제할 수 없게 됐다. 따라서 동북아 각국은 적극적인 협상과 지역 안보 협력 프레임 구축을 통해 시기 적절하고 원활한 고위급 정보 소통기제와 채널을 구축하여 불의의 사건 발생을 엄격히 방지하고 뜻밖의 사건이 안보 위기로 비화되지 않도록 협력해야 한다.

다음으로, 중국을 포함한 세계 여러 나라에 대한 미국의 관세전쟁은 국제 자유무역 체제에 심각한 충격을 주었고 코로나 바이러스 발생은 국제경제질서에 유례없는 큰 도전을 가져왔다. 전염의 전파 위협 속에서 전 세계 많은 나라의 산업과 제조업이 정상적으로 운영되지 못하고 소비수요가 급격히 감소해 자본 유통이 위축되면서 글로벌 경제침체는 이미 불가피해졌다. 동북아 각국은 자유무역의 기치를 높이 들고 일방주의와 보호주의 조치에 단호히 반대해야 한다. 또 동북아 각국이 경제 무역 분야에서 협력을 강화해 역내 무역 자유화를 심화하고, 한중일 FTA와 RCEP 협상도 함께 추진해 코로나 바이러스로 인한 경기 침체와 불황의 한파를 헤쳐 나가야 한다.

나아가, '코로나 바이러스'가 전 세계에 가져온 심각한 공중 보건 안보위기는 다시 한 번 글로벌 보건 관리의 중요성과 시급성을 일깨웠다. 그러나 불행히도 바이러스로 인해 민족주의, 종족주의, 배외론(排外論)이 다시금 고개를 들면서 세계화 시대의 자유, 개방적 글로벌 거버넌스의 이념 및 메커니즘은 심각한 타격과 제한을 받았다. 코로나 사태에 맞서 동북아 각국은 다자주의 이념을 견지하면서 유엔과 국제보건기구 등 국제 다자체제의 통일된 협조하에 방역을 위해 협력하여 백신의 연구 및 생산, 초국경적 방역, 방역 경험 공유, 보건 지식 및 정보 공유 등 방면에서 실무 협력을 강화해 인류 공동의 적인 신종 코로나바이러스에 공동 대응해야 한다.

상술한 바와 같이 트럼프는 백악관 입성 후 미국 국가 안보와 외교정책을 대대적으로 조정했다. 중국을 미국의 글로벌 리더 지위에 대한 주요 도전자로 보고 이에 따라 미국의 대중 정책 프레임의 전략적 '탑 레벨 디자인'을 새로이 했다. 중국을 다차원적이고 체계적으로 봉쇄하고 압박하면서 중미관계에서 상호 이익이 되는 측면은 크게 약화됐고 전략적 경쟁과 이익 충돌 측면은 증가했다. 중미관계가 현저히 악화되고 마찰이 잦아지는 등 풍파가 계속됨에 따라 중미관계는 동북아 지역의 평화와 안보에 지대한 영향을 미치며, 나아가 동북아 각국의 대응 정책에 새로운 도전이 되고 있다.

한미일 삼각관계의 변화

최희식(崔喜植)*

1. 냉전과 한미일 삼각관계

광복 이후 급격한 국제정치의 변동 속에, 소련과의 전 세계적 냉전을 전개하는 글로벌 파워 미국, 미국의 아시아 냉전전략에 편승하며 부흥을 모색하는 일본, 북한과의 체제경쟁을 우선하면서 탈식민화를 전개하는 한국, 이 삼자의 국가전략은 너무나 상이했으며 상호마찰, 특히 한일 간 마찰을 일으켰다. 이들 삼국을 유일하게 묶고 있는 것은 소련과 중국 및 북한의 위협에 대처하는 것이었다고 해도 과언이 아니었다.

50년대 냉전전략의 불협화음으로 상호 갈등이 심했던 한미일 삼국은 60년대를 거치면서 협력적인 관계를 구축하며 〈그림 1〉과 같은 역할분담을 암묵적으로 형성하였다. 미국은 글로벌 파워로서 동맹국가에게 소련과 북한의 위협에 대한 억지력을 제공하면서도 반공 전선국가의 자조적 노력과 반공 기지

* 국민대학교 일본학과 교수, 일본학연구소장

국가의 지역적 역할을 강조하며 자신의 부담을 경감하려 했다. 한국에게는 자주국방과 경제발전의 동시적 달성이라는 매우 제한적인 역할만을 요구하며, 한국 내 과도한 냉전논리의 확산을 억제하였다. 반면 보혁대립으로 '냉전의 국내화' 우려가 강했던 일본에게는 주일 미군의 극동전개에 적극적으로 협조하는 정도의 제한적인 군사적 역할만이 요구되었으며, 그 대신 대규모의 전략적 경제원조로 반공 전선국가의 자주국방과 경제발전에 공헌할 것이 요구되었다. 더불어 한미일 삼국의 정책 조율을 위한 제도적 기반은 없었지만, 한미 국방각료회의, 미일 안전보장협의위원회, 한일 각료회담 등 양자 간 정책 협의 제도를 갖추고 있어서 간접적으로 삼국의 정책조정을 수행하였다. 위와 같은 구도는 미국과 일본 그리고 대만 사이에서도 비슷하게 나타났다.

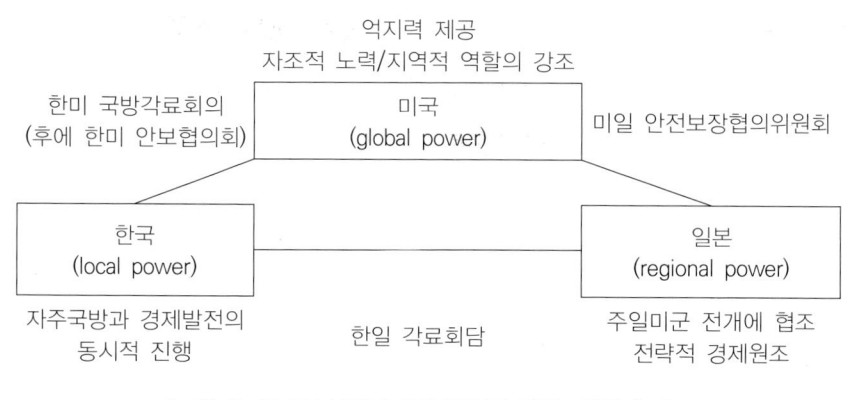

〈그림 1〉 한미일 협력체제의 냉전적 원형: 역할과 제도

그런 의미에서 일본은 리저널 파워(regional power)로써 미국의 동아시아 정책을 '보좌'하는 중요한 역할을 담당했다. 지역동맹(regional alliance)으로써의 미일동맹은 국지동맹(local alliance)으로 기능했던 한미동맹을 보완하는 차원에서 한반도를 포함한 극동지역의 안보에 중요한 역할을 하였다. 육군 중심의 '인계철선'으로 기능한 한미동맹은 해·공군 중심의 '후방기지' 역할의

미일동맹과 연계되며 일본의 안보는 물론 동아시아 안보에 결정적 역할을 수행해온 것이다.

하지만, 1969년 확정된 일본의 역내 군사적 역할은 한반도 유사시 주일 미군의 자유로운 한반도 전개 및 핵반입 허용 등 매우 소극적인 것에 머물러 있었다. 한국 안보에 대한 적극적 역할은 상정되지 않았던 것이다. 이는 보혁대립이라는 특수한 국내구조를 가지고 있는 일본에게 있어 불가피한 것이었다. 한국 또한 한일 국교정상화 과정에서 과거사 청산을 도외시한 결과, 식민지 지배의 어두운 기억이 여전히 남아있었기 때문에 일본과의 군사협력에 대해 극히 부정적이었다. 이처럼 보혁대립의 국내정치와 헌법상의 제약을 감안하면, 군사 면에서의 지원과 관여는 불가능했으므로 경제협력 이외의 선택지는 존재하지 않았다. 이른바 안보경협의 형태로 한일 안보협력이 가능했던 것이다.

그러나 한국의 민주화와 경제성장으로 한일 가치공동체가 발전하면서 90년대 이후 한일 사이에서 본격적인 안보교류가 시작되었다. 물론 공동 군사훈련 등 군사협력까지는 진척되지 못하였지만, 냉전기와 비교하면 비약적 발전임에는 틀림없었다. 그런 의미에서 1998년 한일 파트너십 선언은 이러한 탈냉전 이후 불안정한 아시아 정세를 바탕으로 한일 간 안보협력을 더욱 강화하게 된 계기가 된 것으로 평가할 수 있다. 1998년 한일 군부 당국자 핫라인 설치, 99년 공동 해난구조 훈련(SAREX) 실시, 2002년 한일 동티모르 PKO 협력 등은 양국 간 안보교류의 변화를 잘 보여준다.

이러한 한일 안보협력은 1998년 新가이드라인이 책정되면서 주일 미군의 극동지역 전개에 대한 일본의 후방지원을 가능케 했던 '미일동맹의 재정의'와 밀접히 연관되어 있었다. 일본의 군사적 역할이 주일 미군의 후방지원까지 확대되면서 이를 보완할 한일 간의 안보협력, 특히 북한을 둘러싼 한일 안보협력의 필요성이 대두된 것이다. 또한 한미동맹 재정의를 통해 로컬동맹으로서의 한미동맹은 지역동맹 혹은 세계동맹으로 격상되어 주한 미군의 아시아 태평양 지역전개가 가능해졌고 이에 대한 한국군의 지원이 요구되고 있으며, 이에 따라 해외 지역에서의 한일 안보협력의 필요성이 대두되었다. 실제 지역문제와 글로벌 문제에 있어 한국의 역할은 확대되었고 또 그렇게 할 것이 기대되었다. 미국의 글로벌 군사전략의 변화에 맞춰, 한국방위는 한국군이 전담하며 주한미군은 다른 분쟁에 빠른 대응을 하기 위해 주한 미군의 재배치가 진행되었다. 이를 위해 평시 작전통제권은 한국군으로 이양되었고, 한국의 자주국방이 장려되었다.

2. 미중 경쟁과 한미일 삼각관계의 변화

2000년대 이후 미중 경쟁은 정치·군사 모든 면에서 확대되고 있다. 중국은 '반접근/지역거부(A2/AD)' 전략에 입각해 미사일 등 첨단 무기 개발에 힘을 쏟고 있으며 해군의 행동반경을 제2열도선까지 확장하고 있다. 반면 미국은 '공해전투(Air-Sea Battle)' 개념을 바탕으로 이에 대항하고 있다. 미국은 인도태평양 전략과 그에 기반한 쿼드 협력의 확대 등을 통해, 중국의 해양진출을 억제하고 있다. 또한 미국은 중국을 글로벌 가치사슬(GVC)에서 퇴출하는 디커플링(decoupling)을 추진하고 있으며, 미국의 동맹국 및 우호국 중심의 경제번영네트워크(EPN) 구축에 착수하였다. 2020년 4월 29일 폼페이오 미 국무장관이 기자회견에서 "아시아·태평양 동맹국들과 전 세계 공급망과 관련된 것을 논의했는데, 이 논의에는 공급망을 원활하게 작동시키고 우리 경제를 완전히 회복시키는 내용도 포함됐다"며 이 구상을 언급했다. 트럼프 대통령의 G7 확대 구상(+한국, 러시아, 인도, 호주)은 이러한 포석으로 여겨지고 있다. 이와 더불어 미국은 기존의 아태지역 동맹국에게 더욱 적극적인 안보 분담을 요구하면서 '중심축과 바퀴살'(hub and spoke) 구조를 강화하고 있다. 헌법 해석 변경을 통해 집단적 자위권을 인정했던 일본 정부의 움직임을 환영한 것은 이 때문이었다. 심지어 헌법개정조차 일본의 국내문제라며 넌지시 묵인하는 형국이다. 이제 일본은 미국의 후방지원을 위한 '기지 국가'가 아니라 미국과 함께 피를 흘리는 '보통 국가'로 전환하고 있다. 미국은 한국에도 이런 안보 분담을 요구하고 있으며 앞으로 더욱 강화될 것은 명약관화하다. 문제는 미국이 여기에 머물지 않고 동맹국 사이의 안보협력을 강화하여 거미줄과 같은 방어망을 구축하고자 한다는 점에 있다. 비록 강제징용문제로 기능정지 상태에 있지만, 한일 정보보호협정 유지에 대한 미국의 강력한 의지는 이러한 이유 때문이다.

하지만 미국의 생각대로 한일 안보협력이 강화되는 데는 한계가 존재한다. 최근 한국은 한미동맹과 대중관계의 균형을 지향하면서, 사드 배치에 대한 반발, 중거리 미사일의 한국 배치에 대한 반발 등 한미동맹이 냉전 시기에 지녔던 전선국가적 동맹의 모습을 잃어가고 있다. 또한 전시작전통제권의 이양이 거의 현실화되면서 주한미군과 한국군의 일체성은 약화될 전망이다. 이러한 한미동맹의 변화는 한미동맹과 미일동맹의 연결고리가 약화되지는 않는지 일본의 우려를 초래하고 있다. 이러한 우려는 박근혜 정부 시기 이후 일본이 적극적으로 홍보하던 '중국 경사론'에 나타나고 있다. 일본은 '중국 경사론'을 통해 한국의 외교안보전략을 옥죄어 한국의 외교가 한미일 삼각관계에서 이탈하려는 흐름을 차단하려는 것이다.

기실 한반도 평화구축 또한 일본에 있어 그리 좋은 일만은 아니다. 북한 위협이 해소된다는 점에서는 좋지만, 한반도 평화구축이 가져올 한미동맹의 변화가 기존 한미일 삼각협력을 약화시키지는 않을지 불안해하고 있다. 이는 단순하게 한반도 평화체제 구축에만 한정되지 않는다. 한반도 통일로 인해 한미동맹에 급격한 변동이 올 가능성이 존재하기 때문에, 한반도 평화체제 구축에 대한 안보적 접근은 한반도 통일에 대한 안보적 접근과 논리를 같이 하고 있는 것이다. 실제 주한 미군 문제를 둘러싼 한미일의 정책은 미묘한 차이를 불러왔다. 가장 큰 문제는 한미 합동 군사훈련 문제였다. 2018년 2월 한일 정상회담에서 아베 수상이 한미 합동훈련은 예정대로 실시해야 한다고 말하자 문재인 대통령이 이는 한국 주권의 문제이며 내정문제라며 비판했던 것은 대표적인 것이다. 6월 북미 정상회담 이후 트럼프 대통령이 북미 간 대화가 진행되는 기간에 한미 합동훈련의 중지를 표명하자, 오노데라 일본 방위상은 "한미 훈련은 주한미군과 함께 동아시아의 안전 보장에 중요 역할을 한다"며 "한미일이 이러한 인식을 공유해야 한다"고 강조하며 불편한 기색을 내비쳤다. 이는 일본이 얼마나 한반도 평화구축 및 한반도 통일 과정에서 주한미군에 민감히 반응하는지를 여실히 보여주는 사례일 것이다.

반면, 한국은 일본을 우려 섞인 시선으로 바라보고 있다. 예전 6자회담의 경험 속에서, 일본은 일본인 납치문제 등을 제기함으로써 한반도 평화프로세스 진행에 방해 요인이 될 뿐이라는 인식이 한국 내에 팽배하다. 미국 추종 외교에 머물러 있는 일본이기에 한반도 평화프로세스 과정에서 일본은 중요한 변수가 아니라는 일본 패싱론도 만연해 있다. 한반도 평화프로세스에서의 일본의 경제적 역할 또한 납치문제 등으로 인해 빠른 시일 내에 기대하기 힘들며, 한국과 중국의 경제적 지원으로 이를 대체할 수 있다는 인식도 일본 패싱론의 주요한 근거이기도 하다. 가령 모 신문의 논설위원은 "남북한이 긴장과 대립으로 지새운 73년 세월을 넘어 평화를 모색하려는 이때에 일본이 훼방꾼으로 등장하고 있으니 악연 중의 악연이 아닐 수 없다"는 글은 일본을 바라보는 한국의 인식을 상징적으로 보여준다 하겠다(서울경제신문 2018년 5월 31일).

기실 일본은 2010년과 2012년 센카쿠 분쟁을 겪으면서, 센카쿠에서의 우발적 무력충돌이 전쟁으로 이어질지 모른다는 의기의식을 심화시켜왔다. 냉전

시기 혁신세력이 굳건한 정치세력으로 자리 잡고, 국민 내 평화의식이 뿌리 깊게 건재했을 때의 평화국가 의식은 이제 전장(戰場) 의식으로 전환되고 있는 것이다. 그에 따라 미일동맹은 일체화의 과정을 겪고 있다. 아베 정부는 2015년 4월, 미일 간 가이드라인 개정을 통해 집단적 자위권을 미일동맹 차원에도 반영하였다. 신가이드라인에서는 '동맹 조정매커니즘'을 창설하고 공동 작전계획을 책정하여, 평시에서 유사시까지 '끊어짐 없는' 협력이 가능한 구조를 만들었다. 한미동맹은 전시작전권 이양, 한반도 평화프로세스 과정에서 한미 연합군사 훈련의 중지 등에서 보듯이 일체성이 이완되는 방향으로 변화하는 것과는 대조적인 것이다.

중국과 북한을 포섭하며 한반도 평화체제를 모색하는 한국이 미일동맹의 일체화 과정, 그 속에서 일본의 군비증강에 대해 정치적 불편함을 느끼는 것은 당연해 보인다. 동시에 강제징용 문제 등 역사마찰, 작년 일본의 대한국 수출규제는 한국과 일본이 우호국에서 경쟁국으로 전환되어 가고 있다는 사실을 명확히 보여주고 있다.

어찌 보면, 냉전시기 한미일 삼각관계의 약한 고리는 일본이었다. 보혁대립으로 냉전이 국내화될 가능성이 높았던 일본은 미국의 냉전전략에 일정 정도 거리를 두며, 중국, 북한, 북베트남, 소련과의 관계를 안정화시키려는 노력을 경주했다. 반공의 전사(戰士)를 자부했던 한국이 늘 일본을 기회주의자로 비난하며 불만을 가졌던 이유이다.

반면, 현재는 상황이 반전되었다. 한국은 중국, 북한과의 관계를 안정화시키고 한반도 평화체제를 구축하기 위해 노력하고 있다. 오히려 일본은 전장의식하에 미일동맹 일체화의 방향으로 나아가고 있다. 일본이 '중국경사론'을 유포하며 한국을 압박하는 것은 반공의 전사 한국이 기회주의자 일본을 비난하던 냉전 시기와 유사하다.

냉전시기 일본의 '기회주의'는 동아시아 냉전 구도를 완화하는데 기여했다는 사실에 주목할 필요가 있다. 한미일 삼각관계의 약한 고리였던 일본은 중국과 북한에게 모험주의를 대체할 탈출구를 제공했다. 실제 중국과 북한은 자유진영의 약한 고리였던 일본과의 경제, 인적 교류를 통해 봉쇄망을 약화시키려 했다.

미중 경쟁시대, 한국은 이른바 가치관을 공유하는 자유국가 연합의 약한 고리로 자리 잡고 있다. 북한과의 평화공존, 국경을 맞대는 중국과의 안정적 관계 유지라는 과제를 안고 있는 한국의 '지정학적 숙명'은 자유국가 연합 내 다른 국가와 결을 달리한다. 일본은 '중국경사론' 유포를 통해 한국을 견제하고 미국은 자유국가 연합에의 적극적 참여를 독려하고 있지만, 그들은 한국의 '지정학적 숙명'을 배려할 수밖에 없다. 실제, 미국은 냉전시기 보혁대립의 국내적 구조 속에 평화외교를 추구할 수밖에 없던 일본을 배려했다. 일본에게 자유진영에 서서 선명하게 공산권과 대결해달라고 요구하는 것은 국내 혁신세력과 평화주의자를 자극해서 일본이 더욱 중립화 경향으로 나아갈 수밖에 없기 때문이었다. 미국은 현명하게 일본을 다루었다. 자유진영의 반공 전략에 공헌하게끔 하면서도 일본을 자극하지 않도록 말이다.

미국 또한 한국을 현명하게 다룰 것이다. 미국은 남중국해 문제에 애매한 태도를 보인 한국에 불만을 토로하지 않았다. 사드 배치는 강행했지만, 사드 3불 합의는 묵인했다. 미사일방어망에 한국의 참여를 강요하지 않는다. 물론 미국은 한국이 자유 국가연합에 충분한 기여를 하도록 만들 것이다. 하지만 한국의 '지정학적 숙명' 내에서 할 수 있는 것만을 요구할 뿐이다. 그런 의미에서 한국은 냉전 시기 일본이 동아시아 냉전구도를 완화시키는 역할을 했던 것처럼, 미중 경쟁시대 자유 연대의 약한 고리로써 동아시아 평화에 기여할 것이다.

어찌 보면 최선을 향한 노력과 최악을 피하고자 하는 노력의 '불안정한 공존'이 실재(reality)에 가까운 것인지도 모른다. 그리고 '최선을 향한 노력'과

'최악을 피하고자 하는 노력'의 불안정한 공존, 미국과 중국의 불안정한 공존, 이것이 현실이라면 우리에게 필요한 것은 신중함(prudence)이다. 낙관적 이상주의도, 비관적 모험주의도 현실이 될 수 없기에 균형점을 찾으려는 노력이 요구되고 있다. 하지만 여기서 말하는 신중함은 한국이 미국과 중국을 동시에 균등하게 만족시키며 줄타기해야 한다는 의미가 아니다. 한미동맹을 기반으로 안보를 유지하고 있다는 전제 위에 미중관계의 이중성을 고려하며 한중관계를 관리한다는 의미에서의 신중함이다. 우리가 한미일 삼각관계, 한일 안보협력, 한중관계를 바라볼 때 필요한 건 바로 이러한 의미의 신중함이다.

동북아의 새로운 아키텍쳐

리카이성(李開盛)*

　미국과 중국의 전략적 경쟁은 동아시아에 가장 강렬한 공명을 일으켰으며, 그 중요한 이유 중 하나는 질서와 연관되어 있다. 이는 미국과 중국의 전략적 경쟁이 근본적으로 유형의 이해관계가 아닌 무형의 질서이기 때문이다. 즉 현재의 중미경쟁은 향후 세계가 미국을 중심으로 기존의 질서를 계속 유지할 것인지 아니면 중국의 역할과 이념이 더욱 반영된 새로운 질서로 대체할 것인지의 문제가 되었다. 이러한 질서 경쟁은 처음에는 지역적 차원에서 시작되었다. 새롭게 성장한 대국으로서 중국은 글로벌 차원에서 기존 질서를 엎겠다는 의도를 표출한 적도 없거니와 지역적 차원에서 미국에 직접적으로 도박하는 것을 거부해왔다. 그러나 미국은 중국을 신뢰하지 않을 뿐만 아니라 오히려 강경하다고 평가받는 중국의 정책은 모조리 다 지역적 질서를 뒤엎겠다는(편집자 주-수정주의 세력revisionist) 의지로 해석해 왔다.

　동아시아는 경제적 번영을 누리고 있지만, 지역 내 질서가 확립되지 않은

* 상하이사회과학원 국제문제연구소 소장

지역이다. 현재 동아시아의 리더는 역내 국가에 포함되지 않은 미국이라고 할 수 있다. 그러나 엄밀하게 보면 미국이 주도하는 질서구조에는 일본, 한국, 필리핀, 대만 등 4개의 동맹국만 포함될 뿐 대부분의 동아시아 국가, 특히 중국은 포함되어 있지 않다. 동북아에서 지역적 질서가 확립되지 못한 이유는 북핵 위기, 한중일 영토 및 역사 분쟁 등을 해결하지 못했기 때문이다. 동북아 지역의 질서가 확립되지 않은 상황에서, 지역 질서의 주도권을 두고 진행 중인 미국과 중국의 전략적 경쟁은 비록 경제적으로는 번영했지만 정치적으로 불안정한 이 지역에 지정학적 돌풍을 불러일으켰다.

이 완벽한 돌풍의 한 가운데에 있는 동북아 국가들의 외교정책은 미국과 중국 중 어디에 줄을 설 것인지의 문제를 넘어, 지역의 질서가 어디로 갈 것인지를 고려해야 한다. 하지만 이러한 상황은 좋은 일이라 할 수 있다. 질서라는 관점에서 보았을 때, 이 과정들을 통해 문제의 근원이 드러나고, 문제를 해결할 방법에 접근할 수 있기 때문이다. 질서는 궁극적으로 모든 이해관계자의 이익을 고려해야 하고, 지속적 틀 안에서 각기 다른 행위 주체 사이의 관계를 처리해야 한다. 다시 말해, 지역 질서의 관점에서 중국과 미국, 동북아 국가들 사이의 상호작용을 생각해야 비로소 미국과 중국의 국력이나 이익 쟁탈만을 고려한 제로섬적 사고에서 벗어날 수 있고, 미국과 중국이 투키디데스의 함정에서 벗어날 수 있다. 다른 동북아시아 국가들도 이 두 강대국 사이에서 받을 수 있는 충격과 압력, 심지어 희생될 수도 있는 운명에서 벗어날 수 있을 것이다.

질서의 관점에서 미국과 중국의 전략적 경쟁을 고려한다면 다음 세 가지 문제를 순차적으로 고려해야 한다. 1) 미국이 주도하는 패권 체계는 과연 얼마나 가치있으며 또 지속적으로 유지될 수 있을 것인가? 2) 현재 중국은 현대판 조공체계 구축을 시도하려는 것인가? 그리고 만일 그렇다면 이를 실현할 수 있는가? 3) 미국과 중국이 융합되고 조화를 이루는 동북아 질서(融合中美的

東北亞秩序)는 추진할 가치가 있는가? 그 가능성은 얼마나 되는가? 이 세 가지 문제를 논의한 이후, 우리는 비로소 향후 동북아 질서가 어디로 갈 것인지에 대해 더욱 명확하게 생각할 수 있을 뿐만 아니라 역사적으로 전례가 없는 중미 전략경쟁에서 중국과 미국만이 아닌 모두가 혜택을 얻을 수 있는 답안을 찾을 수 있을 것이다.

1. 미국 패권체계는 얼마나 가치있고 지속가능한가?

이 글은 동북아에 초점을 맞추고 있으므로 여기에서 말하는 미국의 패권체계는 미국이 주도하는 한미 및 한일 동맹체계를 의미한다. 사실 이 질문은 두 가지로 나눌 수 있다. 하나는 미국의 패권체계가 유지될 가치가 있는지에 대한 질문이고, 다른 하나는 미국의 패권체계가 지속적으로 유지될 수 있는지에 대한 질문이다. 첫 번째 질문은 현실과 연계되어 있다. 만일 어떤 체계가 초래하고 있는 문제가 해결하고 있는 문제보다 많다면 그 체계는 당연하게도 유지될 가치가 없다고 할 수 있을 것이다. 그러나 국제정치 현실에서 우리는 종종 유지될 가치가 없는 국제체계가 지속되는 현상을 목격한다. 따라서 이 문제에 대한 개별적인 분석이 필요하다.

1) 미국 패권체계는 유지할 가치가 있는가?

이 문제를 판단하기 위해서는 대다수가 수용할 만한 두 개의 중요한 기준을 바탕으로 해야 한다. 하나는 공정성으로, 이 체계가 다양한 행위자의 권리와 의무에 대해 합리적으로 조치할 수 있는지를 의미한다. 다른 하나는 현실성으로, 이 체계가 효과적인 공공재 제공을 통해 지역이 당면한 여러 도전을 해결할 수 있는지와 연관된다.

미국의 패권체계는 의심할 여지 없이 불공정하다. 일본과 한국 모두 미국과의 동맹에서 미국의 특권에 대한 원망이 끊이질 않는다. 더 중요한 점은 이체계의 폐쇄성에서 비롯되는 불공정이다. 이 체계는 동북아에서 한국과 일본만 포함하고 중국, 북한, 몽골 등은 배제한다. 그러므로 미국의 동북아 동맹체계는 사실상 중국과 북한의 봉쇄를 핵심과제로 간주한다. 이러한 상황에서 이 체계가 지역 내 다양한 행위자들의 권리와 의무를 어떻게 합리적으로 정리할 수 있는가? 따라서 미국이 이 체계의 공정성을 개선하기 위한 중요한 전제조건은 체계의 개방성을 실현하고, 개방적이며 배타적이지 않은 지역 체계를 구축하는 것이다.

미국은 항상 '자유롭고 개방적인 인도-태평양'의 건설을 표방한다. 이 표어의 가장 중요한 시금석은 미국이 양자 동맹체계의 본질을 기꺼이 바꿀 수있는지에 달려 있다. 또한 역내 모든 국가에 개방적이고 배타성을 없앤 군사협력을 원하는지, 역내 국가들을 평등하게 대하는 조직으로 나아갈 것인지에도 달려 있다. 그러나 미국은 이러한 변화에 관해 어떠한 징후도 보이지 않고있다. 미국은 한국을 4자 안보 대화에 포함하거나 한국을 이끌어 G11을 창설하기를 희망하고 있는데, 이는 중국을 압박하기 위한 목적이다. 미국이 개방적이고 포용적인 지역 체계를 구축하겠다는 의지를 진정으로 표명하고 있지않기 때문에 미국의 동북아 패권체계가 불공정하다는 중국과 북한의 주장은충분히 타당하다.

현실적인 관점에서 볼 때, 미국의 패권체계가 모든 문제를 해결해 왔을까? 미국, 일본, 한국의 입장에서 보면, 이들의 가장 큰 역할은 중국의 부상이 초래한 불확실성의 균형을 맞추는 것이다. 그러나 이 동맹체계는 중국의 부상을 억제할 방법이 없을 뿐만 아니라 중미 간 충돌을 완화하기 위한 적절한 방안도 준비하지 않았다(아마도 양자의 충돌에 대한 계획만 있을 것이다). 사실미국의 패권체계는 정치·안보적 측면이나 경제적 측면에 상관없이 동북아에 효과적인 공공재를 제공하지 못하고 있다. 정치·안보적 측면에서 북핵 문제를 해결하지 못했고, 오히려 그 존재가 북핵 문제를 초래한 요인 중 하나였다. 미국은 분쟁의 당사국이 아니기 때문에 동북아시아의 영토분쟁에 효과적으로 개입할 수 없다. 경제적 측면에서 미국의 패권체계는 한중일이 협의 중인 FTA와는 아무런 관련이 없다. 한때 미국이 추진한 TPP와 미국이 탈퇴한 상황에서 일본이 추진한 CPTPP가 있지만, 이러한 경제무역 협력구조는 동북아의 범위를 초월할 뿐만 아니라 동북아에서는 일본만을 포함하고 있다.

따라서 공정성과 현실성의 관점에서 미국의 패권체계가 장점이 없다는 사실을 부인할 수 없다. 기껏해야 몇몇 문제에서 일부 국가의 요구를 충족시킬 뿐, 동북아 질서를 전담하기 위해서는 아직 개선해야 할 부분이 너무 많다.

2) 미국 패권체계는 유지될 수 있는가?

패권체계가 유지될 수 있는지를 국제관계학의 3대 이론을 통해 해석하자면, 패권국인 미국의 국력 우위(현실주의), 제도적 생명력(자유주의)과 패권체계의 위상과 역할에 대한 관련 행위주체의 인정(구성주의)에 의해 결정된다. 이 세 가지 측면에서 미국의 패권체계는 각기 다른 수준의 도전에 직면해 있다.

미국의 국력 측면에서 보면, 미국과 중국의 국력 차이가 줄어드는 추세를 바꾸기는 쉽지 않다. 설령 미국이 현재 쇠퇴하고 있지 않더라도, 핵심은 중국의 발전과 개혁에 관한 잠재력이 고갈되지 않고, 중국이 앞으로도 일정 기간 비교적 높은 경제성장률을 유지할 것이라는 사실이다. 코로나19는 이러한 추세를 더욱 가속했다. 중국 경제가 미국보다 더 빨리 회복되고 있기 때문이다. 현재로서 이러한 추세를 억제할 가능성은 전쟁뿐이다. 하지만 미국과 중국은 전략적 경쟁에 돌입했지만 누구도 전면적인 전쟁을 원하지 않는다. 대만의 독립으로 전쟁이 촉발되더라도 중국의 미국에 대한 핵 반격 역량을 고려하면 양국이 전면전을 할 가능성은 매우 낮다.

제도적 생명력의 측면에서 보면, 미국의 패권체계가 마주한 도전은 가장 작은 편이다. 불공정한 협정이 존재하더라도 동맹국인 일본과 한국은 이러한 협정에 대해 많은 이의를 제기하지 않는다. 이러한 제도적 조치에 대한 진정한 도전은 양국의 민족주의이지만, 일본과 한국이 각각 중국의 부상과 북핵 위협에 직면하는 상황에서 양국의 미국에 대한 민족주의는 전반적으로 일정한 범위 내에서 유지될 것이고, 미국과의 동맹관계에 충격을 주지는 못할 것이다.

위상에 대한 인정의 측면에서 보면, 미국의 패권체계에 대한 이원적인 대립이 존재한다. 일본과 한국의 경우, 정부에서 민간에 이르기까지 미국의 패권체계에 대해 불만이 있더라도 미국과의 동맹을 대외안보 정책의 기본으로 인식한다. 그러나 중국과 북한의 입장에서 미국의 패권체계는 절대 용납될 수 없는데, 북한의 미국 패권체계에 대한 거센 비판을 보면 알 수 있다. 중국 입장에서도 동맹체계는 구시대적인 냉전의 산물일 뿐이다.

상술한 세 가지 측면을 종합해보면, 미국의 패권체계가 일정 기간 유지되는 것에는 문제가 없을 수 있으나 장기적으로 중미관계의 변화에 따라 존재의 기반이 취약해지거나 일정 수준의 변화는 불가피할 것으로 보인다.

2. 중국은 현대판 조공체계의 구축을 시도하는가?
   그리고 실현할 수 있는가?

미국의 패권체계에 불안정성이 많고 변화가 불가피하다면, 사람들은 자연스럽게 또 다른 대국인 중국이 향후 동북아 질서에 대해 어떠한 주장을 할 것인지에 대해 관심을 가질 것이다. 안타깝게도 일부 국가에서는 중국이 현대

적인 조공체계를 구축하고자 한다는 의심의 눈초리로 중국을 바라본다. 동아
시아 역사에서 중국을 중심으로 한 조공체계는 수천 년 동안 꾸준히 존재해
왔으며 한국을 비롯한 수많은 동아시아 국가들이 이를 수용하였다. 그러나
조공체계는 공공연하게 위계 관계를 강조하기 때문에 현대에서는 구식이고
억압적인 체계를 대표하는 단어가 되었다. 그렇다면 아래 두 가지 질문에 대
해 분석할 필요가 있다.

1) 중국은 현대판 조공체계의 구축을 시도하는가?

일부 중국인들은 한나라와 당나라의 전성기에 한동안 존재한 모든 나라가
조공을 올린 역사를 선망한다. 그러나 이러한 선망을 국가적 목표로 격상한
다면, 중국이 제기한 '민족부흥'은 '조공체계의 재건'으로 협소하게 정의되며,
오늘날 중국 외교의 왜곡을 초래할 수 있다. 현대 중국 외교는 다음과 같은
핵심적인 원칙이 있기 때문에 조공체계를 받아들일 수 없다.

첫째, 다극화 개념과 조공체계의 유일한 중심이라는 개념은 공존할 수 없
다. 다극화를 주장하는 이유는 냉전 이후 소련과 미국의 패권에 반대한 중국
의 경험과 이해 때문이다. 또한 조공을 받는 국가가 하나만 존재하고 다른 국
가는 모두 속국인 조공체계는 본질적으로 단극 체계이며, 이는 현대 중국이
주장하는 다극화와 상반된다. 둘째, 내정불간섭 원칙은 '외부 세계가 없는' 조
공체계와 대립한다. '외부 세계가 없는' 조공체계에서는 국가 간 지리적 경계
와 업무적 경계가 불분명하다. 종속국이 예의를 다하지 않으면 조공을 받는
국가는 이를 무자비하게 처벌했다. 그러나 현대의 국제 체제는 국경을 구분
하고 내정불간섭이 원칙이다. 사실 중국은 국경 문제에서 내정불간섭 원칙을
가장 잘 지키는 수호자이다. 셋째, 상호호혜와 원원의 원칙은 조공체계가 지
닌 '많이 베풀고 적게 받는' 원칙과 대립한다. 개혁 개방 이후 중국은 사실상
시장경제를 바탕으로 글로벌체제에 융합되었다. 이 체제는 평등한 교류를 강

조하고 있으며, 중국은 일관되게 상호호혜와 윈윈원칙을 제창해왔다. 그러나 조공체계에서 조공을 받는 국가는 반드시 적어도 경제적으로는 '많이 베풀고 적게 받는' 원칙을 가지고 주변국가를 상대해야 한다. 물론 호혜공명이라는 원칙하에 중국이 일부 낙후한 국가에 혜택을 주기도 하지만, 이는 이례적인 사건일 뿐이며 보편적인 현상이 아니다. 무릇 현대 시장경제 질서의 등가교환원칙에 위배되는 행위는 지속가능하지 않기 때문이다.

그렇다면 사람들은 왜 중국이 현대적인 조공체계를 재건하려고 한다는 주장을 믿을까? 주관적인 관점에서 보면, 중국 외교의 정책 목표 및 대외홍보전략과 관련이 있다. 중국은 스스로 아직 명확한 방안이 없을 뿐만 아니라 미국의 반응을 우려하여 향후 동북아 국제질서에 대한 명확한 관점을 제시하지 않고, 인류운명공동체와 같은 추상적인 개념만 제시했다. 중국인들은 보통 고대 사상으로부터 지혜를 이끌어내기를 좋아하지만(예를 들어, '조화만방(協和萬邦)'이라는 단어의 사용을 선호), 민감한 주변국가들에 중국은 고전에서 평화와 조화에 관한 사상을 전승할 뿐 고대의 조공체계를 복원할 생각이 없다는 사실을 알리는 것을 잊었다. 객관적인 관점에서 보면, 미국의 고의적인 비방만큼이나 주변국가의 중국에 대한 자연스러운 의혹도 중요한 역할을 했다. 미국은 자유롭고 개방적인 인도-태평양 질서 구축에 전념하는 동시에 중국이 억압적인 질서를 구축하려고 한다며 중국을 모독했고, 이에 주변 국가들은 중국의 급속한 성장이 초래한 불확실성에 대한 우려를 보며 자신들의 역사적 기억을 꺼내 유추하게 되는 것이다. 그러나 이는 이 국가들의 심리가 반영된 일일 뿐이며, 중국의 의도에 대한 객관적인 인식을 반영한 것이라고는 할 수 없다.

2) 중국은 현대적인 조공체계를 실현할 수 있는가?

힘이 의도보다 더욱 중요하다는 현실주의적 관점에서 보면, 이 문제에 대한 분석은 매우 중요한 의의가 있다. 설사 중국이 현대적인 조공체계를 만들 생각이 있다고 할지라도 만약 객관적으로 불가능하다면 이러한 주장은 무의미하다. 필자는 다음의 몇 가지 객관적 조건이 조공체계의 복원을 불가능하게 만든다고 생각한다.

첫째, 조공체계의 물질적 기반이 더는 존재하지 않는다. 고대의 조공체계와 현대의 국제체계는 완전히 다른 시공간에 존재한다. 조공체계는 국가 간 교류가 거의 없는 농경사회에 존재하는 반면, 현대의 국제체계는 전 세계적인 상품과 서비스 교류를 특징으로 한 세계화된 산업을 기반으로 한다. 흙이 바뀌면 씨앗이 살아남더라도 같은 열매를 얻을 수 없는 법이다.

둘째, 조공체계의 개념적 기반이 더는 존재하지 않는다. 유교의 영향으로 고대 동아시아인들은 예의와 형식의 불평등에 대해 불편함을 느끼지 않았다. 그러나 민족국가의 성장 과정을 경험하고 현대 국제법의 세례를 받은 현대인들은 형식적인 불평등을 결코 받아들이지 못한다. 한편, 고대 조공체계는 사실상 중국과 같은 강력한 유교 문명에 기반을 두고 있었기 때문에 주변국가들은 중국으로부터 국가를 통치하는 경험은 물론 한자문화와 생활방식까지 받아들였다. 그러나 현대의 중국은 앞으로 상당히 오랜 기간 동안 권력의 중심일지언정 문명의 중심지는 아닐 것이다. 그렇기 때문에 중국은 이념적으로 서구 민주주의의 영향력을 대체할 수 없고, 언어적으로 영어의 영향력을 대체할 수도 없다.

상술한 분석을 통해 우리는 중국이 주도하는 현대적인 조공체계가 중국의 의지도 아니며 현실적이지도 않다는 결론을 도출할 수 있다. 그러나 동북아의 미래는 질서가 없어서는 안 되며, 불공정하고 비현실적인 미국의 패권 체계로만 끝까지 나아가 수 없다. 이러한 상황에서 우리는 미국과 중국의 방안과 역내 국가들의 의지를 결합한 새로운 질서의 구축 방안을 모색해야 한다.

3. 미국과 중국이 융합된 동북아 질서가 가치가 있으며 가능성이 있는가?

상술한 분석과 모든 이해관계자의 이해를 종합하면, 이상적인 미래의 동북아 질서는 다음과 같은 국제체계가 되어야 한다. 역내 모든 국가를 포함하고, 이들의 권리와 의무를 동등하게 대우하며, 역내 안전과 안정, 발전을 위한 효율적인 공공재를 제공해야 한다. 가장 중요한 점은, 이러한 동북아 질서는 미국과 중국이라는 두 강대국의 위상, 역할과 국제질서에 대한 생각을 통합해야 한다는 것이다. 이 가운데 하나만 경시되더라도 불공정한 질서가 되며 추구할 가치가 없다.

1) 가치있는 동북아 질서란 무엇인가?

미국과 중국을 포괄하는 질서(整合中美的秩序)가 세워진다면 다음의 측면에서 가치가 있을 것이다.

첫째, 중미 전략경쟁의 해소이다. 중미 전략적 경쟁의 중요한 근원이자 갈등은 전략적 상호의심, 즉 양국이 모두 상대가 동아시아에서 자신의 지위를 배제하려 한다는 의심에서 출발한다. 만약 명확한 제도가 확립된다면, 미국은 동아시아에서 항구적으로 정치적·군사적 역할을 보장받을 수 있고, 중국은 미국의 압력을 우려하지 않으며 자신의 역량을 발휘할 수 있다. 또한 투디키데스의 함정에서 벗어날 방안을 찾을 수 있다는 점에서 의의를 갖는다.

둘째, 모든 이해당사자의 관심을 평등하게 반영할 수 있다. 동북아 국가들의 입장에서 보면, 이익을 최대로 보장하는 방법은 어느 한 강대국의 호의에 의해서가 아니라 두 강대국이 상호 균형을 이루는 것이다. 균형을 이룬 상태에서만 비로소 강대국이 약소국을 과도하게 압박하지 않을 수 있다. 그렇지 않으면 약소국은 압박하지 않는 강대국에 투항할 것이다. 단순히 중국을 받아들이고 미국을 배제하는 것은 동아시아 국가의 이익에 부합하지 않는다. 마찬가지로 미국의 패권을 이유로 중국을 배제하는 것도 이익에 부합하지 않는다.

셋째, 동북아 질서에 내재된 가치의 다양화, 평등화 및 최적화. 국제질서에 대한 중국의 생각은 아직 명확하지 않지만 중미 양국의 질서관은 각기 다른 가치를 선호하고 있다는 점을 명확하게 알 수 있다. 중국은 평화, 안정, 책임, 공정성을 강조하는 반면, 미국은 자유, 개방성, 이익, 파워를 강조한다. 어느 것이 더욱 우월한지를 가릴 수 없다. 가치에 대한 동양과 서양의 시각이 다를 뿐이다. 국제질서의 측면에서 보면, 이상적인 선택은 어느 하나를 선택하는 것이 아니라 두 가치의 장점을 결합하는 것이다. 다른 지역에서는 이를 시도할 기회가 없다고 하더라도 동북아에는 아직 기회가 남아 있다.

2) 가치있는 동북아 질서는 어떻게 가능한가?

그렇다면 이처럼 아름다운 질서는 현실화될 수 있는가? 현재 중국에 대한 미국의 압력이 증대되고 있다는 점에서 이러한 전망은 어둡다. 그러나 비교적 장기적으로(5~10년) 보면, 이러한 질서의 구축에 있어 실현가능한 동력과 방법이 있다는 점을 알 수 있다.

① 실현가능한 동력

첫 번째 동력은 중미의 전략적 타협이다. 이러한 가능성의 전제는 중미 갈등이 재차 격화되더라도 상대를 파괴하는 수준까지는 도달할 가능성이 매우 낮다는 데 있다. 양국은 모두 권력을 중시한다. 그러나 양국의 역사적 전통과 민족적 특성을 생각해보면, 무력을 통해 상대의 전통을 파괴하겠다고 생각하지 않는다(상대방의 거대한 규모와 핵무기를 고려하므로). 더욱이 양국은 광활한 바다를 사이에 두고 있기 때문에 지정학적 갈등이 아무리 심각해도 사생결단까지는 이르지 못한다. 따라서 중국에 대한 전략적 공격이 중국의 성장 동력을 억제할 수 없다고 판단되면 미국은 중국과의 협력을 선택할 것이다. 그리고 만사에 절대주의를 추구하지 않는 중국은 여전히 강력한 상대 앞에서 기꺼이 타협의 길을 선택할 것이다.

두 번째 동력은 제3자에 의한 선도 및 추진이다. 중미의 전략적 경쟁이 장기화되고 승패가 결정되지 않는다면, 동북아는 동남아 지역에서처럼 더디지만 꾸준한 방식으로 역내질서 구축의 길을 걸을 수 있는데, 이 경우 제3자(동아시아의 경우엔 아세안)가 역내 리더의 역할을 할 가능성이 있으며, 강대국들은 차순위로 밀려나면서 갈등이 완화될 수 있다. 물론 이러한 상황은 제3자의 힘과 지혜에 달려 있다. 동북아 지역에서는 외교적으로 유연하고 실용적인 장점을 바탕으로 일본이 이러한 역할을 맡을 수도 있을 것이다. 그러나 그 힘이 너무 강해져 미국이나 중국과 경쟁한다거나 역사문제로 인해 중국과의 갈등이 심화되면 중국은 일본의 역할을 인정하지 않을 것이다. 상대적으로, 한국은 미국과 중국을 모두 만족시킬 가능성이 크다. 동북아의 중심에 있으며, 한중일 협력사무국이 위치해 있다는 장점이 있기 때문이다. 하지만 한국은 일본에 비해 외교적으로 경직되어 있어, 역내 질서 구축을 주도하는 역할을 감당하기에는 제3자로서의 지혜와 유연함이 부족한 단점이 있다.

② 실현가능한 방법

첫 번째 방법은 미국 동맹체계의 확장이다. 미국의 동맹체계가 한국과 일본의 확고한 지지를 받는다는 점을 참작하면, 미국이 기존의 동맹체계에서 군사협력 부분을 제외하는 한편, 개방적이고 포용적인 체제로 전환하여 다른 동북아 국가들이 체계에 편입할 수 있도록 허용한다면, 새로운 동북아 질서를 구축하는 지름길이 될 수 있다. 그러나 그 전제조건은 미국이 중국은 물론 다른 국가들이 이 체계에서 미국과 동등한 지위를 가질 수 있다는 진정성을 보여주는 것이다. 현재로서 미국이 이러한 의지를 가지고 있는지는 알 수 없지만 중미 간 전략적 타협의 조건이 충족된다면 미국이 생각을 바꿀 수도 있다.

두 번째 방법은 새로운 다자 플랫폼의 구축이다. 미국이 기존의 동맹체계를 변경하지 않는다면, 기존의 체제를 유지하는 상황에서 새로운 체제를 모색하는 것도 가능한 방법이다. 북핵 문제 해결을 위해 설립된 6자 회담 메커니즘은 실제로 좋은 선택인데 지역메커니즘을 구축하는 동시에 북핵 문제도 해결할 수 있다. 그러나 북한이 오랫동안 고립되어 위협을 느끼는 상황에서 미국이 '선 핵포기, 후 평화체제 구축'을 고집한다면, 해결이 불가능하다. 또 다른 방법이 있는데, 현재의 한중일 협력 메커니즘을 더욱 충실하게 만듦과 동시에, 과감하게 '한중일+' 협력을 시도하여 특정 영역에서 관련 동북아 국가와 협력하여, 지역협력기제를 점진적으로 구축하는 것이다. 이는 향후 동북아의 새로운 질서 구축을 촉진하는 가장 현실적인 방법이 될 수도 있다.

Ⅱ

한반도 정세

한반도 정세의 새로운 국면

한반도의 새로운 전략게임

정지융(鄭繼永)*

코로나19의 폭발은 전 인류의 건강과 안전을 위협하였고 '인간의 안전'이라는 기본 요구가 전통적인 안전관념보다 우선하게 만들었다. 또한 국제 정세가 극단적 불안정으로 치닫게 하였고, 따라서 지역 정세에도 광범위하고 지속적인 영향을 미쳤다. 국제적 요소의 영향을 비교적 많이 받는 한반도는 더욱 그러한데 복잡한 대내외 요인의 변화로 인해 주변국들의 한반도에 대한 대응전략과 접근방식이 달라졌다.

1. 외부적 환경 요인의 침투

한반도에 영향이 가장 큰 외부적 요소는 코로나 상황과 강대국 간의 경쟁이다. 전 세계적인 코로나 상황에 중미 분쟁까지 더해져 앞으로의 국제정세

---

* 푸단대학교 국제문제연구원 한국연구센터 주임

에 4가지 변화가 발생하게 되었다.

첫째, 중미분쟁은 이미 전반적이고도 구조적인 경쟁이 되었다. "한 세기 동안 발생한 적이 없는 대변화"의 요지는 과거 한 세기 동안 중국과 각국의 상호 작용 혹은 세계가 어떻게 변화 발전하였는지에 대한 것일 뿐만 아니라 중미 간 치열한 경쟁이 앞으로 한 세기 동안 더욱 큰 영향력을 가질 것임을 의미하기도 한다. 둘째, 코로나의 충격은 전 세계를 분열시켰으며 불가항력적인 물리적 분리를 조장하였고, 이에 따른 분화와 구조 개편은 광범위하게 영향을 미칠 것이다. 그리고 국제관계에 대한 패러다임과 국제정치논리, 방식, 이론 및 방법 모두에 커다란 변화가 나타났으며, 향후 국제정세에 대한 이해 또한 이러한 분화에 그 기반을 두게 될 것이다. 셋째, 중미관계의 변화와 코로나 상황의 충격은 한반도에 큰 영향력을 미쳤다. 한반도에 대한 대외적 요인, 즉 강대국이 미치는 영향은 정치, 경제, 문화, 군사안보 등에 아주 민감한 영향력을 미친다. 넷째, 한반도는 이러한 환경 속에서도 특수한 상황에 놓여 있다. 최근 국제 정세에서 한국은 중미분쟁의 시소지역에 놓여 있으며 군사적으로는 미국과 동맹관계에 놓여 있다. 또한 경제적으로는 중국과 고도의 상호 의존관계에 놓여 있기도 하다. 동시에 동아시아 지역에서 코로나로부터 회복될 수 있는 정상 국가는 중국과 한국뿐이기 때문에 이러한 것들이 중한 관계를 이끌고 있다. 한편 북한 또한 미국과 특수한 관계에 놓여 있는데, 북한은 미국의 경계에 대해 상당한 기대를 가지고 있을 뿐만 아니라 방역과 경제회복에 최선을 다하고 있다. 한반도 주변은 코로나가 약화되는 국면에 있는 것이다. 이러한 상황 속에서 한반도에 대한 중미의 전략은 서로 갈라지게 되었다.

중국의 관점에서 볼 때, 한반도에 대한 전략은 새로운 전환을 맞이하였다. 첫째, 한반도는 중미관계 변화 속에서 그 역할이 증대되었다. 중국은 한반도가 갖는 중미관계 변화 속에서의 작용과 그 영향에 대해 다시 한 번 평가하게

되었고, 남한과 북한의 외교전략, 안보대책, 무역관계, 정치관계가 끊임없이
새로운 변화에 적응하고 있음을 알게 되었다. 둘째, 한반도에 대한 정책이 보
다 균형있는 방향으로 수정되고 있다. 예로부터 중국의 한반도에 대한 전략
은 '일변도 정책'으로부터 시작되었다. 정치와 안보에서는 북한을 중시하고,
경제와 문화는 남한을 중시하였다. 그리고 어느 한 측에 대한 중시의 이면에
는 나머지 한 측의 경시가 존재하였다. 현재는 이러한 편향으로부터 균형을
잡는 방향으로 수정 및 개편되고 있는 추세이며, 이는 이후 한반도를 바라보
는 중국의 외교전략의 전체적인 기조가 될 것이다. 셋째, 임기응변식의 외교
전술 또한 수정되고 있다. 한반도에 대한 외교정책은 지금까지 대미외교관계
의 하위 부분으로 여겨져 왔고 미국이 야기하는 문제에 대한 대응으로만 이
루어졌다. 최근 중국은 한반도의 외교적 지위를 격상시키고 있으며 한반도의
'미국이슈'를 점차 '한반도이슈'로 변화시키고 있으며, 이를 미국 문제 포함한
제문제를 해결하기 위한 외교 수단으로 여기고 있다.

  미국의 관점에서 보자면, 한반도에 대한 정책이 "비핵화가 아니면 대화하
지 않는다"(非核不談)는 완고한 기조로부터 점차 수정되고 있다. 첫째, 가장
분명한 변화는 과거 북한이 중국에 개입하기 위한 매개변수로 활용되었고 한
국이 중국을 억제하기 위한 수단으로 사용되었다면, 지금은 북한과 남한을
동시에 중국을 억제하는 변수로 사용하고 있다. 둘째, 일본을 끌어들여 한국
을 상대적으로 경시하며 더 많은 간섭전략을 사용한다는 것이다. 한일 양국
이 역사문제로 충돌할 때, 지소미아의 연장과 같은 문제에서 미국은 분명히
일본편이었다. 북한과의 협력, 방위비 분담과 미사일 배치, QUAD확대 문제
에서도 미국은 강압적인 전략을 채택했다. 셋째, 경제 등 비안보적 요소들을
사용함으로 한국을 더욱 압박하였다. 경제번영 네트워크, 인도-태평양 전략,
클린 네트워크 등의 신개념을 사용하여 경제적, 기술적으로 한국과 중국의
관계를 멀어지게 하였다. 넷째, 중국의 한반도에서의 관여도를 후퇴하게 하

였다. 한반도에 대한 미국의 전통적인 관점은 중국을 한반도 문제에서 경시할 수 없는 중요한 외부 요인으로 여겼으며, 이 문제의 성패 역시 중국의 관여도와 관련이 있다고 여겨 왔다. 따라서 중국의 관여와 영향을 감소시키고 한반도 정책의 '탈중국화'(去中國化, De-Sinicization)를 시도하고 있다. 다섯째, 대화를 위한 핵포기 전제에 대한 인식의 변화이다. 미국은 과거 북한이 핵을 포기하는 것이 전제 조건이었고 그 이후에 북한과 평화적으로 공존할 수 있다고 여겼다. 하지만 최근의 미국 전략을 살펴보면 이러한 전제가 이미 비현실적이고 소프트 전략을 채택하는 것에 못미친다고 여기고 있으며 이것은 북한으로부터 새로운 협상 카드를 얻을 수 있을 뿐만 아니라 한반도 핵문제에 있어서 새로운 방향을 개척할 수 있다고 생각함으로써 중국이 한반도 문제에 대한 참여도에 진일보한 도전을 할 수 있다고 여기고 있다.

코로나 대유행으로 한반도가 분열되었다. 우선 코로나는 동북아 지정학적 긴장 국면과 국제정치에 있어 심각한 분열을 가지고 왔다. 지속적이고도 만연한 코로나 상황은 각 강대국들이 이러한 글로벌 위기를 이용하여 우위와 리더십 역량을 발휘하게 만듦으로써 한반도에 새로운 불확실성을 증가시켰다. 둘째, 중미분쟁이 심화하는 상황 속에서 코로나는 이미 불확실성이 가득 찬 한반도의 외교적 환경과 안보 상황을 더욱 복잡하게 만들고 북핵 문제의 전망을 더욱 불투명하게 만들었다. 주요 이익 당사국들이(중·미·일·한) 코로나를 처리하기 이전에는 한반도의 전통적인 안보문제가 계속해서 유보되거나 불확실하게 될 것이다. 셋째, 코로나가 동북아 국가들이 가지고 있는 지정학적 차이를 더욱 심화시켰다. 과거 북핵문제는 주요 당사국들 간의 윤활제 역할을 하여 강대국 간의 협력과 동맹을 강화하였지만 코로나의 출현으로 국가 간의 의혹들은 증가되었고 북핵 문제 등에 대한 협력과 관심이 감소됨으로 인해 지정학적 차이가 더욱 분명해졌다. 넷째, 코로나는 한국과 미국, 일본의 국내정치 분쟁을 가중시켰다. 특히 미국의 11월 대선과 한국의 4월 국

회의원 선거는 각국의 내부 문제에 더욱 관심을 가지게 하였으며 이는 국제
문제에 대한 관심을 떨어지게 만들었다. 다섯째, 기술 장벽은 주요국들의 정
책협력과 협상을 약화시킬 것이다. 전화와 화상회의가 기술적 이점이 있음에
도 불구하고 코로나에 대한 두려움은 전통적인 정보와 협상, 협력 수단을 제
대로 작동하기 어렵게 하고 면대면 소통을 불가능하게 함으로 많은 현장문제
와 실무적인 문제의 해결에 어려움을 겪게 만들 것이다.

요컨대, 새로운 환경과 오래된 문제들이 충돌하며 한반도에 새로운 변수와
관리상의 난제를 가지고 온 것이다.

2. 내부적 정치변동의 외부로의 확산

최근의 국제정세 속에서 북한은 방역, 경제회복, 민생이라는 3가지 문제에
직면해 있다.

코로나 이후 북한은 그 충격을 막기 위해 부득이하게 중국과의 국경을 봉
쇄하였다. 북한의 의료조건은 매우 열악하다. 코로나 이후의 중국과 다른 국
가들의 상황은 북한이 취한 조치의 정당성과 그 시급성을 증명하고 있다. 국
경의 봉쇄가 가져온 경제 및 사회적 효과는 아주 심각하다. 북한 무역의 90%
이상이 중국과의 무역임을 감안하며, 국경봉쇄는 북한과 중국 국경 지역의
정규 및 비정규 무역의 완전 중지를 의미했으며, 실제로 양국 무역 총량의
70%가 감소되었다. 북한 국경 내의 많은 시장이 폐쇄되었고 항로, 철도, 도로
의 폐쇄는 중국으로부터의 식량, 화학비료와 연료에 대한 원조가 즉시 중단
되는 결과를 낳아 식량 생산에 심각한 영향을 가져왔다. 코로나의 심각성은
이미 가해지고 있던 국제사회의 제재보다 더욱 큰 영향을 미쳤고 사회에 커
다란 충격을 가져왔다.

북한은 또한 원산, 평양, 북한과 중국의 국경 등에 격리시설을 설치하여 외국인과 외국인 간부 및 북한 주민 그리고 최근 출국한 적이 있는 사람들을 집중 격리함으로써 사전 예방조치를 취했다. 이 외에도 북한은 노약자와 장애인들에 대한 사전 격리를 실시하여 단백질과 비타민을 보충하는 등 면역력이 약한 계층의 체력과 면역력을 집중적으로 높임으로써 적극적인 코로나 예방활동을 하고 있다. 이러한 극단적 조치하에서 북한은 국내에 코로나 발병 사례가 아직 발생하지 않았다는 것을 선전하고 있으며 미국 등 기타 국제사회의 코로나 원조를 여전히 받고 있지 않고 있다

군사적 수단도 북한의 대응전략 중의 하나이다. 코로나 기간 동안 각국이 어려운 상황에 있고 북한 또한 경제적으로 곤란을 겪고 있지만, 환경적으로 보면 어떠한 간섭도 없이 북한이 군사전략과 전술연구를 전개를 할 수 있는 좋은 기회이기도 하다. 북한은 단거리, 중거리, 장거리 미사일을 업그레이드하고 전략적으로 코로나를 통해 한국과 미국에 대한 유리한 외교적 이점을 점유할 수 있는 좋은 기회를 얻었다. ICBM 시스템의 실제 배치 위협으로 인한 최근 실험된 ATACMS(육군전술 미사일 시스템)이 포함된 북한의 단거리 미사일은 한국과 주한미군에 직접적인 위협이 될 수 있다. 그리고 최신 MGM-140 ATACMS 지대지 탄도 미사일은 비행중 정상적인 기동력을 보여주었으며 이것은 한국에 배치된 '패트리어트3'(PAC3)와 사드(THAAD) 미사일 방어 시스템에 대한 위협에 대한 생존력을 보여준다.

미국의 군사조치와 강화된 제재에 대응하는 동시에 미국에 시그널을 보내기 위해 북한은 수차례 군사지휘관 회의와 국무회의를 소집했고 미사일과 로켓 테스트를 다수 진행하였다. 이것은 코로나와의 전쟁에 처해 있는 미국에 다음의 네 가지 신호를 전달하는 것을 의미한다. (1) 북한은 트럼프 선거 정세에 대응할 수 있는 능력을 가지고 있으며 충분한 외교적 군사적 도구로 북한이 유의미한 작용을 할 수 있다는 것을 보여준다. (2) 북한은 미국에 대한

각종 준비를 잘 하고 있다는 것을 보여준다. 이것은 미국과 효과적인 회담 외에 '공허한 회담'은 더이상 하지 않을 것을 의미한다. (3) 북한의 미사일 실험은 모두 단거리 미사일이며, 이것은 그들의 능력을 입증하고 유엔제재결의에 위반하지 않는 것이어서 새로운 제재를 받지 않을 것이다. (4) 북한의 미사일 실험은 조용하지만 효과가 있다. 이것은 미국에 강함을 보여줄 뿐만 아니라 코로나 상황에서 자신을 더욱 돋보이게 한다.

미국의 코로나 상황은 점점 악화되고 있고 중국의 상황은 호전됨에 따라, 한반도 문제에 있어서 미국에 대한 북한의 태도와 조치들 또한 변할 것이다. 그리고 원조를 받아들일지의 여부 또한 북한의 변화를 관찰할 수 있는 좋은 매개체가 될 것이다. 우선 북한은 코로나에 대한 협력이 대북제재를 해제하는 돌파구가 될 수 있는지에 대해 하드 전략과 소프트 전략의 이중적 태도를 취하면서 한국이 그 목적을 달성할 수 있는 매개체가 될 수 있는지 재검토할 것이다. 둘째, 중국 동북지역의 코로나 상황이 좋아짐에 따라 북한은 농업과 경제발전에 필요한 물자를 얻기 위한 운송 채널을 재개하는 방법을 채택할 수 있다. 셋째, 북한의 전략은 코로나의 상황 변화에 따라 전체적으로 더 유리한 전략을 전개하기 위해 조정될 것이다.

한국은 외교적으로 여러 방면의 어려움에 직면해 있다. 미국은 한국에 대한 불만이 계속되고 있는데 방위비 분담, 대북문제와 중국문제에 있어서 한국이 배신하고 있다고 여기고 있기 때문이다. 또한 북한은 한반도 정세 전환 과정 중에서 서울의 역할이 과장되었고 사실상 한국이 미국의 통제로부터 벗어날 수 없다고 생각하고 있기 때문에 탈북자들의 대북전단을 날리는 것을 이유로 남한과의 소통채널을 중단하였다. 그리고 중국문제에 있어서도 코로나 문제로 소통하는 것 외에 한국은 중미분쟁에서 선택의 기로에 서 있다.

한국의 남북관계 회복 노력 역시 경시되고 있다. 코로나는 남북관계에 소극적 영향을 가지고 왔으며 그 관계가 얼어붙게 만들었다. 코로나 이후 문재인 대통령은 남북한이 코로나 문제에 대해 협력하고 북한에 치료와 약물 그리고 인도주의적 원조를 제공하겠다고 제의했지만 북한은 이를 거절하였다. 미국의 트럼프 대통령 또한 코로나에 대한 북한에 원조를 하겠다고 제안했지만 역시 거절당했다. 탈북자들이 끊임없이 대북행동에 나섬에 따라 북한은 개성의 남북연락사무소를 폭파하였고 대남 사무를 '대적 사무'로 칭하기도 하였다. 북한의 국가봉쇄 상황에서 한국 또한 북한의 연락 채널을 상실하게 되었고 내부적으로는 통일부 장관, 국정원장 안보실장 등 북한 업무와 관계된 3명의 고위 인원을 교체하였고 2개의 탈북자 단체에 대한 허가를 취소하였다. 동시에 문재인 정부의 대북정책 또한 보수파로부터 공격받게 되었는데 특히 공무원 피살 사건 문제에 강경한 대책을 취하지 않은 데 대하여 거세게 공격받았다.

한국의 대북 우위는 내부와 외교적 제약으로 인해 발휘될 수 없다. 한국의 입장에서 정치적으로 더불어민주당의 정치적 우세는 대북정책상 우위로 전환되어 북한에 대한 호의로 이어지게 되었다. 한국의 한반도 문제에 대한 독특한 정치적 태도는 한반도에서의 주도권을 가지고 북미관계에서 조정자 역할을 하려고 한다는 점이다. 하지만 문재인 정부 입장에서 대북정책과 대미정책은 양 극단과도 같은 것이어서 조정하기 어려운 딜레마인데, 쉽게 말해 어느 한쪽으로 치우치면 다른 한쪽에 대한 영향력을 잃게 되는 것이다. 근본적으로 대북정책은 한국 외교정책의 초석이다. 남북관계의 개선은 한국의 외교적 압박을 크게 줄일 것이고 중미분쟁에서 선택의 여지를 확대시킬 것이지만, 반대로 북한과의 관계가 나빠진다면 한국의 외교에 심각한 제약을 가지고 올 것이다. 중요한 것은, 한국의 대미 외교 및 안보의 독립성이 북한의 한국에 대한 인식을 나타내는 중요한 지표가 된다는 사실이다. 이 점을 감안했을 때, 한국이 미국의 외교 및 군사적 통제로부터 완전히 독립하는 것이 허용되지 않고 있는 현 한국 정치 상황은 문재인 정부의 외교정책에 큰 정치적 부담으로 작용하고 있다.

최근의 한국 내부 정치는 대북관계와 대미관계에 영향을 미쳤다. 문재인 정부는 현재 몇 가지 문제에 직면해 있다. 첫째, 문재인 정부의 노력이 부족한 것이 아니라 미국의 통제가 과하다는 것이다. 총선 승리 이후 더불어민주당은 3분의 2의 의석을 차지하였고 대북 문제에 있어서 미국의 의견과 일치하는 것은 아니며 독자노선을 가고 있다. 하지만 정치 구조의 관점에서 본다면 한국 정치에 대한 미국의 통제가 지나침에도 불구하고 대북 문제에 있어서 미국에게서 완전히 벗어난다는 것은 비현실적인데, 이는 가장 핵심적인 구조적 요소라고 할 수 있다. 둘째, 문재인 정부는 이미 임기 말에 가까워져 가지만 동력이 부족한 상태이다. 여러 차례의 정치적 승리로 인해 더불어민주당은 국내 정치를 완전히 장악하였기 때문에 신임 대통령도 더불어민주당에서 당선될 가능성이 높다. 따라서 대선이 다가옴에 따라 더불어민주당 내부의 당파 싸움이 갈수록 격해지고 있고 북한에 신경 쓸 겨를이 없을 뿐만 아니라 북한 문제를 단기간에 해결할 수 없다는 것을 인식하고 있기 때문에 북한 문제는 번거로울 뿐이며 새로운 성과를 기대하기 어렵다. 당연히 한국 국민은 이미 북한에 대한 강경한 카드와 온건한 카드를 사용하는데 지쳐 있으며, 한국 내부에서의 북한 문제에 대해 미국 군사정보 기관, 한국 군사 정보 기관, 한국 안보세력 등 많은 복잡한 배경을 가진 NGO 등이 관련되어 있기 때문에 그 상황이 매우 복잡하다. 따라서 '북한을 자극하지 않는 것'이 민주당의 공통된 의견이다.

3. 한반도의 새로운 게임

코로나 문제 외에 한미 양국은 많은 전통적 문제에서도 코로나의 충격과 영향을 받고 있으며, 한반도에서 각종 이슈가 새로운 국면에 접어들 것이다.

트럼프의 입장에서 보면 연말 대선이 가장 큰 관심사였을 것이고 모든 관심은 대선으로 쏠렸다. 2019년 중반부터 트럼프의 대북정책에서 분명한 선거와 관련한 흔적이 나타나기 시작했는데 3월 언급된 북한에 대한 코로나 원조 또한 그 목적을 가지고 있었다. 7월에는 트럼프가 심지어 비건 국무부 부장관을 북한에 보내어 북한의 반응을 살피기도 하였고, 이에 북한은 김여정의 발표와 외무성 대미협상국의 발표를 통해 반응하였다. 트럼프 정부가 막바지에 이름에 따라 북한 문제가 가져오는 한계 효용은 갈수록 낮아지고 있으며, 북미 양자 간의 의지는 큰 폭으로 떨어졌다. 따라서 현재 당선을 자인하고 있는 바이든은 반드시 트럼프 정부의 대북 정책을 바꾸어야만 할 것이다.

한국의 경우는 더욱 그러한데, 2022년 대선이 다가옴에 따라 국내 정치에 대한 관심과 북한 문제를 국내정치로 끌어들이는 전통적인 방법은 한반도 문제를 더욱 복잡하게 만들 것이다.

첫째, 중미분쟁은 한반도에서 더 큰 영향력을 갖게 될 것이다. 역사적으로 한반도의 운명은 강대국에 의해 결정되었다. 오랜 기간의 무역전쟁과 코로나로 인한 새로운 어려움은 한국으로 하여금 중미 간 전략경쟁의 피해자가 되게 하였을 뿐만 아니라 미국에 대한 안보 의존도와 중국에 대한 경제 의존도를 더욱 깊게 만들어 양자택일 전략이라는 어려움을 가중시켰다.

둘째, 미국의 '미국 우선주의' 정책은 한미, 미일, 한일 관계에 균열을 일으켰다. 지금까지 미국의 대한반도 정책은 북한을 자극하여 안보적 이슈를 발생시켜 한일관계를 불안하게 함으로써 한국과 일본을 제어하여 중국을 억제하는 정책을 채택하여 왔다. 하지만 트럼프 정부는 미국 우선주의 정책을 내세움으로써 방위비 분담 등의 문제에 지나친 요구를 하였다. 즉 금액을 논할 수 없는 한국과 일본의 높은 방위비 분담에 대해 경솔히 결정하여 한일로 하여금 미국의 안보 불안에 대한 두려움을 가중시킴으로써 두 국가가 핵무기를 보유하는 가능성까지 제기되기에 이르렀다.

셋째, 중국과 미국의 한반도에 대한 경쟁적 전략 가치의 투사는 더욱 복잡한 이슈를 양산한다. 중미 양국은 모두 극단적 분쟁 과정 속에서 북한과 한국의 전략적 가치를 '재발견'하였다. 과거부터 한반도 문제에 있어 중국과 미국은 특히 한반도 핵문제에 있어서 전체적으로는 협력하였고 구체적 사안에 대해서는 경쟁관계를 유지해왔다. 이에 따라 한반도 핵문제에 대한 6자회담과 2018년 이후의 평화시기가 나타나기도 하였다. 하지만 중미 분쟁이 가속화되고 심화됨에 따라 양국의 한반도 문제에 대한 협력이 감소하게 되었고 적대감은 오히려 상승하게 되었다. 뿐만 아니라 바이든캠프는 과거 한반도 문제의 진전이 미국의 '극단적 압박'정책에 의한 것이었고, 중국의 '과도한 개입'은 한반도 문제의 장애물이었다고 인식하고 있으며, 나아가, 중국은 이미 한반도 문제를 미국과의 전략 경쟁에 있어 하나의 협상 카드로 여기고 있기 때문에 미국은 한반도 문제를 중국에 대한 대응 카드로 여겨야 한다는 것이다. 이러한 중미관계 속에서 북한과 한국에 대한 외교는 동북아 정치에서 그 비중이 크게 증가할 것이며 남북한에 대한 중미 경쟁은 한반도 이슈를 더욱 복잡하게 만들 것이다.

넷째, 시간은 중국과 미국의 편이 아니라 한반도의 편이다. 중국과 미국의 코로나 방역 퍼포먼스가 크게 대비되고 또 양국의 갈등이 심화됨에 따라 한국과 북한은 미국의 의사결정에 아주 큰 여지와 공간이 있다는 것, 그리고 미국이 자신의 안보와 관련해서는 극히 이기적이라는 사실을 공통적으로 인식하고 있다. 북한은 트럼프가 선거에서 방해받고 싶지 않다는 생각을 이용하여 자국의 무기를 개발하는 것으로 이를 충분히 활용하고 있고 다른 한편에서는 코로나에 대한 국제적 방향을 적극적으로 관찰하여 정세 재편 이후 자국의 이익에 유리한 방향으로 이끌어가는 목표를 수립하려 하고 있다. 한국은 한반도 문제에 있어 자신만의 행보로 나갈 것인데 방위비 분담, 유도탄 시스템 배치 문제와 같은 대미 안건에 북한을 이용하여 자신의 목소리를 낼 것으로 예상된다. 그리고 향후 미국의 새로운 정부가 들어선다고 할지라도 3~6개월 동안 기존 정책에 대한 평가 작업이 있을 것이며, 이 과정 중에 한반도 문제에 대한 불확실성이 더욱 커질 것임은 의심할 여지가 없다.

다섯째, 코로나19는 한반도 문제를 새로운 국면으로 들어서게 할 가능성이 있다. 코로나 상황의 발전 양상은 매우 복잡한데 미국과 유럽에서의 코로나 감염자는 계속 증가하고 있는 반면 중국은 이미 안정화되었고 한국은 안정화 추세로 가고 있으며 북한은 여전히 '미발생국가'이다. 가장 먼저 코로나가 발생한 동아시아 지역은 집단주의적 전통관념으로 인한 방역상의 장점을 보이고 있고 경제와 문화의 왕래를 통해 난국을 헤쳐 나가고 있다. '인간에 대한 안보(역자주-코로나 바이러스 방역)'가 지속적으로 증가하고 부각되고 있는 것은 북한의 리더십이 과거의 '지정학적 정치', '군사우선'의 관념에서 탈피하여 '민생정치', '인민정치' 방향으로 촉진을 시도하고 있는 것과도 부합한다. 마찬가지로 과거 수년간 트럼프는 파격적인 방법을 통해 북미관계를 일정정도에서 개선하였고 과거에 언급할 수 없거나 언급하지 않았던 많은 문제를 다루며 한반도 문제를 해결하는 새로운 방식이 가능함을 보였다. 많은 요인들의 작용하에서, 그간 당사자들의 이해관계에만 갇혀 있던 한반도 문제는 새로운 방법을 통해 해결될 가능성이 있다.

4. 결론

코로나 상황과 중미분쟁은 한반도에서의 가장 큰 외부 요인임과 동시에 새로운 변수이며, 그 영향은 이미 전통적인 지정학 파워인 중·미·일·러의 범위를 이미 넘어섰다. 이러한 새로운 요소에 대응하는 문제에 있어서 남북한의 태도와 상호작용은 한반도에서의 새로운 안보수준에 영향을 미칠 것이다. 첫째, 코로나 상황과 중미분쟁의 상황에서 한국과 중국이 코로나 협력을 어떻게 가져가고 또 중미분쟁의 문제에 어떻게 대처하며 안보문제를 해결하느냐에 따라 향후 한반도의 환경이 좌우될 것이다. 둘째, 한반도 핵문제는 향후 한반도 문제에 영향을 미칠 변수가 될 것이며, 방임과 용인, 관용과 제재라는 기존 도식에 새로운 딜레마가 나타나게 될 것이다. 이러한 변화가 미래 동아시아 국제관계에 어떠한 변화를 가져올 것인지 역시 중요한 의미를 가진다. 셋째, 한국이 중미분쟁에서 어떠한 입장을 취하느냐에 따라 그 선택이 한반도 안보에 대한 내외부적 변화와 상호 영향을 가져올 것이다. 넷째, 중미관계의 거대한 변화와 새로운 안정의 형성은 이상의 세 가지 사항에 대해 반드시 영향을 미칠 것이고 이에 따른 북한 핵문제와 지역 변화는 새로운 불확실성을 가져올 것이다. 따라서 이러한 동적 변화와 새로운 불확실성의 증가는 나선형으로 상호 영향을 끼치고 혁명적인 변화를 가져올 것이다.

한국의 전략적 대응

이동민(李東民)*

　미국의 트럼프 행정부 출범과 함께 점진적으로 가시화된 중국과 미국의 무역 분쟁으로 인하여 양국의 국민들은 감정적으로 많은 상처를 받게 되었고, 냉전(冷戰)이 종식은 되었지만 열전(熱戰)으로 변화하고 있는 것이 아닌가 하는 우려를 낳게 하고 있는 실정이다. 2020년 현재 국제사회가 목도하고 있는 미·중 갈등의 양상은 일시적인 현상이 아닌, 2008년 세계금융위기 이후부터 조짐이 보이기 시작하였다고 할 수 있는 것이다.

　미국발 세계금융위기와 함께 미국은 국제사회의 리더십 역할을 소홀히 하게 되었고, 중국은 공세적인 대외정책을 보이기 시작하였다는 것이 중론이다.[1] 이러한 분석들과는 달리 미국 하버드대학의 이안 존스톤(Ian Johnston) 교수는 주장하기를 중국의 공세적 외교 행태는 과장된 것이며, 미국이 민감하게 반응하고 있다는 구성주의적 해석을 한다.[2] 그럼에도 불구하고, 한 가

---

* 단국대학교 정치외교학과 부교수

1) Thomas Christensen, "The Advantages of an Assertive China: Responding to Beijing's Abrasive Diplomacy," *Foreign Affairs*, Vol. 90, No.2 (March/April 2011).

지 분명한 점은, 미국 브루킹스 연구소의 케네즈 리버탈(Kenneth Liberthal) 박사와 중국의 베이징대학의 국제전략연구소의 왕지스 교수가 주장하였듯이 2008년도 금융위기 이후, 미·중 양국 간에는 '전략적 불신'이 돌이킬 수 없는 방향으로 형성되기 시작하였다는 것이다.3)

　문제는 미·중 간에 경쟁이 강화되고 긴장이 조성되면서 한반도에도 부정적 여파가 지속된다는 점이다. 이 글은 불확실성 시대에 선제적으로 대응할 수 있는 한국의 대외적 전략적 대응방안을 구상하고, 모색하는 것에 있는 것에 있다. 한국의 국익과 관련된 외교적 문제가 발생하고 이미 사태가 악화된 이후에 문제를 해결하려는 사태수습(Ad hoc)의 대외정책이 아닌, 세계의 10대 강국으로서 미래의 한국의 모습을 그려보고, 전략을 모색하고 능동적으로 대응할 수 있는 방안 등을 모색하는 것이 중요하다고 하겠다. 이러한 중장기적 대외전략을 구상하고 마련하려면, 현재 미·중 간에 갈등의 원천이 무엇인지를 명확히 구분하여야 하며, 미·중 양국이 구상하고 있는 세계질서에 대한 전략이 무엇인지를 파악해야 한다. 최근 수년간 미국을 중심으로, 2차 세계대전 종식 이후, 지난 70여 년간 미국을 중심축으로 원형을 그리고 움직이던 전후 국제질서의 변화가 올 수도 있다는 담론들이 지속적으로 나오고 있는 실정이다.

1. 미국의 전략적 재조정

　트럼프 행정부는 위대한 미국의 재건을 주창하며 변화된 대외정책을 추진

---

2) Johnston, Alastair Iain, "How New and Assertive is China's New Assertiveness?" *International Security*, Vol. 37, No.4 (Spring, 2013), pp. 7–48.

3) Kenneth Lieberthal and Wang Jisi, Addressing U.S.–China Strategic Distrust, Brookings Institute, Johh L. Thornton China Center Monograph Series, 4 (March, 2012).

하고 있으며, 대외정책의 전략적 재조정(Strategic Recalibration)을 고수하고 있다.[4] 문제는 미국 내에서도 이러한 변화를 지지하는 세력과 반대하는 세력이 있다는 점이다. 트럼프 대통령의 정신적 지주인, 뉴트 깅그리치(Newt Gingrich) 前하원의장은 주장하기를 미국 정계의 '헛똑똑이'(Stuffy Elitist)들이 오늘날 미국의 상대적 쇠퇴를 불러왔다고 주장하고 있다.[5] 국익을 추구하기보다는 사익을 추구하였던 미국의 엘리트 세력들이 무책임 하게 중동정치에 깊숙이 개입하여 국가의 자원을 낭비하였으며, 결국에는 2008년도 금융위기를 몰고 오고, 중산층을 붕괴시키는 결과를 가져왔다는 것이다. 더 나아가, 중국의 부상을 도모한다고 하면서 소중한 시간을 낭비하였고, 미국이 주춤하는 사이, 중국과 러시아와 같은 국가가 유라시아 반도를 장악해 나아가게 되었으며, 이는 대전략의 판단착오라고 보는 것이다.[6]

미국의 트럼프 행정부가 출범 이후 북미회담을 강하게 강조하면서 공을 들이고 있는 것은 북-미 양자 차원에서 단선적인 문제들을 해결을 하기 위한 접근보다는 미국의 전략적 재조정과 밀접한 연관성이 있으며, 부상하는 중국을 견제하려는 일환으로 보아야 할 것이다. 미국의 트럼프 행정부의 전략적 재조정이란 고비용의 동맹체제를 유지 가능한 방향으로 재조정하고, 항구적으로 미국의 패권을 유지 강화하려는 방향으로 추진되고 있는 것이라고 분석된다.

미국의 보수적 안보전문가인 MIT대학의 베리 포센(Barry Posen) 교수는 지적하기를, 미국의 해외주둔군을 줄이면서 새로운 접근방안들을 모색해야 한다고 주장한다.[7] 이와는 반대로, 시카고대학의 죤 미얼스하이머(John Measheimer)

---

4) Hal Brand, *American Grand Strategy in the Age of Trump*, Brookings Institution Press (2018).

5) Newt Gingrich, *Understanding Trump*, New York, Center Street (2017).

6) Colin Dueck, The Obama Doctrine: American Grand Strategy Today, Oxford University Press, (2015); 필자와의 인터뷰 (2018년).

교수는 동아시아 동맹국들이 협력하여 가장 불안정한 요소인 중국의 부상을 관리하고 봉쇄하여야 한다는 강경한 입장을 견지하고 있다.[8] 미국 백악관에 조언을 하고 있는 두 학자의 의견이 사뭇 상반된 내용이라고 볼 수 있는 여지는 있다. 중요한 점은, 두 교수의 의견에는 핵심적인 공통분모가 있는데, 이는 미국이 동아시아에서 절대로 패권을 놓을 수 없는 것이며, 미군의 재배치 및 조정을 통해 강화해야 한다는 것이다. 이러한 맥락에서 미국의 대외전략은 신고립주의적 접근이라기보다는 미국의 국익을 위한 역외조정자(Offshore Balancer)로서의 역할을 강화하고 전략적 조정을 하려는 시도로 추론된다. 이는 다시 말해, 미국이 전후 세계질서하에 추진하였던 주둔군을 주축으로 한 전진배치(Forward Deployment)접근을 변화시켜, 최첨단 과학기술을 바탕으로 하는 '전략자산'을 중심으로 힘의 공백을 메꾸어 가려 한다는 점이다.

이는 트럼프 행정부에서 대전략을 구상하는 학자 및 전문가들의 주장에서 엿볼 수 있는 것이며, 대외적으로는 미국의 국제행태가 비이성(illogical)적으로 비추어 보일 수 있으나 고도의 전략하에 움직이고 있다고 판단되는 부분이다. 이러한 일환으로 트럼프 행정부는 오바마 행정부에서 추진되었던 예산 자동삭감정책(Sequestration)을 철회하고 국방비를 증액시켰으며, 소형핵탄두의 대량생산 및 최첨단 전략자산의 강화를 하고 있는 실정이다. 한반도에서는 비핵화의 담론이 형성되고 있지만, 강대국 간에는 핵군비 경쟁이 도래할 수 있는 가능성도 완전히 배제할 수 없는 상황인 것이다. 이는 트럼프 행정부 이후 출간된 국가안보전략보고서(NSS), 핵태세보고서[9] 등에서 잘 서술하였듯

---

7) 해외주둔군 조정에 대한 의견 다음 소논문 참고, Barr Posen, "Pull Back," *Foreign Affairs*, 92:1, (2013); 구체적인 연구는 다음의 단행본 참조, Barry Posen, *Restraint: A New Foundation for U.S. Grand Strategy* (Cornell University Press, 2014).

8) John J. Mearsheimer, "The Gathering Storm: China's Challenge to US Power in Asia," *The Chinese Journal of International Politics*, Vol.3 (2010), pp. 381-396.

9) Office of the Secretary of Defense, Nuclear Posture Review, February, 2018

이 대중 강경 정책을 고수하는 방향으로 추진되는 것이며, 초당적으로 일관성과 체계성을 가지고 전개되고 있다.

2. 중국의 전략적 부상

미국 프린스턴 대학의 아이켄베리(John Ikenberrey) 교수가 간파하였듯이 21세기의 가장 큰 드라마는 중국의 전략적 부상이라고 할 수 있다. 중국은 경제적 부상에 이어 군사적, 기술적 부상까지 전략적 목표를 가지고 일로매진하고 있는 실정이다. 미국은 더이상 중국을 신뢰하지 않게 되었으며, 중국의 과학기술발전 양상에 과민하게 대응하고 있는 실정이며, 특히 인공지능(AI) 분야에 중국이 선택과 집중을 하여 투자하는 것을 우려하고 있다. 이는 도래하는 신기술로 향후 생성되는 데이터를 보유하는 국가가 과거 한 세기 동안 산유국들이 엄청난 부를 쌓은 것과 동일한 결과를 가져올 것으로 예상되며, 국제정치를 주도할 수 있는 세력이 될 수 있기 때문이다.

중국은 강군(強軍) 보유의 전략적 목표를 향해 국가의 모든 역량을 집중시켜 최첨단 방위산업을 육성하고 있다. 중국의 공식 국방비 산출에 나타나지 않는 숨은 수치가 있기에 정확한 규모는 알 수 없다.[10] 그럼에도 불구하고, 매년 중국 정부가 군사과학기술에 투입하는 연구개발비(R&D)는 이미 미국의 1,000억 불(한화 110조 원)을 상회하고 있다는 추론은 과장이 아니다.[11] 시진핑 지도부 내의 민족주의자들은 중화민족의 부흥을 꿈꾸고 있으며, 군사강국

---

10) Adam P. Liff and Andrew C. Erickson, "Demystifying China's Defense Spending: Less Mysterious in the Aggregate," *The China Quarterly* (March 2013); Also see, Richard A. Bitzinger, "China's Double-Digit Defense Growth," *Foreign Affairs* (March 19, 2015).

11) 중국의 안보전문가와의 인터뷰 (2018).

을 넘어 기술강국으로 도약하려는 강한 의지를 드러내고 있는 실정이다. 지난 한 세기 중국은 과학기술의 후진성으로 인해 서구열강들에게 치욕의 역사를 겪었다는 강한 피해 의식이 남아있으며 이를 만회하려는 과학기술정책을 개혁개방 초반부터 체계적으로 추진하게 되었다.

마오쩌둥 시기, 핵-미사일 전력 보유와 강화를 위하여 국가의 한정된 재원을 동원하여 발전시켰고 이는 미국, 소련과 같은 강대국을 따라잡고 상대하기 위한 전략적 선택이었던 것이다. 당시 '역량(Capability)'의 후진성을 모면하지 못하였지만, 선진강국의 군사과학 기술을 따라잡으려는 정치적 '의도(Intention)'가 강하였으며, 이를 바탕으로 우주항공분야 발전의 기초를 다질 수 있었던 것이다. 개혁개방 이후, 덩샤오핑을 중심으로 하는 2세대 지도부도 이러한 기본 노선을 추진하였고, 1980년대 중후반부터 중국의 과학기술정책을 체계화시키게 된다. 이후 당대의 중국은 4차 산업혁명 시대에 국제정치를 좌우지 할 수 있는 정보과학기술과 우주항공기술의 선진화를 상당 수준 진척시켰다.

중국 정부는 수학과 물리학 같은 순수과학을 전공하는 기초과학자들 양성에 힘을 기울이고 있으며, 민간영역의 과학기술과 군사기술 영역이 상호 협력할 수 있게 하는 정책을 추진 중에 있다. 시진핑 국가주석은 이러한 군민융합(軍民融合)정책을 국가의 대전략으로 격상시키고 직접 진두지휘하며 추진하고 있다. 미국과 일본이 중국의 기술패권을 당분간 견제할 수는 있으나 중국의 체계적인 군사 및 민간 과학기술정책을 보았을 때, 중국의 몇 개의 기업을 파산시키고 퇴출시킨다고 하여 중국이라는 국가가 붕괴되는 것은 아니라고 보여진다.

3. 한국의 전략적 대응 모색

한국의 대외환경은 엄중하게 흘러가고 도전을 받고 있으며, 전략적 공간은 좁아지고 있는 것이 현실이다. 미·중 패권경쟁 구도하에 미국과 중국은 지속적으로 자국의 국익 극대화를 위하여 한국의 선택을 강요할 것으로 판단되며 이는 안보와 경제 방면 목표를 동시에 실현하려는 한국정부에게 있어 큰 도전으로 작용하고 있다. 미국은 대중국 포위전략하에 한국의 적극적인 동참을 바라고 있으며, 장기적으로 한반도에 미국이 개발하고 있는 '전략자산'의 재배치를 요구할 것으로 예상된다. 중국은 중화인민공화국 출범 100주년이 되는 2049년까지 세계질서의 재구성을 목표로 하고 있는데, 미국은 이를 심각한 도전으로 받아들이고 있어 양국 간의 대립은 장기화될 것으로 추론된다.

최근 미국의 동아시아 동맹국의 주축인 일본을 중심으로 호주, 인도를 포함한 4개국(Quad) 해상훈련이 인도양에서 진행되었다. 이는 인도-태평양 전략이 수사적 담론을 넘어 점진적으로 구체화 되어 가고 있는 것이 아닌가 하는 담론들을 만들어 내고 있으며, 아시아판 나토(NATO)를 추진하려 하는 것이 아닌가 하는 의문을 낳게 하고 있다. 한국정부는 남중국해에서 국제사회가 국제법 준수를 해야 한다는 입장을 명확히 해야 하며, 동시에 진정한 의미에서 다자주의적 틀이 형성될 수 있도록 구성을 해야 할 것으로 사료된다.

한국의 경제성장과 한반도의 평화통일을 바탕으로 새로운 접근을 하려는 한국정부의 시도는 '현상유지(Status Quo)' 국가들의 입장에서는 수정주의적 국제행태로 비추어질 수 있으며, 국제체제의 '불만족'국가이며 현상타파 국가로 인식될 수 있다. 가장 중요한 점은 한반도를 중심으로 냉전의 기운이 조성되는 것을 적극적으로 막아야 한다는 것이다. 미·중 간의 전략적 경쟁이 격화되면서 동북아시아의 지역적 협력을 구조적으로 어렵게 만들고 있다. 다자주의적 틀을 통해 역내의 공통된 문제들을 평화적인 방법으로 풀어 나아가기를 지향한다면 강대국 간의 헤징전략에서 한발 물러나 미·중 전략적 경쟁의 소용돌이에 빠지는 것을 지양해야 한다. 이러한 구조적인 문제를 풀기위하여, 한·중·일은 협력 방안을 모색해야 하는데, 다음과 같은 2가지의 정책적 대안을 고려해 볼 수 있다.

첫째, 중국의 미사일 역량강화로 인한 미국의 전략적 재조정은 불가피하다. 미국은 동아시아 국가에 미국의 전략자산을 배치하고 중국의 군사적 부상에 대응할 것으로 예상된다. 중장기적으로 미·중 간의 극단적인 대치상황을 피하기 위해서는 중거리핵전력(INF) 조약을 대체할 수 있는 새로운 안보레짐이 구축되어야 하는데, 중국이 미국과의 핵무력의 격차 등을 이유로 반대를 하고 있어 접근이 쉬워 보이지는 않는다. 단기적으로는 동북아시아에 비핵화와 미·중 간의 핵-군비 경쟁을 관리할 수 있는 역내 안보대화를 구축해 볼 수 있다. 예를 들어, 한·미·중 안보대화(Security Dialogue)를 정례화하여 사안들에 대한 의견 교환을 하는 방안을 모색할 수 있다. 특히 미·중 간 전략적 경쟁으로 인하여, 안보전문가들이 미국과 중국을 상호 방문하기 어려운 구도 속에 제3국의 역할이 중요하게 대두되고 있으며, 한국이 중재할 수 있는 여지는 더욱 커지고 있다. 미국과 중국의 안보전략을 확인하고 위기관리를 하기 위해서라도 추진할 수 있는 방안이라 진단된다.

둘째, 위와 같은 구성주의적인 접근을 하면서도, 한편으로는 현실주의적인 대응방안도 마련해야 한다. 한국정부가 검토할 수 있는 부분은 미국의 중거리핵미사일 한반도 배치를 정중히 거절하지만, 미국을 설득하여 미국과 맺은 미사일 사정거리 제한 규제를 철폐하고 한국 자체적인 레이더 감청역량 및 미사일 역량 강화를 통하여 중국의 주요 군사시설을 타격할 수 있는 내적균형(Internal Balancing)을 추진할 수 있다. 미국의 입장에서 한국의 자체적인 군사적 역량강화는 한국이 중국을 견제할 수 있는 중요한 국가로 부상하는 것을 의미하는 것이기에, 한미동맹은 자연스럽게 강화될 수 있는 것이다. 가장 중요한 점은, 주한미군의 기능과 목적 및 전략자산의 용도는 한반도에 국한되어야 하는 것이며, 한국의 대중국 내적균형 모색은 별도로 추진되어야 한다는 점이다. 이러한 시도에 중국 정부는 반발할 수 있으나 중장기적인 차원에서 한·중 양국관계가 우호적으로 발전한다면 한국 자체적으로 개발한 '전략자산'에 대한 위협의식은 가변적으로 바뀔 수 있다고 판단된다.

한반도 정세의 지속과 변화

순싱제(孫興傑)*

현재 세계는 코로나 바이러스라는 도전에 직면해 있다. 코로나는 감염병의 충격과 경기 침체라는 두 가지 도전과 압력을 초래했다. 감염병 상황 속에서 한반도 정세는 변할 것인가? 아니면 불변일 것인가? 우리는 변화에 관심을 갖는 동시에 불변하는 기본적 구조와 요인에 더욱 주목해야 한다. 코로나와 방역이 가져온 글로벌 봉쇄(lock down)와 올여름 여러 차례의 태풍이 한반도 정세 변화에 가져온 외적 충격은 연쇄반응을 일으킬 수도 있다. 하지만 한반도 문제의 기본구조에는 감염병이나 태풍으로 인해 근본적인 변화가 발생하지는 않을 것이다. 2020년 이후 한반도 정세는 전반적으로 '후퇴'하는 경향을 보이고 있다. 특히 2018년 이후 외교적 돌파구의 유산이 거의 남지 않았다는 점은 많은 관심을 가져야 할 문제. 10월 10일 북한은 야간에 열병식을 거행하며 최신형 장거리 미사일을 보여주었고, 북핵 문제에 대한 '북핵 외교'는 더이상 존재하지 않게 되었다.

---

* 지린대학교 공공외교학원 부원장

1. 코로나 바이러스와 한반도 정세

코로나 바이러스는 1차 대전 종전 후 스페인 독감 발생 이래 백년 만에 발생한 대유행병이다. "전염병은 인류와 떨어진 적이 없다. 불과 한 세기 전, 스페인 독감은 세계를 휩쓸며 1차 세계대전보다 더 무서운 사망자 수를 남겼다."[1] 역병은 인류 사회 변천 과정에 줄곧 수반돼 온 요소로 인류 역사 진전에 미시적 동력을 형성했다. 코로나 바이러스는 바이러스가 인류가 사회생활에서 반드시 직면할 수밖에 없는 요소이며 국제관계의 기본적, 구조적 요소임을 경고했다.

첫째, 코로나 바이러스는 경제 사회생활의 동결이라는 보편적 충격을 초래했다. 또 국가 공중보건 거버넌스 능력의 '최종 시험대'이다. 대유행병은 갑작스럽게 폭발하며 강도가 세다는 특성 때문에 한 나라의 응급관리 능력에 막대한 충격을 준다. 단기간에 의료자원을 막대하게 소모하며 나아가 의료자원의 수요 폭증을 초래한다. 감염병은 한반도에도 잠재적인 거대한 압력을 초래했다. 특히 2020년 상반기 감염병 방역은 한반도 남북 양측이 직면한 주요 사회 임무였다. 의료위생체계가 비교적 취약한 북한으로선 코로나 바이러스의 충격이 클 수밖에 없었는데, 이에 감병염 발생 후 북한은 1월 30일 국가 봉쇄를 선언했다. 전면적인 북한 국경 봉쇄로 북한은 자기 봉쇄와 자기 격리뿐만 아니라 제재를 자초했다. 북한의 강력한 국경 통제는 '자책골'이 되었다. 한국 국민이 입북을 시도하다 북한군에 의해 총살되고 시체가 불태워진 데 대해 김정은은 이례적으로 사과했다. 북한 내 방역 상황에 대해 외부에서 여러 가지 추측이 난무하지만, 북한은 코로나 바이러스 환자가 발생하지 않았다고 주장하고 있다. 10월 10일 열병식 연설에서 김정은 위원장은 "우리 인민

---

1) 【英】馬克 · 霍尼斯鮑姆, 『人類大瘟疫 : 一個世紀以來的全球性流行病』, 穀曉陽, 李瞳譯, 中信出版社, 2020年版, 譯者序x頁.

모두가 스스로 방역의 주체가 돼 국가와 자기들 스스로를 지키고 우리 아이들을 지키기 위한 투쟁에 한사람같이 떨쳐나섰기에 모든 것이 부족하고 뒤떨어진 나라의 방역 부분이 일떠서게 됐고 남들 같으면 상상할 수도 없는 방역 안전을 유지할 수 있었습니다. 아직 풍족하게 살지는 못해도 화목한 대가정을 이루고 단 한 명의 악성비루스 피해자도 없이 모두가 건강하다"고 말했다. 물론 김정은이 북한의 방역을 중대한 치적으로 내세우며 공개적으로 연설한 것으로 미루어보아 그 내용이 신빙성 있음을 알 수 있다. 하지만 북한식 방역의 폐단은 코로나 바이러스가 끝나지 않는 한 북한은 국가의 문을 열지 못하고 자기 감금을 풀 수 없어 감염병으로 인한 봉쇄가 엄격한 경제 제재보다 더욱 심각하다는 데 있다.

둘째, 코로나 바이러스로 세계 경기가 침체되면서 주요 경제국에서 수준은 상이하지만 전반적으로 경기 침체가 나타났다. 비교적 '원초적'이고 효과적인 감염병 방역은 검역과 격리, 사회적 거리두기인데 이는 경제·사회 활동이 정도 차이는 있지만 동결되는 것을 의미한다. 북한은 국경 폐쇄에 앞장서고 있고 국내에서 매우 엄격한 방역 조치를 취하고 있어 대외 경제활동은 거의 정지된 상태다. 외부에서는 북한 경제가 6~8% 정도 위축될 것이라는 전망이 나오고 있으나 이 수치가 정확하다고 보기는 어렵다. 그러나 북한 당국의 태도에서 보듯 북한 경제는 불안한 상태다. 올여름 세 차례 발생한 태풍으로 북한의 식량 생산에 막대한 손실이 발생하자 김정은은 평양에서 12,000명의 당원을 선발해 구제를 지시했다. 김정은은 북한의 경제난에 대해서도 언급을 꺼리지 않았다. 그는 담화를 통해 "지금 우리나라는 가혹하고 오래된 제재로 모든 것이 부족한 상황이다. 이런 상황에서도 긴급 방역 태세를 유지하면서 구호와 재건을 추진해야 한다. 지구상에 이렇게 큰 도전과 곤경에 직면한 나라는 우리밖에 없다"고 말했다. 또 경기 침체 속에서 김정은은 북한이 기존의 경제사화 발전 목표를 달성하지 못했음을 인정했다. 경제발전을 책임지는 내

각 총리가 교체된 것도 북한 경제발전 성과가 충분하지 못한 데 대한 문책으로 볼 수 있다.

셋째, 코로나 바이러스 속에서 한반도 정세는 더욱 냉각되고 각국의 목표는 더욱 상이해졌다. 북한은 외교적 포위망으로부터 벗어나 대북제재가 완화되고 해제되길 바라지만, 전염병으로 제재는 더욱 강화됐다. 북한은 방역과 대외경제 활동 사이에서 저울질하고 있으나, 두 마리 토끼를 다 잡을 수 없다. 더욱이 이는 외부 제재 강화가 아니라 북한이 전염병 통제를 위해 문을 닫았고, 자발적으로 외부 경제와의 관계를 단절한 것이다. 전염병과 자연재해는 북한 경제에 이중고가 되고 있으며, 게다가 아직 완화되지 않은 경제 제재로 북한 경제는 근래에 보기 드문 어려움에 직면했다. 그렇다면 북한이 당면한 문제에 대해 누가 책임을 져야 하는가?

엄격한 검역과 격리 제도는 방역에 도움이 되지만, 전염병이 오랫동안 지속되면 봉쇄효과는 시간의 흐름에 따라 구조적 충격으로 변할 수 있다. 전염병은 단기간 내 사라지지 않을 수 있고, 특효약이나 백신이 개발되기 전까지 코로나 바이러스가 통상적인 전염병 수준으로 관리되기는 어려울 것이다.

2. 한반도 정세의 '후퇴'

전체적으로 2020년 한반도 정세는 2018년 북미 싱가포르 정상회담으로 형성된 외교적 완화 무드를 뒤집었고, 특히 남북관계 완화라는 성과는 거의 하나도 남아있지 않다는 점은 주목할 필요가 있다.

첫째, 2018년 형성된 외교적 이벤트에서 북한과 그 지도자 김정은은 국제 외교체계에서의 고립 상태를 일거에 깨뜨렸으며, 그 외교적 돌파를 통해 스타로 떠오른 것은 두말할 필요가 없다. 그러나 이 같은 정상외교의 센세이션은 직업외교관의 협의를 거친 확정적 성과로 이어지지 않았다. 하노이 정상회담의 실패가 싱가포르 정상회담의 성과를 상쇄하면서 기본적인 이익 접점 부족이라는 북미 정상회담의 거품이 드러났다. 또한 남·북·미 삼자의 정상외교 목표와 경로를 둘러싼 갈등도 적지 않았다. 싱가포르 회담의 추진은 문재인 대통령 덕분이었으나, 북미회담 이후 한국의 '중개' 역할은 빠르게 사라졌다. 근본적으로 남북 양측의 목표는 한반도 통일로 일치된다. 그러나 이 같은 미래 목표를 실현하는 방법은 서로 달라서 남북은 각자의 핵심 우위 역량에 의거하여 추진하고자 하는데, 그 역량이란 북한에게는 핵이고 한국에게는 경제력이다. 이러한 측면에서 2019년 7월 남북한과 미국 삼자 간 판문점에서 이뤄진 짧은 회동 과정은 남북 간의 동상이몽일 뿐만 아니라 구조적 충돌이 노정된 사례라고 할 수 있다.

둘째, 남북관계 완화의 한계는 북한이 한국에 대해 남·북·미 삼자 교류의 일원이 아니라 중개자 역할로 북미회담을 조력해주길 바라는 데 있다. 북한은 한반도 외교 무대에서 주인공은 한 국가뿐이어야 한다고 생각하며, 북미 정상회담 이후 남북관계의 경쟁성과 배타성을 보여주었다. 한국은 한반도 정세 전환 과정에서 두 가지 역할을 한다. 하나는 중개자 역할이다. 북미 양국이 직접 연락할 수 없는 상황에서 '메신저' 역할을 했다. 특히 정의용 청와대 안보실장이 미국에 북한의 비핵화와 북미정상회담 의사를 과장했다는 점에서 북미 정상회담은 '아름다운' 오해에서 비롯됐다고 볼 수 있다. 한국의 이런 역할은 싱가포르 정상회담 이후 완성됐다. 그러나 문재인 대통령은 이런 역할에 익숙해진 듯 북미정상회담을 계속 추진하면서 외교적 사고에 있어서 '경로의존'적 모습을 보였다. 한국의 또 다른 역할은 북미외교에 '담보'를 제공하는 역할이다. 목표가 크게 다른 북미 양국을 아울러야 하지만, 이러한 역할은 한국의 실력과 외교 전략적 준비를 넘어서는 것이다. 북한의 목표는 핵무기 보유와 핵보유국 지위 획득이라는 전제하에 미국의 엄격한 대북 경제제재를 타파하는 것이다. 나아가 핵 보유 이후 핵을 통해 경제발전을 하겠다는 것이지, 핵과 경제를 바꾸겠다는 것이 아니다. 반대로 미국의 목표는 제재를 해제하지 않고 한반도 비핵화를 실현하는 것이다. 북미 정상회담에서 성사될 빅딜을 놓고 볼 때 양측 간 요구 격차가 매우 크지만, 한국이 이를 '담보'하기는 어렵다. 2018년 말 남북 정상회담에서 양국은 한국의 북한 경제 지원을 골자로 협의를 달성했지만, 미국의 매우 강력한 경고로 남북관계 완화는 결국 한미 군사동맹의 벽을 넘지 못했다.

셋째, 남북관계 완화 속도와 후퇴 속도도 모두 놀라웠다. 문재인 대통령의 방북 이후 남북관계는 정점에 달했으나, 한국이 북한의 경제적 필요와 기대를 충족시키지 못하자 양국관계는 급격히 반전되면서 올해 '6월 위기'를 초래하며 거의 2018년 이전으로 돌아갔다. 남북관계 완화의 주요 지표는 국경지역의 안보 및 상시 연락 채널과 기제 구축이다. 유엔의 대북 제재 결의는 남북 경제협력의 '긴고아(편집자 주–서유기에서 손오공의 머리에 씌워진 금속굴레)'인데 미국이라는 요소까지 더해지면서 한국은 체결된 협의를 실현하기 어려워졌고, 양국은 남북 철도 답사만 진행하는 데 그쳤다. 북한은 남한에 대한 불만과 실망을 금강산 관광지구 관련 시설 철거를 통해 표출했다. 삼팔선 지역을 다시 긴장시켰으며 특히 올해 6월에는 남북관계 완화의 상징인 남북연락사무소 건물을 폭파했다. 이처럼 현재 남북관계는 2018년 외교적 완화 이전보다 훨씬 심각해졌다.

넷째, 북미 하노이 정상회담 이후 양측의 외교 공세가 얼어붙으면서 북미 간 외교적 완화 유지라는 '환상'은 양측이 받아들일 수 있는 마지노선이 되었다. 지도자 간의 취약한 사적 관계 유지는 2019년 북미 정상회담의 몇 안 되는 외교적 성과였다. 양측의 필요에 비추어 볼 때 이런 외교적 성과를 유지하는 것은 양측의 이익에 부합한다. 미국 입장에선 대선 전까지 트럼프가 북핵 문제를 해결할 가능성은 거의 없다. 기존의 정상 간 사적 관계를 유지하는 것으로 최소한 북한을 안정시킬 수 있다. 무엇보다 트럼프가 고수해온 비핵화 유지, 즉 정상회담 이후 북한이 장거리 미사일 발사나 핵실험을 하지 않는 것이 미국이 수용할 수 있는 최소한의 '비핵화'다. 북한으로서는 핵무기 개발이 새로운 단계로 접어들었기 때문에 미국과 정면충돌할 필요가 없다. 또 트럼프 대통령과의 사적 관계를 유지하는 것은 북한의 외교적 성과이자 김정은이 국민에게 설명할 수 있는 중요한 치적이다. 북미 정상 간의 뜻밖의 통신을 제외한 외교적 접촉과 소통은 2019년 10월 스톡홀름 회의 이후 중단돼 외교적 성과나 기술 측면에서 북미 간 외교 프로세스는 이미 끝났다고 할 수 있다. 이번 정상외교도 북핵문제를 외교적 수단을 통해 해결하는 데 한계가 있음을 보여준다.

다섯째, 한일관계가 급격히 후퇴했고 한·미·일 삼자 관계가 조정됐다. 한일관계는 2019년 이후 갑작스럽게 후퇴했다. 특히 양측 간의 무역 전쟁에는 찬바람이 불기 시작했다. 실제로 한일관계는 역사적 고비에 접어들었다. 강제징용노동자 배상 관련 문제는 일견 법률적 문제처럼 보이지만, 한일관계의 성격 변화는 1965년 한일 수교의 정치적 배경까지 거슬러 올라간다. 한일 수교는 경제적 요인이 강했다. 그러나 반세기 동안 발전을 거치면서 한국은 선진국 대열에 올라섰고 세계적인 인지도와 경쟁력을 갖춘 산업 체인을 형성했다. 한일관계의 경제적 바탕은 흔들렸고, 양국관계의 정치적 기반과 안보 기반은 무너졌다. 한·미·일 삼자 관계에서 한일관계가 가장 취약하며 심지어 경쟁적이다. 트럼프 집권 이후 한일 양국과 미국과의 관계는 제로섬 관계로 한반도 정세에 제약을 받는다. 게다가 한국과 일본은 한반도 문제 대한 발언권을 놓고 다투고 있다.

3. 한반도 정세의 '불변'과 리스크 누적

한반도 정세 변화와 더불어 한반도 문제의 내재적 구조, 즉 상당히 긴 역사 속에서 누적되어 온 기본적 모순과 문제에 주목해야 한다. 2년간의 외교적 완화가 많은 갈등을 덮고 억제하고 있지만, 리스크와 갈등은 사라지지 않았다. 오히려 완화 추세가 사라지면 리스크와 갈등이 별안간 폭발할 수 있다는 점은 부인할 수 없다.

첫째, 북핵문제의 기본적 갈등 구조는 달라지지 않았다. 북미 간의 '빅딜'은 여전히 이뤄지지 않고 있으며 정상회담은 북미 양측의 이익 요구를 변화시키지 못했다. 북미관계는 사실상 새로운 '전략적 지연' 단계로 접어들었다. 트럼프 행정부는 오바마 행정부의 '전략적 인내' 정책을 비판하고 반대했지만, 하노이 회담 이후 트럼프 정부는 기본적으로 전략적 인내 정책을 반복하고 있다. 북한이 장거리 미사일 발사나 핵실험을 하지 않는 한 현 상황을 수용할 것이다. 10월 10일 열병식에서 북한이 보여준 신형 대륙간 탄도미사일은 지난해 말 수차례 진행된 로켓 엔진 점화 실험의 산물이다. 북한이 이번 열병식에서 다소 소강상태를 보였으나, 보여준 메시지는 명확했다. 북한의 핵미사일 능력이 크게 향상됐다는 것과 트럼프 정부에 대한 '극한의 압박'이 그것이다. 북미 모두 승리를 주장했다. 북한은 장거리 미사일 발사와 핵실험을 하지 않았고, 미국은 북한에 핵무기 포기를 요구하지 않았다. 그러나 오히려 핵미사일 역량은 강화되고 있다. 북미 간의 목표 차이는 점점 커져 마치 나사를 조이듯 긴장되고 있다. 다시 말해 양측의 빅딜 가능성은 더욱 낮아졌다. 왜냐하면 각자의 카드가 쌓이면서 리스크가 커지고 있기 때문이다. 김정은이 북한의 핵전략을 설명하며 핵보유국을 자처한 만큼 다음 정상회담은 기대하기 어렵다. 또 미국 대선이 교착상태에 빠져 트럼프가 고전하는 상황이 온다면 한반도 리스크가 폭발할 수 있다. 트럼프의 고집스런 성격 때문에 대선 시즌 한반도 문제의 변화가 가져올 리스크가 매우 높고 북미 양국이 오판할 가능성이 있다. 북한이 대선 기간 중 장거리 미사일을 발사하거나 핵실험을 한다면 2년간의 외교적 완화 성과는 일거에 물거품이 될 것이 분명하다.

둘째, 남북관계의 성격은 문재인의 햇볕정책 3.0으로 인해 달라지지 않았으나, 완화 이후 관계가 재차 냉각되면서 남북관계의 경쟁성, 심지어 적대성까지 노정되고 있다. 남북관계의 본질은 통일 방식에 대한 경쟁이다. 북한은 핵무기를 통해 한국의 재래식 군사력과 경제적 우위를 무너뜨리고, 스스로를 보호하며 북핵을 '민족의 핵'으로 만들겠다는 것이다. 한국의 강점은 여전히 군사동맹이 제공하는 안보 보장과 경제적 측면에서의 전방위적 우위다. 그러나 북핵 리스크가 누적되는 상황에서 한국은 외교와 국방의 자주를 실현하기 어렵다. 즉, 한국은 자신의 경제적 우세를 북한에 대한 영향력으로 바꾸기 어렵다는 의미다. 남북관계의 경쟁성과 적대성의 본질적 의미는 '햇볕'이 눈 깜박할 사이에 사라지고 먹구름이 뒤덮이는 것이 일상이다.

셋째, 한미관계가 원래 궤도로 돌아오면서 한미 군사동맹의 핵심이 한국 안보의 기본적 유지에 있음이 재차 확인됐다. 문재인 대통령 취임 이후의 '진보주의'는 역전되어 한미군사동맹은 오히려 강화됐다. 한미 간의 비대칭적 관계는 더욱 심화됐으며 특히 방위비 분담, 중거리 미사일 배치 가능성이 커졌다. 미국이 인도태평양 전략을 전개하는 과정에서 한국은 더 큰 '줄서기(選邊站)' 압력에 직면했다. 특히 일본이 인도태평양 전략에 전면적으로 뛰어들면서 한국은 미·일 공동 압박에 직면했다. 또 핵을 보유한 북한에 대응하기 위해 한국은 군비 증강을 할 수밖에 없는데 이로 인한 구조적 영향과 위험이 발생할 수 있다.

넷째, 북한의 핵무기는 평화와 발전을 가져오는 것이 아니라 오히려 국가 발전 공간이 갈수록 좁아지고 있다. 그간의 핵무기 전략은 이미 경로의존이라는 덫에 빠지게 되었고 앞으로 방향을 틀 가능성은 더욱 줄었다. 북한은 제

7기 3중전회에서 '경제발전 우선'의 신전략을 발표하고 2년간의 시도와 모색을 거쳤으나, 핵 보유 후 '첫 번째 노선'은 실패했다. 핵무기 전략은 북한에 점점 더 분명하게 '감금장치(편집자 주–경로의존성을 비유)'가 되고 있다. 감염병, 제재, 핵미사일 전략으로 인한 자원 분산 등 여러 압박 속에서 북한 경제사회의 근본적인 변화는 어렵다. 게다가 자연재해로 북한은 심각한 경제적 압력과 식량 문제에도 직면해 있다.

4. 전략적 인내와 전략적 보수주의

세 척(尺) 두께의 얼음은 하루아침에 얼지 않는다. 한반도 문제가 한두 차례의 정상회담으로 전환되기는 어렵다. 정상회담이나 사적 관계로 한반도 문제의 지뢰를 제거하길 바란다면 전략적 급진주의 혹은 극단주의의 함정에 빠질 수밖에 없다. 좌절을 겪은 뒤 바로 본래의 길로 돌아오는 것은 서로 간의 불신을 증폭시킨다. 근본적으로 전략적 보수주의의 태도로 충분한 전략적 인내심을 갖고 조금씩 천천히 추진해 양을 쌓고 협력 폭을 넓혀 한반도 평화와 협력의 '기후'를 만들어야 한다.

첫째, 전략적 인내의 바탕은 일관된 국가전략에 있다. 한국의 대외정책은 보수와 진보 두 방향이 공히 존재하는 데다 대통령의 임기는 단 한 번에 불과해 정책의 불확실성과 기복을 증가시킨다. 문재인 정부는 한반도 긴장의 외교적 완화에 크게 기여했지만, 동시에 한국의 대외전략의 초점을 과도하게 남북관계에 맞추고 심지어 거기에 베팅했다. 다시 말해 한국의 대북전략과 대외전략은 더 많은 확실성과 안정성이 필요하다.

둘째, 북미관계의 변화는 센세이션을 추구하기보다 싱가포르 회담의 기본적 공감대로 돌아와야 한다. '빅딜'보다는 가장 조작적이고 기술적인 분야에서 협력함으로써 상호 신뢰와 협력을 증진해야 한다. 전략적 보수주의의 요지는 이미 거둔 성과를 잘 지키고 유지하여 '작은 승리'을 쌓아 '대승'을 이루는 데 있다.

셋째, 한·중·일 삼국은 역내 중요 국가로서 동북아 평화와 안보 의제를 삼국의 논의 테이블에 포함하고, 한·중·일 정상회담 기제를 유지하며 관례를 만들어 가야 한다. 설령 의견이 다르거나 양자관계에 약간의 문제가 생기더라도 삼자 틀은 유지해 나가야 한다. 또한 경제, 무역 등 '하위정치' 의제뿐 아니라 지역안보 의제를 포함시켜 한·중·일 협력의 덩치를 키워야 한다. 현 상황에서는 '협력'을 늘리는 것이 '이견'을 줄일 수 있는 방법이 될 것이다.

한반도 지역에서의 중미 경쟁구도

둥샹룽(董向榮)*

 필자는 2017년 초에 중국과 미국이 한반도를 둘러싸고 벌이는 경쟁에서 각국이 지닌 카드와 약점을 분석한 글을 발표한 바 있다. 발표한 글은 미국이 현재 세계 유일의 패권 국가이며, 중국이 미국 패권에 도전할 의사가 없음에도 불구하고 동북아에서 중미는 경쟁과 패권 다툼에 불가피하게 빠져들고 있다는 내용을 다루고 있다. 한반도의 전략적 중요성은 미국보다 중국에 있어 더욱 명징하다. 중국이 한반도 경쟁에서 지니는 주요 우위는 한국에 대한 경제적 영향력에 있으며, 안보와 역사 문제, 이데올로기 등의 영역에서는 우위 선점에 어려움이 있다. 중한과 중북 관계 모두 비대칭적 경제관계를 보이고 있다.

 중국은 한반도에서 전쟁이 발생하는 것을 완강히 반대함으로써 미국과 미국 동맹국이 동북아 지역에서 군사적 행동을 취하는 것에 신중한 태도를 취하도록 하고 있다. 북한은 오히려 핵을 가져야만 한국과 미국이 북한에 군사

* 중국사회과학원 아태 및 글로벌전략연구원 연구원

적 위협을 가하지 못할 것이라고 믿고 있다. 물리적 위치에 구속받지 않는 미국의 영향력, 미국만의 독창적인 소프트파워, 하나된 이데올로기, 세계 1위의 하드파워는 미국이 동북아 지역 중국과의 경쟁에서 확실한 우위를 선점하게 하였다. 2016년 북한이 핵실험과 미사일 발사 실험을 잇달아 실시한 이후, 한국은 수년간 지속되었던 미국의 요구에 응하기 위해 사드(THAAD) 미사일 방어 시스템을 배치하기로 결정하였다.

사드는 한국에는 '작은 발걸음'이었지만, 미국에는 군사적 영향력을 강화하고 글로벌 미사일 방어 시스템을 구축하여 중국의 군사 작전을 감시하게 하는 '큰 도약'이 되었다. 물론 미국도 동북아 지역에서의 약점을 가지고 있다. 이는 바로 동북아 지역에서 미군이 주둔하는 것에 대한 합법성 문제이다.[1]

지난 3년여의 시간 동안 동북아 국제정세에는 어떤 변화가 발생하였을까? 첫째, 중미의 전략 경쟁이 심화되었다. 최근 격해지고 있는 중미 간의 전략 경쟁은 냉전 당시 미국과 소련 두 진영 사이에서 발생하였던 균형 잡힌 대결이 아닌 중국에 대한 미국의 일방적인 '괴롭힘(bully)'과 억압이기 때문에 이를 '신냉전'으로 규정해서는 안 된다. 둘째, 사드 이슈로 인해 최악으로 치달았던 한중관계가 완화되었고, 정치·경제 관계가 서서히 회복되었다. 셋째, 북한의 '국가 핵무력 대업(核武大業)' 완성과 진전 없는 한반도의 비핵화 협상, 그리고 북미관계의 긴장 완화이다. 넷째, 한국의 국제적 위상이 높아짐에 따라 발생한 한일관계의 구조적 변화와 긴장 태세이다.

이 네 가지 추세적 변화는 모두 코로나19의 확산으로 심화 및 악화되고 있다. 중미관계는 원래 무역 균형 문제나 무역 전쟁에 초점이 맞춰졌지만, 코로나19의 여파로 인해 중미 경쟁의 초점과 상황에 변화가 생겼다. 미국은 코로나19 발생 초기 중국의 코로나 방역에 대해 긍정적으로 평가하였다. 하지만,

---

1) 董向榮, 「中美在朝鮮半島博弈的籌碼與軟肋」, 『當代世界』 2017年第2期.

미국의 코로나19 확진자 수가 최고치에 다다르자 중국을 긍정적으로 평가하였던 미국의 태도는 분노로 바뀌었고, 중국에 대한 모욕적인 발언을 서슴지 않았다. 또한, 전방위적으로 중국의 하이테크 기업들을 격렬하게 압박하였고, 기본적인 국제 무역 규칙마저 완전히 무시하였다. 이로 인해 중미 간의 대화 협력의 채널이 심각한 영향을 받게 되었다.

중한관계는 양국이 사드에 대한 단계적 합의에 도달한 이후,[2] 2017년 12월 문재인 대통령의 방중으로 중한관계가 전환되었고, 2019년 12월 한중일 정상회담이 진행되면서 중한관계가 다시 회복되었다. 코로나19 발생 이후, 중한 양국의 공식적이고 긍정적인 교류가 빈번하게 진행되었고, 일반 국민들은 우호적인 교류를 하며 정치적 상호 신뢰를 크게 강화하였다. 한국의 코로나19 방역에 대한 중국의 평가는 매우 긍정적이며 한국에 대한 선호도도 크게 높아졌다. 2020년 3월 10일 필자는 터우탸오하오(頭條號: 중국의 미디어 플랫폼) 개인 계정인 '동샹룽의 아태지역 관찰(董向榮亞太觀察)'에 '한국은 어떻게 이렇게 빨리, 많은 양의 검사를 할 수 있었나'라는 제목의 글을 게재하였으며, 63만 3,000명의 독자들이 이를 읽었다. 독자들은 한국 정부와 한국 국민들의 방역에 대해 매우 긍정적인 평가를 내렸다. ID v70468376173를 쓰는 네티즌은 "문재인 정부는 실질적인 조치를 취하였고, 매우 신뢰할만하다."라고 댓글을 남겼으며, 해당 댓글은 988개의 '좋아요'를 받았다. 한 네티즌들은 "한국은 정말 칭찬할 만하다. 솔직히 한국의 코로나 진단 능력은 중국을 제외한 다른 모든 국가를 합친 것보다 낫다. 코로나19 방역에서 가장 중요한 것은 조기 발견, 조기 격리, 조기 치료인데 한국은 대규모의 검사를 진행하여 코로나19의 확

---

2) 편집자 주: 2017년 11월, 중국은 한국과 '사드' 문제의 단계적 처리에 협의(共識)했다고 주장한 바 있으며, 2020년 10월 이를 다시 언급하여 양국이 당시(2017년 10월) 소위 '3불' 원칙, 즉 '한국 정부는 사드 추가 배치를 검토하지 않고 있고, 미국의 미사일방어체제(MD)에 참여하지 않는다는 기존 입장에 변함이 없으며, 한·미·일 3국 간의 안보 협력이 3국 간의 군사동맹으로 발전하지 않을 것'이라는 합의에 도달했다고 주장한 바 있다.

산을 신속하게 통제할 수 있었다."라고 지적하였다. 비록 1인 미디어의 짧은 글이었지만 이를 통해 중국 네티즌들이 한국에 대해 긍정적인 태도를 보이고 있음을 알 수 있다. 하지만 이와 반대로, 중국의 코로나 방역에 대한 한국인의 평가는 매우 낮았고, 한국과 중국 간 여론에 뚜렷한 온도차와 한계가 분명하게 발생하였다. 2020년 10월 6일 미국 퓨 리서치 센터(Pew Research Center)가 발표한 다국적 설문 조사에 따르면 한국 응답자의 79%가 중국의 방역 부정적인 평가를 내렸으며, 자국 내 방역에 대한 부정적인 평가는 14%에 지나지 않았다. 중국에 대한 한국의 부정적인 평가는 조사 대상 선진국(평균 61%)보다 훨씬 높은 수준이었다. 호감도 측면에서 한국 응답자의 75%는 중국에 호감이 없다고 응답하였으며, 이는 2002년 같은 설문 조사에서 응답자의 31%가 중국에 호감을 느낀다고 응답하였던 것과 대조된다.[3]

지난 3년 동안 미국과 북한은 세 차례의 정상 회담을 개최하여 세계의 이목을 집중시켰지만 비핵화의 진전은 없었다. 2020년 10월 10일 북한이 새벽에 열었던 열병식에서 선보인 ICBM(대륙간탄도미사일)과 신형 북극성-4형 SLBM(잠수함 발사탄도미사일) 등의 새로운 군사 장비가 실제로 존재하는 것이라면 비핵화의 실현은 더욱 어려워진 것이며, 비핵화 과정은 진전 없이 악화되고 있는 것이 분명하다. 코로나19의 엄습 이후, 전 세계의 이목은 코로나19에 집중되었지만, 트럼프의 이목은 2020년 11월 대선에 집중되면서 북한 의제가 지닌 중요성이 현저히 떨어졌다. 북한은 제재 해제 없이 북미관계를 완화하여 트럼프의 연임에 도움을 주는 것을 원하지 않았지만, 긴장을 고조시켜도 북한에 득이 되지 않고, 미국 대통령이 바뀐다면 변수가 추가될 수 있으므로 북미관계는 표면상 '우호적인' 상태를 유지하고 있다. 트럼프가 코로나19 양성 판정을 받았을 때 김정은 위원장은 첫 위로 메시지를 보냈고 트럼프는 김

---

3) Laura Silver, Kat Devlin and Christine Huang, Unfavorable Views of China Reach Historic Highs in Many Countries, Pew Research Center, 2020.10.06.

정은이 보낸 '아름다운 편지'를 반복해서 선보인 것은 이러한 의미의 연장선이라고 볼 수 있다.

지난 몇 년 동안 한국의 국제적 위상은 높아졌다. 코로나19 방역에 대한 한국의 성과도 훌륭하였으며, 국제사회로부터 찬사를 받았다. 비록 한국 또한 지역사회 거버넌스의 허점이 존재하기 때문에 코로나19 발생 초기 전국적인 대규모 유행을 막지 못하였지만, 코로나19와의 전쟁에서 한국이 얻은 성과는 일본보다 뛰어났으며, 미국으로 하여금 코로나 진단키트 부분에서 한국의 지원을 구하게 만들었다. 한국이 세계 각지에서 다른 나라에 거주 중인 교민의 철수를 도운 일은 전례 없던 일이었다. 일본의 총리가 바뀌고 스가 요시히데가 '포스트 아베 시대'를 열었지만, 한일 양국 관계에 큰 반전이 일어날 것 같지는 않다. 2019년 7월 이후 한일 반도체 산업 핵심 소재에 대한 제재 조치는 양국 지위의 구조적 변화와 관련이 있다. 일본은 한국이 미래를 내다봐야 한다는 점을 강조하고 있고, 한국은 일본의 역사적 과오를 가볍게 넘길 수 없다는 입장을 고수하고 있다. 코로나19 방역의 관점에서 보면, 한국과 중국은 코로나 방역에 있어서 일본이나 미국보다 더욱 유사한 이념을 가지고 있다.

최근 몇 년 동안 한반도와 관련된 국제 정세의 변화는 중미가 한반도에서 벌이고 있는 패권 경쟁에 어떠한 영향을 미쳤는가? 필자가 3년 전 논문에서 다루었던 상황과 일치하는가? 필자는 3년 전과 비슷한 상황이라고 생각한다. 중국의 경제력은 여전히 한반도에 큰 영향을 미치고 있다. 2020년 9월 1일 정세균 총리가 한국 국회의원들의 "중국에서 입국하는 승객을 금지하지 않는다는 이유로 한국 정부를 비난하는 사람들이 있으며, 코로나19 방역 작업에 영향을 미치고 있다는 비판이 있다. 이에 대해 어떻게 생각하는가"라는 질문에 "지금 생각해보면 잘한 일이라고 생각한다"라고 답하였다. 대중 수출은 한국 대외 전체 수출액의 4분의 1을 차지하고 한국 전체 수입액의 5분의 1이 중국에서 이뤄지고 있다. 만약 출입국이 제한되면 중국에 투자하는 한국 기업들이 어려움을 겪었을 것이다. 정세균 총리의 발언을 통해 당초 한국 문재인 정부가 중국인에 대한 강경한 입국 거부 등의 조치를 취하지 않은 것은 중국시장과 중국의 산업사슬이 한국 경제에 미치는 중요한 영향을 고려하였기 때문이라는 사실을 읽어낼 수 있다.

이념적 관점에서 보면 중미 경쟁에서 미국이 한국에 자신의 편에 서도록 강요할 가능성이 높아지고 있다. 한국이 어떤 선택을 하느냐가 매우 중요해졌다. 미국은 G7 체제 확장, 경제번영 네트워크(EPN), 미국, 일본, 호주 및 인도 간의 4자 안보대화(QUAD) 협력체 등과 같은 이슈에 한국이 참여하기를 원한다. 한국으로서는 앞으로 '반중전선'이 구축된다 하더라도 이에 대해 신중한 태도로 경계해야 한다. 1992년 한국과 중국은 한반도의 냉전구조를 타파하기 위해 냉전의 족쇄를 끊어내고 수교하였다. 당시 한국은 중국과 적극적으로 외교 관계 수립을 추진하였고, 중국과의 관계를 강화하면서도 한미관계에 영향을 주지 않는 '파레토 개선(Pareto Improvement: 어느 누구의 효율도 저하되지 않은 공평한 상태)'을 달성하였다. 현재 한반도에는 여전히 과거부터 지속되는 냉전이 존재하고 있으며, 새로운 냉전 구도 또한 형성되고 있다. 이러한 상황에서 섣불리 '신냉전'을 운운하는 것은 한국이 만든 공든 탑을 무너뜨리는 일이 될 것이다.

사실 미국이 한반도에 미치는 영향, 특히 한국에 대한 영향력은 최근 들어 감소하고 있다. 한국은 미국의 요청에 따라 성급하게 사드를 배치하여 중국과의 관계를 무너뜨렸지만, 미국과의 관계에서 큰 진전은 이뤄내지 못하였다. 미국은 한미 무역협정, 주한미군 방위비 부담 등에서 한국에 압박을 가하는 등 미국에 대한 신뢰에 부정적인 영향을 미쳤다. 트럼프 대통령은 "한국으로부터 10억 달러를 받는 것이 브루클린에서 아파트 임대료로 114.13달러를 모으는 것보다 쉽다"라는 발언을 하였고, 이는 한국인들의 마음에 상처를 주었다. 코로나19와의 싸움에서 세계 패권 국가인 미국은 전 세계가 기대하는 리더십을 발휘하지 못하였을 뿐만 아니라 오히려 세계에 어려움을 가중시키며 한국에서의 신용과 이미지를 크게 실추하였다. 앞서 언급한 퓨 리서치 센터의 여론 조사에 따르면 한국 응답자의 93%는 미국의 코로나19 방역이 효과적이지 않다고 생각한다. 한국에서 미국의 소프트 파워 영향력이 줄어들고, 한미관계가 망가지고 있는 것은 모두 미국 때문이다. 미국의 영향력이 줄어들면서 앞으로 한반도 문제에서 한국과 북한 양측의 주도적인 영향력은 더욱 높아질 것으로 보인다.

그렇다면 이러한 새로운 국제 정세에서 중한 협력을 강화하는 방법은 무엇이 있을까?

첫째, 중한 양국 관계가 퇴보하지 않도록 최선을 다해야 한다. 28년의 역사를 되돌아보면 중한관계는 마늘 파동, 과거사 분쟁, 사드 분쟁 등 분쟁의 정도가 갈수록 심화되고 분쟁의 규모가 갈수록 커지는 좌절을 거듭하였다. 소규모의 분쟁들은 피할 수 없었지만, 대규모의 분쟁은 서로에 대한 중대한 오판에서 비롯되었다. 여러 번의 좌절을 겪었음에도 중한관계는 전반적으로 지난 28년 동안 성공적이었다. 코로나19의 유행으로 중한 협력은 중국과 다른 선진국과의 협력보다, 그리고 한국과 다른 주변 국가와의 협력보다도 긍정적이었다. 새로운 국제 구도에서는 오판을 피하고, 양국 관계에 새로운 상처를 주지 않는 것이 매우 중요하다.

둘째, 중한관계를 새롭게 인식하고 자리매김함으로써 새로운 협력 공간을 발견할 수 있다. 지난 28년간 한국과 중국은 경제적 상호보완 관계로부터 '경쟁이 주(主)가 되고 상호보완은 부(輔)가 되는 관계'로 전환하였다. 한국은 전통적으로 상호 보완적인 중한관계하에서 한국이 얻는 이익이 더욱 클 것으로 생각한다. 하지만 사실은 그렇지 않을 수 있는데, 한국과 중국이 경쟁하고 있는 일부 분야에서 한국이 얻는 경제적 이익이 막대한 경우가 있다. 예컨대 화웨이(Huawei)와 삼성(Samsung)을 그 예로 들 수 있다. 화웨이는 삼성 반도체의 구매자이자 경쟁사인 동시에 함께 협력하는 관계이다. 중한 양국이 현재 경쟁하는 분야는 바로 한국이 가장 많은 이윤을 얻는 분야이다. 경쟁이 위주가 된 양자 관계에는 더 이상 기회가 없을까? 그렇지 않을 것이다. 중국의 산업 고도화는 중한 협력에 새로운 기회가 될 것이다.

셋째, 한미 동맹을 객관적으로 보는 것이다. 1945년 한반도의 남부지역을 점령하고 3년간의 한국전쟁을 거쳐 1953년 한미 상호 방위조약 체결에 이르기까지 한국은 미국과 결속하여 한국 건국의 토대가 되는 탄탄한 한미 동맹을 맺었다. '미국 편에 서는 것(綁美)'은 미국으로 하여금 정치, 군사, 경제, 사회, 문화 등 모든 면에서 한국에 큰 영향력을 행사하게 하였다. 비록 이승만 한국 초대 대통령이 4.19 혁명으로 쫓겨나 하와이로 망명하였지만, 많은 한국인들은 한국 발전의 역사적 과정에서 한미 동맹 수립에 대한 이승만 초대 대통령의 공로를 인정한다.

한미 동맹은 여전히 한국 외교의 초석이다. 이를 의식하지 않으면 한미 동맹에서 가끔씩 불거지는 주한미군 방위비 부담, 주민들에게 피해를 주는 사건들로 인해 발생하는 반미 시위 등의 이슈에 눈이 멀어 한미관계를 오판하기 쉽다. 미국에 대한 이런 작은 혐오의 감정은 나무일 뿐이며, 한미 동맹이라는 숲을 봐야 한다. 미국과 중국의 경쟁이 격화되고 있으며, 미국은 한국을 가까이서 압박하고 있다. 중국은 아직 한국이 중미 사이에서 한국이 중국 편을 들게 할 만한 매력을 가지지 못하였다. 한국은 자국의 국익을 저울질하며 중미 사이에서 적절한 위치를 찾아갈 것이다.

한국은 한때 '일방적으로 미국 편에 섰던' 적이 있었다. 그러나 한국의 총체적인 국력이 높아짐에 따라 외교적 자율성과 독립성도 높아질 것이며, 점차 상대적으로 자율적인 외교 관계를 만들어 나갈 것이다. 이는 바로 한국의 국익과 미국의 국익은 완전히 일치하지 않는다는 사실에 기인한다. 한국은 선택을 할 때, 한반도가 냉전 구도에서 벗어나지 못하고 '신냉전'의 위협에 휘말리는 것은 아닌지, 한국의 국익에 부합하는 것이 아닌지에 대해 깊이 고민해야 한다.

한국이 점차 자립적이고 자주적으로 발전하는 과정은 객관적으로 중국에 가까워지고 있는 과정이다. 중국은 이러한 변화를 이끌어낸 주된 요소 중 하나이다. 그러나 이렇다고 하더라도 한국이 '중국을 가까이하고, 미국을 멀리한다'고 오해해서는 안 된다. 한국은 중견국가로 성장하였지만 여전히 자신과 가까운 중국을 경계하고 있다. 김병국 교수는 이미 2008년에 한국인들이 중국에 대해 "깊은 우려와 이에 대해 대비하려는 심리를 가지고 있다"라고 분석하였다. "한국은 중국이 번영을 공유하는 과정에서 중국의 성장과 권력 궤도에 끌려가고 있다고 생각한다. 경제 권력은 필연적으로 정치적 영향력으로 전환되는데, 왜냐하면 경제적 의존은 필연적으로 정치적 취약성을 내포하기 때문이다. 문제는 권력의 전환의 발생 여부가 아니라, 언제 어떤 방식으로 일어나느냐에 있다."[4]

한국이 해야 할 일은 '파레토 개선'을 달성하고 한미관계에 해를 끼치지 않고 중한관계를 강화하며 중한관계를 해치지 않고 한미관계를 강화하는 것이다. 사드 배치가 중한관계를 크게 손상시켰지만 한미관계를 증진시키지는 못하였다. 2017년 출범한 트럼프 행정부는 사드를 한반도에 배치해야 한다고 생각하지 않았고, 문재인 대통령도 사드 배치를 지지하지 않았다. 한 정권이 탄핵당하는 동안 사드 배치가 급격히 이루어져 외교적으로 심각한 혼선이 빚어졌다. 이는 매우 뼈아픈 교훈이다. 만약 한국이 '파레토 개선'을 이루지 못한다면 현재의 상황을 유지하는 것이 가장 좋은 전략일 것이다. 득보다 실이 많은 제로섬 게임과 같은 사드의 비극이 되풀이되지 않도록 해야 한다. 한국 학계가 외교 전략을 평가할 때 흔히 "안보는 미국, 경제는 중국"이라는 말을

---

4) 金炳局, 「夾在崛起的中國與霸權主義的美國之間 : 韓國的'防範戰略'」, 載朱鋒, 羅伯特 · 羅斯主編, 『中國崛起 : 理論與政策的視角』, 上海人民出版社, 2008年版, 第324-382頁.

자주 사용한다. 하지만, '안보는 미국, 경제는 중국'은 잘못된 이해이며, 실제로 한국은 단 한 번도 이렇게 해온 적이 없다. 미국은 경제적으로도 한국에 중요하다. 한반도 안보와 안정에 대해서도 중국과 한국은 여러 의제에 대해 공통된 입장을 갖고 있다. 중한은 양국의 경제협력이 지닌 장점을 더욱 발굴해야 하며, 동시에 정치, 안보, 사회 분야에서 중한 협력을 강화해야 한다. 예를 들어, 경제적으로 중한 FTA 2단계 협상, 한중일 자유무역지대 협상, RCEP 협정 체결 등의 방면에서 새로운 진전이 필요하다. 중한은 양국의 공동이익을 위해 정치적으로 민감한 사항은 차후로 남겨두고, 협력할 수 있는 공통점을 찾아 이념적 차이를 약화시켜야 한다.

Ⅱ

한반도 정세

북중관계와 북한경제

부활하는 북중동맹

박종철(朴鍾喆)*

1. 좌초위기의 한반도 평화프로세스

1980년대 말 데탕트 분위기 속에서 노태우 정부는 북방정책을 펼쳤다. 이후 김대중 정부와 노무현 정부는 유럽통합과 동서독 화해, 그리고 양안 민간교류에서 화해의 교훈을 찾으려고 했다. 이런 기능주의적 통합 아이디어를 햇볕정책에 담아, 개성공단과 내륙기업정책, 그리고 금강산관광과 개성 평양 육로관광 등을 시작했다. 이후 남북 군사적 긴장은 있었지만, 북미 제네바 협상과 남북대화 혹은 베이징에서 개최된 6자회담 기간 한반도의 군사적 충돌은 통제되었다.

이명박 정부와 박근혜 정부는 '대화를 통한 평화'라는 접근법이 통일을 달성하지 못했다는 점에서 근본적 해법이 될 수 없다는 점을 제기하며, '힘에 의한 평화'라는 접근법을 다시 채택했다. 이 기간 북한은 남측 및 주한·주일

---

* 경상대학교 사회교육학과 교수

미군과의 첨단 재래식 전력의 격차를 만회하기 위하여, 낡은 기술과 저렴한 비용으로도 가능한 핵실험과 대륙간 탄도미사일 실험을 감행하며, 비대칭 전력을 급속히 개발하였다. 북한에 비해 남측은 대략 30배에 이르는 경제력과 20배에 이르는 군사비를 바탕으로 다양한 첨단 재래식 무기를 개발하고 있고, 또한 첨단 전략장비와 감시장비를 동원을 한미 군사훈련을 실시했다. 특히 2017년 북한의 제6차 핵실험과 화성15호형 실험 이후, 미국은 항공모함 3척, 전략폭격기, 핵잠수함 등 전략자산으로 한반도 주변을 포위했다. 더불어 유엔 안보리에서는 역사상 최강의 대북 제재 결의가 통과되었다.[1] 보수정권 기간 힘에 의한 평화 정책의 결과, 연평도포격, 5.24조치 그리고 금강산관광과 개성공단 중지를 하며, 강대강의 악순환 구조가 반복되었다. 보수정권이 대북 압박에 담긴 북한 붕괴나 급변사태라는 숨은 의도와 달리, 2009년 김정은 집권 이후 북한 경제는 지속적으로 회복되고 있는 모순이 나타나고 있다.

문재인 정부는 햇볕정책이라는 외교안보노선을 계승하며, 대화를 통한 해결을 목표로 한반도평화프로세스를 제안했다. 평창올림픽 이후, 북한의 핵과 대륙간 탄도미사일 실험이 중단되고, 한미도 연합지휘소 훈련만 유지하며, 대규모 군사훈련이 유보·중단되고 있는 상황이다. 2017년 연말 강대강 대결의 악순환에서 벗어나기는 했지만, 2019년 2월 하노이 회담 결렬을 계기로 남북−북미 교착국면이 지속되고 있고, 북한을 둘러싼 DMZ와 북중 국경이라는

---

1) 2006년 제1차 핵실험 이후 유엔 안보리에서 결의 1695(2006.7. 탄도미사일), 결의 1718호(2006.10.제1차 핵실험), 결의 1874호(2009.6. 제2차 핵실험), 결의 2087호(2013.1. 탄도미사일), 결의 2094호(2013.3. 제3차 핵실험), 결의 2270호(2016.3.2. 제4차 핵실험), 결의 2321호(2016.11.30. 제5차 핵실험), 결의 2356호(2017.6.2. 탄도미사일), 결의 2371호(2017.8.5. 탄도미사일), 결의 2375호(2017.9.11. 제6차 핵실험), 결의 2397(2017.12.22. 화성 15호형)가 통과되었다. 특히 2016년부터 결의안은 북한 인민생활에 영향을 미치는 포괄적 제재로 형태가 변경되었고, 세컨더리 보이콧까지 적용하는 형태도 심화되었다. 석탄과 철, 해산물 등에 대한 무역 및 노동자 송출 등을 완전 금지하였다. 석탄 4억 달러, 철과 철광 2.5억 달러 등 총 10억 달러로 북한 무역수지 대부분을 차단하는 것을 목표로 하였다. 다만 원유 등 전면수출금지는 중러의 반대로 무산되었다. 수산물과 복장 임가공 문제는 북한 주민 생활에 상당한 영향을 미치고 있다.

두 개의 장벽은 여전히 봉쇄되어 있다.

2. 제2의 한국전쟁과 세계에서 가장 중무장화된 요새

현대 국민국가에서 파생된 국경 개념에 대하여, 제국주의 외세의 침략을 겪은 한반도와 중국대륙의 사람들은 국경을 '전쟁과 증오'에 기반하여 기억하고 있다. 한국인들에게 국경은 인위적 군사목적으로 설치한 38선과 비무장지대(DMZ)의 이미지가 떠오른다. 비무장지대는 명칭과는 달리 현재까지도 세계 최대의 중무장지대이며, 한국군이 지키지만 유엔군이라는 외국군대가 실효지배하는 이미지로 인하여 접근할 수 없는 장소이다. 실제 분단선과 국경이 동일한 개념은 아니지만, 육지를 통하여 다른 나라를 가본 경험이 없는 한국인들은 차이점을 구분하려고 하지는 않는다.

1953년 7월 정전협정 이후 김일성은 국토완정론을, 이승만은 북진통일론을 내세워 무력통일 노선을 포기하지 않았다. 전후 잔류한 유엔군과 중국인민지원군의 주요 임무는 양측의 군사충돌 방지와 정전 관리였지만, 더불어 유엔군은 북침을 중국인민지원군은 남침을 통제하는 역할도 했다. 어느 정도 시간이 흐르자, 남북 군인들이 이 공간에서 조우하면 서로 이야기도 나누고, 음식도 나누어 먹었다고 한다. 2000년 한국에서 큰 흥행을 한 박찬욱 감독의 영화에서 그려진 비무장지대(JSA) 그 자체였던 것이다.

1960년대 중반, 문화대혁명, 베트남 전쟁 등 광풍이 한반도에도 불어 닥쳤다. 베트남전쟁에 남북이 대규모 전투요원과 군사고문단 등을 파병했다. 북한은 공군조종사와 대남공작조 등을 파병하였다. 베트남전쟁에서 남북은 군사충돌이 있었고, 한반도에서는 총격전과 게릴라전이 벌어졌다. 1966-69년 한국군 299명 사망, 550명 부상, 북한군 397명 사망, 포로 12명, 탈영 33명이 발

생했다. 당시 북파공작단의 상황은 영화 실미도에 잘 묘사되어 있다. 육군참
모총장을 역임한 자유선진당 이진삼 국회의원은 자신도 1967년 9-10월 몇 차
례 북파되어 북한군인 33명을 사살했다고 2011년 1월 국회에서 증언을 한 바
있다. 미군도 북한군도 정전협정을 넘어서는 중무장 화기를 비무장지대에 노
골적으로 대량 반입하였다. 푸에블로호 사건, 미루나무 사건 등 육해공에서
극단적 군사충돌과 땅 밑에서까지도 기습공격 목적의 몇 개의 땅굴을 파게
되었다. 베트남전선에서 DMZ로 이어지는 남북 사이에 '제2의 한국전쟁'이 벌
어진 것이다. 그 결과, DMZ(비무장지대)는 이름과는 달리 철조망이 쳐지고,
수십 개의 콘크리트 요새(GP/GOP)가 설치되며 봉쇄되었다.

　대한민국 역사에서 일부 남북 데탕트 기간을 제외하고, 대부분은 강대강의
대결국면이 지속되고 있다. 평창올림픽을 계기로, 남북미 정상은 이 경계를
넘었다. 이러한 장면이 전 세계에 생방송되었고 전 세계인은 남북미 정상의 평
화를 위한 결단에 환호하는 장면도 역시 세계 곳곳에서 생방송되었다. 2018년
9월 평양에서 남북 정상은 정상합의를 발표했다. 주요 내용 중의 하나가 남북
도로 철도의 현대화 연결이며, 그 후 도로 철도 연결을 위한 공동 조사가 이
루어졌고, 12월 착공식을 열었다. 다음달인 2019년 1월 남측은 북측에 인도주
의협력을 제안했다.

　그러나 타미플루를 실은 인도주의 단체의 트럭은 이 장벽을 넘을 수 없었
다. 2월 하노이 북미 정상회담을 결렬되었다. 이후 남북 사이의 경계지대는
어떠한 소통도 이루어지고 있지 않다. 2020년 5월, 대북 전단지를 이유로 북
측은 남북 개성연락사무소를 폭파했다. 조선인민군 총참모부는 남북관계를
대적관계로 전환하는 것을 건의했지만, 김정은 위원장은 이를 보류했다.
DMZ는 잠시 동안 남북미 정상과 고위급들에게 개방되었다가, 다시 엄중한
상황으로 되돌아갔다.

3. 봉쇄된 북중 국경

2016-2017년 중국은 책임대국이자 유엔 상임이사국으로서 대북 제재 결의를 통과시켰다. 북중 국경 분위기가 심각하게 경색되었다. 2018년 평창올림픽 이후, 시진핑은 김정은을 북미 핵협상 테이블에서 벗어나지 않도록 하기 위하여 선물을 지불하고 있다. 2013년 제3차 핵실험 이후 북중 상호 비난에서, 2018년 평창올림픽 이후 북중 우호라는 구호로 변화되었다. 2020년 연초 필자는 북중 국경을 방문하였는데, 대북 제재에도 불구하고, 현지 기업인들은 대체로 북한 경제와 북미 핵협상에 대하여 어느 정도는 낙관하는 분위기가 있었다.

북중국경은 매년 설날 명절 기간 휴무에 들어간다. 2020년은 설날 즈음 1월 22일 코로나19를 이유로 세계최초로 국경업무가 중단되었고, 북측이 먼저 봉쇄를 하였다. 북측은 과거에도 메르스와 사스 때에서 국경을 일시적으로 폐쇄하고 강력한 방역을 실시한 사례가 있었다. 봄철 국경 재개를 준비하였지만, 무한에서 코로나가 확산되고 북측에 계절성 독감이 유행하자 중국 측이 재개를 연기하였다. 필자가 1월에 만난 대북 무역상과 관계자들과 다시 인터뷰를 한 결과(3월 28일), 1월의 낙관적 전망과 상반되게 북측 경제가 악화될 것이라고 우려하고 있다. 북측은 중국민간을 포함하여, 국경없는 의사회, 한국 지방정부 등의 방역물품 제공에 대한 공식 제안을 거절하고 있다. 위성관찰에 의하면, 청진, 남포 등에 북한선박들이 상당수가 정박해 있어, 물류와 교통이 위축된 상황을 방증하고 있다. 신의주-단동 사이에 외교관 및 국제기구 등을 위한 외교행낭을 제외하고 대부분 물류가 차단되었다.

4월 초 국경재개를 준비하였지만, 3월 28일 중국 중앙정부의 모든 국가로부터 입국을 일시적으로 금지하면서 국경폐쇄가 유지되게 되었다. 그럼에도 4월 1일부터 소규모로 매일 트럭 10대 이하 수준의 통관이 재개되었다. 4월

15일 태양절부터 10여 일간 김정은 위원장이 언론에 출연하지 않자, 각국에서 중병설이 나돌았다. 그러나 이 기간 단동과 베이징 지역 등의 북한식당(지분은 중국인 소유) 등이 재개되고, 신압록강대교, 신도문대교 등 북중 산업인프라 건설도 관찰되었다. 신압록강대교의 개통과 더불어 원산 갈마지구, 삼지연과 쌍목봉 장백산 통상구 등이 개방을 착실히 준비하고 있는 것으로 관찰이 된다.

북한 개방의 관점에서 보면, '무질서 속의 숨은 조화(hidden harmony)'가 보이고 있다. 이 국경은 생명안전을 위하여 일시 봉쇄를 하면서도 미래를 위한 대규모 인프라를 지속적으로 확충하고 있다.

4. 북한경제는 삼중고 경제위기에 빠져있는가

각국의 북한 전문가들 사이에서 두 개의 봉쇄된 장벽 속에 갇힌 북한경제 상황에 대하여 비관론이 확산되고 있다. 특히 계량경제학자들과 이데올로그, 그리고 극우 유튜버는 올 하반기 경제붕괴를 넘어서 고난의 행군이 올 것이라는 전망을 했다. 특히 일부 한국의 국책기관 보고서에 그런 내용이 포함되어, 주목을 받기도 했다. 이러한 한국 측 국책기관의 연구가 워싱턴에서 더욱 확산되고, 다시 워싱턴의 더욱 심각해진 보고서가 서울로 돌아오며 수치가 좀더 과장되어 소설 수준이 되기도 하고 있다. 이는 북한 경제만의 논쟁이 아니라, 북한이 붕괴가 된다면 한반도 비핵화 협상은 필요 없게 된다는 북핵 협상 논리도 포함하고 있다. 이러한 현상은 매년 반복되는 혐북 현상인데, 올해 경제 삼중고 위기 속에 이런 주장이 확산되고 있는 것으로 분석된다. 북한 붕괴론은 1994년부터 시작되어, 매년 춘궁기에 확산되다가 가을 추수철이 되면 내년 봄에 식량위기가 올 것이다는 희망섞인 전망(wishful thinking)으로 변경이 되는 반복적 패턴을 보이고 있다.

한국 언론과 학계는 북한 경제가 제재, 코로나, 홍수의 삼중고 위기에 빠져 있다고 설명하고 있다. 국책기관의 주요 보고서에는 국경봉쇄에 따른 대외무역수지가 급감하면서 외환이 고갈되고 있으며, 북한 경제의 위기로 이어질 것이라는 전망을 내놓고 있다. 일부 극우 유튜버들은 코로나 확산지방과 사망자와 식량부족분 추정치를 제시하며 북한 붕괴론, 고난의 행군까지 주장하고 있다. 북한 창당 75주년 열병식은 어둠(삼중고) 속에서 화려한 빛(체제유지)을 연출했다. 다양한 신형 이동식발사차량, ICBM과 SLBM, 초대형 방사포 등을 신형 무기를 공개하였다.

중국 언론이나 평양의 은아와 같은 북한 유튜버의 보도와 평양 거주 외국인의 증언을 보면, 부유층이 이용하는 평양의 백화점, 마트, 호텔 상황은 상당히 양호한 것으로 나타나고 있다. 북한 경제의 3대지표인 식량, 석유, 환율이 안정적 추세로 이어나가고 있다. 홍수 긴급복구에 동원된 군의 건설부문과 대규모 돌격대가 동원되고, 내년 초 제8차 당대회 준비를 위하여 노동동원형 80일 전투가 이어지고 있다.

안정적 현상과 경제위기 전망이라는 상반된 논리가 모두 맞다면 북한 내부의 변화를 어떻게 분석해야 하는 것인가? 다시 설명하면, 국경봉쇄에 따른 외부자본과 기술, 즉 무역, 관광, 해외인력파견 중지 상황에서 대규모 자원소모성 열병식, 핵과 미사일 개발의 원천은 북한 내부에서 발견해야 하는 것이다. 김정은 시기 북한 변화의 몇 가지 인상적인 특징을 금융과 노동 등을 중심으로 검토해 보도록 하자.

과거 사회주의 국가의 체제이행과 유사하게, 북한경제도 시장화로의 이행 과정에서 계획에 따른 분배제도가 와해되고, 사회주의 책임관리제에 따라서 농촌, 기업, 지역별로 구매와 생산, 분배와 판매가 이루어지고 있다. 이러한 과정에서 다양한 편차를 발생하며, 개별 주체마다 백가쟁명(百家爭鳴)식으로 시장화로의 개혁이 이루어지고 있다. 성공하는 행위자와 실패하는 행위자가 다양하게 나타나고 있다. 따라서 삼중고의 피해는 주로 중·하부층 주민이 받고 있는 것으로 분석이 된다.

따라서 농민, 노동자, 지역 사이에 임금격차가 벌어지며, 일부는 도시로 아르바이트를 위하여 이동하는 이촌향도 현상도 발생하고 있다. 이들은 조선판 농민공으로, 북한에서는 이들을 농민 일공이라고 한다. 물론 도시에서도 공장 가동율이 지속적으로 증가하고 있지만 여전히 절반 수준에 못 미치며 도시 내부에서도 단위에 등록만 하고 출근은 하지 않는 여성노동자가 여전히 상당하고, 해외 북한 식당 근무 경력이 있는 여성 종원업이나 무역업 종사자와 같은 엘리트들은 인력소개 회사를 통하여 더 좋은 조건의 회사로 이동하는 현상도 보이고 있다.

평양과 대도시에서 외환을 은행에서 사전에 무기명으로 입금하고 백화점, 호텔 등에서 물품 구입에 이용하는 고려카드(2011년)와 나래카드(2010년)가 출시되어 외국인과 부유층이 사용하기 시작되고 일부는 뇌물로 사용되기도 했다. 그 즈음 상업은행의 입출금 제도가 활성화되며 도 단위에 지점이 생기며, 일반 주민들도 금융을 이용할 기회가 생기기 시작했다. 소액의 내화는 휴대폰 화폐를 송금하는 방식이 도입되었고, 스마트폰의 블루투스 기능을 이용하고 시장의 소액 거래에서도 이용되었다. 현금 도둑이 많은 북한 시장환경에서 블루투스 기능은 경제활성화에 상당한 기여를 했다. 과거 암시장에서만 유통되던 돈주들의 사적 개인 자금이 은행이라는 공식부문이 상당부분 흡수하면서, 경공업, 식료품업, 건설업 등 분야를 견인하고 있다.

이렇게 금융과 통신, 그리고 유통과 배달업이 상호 시너지효과를 발휘하였다. 현재는 상업은행이 거의 모든 시군단위에 지점을 개설하여 송금을 넘어서 저축과 대출 업무까지 실시하고 있다. 이러한 북한 내화 사용을 위한 중앙은행에서 '전성'카드(2015년 개시), 대성은행에서 '금길'카드 등이 출시되어 일반 서민도 이용하고 있다. 현재까지도 저축이나 대출 제도는 여전히 고리사채에 주로 의존하고 있지만, 공적 부문의 은행과 금융 부문에 대한 신뢰도가 높아지고 있다는 점은 분명하다. 더불어 내화와 외환 교환에서 암시장과 국정은행의 비율의 차이가 거의 사라지며, 민간의 외환을 공적 부문이 대폭 흡수하기도 하였다.

주민의 삶의 의지로서의 시장과 당국의 통제로서의 계획 사이에 대립 속에서 정부 정책이 갈팡질팡하기도 하고 있다. 그러나 고난의 행군 이후 20년 동안 장기추세를 보면, 시장과 계획이 순치되어 결국 당국의 정책이 시장에 포섭되는 순환 메커니즘을 반복하고 있다. 핵협상을 위한 체제의 내구성과 경제의 버티는 능력이라는 관점에서 개방 없는 북한 시장 개혁 상황을 면밀히 주목할 필요가 있다. 더불어 총량성장이 정체된 상황에서 핵과 미사일의 지속적 개발과 부유층의 소비패턴 유지라는 특수성으로 비추어 볼 때, 중·하부층 주민의 경제실태도 인도주의적 관점에서 주시할 필요성이 있다.

경제의 삼중고과 경제개선조치에 따라서 누가 손해를 보고 있을까? 올해 세계식량계획(WFP)이 노벨상을 수상했는데, 코로나 팬데믹 상황에서 양극화가 가장 심각한 분야가 식량분배의 문제였다. 전 세계에서 식량 총량은 남아돌고 있지만, 분배와 수송 등의 문제로 인하여 불균형이 심화가 된 것이다. 북한에서 경제위기의 삼중고와 생산성 개혁의 상반되는 두 주장이 모두 맞다면, 기업별, 농장별, 지역별 격차가 심화되고 있다는 것을 의미한다. 현재의 삼중고 속에서 빈곤층이 더욱 심한 충격을 받고 있는 것이다. 실제 북한 중하층의 주요 수입원이었던 수산물 판매, 임가공업 등이 안보리의 제재의 핵심이 되고 있다.

북한 중·하부 층의 경제적 삶과 분배 위기를 적극적으로 해소하기 위해서는 (1) 북한 당국의 분배 거버넌스 능력 향상, (2) 북미 핵협상의 조속한 재개와 유엔 안보리의 민생분야의 제재 완화, (3) 국제사회의 인도주의적 협력,

(4) 남북 소식통의 즉시 재개를 실시할 필요가 있다고 제언한다.

5. 미중 영구전쟁과 북중동맹의 부활

김정은 위원장은 새로운 길을 가겠다며 정면돌파전을 선언했다. 필자는 북중 밀착과 지정학적 동맹의 시대라는 관점에서 이를 분석할 필요가 있다고 본다.

10월, BTS는 한미친선을 목적으로 하는 코리아 소사이어티에서 밴 플리트 상을 수상했다. 한국전쟁 시기 미군과 유엔군 사령관 밴 플리트 장군에 감사하는 추도의 뜻의 담겨있고, 사령관의 외아들도 공군으로 참전하여 전사하기도 했다. 멤버 RM(김남준) 씨가 "올해 행사는 한국전쟁 70주년을 맞아 의미가 남다르다... 우리 양국이 함께 겪은 고난의 역사와 수많은 남녀의 희생을 영원히 기억할 것"이라고 소감을 말했다. 이에 중국 네티즌들의 반발을 불러왔고, 중국 국영언론과 상업민족주의를 지향하며 대중의 인기가 높은 환구시보까지 격렬하게 반발했다.

필자도 워싱턴이나 하와이에 방문했을 때, 한국전쟁 기념시설을 찾아서 미측의 도움과 우정에 감사의 표시를 했고, 우리 정치인이나 관련 전문가들은 비슷한 생각을 공유하고 있다. BTS와 같은 문화예술인의 외교적인 발언이 전혀 이상할 것도 없고, 중국 측에서 문제를 삼은 적도 없었다. 반대로 중국문화예술인의 발언에 우리가 이의를 제기한 적도 없다. 분쟁의 기억은 당사자 사이의 첨예한 역사 인식의 차이에서 발생하고, 심지어 역사전쟁으로 확전되는 경우도 적지 않다.

이번 사례는 다양한 측면에서 분석할 수 있지만, 먼저 BTS의 지구촌 다수 시민에 미치는 영향력, 그리고 미중 대립과 항미원조전쟁 70주년 기념 준비,

당 제19기 5중전회라는 중국정치 일정과도 겹치는 측면이 있기 때문이다. 미중 갈등 국면에서 한반도에서 미중전쟁에 대한 잊혀진 기억을 부활시키는데 BTS의 발언이 중국인민에 대한 당의 교육과정에서 부정적 영향을 미칠 가능성이 대두된 것이다. 그러나 과도한 중국 언론의 대응에 대하여, 한중관계와 BTS의 글로벌 영향력 등을 고려하여 정부 통제하에 BTS에 대한 감정적 비난 기사가 삭제되고 있다.

한반도평화프로세스 국면에서 북한이 핵과 미사일 실험을 중지하고 있고, 북중동맹은 역사상 최상의 상태를 맞이하고 있다. 지난 1년간 10.25행사를 다양하게 준비해 왔다. 가장 빈번하게 나오는 문구가 "정의는 반드시 승리한다"인데, 미중 전략경쟁을 염두에 둔 선전선동이다. 2020년 8월 단동의 항미원조 기념관이 6년간의 보수공사를 거쳐서 재개장하기도 하였다. 영화 '금강천', '영웅련', '보가위국', 애니메이션 '가장 사랑스러운 사람', 드라마 '압록강을 건너', 다큐멘터리 '항미원조전쟁' 등 대대적으로 인민에 대하여 반미애국주의를 고취시키는 선전선동 활동을 하고 있다. 19일, 시진핑을 포함한 주요 지도자들이 중국인민혁명군사박물관에서 '위대한 승리를 명기하고 평화와 정치의를 수호-항미원조 출국 70주년 전시회'를 참관했다. 이때 시 주석은 "항미원조 정신을 계승 고양하여, 중화민족의 위대한 부흥 실현을 위하여"라는 연설을 하였고, 인민에 대하여 대대적 학습을 시키고 있다. 당중앙, 북경시 정부부서 등 최고위 지도자들이 군사박물관의 전시회를 대대적으로 관람하며 교육을 받고 있다. 22일 중국인민지원군 항미원조 출국작전 기념을 기념하여 국장, 국명, 연호가 들어간 금화 1매, 은화 1매 기념주화를 발행했다. 중공 중앙, 국무원, 중앙군사위는 중국인민지원군 항미원조 출국작전 70주년 기념장을 수여하고 있다.

같은 날, 중국군 사령부가 있던 평안남도 회창군의 중군인민지원군 열사능원과 모안영 묘소에 김정은 위원장과 최고지도부가 직접 참배를 했다. 정전 이후, 주권 문제를 둘러싸고 북중 양군 교류가 서먹해지고, 문화대혁명 시기 중국군 묘지를 훼손한 적도 있었다. 특히 2013년 제3차 핵실험 이후 시진핑 지도부는 김정은 지도체제의 핵개발에 강경한 대응을 했었던 과거에 비하면, 한반도평화프로세스의 성과는 북중관계가 가장 누리고 있는 셈이다. 2018년 부터 10월 25일 로동신문 1면에서 중국군의 항미원조 기간의 역할을 인정하며 북중 간 전투적 우의를 강조하고 있는데, 이전의 논쟁과는 상이하며, 냉전 시기 동맹의 부활을 상기시키고 있다.

제19기 5중전회를 앞두고, 중국은 역사상 최대 규모로 미중전쟁 기념을 진행하고 있다. 이번 당대회에서 미중관계, 인류 공동운명체, 아시아태평양과 한반도 관계 등 다양한 대외전략을 설명할 것으로 전망이 된다. 미국 대선 과정에서 트럼프 대통령과 바이든 후보가 동시에 중국 때리기를 하면서, 11월 3일 미대선과 같은 시기에 미중 양국에서 상호 심각한 난타전을 벌이고 있는 것이다.

중국에서는 6.25한국전쟁과 10.25미중전쟁을 다른 단계로 구분하여 기억하는 분위기가 있다. 중국학계에서 북한과 소련에 의한 6.25남침을 부정하지는 않는다. 미묘하게 다른 점은 48년부터 800여 회의 상호 군사적 충돌과 같은 3년 내전이 6.25를 기점으로 북한의 남침에 의하여 남북 전면전쟁으로 확전되었다는 주장이 우리 측보다 강하다. 더욱 다른 인식은 미군은 38선 원상복구라는 당초 참전 목적을 넘어섰고, 주은래 총리 등의 경고에도 38선을 월경했다. 미군의 38선 월경으로 새로운 전쟁이 발생했으며, 이를 이유로 미 제국주의의 침략으로 규정하며 중국군이 미중전쟁에 참전했다는 논리이다.

실제 스탈린은 미국과 중국을 위험에 빠뜨리려는 계략에 의해 미중 참전을 유도했다. 중국 중앙정치국의 반대에도 불구하고, 모택동은 전면 참전을 결정했다. 압록강철교, 청성대교, 만포대교 3개 지점을 통하여 10월, 중국군 선발대의 비밀 파견, 그리고 17일 전면 월경, 25일 양군 사이에 첫 전투가 벌어졌다. 신생국가 중국으로서 한국전쟁 참전은 국가의 명운을 걸고 세계최강의 미국에 도전을 한 것이다. 압록강 부근까지 북진한 국군, 미군을 포위하고 평안남도 온정-초산 지구에서 중국군이 첫 승전을 했다. 모택동은 이를 기념하라고 명령을 하면서 항미원조 기념일이 되었다. 11월 25일 모택동의 아들 모안영이 네이팜탄에 의하여 폭사를 했으며, 현재도 회창군에 묻혀있다. 한국전쟁 기간 미국과 중국의 지도부의 많은 아들들이 다수 참전하여, 한반도에 묻히게 되었다. 1953년 한미동맹, 1961년 북중동맹이 체결되었다. 한국은 미국과 유일하게 동맹을 체결하고 있고, 중국과 북한은 상호 유일하게 동맹조약을 체결하고 있다. 1953년 7월 정전협정 체결을 통해 전쟁 유지 상황에서 동맹외교를 통하여 한반도는 미중 전쟁의 불씨를 남겨두었다.

닉슨의 미중데탕트와 중국의 개혁개방 이후 미중 협조노선에서 한국은 경제와 안보 면에서 어느 정도 안정을 이룩했다. 동맹과 진영 논리가 잊혀지며 우리는 안보와 경제면에서 중견국으로 부상할 수 있었다. 그러나 2008년 이후 다시 미중 전략경쟁이 격화되면서, 1953년 7월 체결된 정전협정이 재해석되고 있다. 형식상 여전히 한반도에서 미중 사이에 전쟁이 계속되는 영구전쟁(Perpetual War) 상황인 것이다. 하노이 회담 결렬 이후, 북한은 홍수와 코로나 제재의 위기에도 불구하고, 자력갱생을 통하여 경제지표가 안정을 보이고 있다. 문제는 자력갱생을 하면서, 핵농축과 핵탄도탄 개발이 지속되고 있다는 점이다. 10월 당창건 75주년 열병식에서 다양한 탄도미사일, 방사포, 이동식 미사일 발사대 등을 선보였다. 북한은 대외적 측면에서 중국을 믿을 수는 없지만, 그래도 북중동맹으로 버티며 차기 미 대통령의 대북 핵협상의 방향을 기다리고 있다. 현재 평양-북경 열차 재개, 신압록강대교, 신도문강대교 등 개통 등이 예정되어 있고, 김정은의 방중도 역시 전망되고 있다. 물론 연말 시 주석의 서울 방문도 예정되어 있다.

미중 전략경쟁이 치열해지는 국면에서 북미 핵협상이 조속히 재개되지 않는다면, 김정은은 새로운 길로서 지정학적 셈법을 기반으로 동맹의 부활 전략을 강화할 가능성이 있다. 이는 미국과의 전략경쟁 속에 시진핑 외교의 난제가 될 가능성이 높아지고 있으며, 비대칭 동맹의 연루 위험성이 도사리고 있다고 할 수 있다. 형식상 여전히 한반도에서 미중 사이에 전쟁이 계속되는 영구전쟁(Perpetual War) 상황인 것이다. 한미동맹과 북중동맹이 상호 경쟁적으로 돌출되고 충돌하지 않도록 동맹에 연루되는 위험을 관리하는 헤징이 필요한 상황이다. 차기 미 대통령의 대북 핵협상의 방향이 공개되고 비핵화 협상이 재개되기 전까지, 한국, 중국 등 관련 각국은 국내외적으로 전쟁과 분단 속에서 왜곡된 기억에 매달리는 분단편익세력을 억누르며 동시에 모두의 이익에 어느 정도 균형을 맞추는 공정한 비핵화 해법을 강구해야 한다.

북한 경제와 한반도 정세

리팅팅(李婷婷)*

1. 북한 경제 현황 평가

올해 들어, 북한 경제는 대북제재, 코로나19, 수해의 '삼중고' 속에 가혹한 도전에 직면하고 있다. 5년째 이어지고 있는 유엔의 강도 높은 제재와 전 세계에 발발한 코로나19뿐만 아니라, 설상가상으로 북한 내 빈번하게 발생한 홍수가 북한 경제에 충격을 가하고 있다. 그간 북한 경제의 '삼중고'에 대한 논의 및 분석이 외부의 추정에 근거한 것이었다면, 북한이 지난 8월 개최된 노동당 전원회의에서 내년 1월 8차 당 대회를 소집하고 새로운 국가경제발전 5개년 계획을 발표하고, 또 지난 10월 최고 지도자인 김정은이 노동당 창건 75주년 기념 열병식 연설에서 어려움을 토로했던 사실은 북한 내부에서도 경제적 어려움에 대한 공감대가 형성되어 있음을 시사하는 사례이다.

구체적으로 살펴보면, 유엔 제재는 2016년 3월 유엔 대북제재 결의안 2270호

---

* 베이징대학교 외국어학원 한국어학과 부교수

부터는 '스마트 제재'의 원칙을 넘어 수출입 등 핵미사일 개발과 직접적인 관련이 없는 분야까지 제재 범위가 확대되었다. 또한 이후 2017년 말까지 5건의 제재 결의안이 집중적으로 발표되었는데, 이 5건의 결의안에는 2016년 11월 5차 핵실험에 대한 결의 2321호, 2017년 8월 대륙간탄도미사일(ICBM) 발사에 대한 결의 2371호, 9월 6차 핵실험에 대한 결의 2375호, 12월 탄도미사일 발사에 대한 결의 2397호가 포함되었다. 이 결의안들은 북한의 석탄, 철, 철광석 및 기타 광산물, 섬유, 해산물 등에 대한 수출 제한과 원유·정유 제품, 산업 기계, 교통 운송 수단 및 광물 금속에 대한 제한이 포함되었다. 또한 북한의 해외 노동자 및 대외 경제협력에 대한 제한적인 규제는 북한의 수출을 통한 외화벌이를 강력하게 제약하고 있다.

　이러한 영향으로 2017년 이후 북한의 무역 규모와 외환 수지는 크게 감소하였다. 북한의 대외무역에서 압도적인 비중을 차지하는 북중 무역을 살펴보면, 양국의 총 무역액은 2016년 제재가 새로이 강화된 이후 소폭 감소하여 전년도 53.7억 달러에서 2017년 50.6억 달러로 줄어들었다. 2016년 같은 해에 집중적인 고강도 제재가 도입된 이후 양국의 총 무역액은 대폭 하락하여 2018년과 2019년에 각각 24.3억 달러와 27.9억 달러로 급감하였다. 이러한 추세는 중국 측의 수입액에서 더욱 뚜렷하게 드러난다. 중국의 대북 수입액은 2017년에 3분의 1에 달하는 감소폭을 보이며 25.4억 달러에서 17.2억 달러로 떨어졌고, 2018년에는 전년 대비 90% 감소하며 2.1억 달러로 떨어졌으며 2019년에도 이와 비슷한 수준을 유지하였다. 중국의 대북 수출액이 제재 강화 초기 상승세를 보이다가 2017년이 되어서는 2년 전의 수출 규모를 뛰어넘는 33.3억 달러에 달했던 사실은, 북한이 제재의 충격을 완화하기 위해 나름대로 주요 물자의 비축량을 사전에 확보한 데 기인하는 것으로 보인다. 하지만, 2018년 새로 추가된 수입 제한과 북한의 외화보유고 고갈의 영향으로 중국의 대북 수출액은 3분의 1 정도의 수준으로 급격하게 감소하며 22.2억 달러로 하락하였다가, 2019년에는 25.7억 달러로 소폭 상승하였다. 한편, 북한의 대중 무역 적자는 2016년 2.9억 달러에서 매년 늘어나 16.1억 달러, 20.1억 달러, 23.6억 달러를 기록하며 눈에 띄게 증가하였다.[1]

대북 제재가 북한의 국내 생산에 미친 파급효과는 상대적으로 간접적이기는 했으나, 기존의 수치와 비교하면 하락 추세는 명확하다. 한국은행의 추산에 따르면 북한의 2017년과 2018년 경제 성장률은 각각 -3.5%와 -4.1%를 기록하였고, 2019년에 0.4%의 소폭 반등이 있었으나, 이는 지난 2년간의 기저효과가 반영된 것이라 북한 경제가 완전한 회복세에 접어들었다고 판단하기는 어렵다. 산업별로 보면, 수출 주력 부문인 광공업과 국제 협력과 밀접한 관계가 있는 건설업의 변화가 비교적 크게 나타났다. 광공업은 2017년에는 8.5%가, 2018년에는 12.3%가 하락하였고, 건설업은 2년간 평균적으로 4.4%의 감소폭을 보였다. 2019년에 들어서야 광공업의 감소폭은 크게 줄어들어 -0.9%의 마이너스 성장을 나타냈고, 건설업은 2.9% 증가하며 안정세를 보였다. 한편, 농업 및 서비스업과 같은 대내 부문에서는 제재 강화 이후의 변동이 상대적으로 적게 나타났다. 농업 부문에서는 2017년과 2018년에 각각 1.3%와 1.8%로 소폭의 감소율을 보였고, 2019년에는 1.4%가 증가하였다. 서비스업은 해마다 소폭으로 상승하여 2017년부터 2019년까지 각각 0.5%, 0.9%, 0.9%의 증가율을 보였다.[2] 결론적으로 보면, 제재가 강화된 이후 북한의 대외 무역과 외환 수지는 아주 큰 폭으로 떨어졌지만, 대내 부문은 전반적으로 하락 추세를 보였지만 그 하락폭은 상대적으로 적었다.

---

1) 『統計月報』, 中國人民共和國海關總署, http://www.customs.gov.cn/customs/302249/302274/302277/index.html.

2) 북한GDP관련통계, 한국은행, http://www.bok.or.kr/portal/main/contents.do?menuNo=200091.

<표 1> 2020년 북중 무역 현황(1~9월)

단위: 천억 달러, %

	1-2월	3월	4월	5월	6월	7월	8월	9월	누계
수출	197,393	18,031	21,797	58,567	87,679	65,865	19,261	18,882	487,325
	-23.2	-90.8	-90.0	-77.3	-58.8	-68.3	-91.2	-91.7	-72.8
수입	10,673	616	2,206	4,748	9,124	7,978	6,571	1,936	43,852
	-71.9	-96.3	-90.3	-72.2	-35.1	-49.4	-61.3	-88.0	-72.1
수출입	208,066	18,647	24,003	63,315	96,802	73,843	25,832	20,818	531,177
	-29.5	-91.3	-90.1	-77.0	-57.3	-67.0	-89.1	-91.5	-72.8
흑자	186,720	17,415	19,591	53,819	78,555	57,887	12,690	16,946	443,473

출처: 중국 관세청(http://www.customs.gov.cn)

2020년에 들어, 코로나19의 충격이 더해지며 북한의 무역규모는 제제 강화 국면에 이어 또 다시 큰 폭으로 줄어들었다. 올해 초 중국에 코로나19 사태가 발생하자 북한은 국내 코로나19 유입을 막기 위해 국경 폐쇄를 전격적으로 결정하였고, 3월과 4월 북한의 대중 무역 규모는 지난해 같은 기간보다 90% 넘게 줄어들었다. 코로나 사태가 진정 국면으로 접어들자 북한은 국경 제한 을 일부 완화하였다. 국경 제한 일부 완화 이후 對 중국 무역액은 회복세를 보였지만, 5~7월에는 전년 동월 대비 각각 77.0%, 57.3%, 67.0%의 감소폭을 보 였다. 7월 말, 재입북 탈북민 1명이 코로나19에 감염된 것으로 의심되자 북한 이 개성에서 비상사태를 선포하고 방역 강화에 나서면서 8월과 9월 무역액의 감소폭은 90% 안팎으로 확대되었다. 지난 9월까지 지난 3분기의 對 중국 누 적 무역액은 작년 동기 대비 72.8% 하락하였다. 10월 북한이 '80일 전투'를 실 시한 이후 거듭 코로나19 방역을 강화하고 있고 국경 통제가 풀릴 기미를 보 이지 않고 있다는 점을 감안하면, 4분기 무역 감소폭도 지난 두 달과 비슷한 수준을 유지할 것으로 전망된다. 고강도 제재 실행 이전인 2015년과 비교하 면, 2015년의 북중 총 무역액은 55억 달러를 넘어섰지만, 올해 1~3분기 총 무 역액이 5.3억 달러에 그치면서 연간 무역액이 2015년의 약 10분의 1수준으로 줄어들 것으로 예상된다(표 1 참조).

이밖에도, 북한은 올해 극심한 홍수 피해를 겪었다. 장마철인 6월부터 9월까지 북한 전역에서 약 390㎢의 농경지가 피해를 입었고 공공건물 630여 동이 파손되었으며 많은 도로와 철로가 끊긴 것으로 알려졌다. 특히 제8호 태풍 '바비'와 제9호 태풍 '마이삭', 제10호 태풍 '하이센'이 8월 말과 9월 초 북한을 집중적으로 강타하여 동부 연안과 남부 연안에서 막대한 피해를 입었고, 인명 피해와 가옥 붕괴, 경제적 손실을 입은 것은 물론 올해 곡물 수확에도 심각한 영향을 미칠 것으로 보인다.[3] 이에 북한 정부는 적극적으로 수해 복구에 나서고 있다. 평양시에서는 약 30만 명의 당원들이 함경남도, 함경북도의 수해 복구공사에 지원하였고, 북한에 따르면 이번 파견을 통해 주택과 도로 수해복구 작업에서 큰 성과를 거두었다고 한다. 그럼에도 불구하고, 홍수 피해는 여전히 북한 경제를 더욱 어렵게 만들고 있다.

그러나 북한은 제재와 코로나19, 홍수라는 '삼중고'에도 불구하고 경제적 도전에 대처하는 방식으로 여전히 자력갱생 노선을 유지하고 있다. 북한은 이미 여러 차례 외부 지원을 거부하였으며, 제8차 당 대회 소집을 결정한 이후에도 대외적으로 자세를 낮추거나 국경 통제를 완화하지 않았다. 또한, 열병식 이후 '80일 전투'를 개시하여 전국적으로 인력을 총동원하며 수해 복구와 경제 성과를 위한 총력적인 노력을 강화하였다. 이번 결정이 북한의 정책적 전통과 비핵화 협상 전략, 글로벌 코로나19 사태, 미국 대선 등 국내외 요인들이 반영된 것으로 보는 시각도 있다. 하지만 비교적 유연한 리더십 스타일과 민생경제를 중시하는 김정은 체제의 정책 이력을 고려한다면, 이는 경제 난국 극복에 대한 북한의 자신감도 반영된 것이라고 볼 수 있다.

그렇다면 북한이 자력갱생을 강조할 수 있는 저력은 무엇일까? 다음과 같

---

3) 『半月内遭台風'三連撃', 朝鮮積極開展災後重建』, 新華社, 2020年9月8日, http://www.xinhuanet.com/world/2020-09/08/c_1126467725.htm.

은 사실이 북한의 정책적 선택을 이해하는데 시사점을 줄 수 있다. 첫째, 북한의 시장 물가와 환율 시세는 안정세를 유지하고 있다. 쌀 등과 같은 주요 상품 가격과 시장 환율을 보면, 코로나19 발생 초기인 2~4월에는 변동폭이 확대되었다가 이후 다시 안정 구간으로 되돌아왔다.[4] 북한 시장 가격이 실제 수급 상황을 정확히 반영하지 못한다는 시각도 존재하지만, 코로나19 유행 초기의 급격한 변동폭을 보면 이러한 지표가 적어도 시장 변동을 상당히 민감하게 포착하고 있다고 보는 것이 타당하다.

둘째, 북한은 북한 내 식료품 공급을 위해 필요한 식량 수입을 유지하고 있다. 코로나19 발병 이후, 북한의 무역 규모는 제재 영향으로 대폭 줄어들었지만 수출에 비해 수입 감소폭은 상대적으로 적었다. 특히, 콩기름, 밀가루, 설탕 등 제재 대상이 아닌 곡물 및 석유 제품의 지난 5월 무역 활동이 일부 재개된 이후 전년 대비 눈에 띄게 증가하기도 했다. 물론 이러한 수출입 규모의 상대적 변화는 무역적자의 확대로 이어져 관광 등 외화 수입이 제한되는 국면이 오래 지속되기 어려울 수도 있다. 그러나 적어도 단기적으로는 북한이 직면한 식량 문제가 정상적인 대외무역을 통해 부분적으로 완화되고 있는 것으로 보인다.

무엇보다 중요한 점은 북한 내 생산능력과 유통구조가 지난 10여 년 동안 눈에 띄게 개선되었다는 점이다. 특히 북한은 김정은 시대 이후로 대내적으로 경제관리 방법의 개선을 추진하고, 대외적으로 국제무역 참여 확대를 추진해왔다. 이를 통해 기업용 생산설비를 정비하고 생산능률을 향상시켰으며, 유통채널의 확대와 활성화 측면에서도 눈에 띄는 성과를 거두었다. 최근 몇 년 동안 제재 수위가 점차 높아지는 과정 속에서 북한이 주력 수출입 품목을 여러 차례 조정하는 등의 유연한 대응력을 보인 것도 이 같은 경제 개선 성과

---

4) 북한 시장동향, Daily NK, http://www.dailynk.com/%E5%8C%97%EC%9E%A5%EB%A7%88%EB%8B%B9-%EB%8F%99%ED%96%A5.

에 따른 것으로 보인다. 코로나19의 영향으로, 올해 들어 북한의 국내 경제활동에 심각한 제동이 걸렸지만, '80일 전투' 전개 과정에서 북한은 그동안의 방역 경험을 바탕으로 인적 · 물적 이동과 무역 활동에 대한 규제를 일부 완화할 것으로 보인다.

요컨대, 북한은 여러 가지 악재들로 인해 심각한 경제적 타격을 입긴 하였지만 단기적으로 절체절명의 위기에 이른 것은 아니었는데, 자력갱생 노선을 유지하고 있는 것이 그 현실적 근거라고 할 수 있다. 다만 현재의 고비를 잘 넘어간다 하더라도 앞으로 코로나19 팬데믹과 제재 장기화에 대해 대처할 수 있는 추가적인 전략이 필요하다. 이는 제8차 당 대회의 새로운 경제 발전 계획이 더욱 주목받는 이유이며, 미국 대선 등 국제정세의 최근 변화도 향후 북한 경제의 방향에 중요한 영향을 미칠 것으로 보인다.

2. 미국 대선과 한반도 평화

미국 대선이 치열한 논란 끝에 막을 내렸고, 11월 23일(현지 시간) 조 바이든(Joe Biden) 미국 대통령 당선인에게 美 연방총무청장이 대선 승리를 인정하고 정권 인수 절차 개시를 통보하였다. 바이든 당선인은 같은 날 첫 번째 국가 안보 및 외교 안보팀 핵심 인사 명단을 발표하면서 대외정책 수립 일정을 공식적으로 시작하였다.

대북 정책에 있어 바이든 외교 안보팀의 핵심 인사들 대부분이 오바마 행정부에서 일한 경력이 있지만, 바이든 정부가 오바마 시절의 '전략적 인내'를 그대로 답습하지는 않을 것이라는 분석이 지배적이다. 북핵 문제 해결은 바이든 정부의 정책 우선순위에서 상대적으로 밀려있다. 또한, 북핵 문제 해결에 있어 실무 회담을 통한 '바텀업'(bottom up)식 접근을 강조하며, 제재 강화

를 통해 강력한 대북 압박으로 북한의 태도 변화를 꾀하는 이른바 '전략적 인
내'와 유사성을 보이고는 있지만, 북한의 핵미사일 능력 향상과 비핵화 입장
표명, 문재인 정부의 남북 화해 협력 노력, 북·미 싱가포르 공동 성명 등을
비롯한 트럼프의 대북 외교 유산 등 정책 결정 환경의 중요한 변화를 감안하
면 대북 정책 재조정이 불가피해진 것도 사실이다.

　바이든 당선인과 토니 블링컨(Tony Blinken) 국무장관 지명자 등의 기존 정
책 입장을 살펴보면 북핵 해법 구상에서 다음과 같은 주요 특징을 보이고 있
다. 첫째, 다자주의 모델과 이란 핵 협상 모델을 중시한다. 트럼프가 대북 협
상 과정에서 개인적 협상 기법과 미국의 주도적인 지위를 강조했던 것에 비
해, 바이든은 핵확산금지조약과 군비통제 조약 등 국제적인 협상을 통해 북
핵문제를 해결할 것을 강조하고 있고, 블링컨은 이란 핵 협상 모델을 참고해
야 한다고 주장하고 있다. 둘째, 단계적이고 점진적인 '스몰딜'(small deal)을
주장한다. 이런 종류의 협상 경로는 트럼프 시대가 선호하였던 국가 정상 간
일괄 타결식 해결 방법보다 더욱 정교한 방법이기는 하지만, 북미 간의 상호
신뢰 부족과 한반도 비핵화 평화체제 구축 문제의 복잡성과 전문성 등을 감
안한다면 협상 과정에서 합의 도출이 쉽지 않을 것으로 예상된다. 셋째, 조건
부 제재 완화도 배제하지 않는다. 하노이 회담 결렬로 드러난 제재 완화 문제
는 북미 협상의 최대 난제 중 하나이다. 블링컨이 오바마 정부 시절 추진한
이란 핵 협상 모델은 조건부 제재 완화를 위한 성공적인 시도라는 평가를 받
고 있다. 결론적으로 바이든 새 행정부가 가치와 원칙 외교를 더욱 중시하고
있지만, 외부에서는 과거 '전략적 인내' 시절의 강경하지만 소극적인 대북 정
책으로 회귀할 수 있다는 우려의 목소리도 나오고 있다. 하지만 주요 정책결
정자들의 북핵 정책에 대한 기존 발언을 보면 바이든 새 행정부는 오히려 북
핵 문제 해결에서 더욱 전략적이고 실용적인 접근을 취할 가능성이 있으며,
이는 제재 완화에 대한 북한의 관심과도 맞아떨어질 수 있다.

바이든 행정부의 대북 정책이 공식적으로 구체화되기까지는 적어도 수개월이 걸릴 것으로 보인다. 한국 정부는 미국의 정책 결정 과정에서 긍정적인 발휘하기 위해 대미 정책 조율에 이미 적극적으로 나서고 있다. 문재인 대통령은 한반도 비핵화와 평화체제 구축을 일관되게 추진해 왔고, 북미회담이 교착 상태에 빠진 이후에도 남북 협력 재개를 위한 여건을 마련하기 위해 지속적으로 노력해왔다. 미국 대선 이후 한국에서는 문재인 대통령 본인과 정치인, 싱크탱크 등이 모두 적극적으로 대미 외교를 펼치고 있으며, 평화적 대화 촉구와 의제 설정에서 능동적인 역할을 하며 북한과 미국 사이에서 '운전자' 역할을 하고 있다. 미국과의 정책 공조 이외에도 북한과의 적극적인 소통을 모색하고, 북한의 정책적 고려 사항을 이해하고, 미국 정권 전환 동안 북한의 도발 자제를 촉구할 것으로 예상된다.

북한은 아직 바이든 당선인에 대한 명확한 태도를 보이고 있지 않다. 그러나 먼저 과격한 행동으로 미국을 자극하기보다는 이성적 자세와 대미 협상에 개방적인 태도를 유지하는 것이 북한의 국익에 부합할 것이다. 북한은 2018년부터 비핵화 원칙을 거듭 밝히며 핵무기를 먼저 사용하지 않겠다고 강조하였고, 북미 싱가포르 회담 이후 일련의 성의 있는 조치를 취하였다. 만약 이런 상황에서 북한이 섣불리 과격한 행동을 하면 그동안의 북미 회담 성과는 물론 한국과 중국 등 주변국과의 관계에도 부정적인 영향을 미칠 수 있다. 그밖에, 북한은 현재 가혹한 경제적 도전에 직면하고 있기 때문에 상대적으로 느슨하고 안정적인 대외 환경을 조성하여 미국을 지나치게 자극하지 말아야 한다. 북한이 보다 적극적인 자세로 대중 무역 재개와 대남 협력 재개를 추진한다면, 이는 북한경제뿐만 아니라 동북아 지역의 평화와 안정에도 중요한 계기가 될 것이다.

3. 결론 및 정책적 제언

이처럼 북한 경제는 제재와 전염병, 홍수의 '삼중고'로 인해 가혹한 어려움을 겪고 있지만, 북한은 이미 적극적으로 국내 인적자원을 동원하여 난관을 극복하고 있다. 또한, 내년 초에 예정된 제8차 당 대회에서 새로운 경제발전 5개년 계획을 발표할 계획이며, 향후 경제발전 노선과 국가 전체 전략에 중요한 신호를 보낼 것으로 보인다. 북한의 정책 수립과 조정 기간은 미국 대선 이후 정권 교체기와 맞물려 올해 말부터 내년 상반기까지 한반도 평화 관련 각국의 정책 조율과 경쟁에 있어 중요한 시기가 될 것이다. 만약 미국의 정책 우선순위에 변동이 생기거나 북미관계가 경색되어 '전략적 인내'로 회귀하는 소극적인 교류가 이루어진다면 한반도 화해 협력 프로세스는 더욱 늦어질 수밖에 없을 것이다.

한반도 정세 안정과 북미 회담 재개에 한중의 공통 이익이 걸려있으며 한중은 이에 대한 정책적 요구를 함께 하고 있다. 또한 한중 양국은 북미관계 교착 상태가 장기화될 가능성과 회담 재개 전망에 대한 고도의 불확실성에 맞서 중재 역할과 대화 협력을 강화해야 한다. 중국 역시 보다 적극적으로 북미 양측과 교류하여 한반도의 평화와 안정을 유지하고, 한반도 문제의 정치적 해결을 위해 적극적으로 나설 필요가 있다. 한국의 경우 미중 간의 전략적 경쟁 상황, 국내 정치적 요인 등으로 한반도 비핵화와 평화체제 구축 문제에 대한 중국과의 대화와 협력이 보류된 상태이다. 미국 대선 이후 북미관계가 더욱 복잡해지고 미국의 정권교체가 문재인 정부 임기의 새로운 변수로 떠오른 상황에서 한국 정부는 대중 협력 관계를 재설정할 필요가 있다. 또한, 한중 협력의 중요성과 한반도 평화 발전 측면에서 중국이 기여하고 있는 '안정적 관리자(穩定器)' 역할에 더 큰 관심을 가져야 한다.

이 외에도, 코로나19 사태와 국제 대북 제재 완화의 불확실성이 높은 만큼,

코로나19 사태와 국제 제재가 장기화될 가능성에 대비하여 한중 간 대북 공조를 재개하는 차원에서 협력 방안에 대한 검토와 준비를 병행할 필요가 있다. 구체적인 협력 방안의 경우, 제재가 풀리기 전까지 경제 무역, 관광, 인도적 지원 등 전통적인 분야의 협력 공간이 고도로 제한될 것으로 보인다. 이에 기존 협력 이외에 몇 가지 새로운 협력 방안을 모색하는 것을 고려할 만하다.

첫 번째 협력 방안은 비대면 자동화 통관 방면의 협력이다. 코로나19의 영향으로 북한이 국경과 항구를 수개월간 폐쇄하고 엄격하게 통제해왔기 때문에 앞으로 코로나19 상황이 완화되더라도 통관 능률은 단기간에 회복되기 어려울 것으로 보인다. 한중 양국이 그동안의 방역 경험을 바탕으로 인프라 시설, 전자 설비, 통관 시스템, 절차 기준 등의 방면에서 북한 항구에 소프트 및 하드웨어 건설을 강화할 수 있다면 북한의 대외 경제 무역 협력을 가속하는 데 도움이 될 것이다.

두 번째 방안은 환경보호 방면의 협력이다. 북한은 최근 몇 년 사이 환경문제를 중요하게 다루기 시작했고, 11월 초에는 재생 자원화를 국가적 사업으로 내세웠다. 한중 양국이 환경보호와 재생 순환 자원의 활용 기술에 대해 대북 지식 공유와 표준 제정을 추진한다면 북한의 친환경 산업 발전과 지역 환경 협력 촉진에 도움이 될 것이다.

세 번째 방안은 방역 의료 방면의 협력이다. 한중 양국은 전 세계에서 가장 뛰어난 방역 성과를 보이고 있는 바, 의료 물자 등 실물원조 외에도 코로나19 예방 통제 모델과 방역 절차, 코로나19 검사 및 격리 방안 등의 구체적 운영 차원에서 북한과 코로나19 방역교류를 강화할 수 있으며, 이는 곧 동북아 지역의 초 국가적 코로나19 방역에 긍정적으로 기여하는 길이 될 것이다.

북한경제의 구조적 난제와 한반도

양문수(梁文秀)[*]

1. 최근 북한경제 동향

2020년 북한경제의 특징적인 양상으로 흔히들 지적하는 것이 경제의 3중고이다. 즉 제재, 코로나, 수해의 세 가지 요인으로 인해 북한경제가 매우 어렵다는 것이다. 이는 비록 충분하지는 않지만 틀린 이야기는 아니다.

북한은 올해 1월 말, 코로나의 자국 유입을 막기 위해 외국과 연결되는 모든 문을 닫으면서 빗장을 꽁꽁 걸어 잠갔다. 이것이 북한경제에 큰 타격을 주고 있는 것은 의심의 여지가 없다. 이는 국경차단 자체에도 원인이 있지만 고강도 제재 국면이라는 조건하에서 국경차단조치가 취해진 데 근본적 원인이 존재한다. 즉 제재가 1차 충격을 주었다면 코로나는 그에 더해 2차 충격을 준셈이다.

돌이켜보면 지난 2017년부터 본격화된 고강도 대북제재는 북한경제에 많

* 북한대학원대학교 교수

은 충격을 줄 것으로 예상한 사람들이 많았다. 하지만 북한의 대응책과 중국, 러시아의 협력으로 인해 경제상황이 급격히 악화되는 것을 막고, 일종의 버팀목 혹은 완충지대를 확보할 수 있었다. 즉 △직접적 제재 대상 품목이 아닌 소비재 및 일부 중간재의 종전 규모의 공식 수입 유지, △비공식무역/원조 지속을 통한 각종 물자 확보, △제재의 충격을 덜 받는 농업과 에너지 분야의 현 상황 유지 등이다.

하지만 코로나에 따른 국경차단 사태로 인해 기존의 3대 버팀목이 크게 흔들리게 되었다. 북한주민들은 "국경 봉쇄야말로 진정한 제재"라고 입을 모으고 있다. 무엇보다도 공식 무역이 급격히 감소했다. 코로나19에 따른 국경봉쇄로 올 들어 북중무역이 큰 폭으로 줄었다. 특히 고강도 제재국면에서도 소폭 감소에 그쳤던 북한의 대중수입이 이제는 큰 폭으로 감소하기 시작했다는 점이 눈에 띈다. 북중무역은 지난 2월에 바닥을 친 후 3월부터 전월 대비 증가세를 보였고, 5월부터는 증가세가 뚜렷해졌지만 7월에 추세가 꺾이면서 다시 주춤하고 있다. 사실 북한의 방역체계는 올 3월부터 6월까지는 약간 완화되어 방역·경제 병행 모드로 갔고, 이에 따라 국경차단 상태도 약간 완화되면서 대중무역이 전월대비 기준으로 약간 증가했다. 하지만 북한은 7월부터 코로나의 재확산 위기감이 고조되어 최대비상방역체제로 전환했고, 이에 따라 국경차단도 다시 강화되면서 대중무역이 전월대비 기준으로 다시 감소했다. 한편 북중무역은 올 1월부터 7월까지 한데 묶어서 보면 여전히 전년 동기 대비 큰 폭(67.2%)으로 감소한 상태이다. 이 기간 동안 수출은 3,535만 달러로 전년동기 대비 71.5% 줄었고, 수입은 4억 4,918만 달러로 전년동기 대비 66.8% 감소했다.

공식무역과 함께 비공식무역도 급격히 감소했다. 물론 비공식무역의 속성상 그 규모를 파악하기 어렵지만 국경차단으로 인해 비공식무역이 크게 감소한 정황은 여기저기서 발견된다.

아울러 수해의 경우, 제재와 코로나의 충격보다는 덜하지만 북한경제에 적지 않은 피해를 주었다. 집중호우로 강원, 황해남·북도에 심각한 피해를 입었고, 특히 김정은 집권 이후 최대 피해를 기록한 2016년보다도 농경지 침수 피해가 크게 증가한 것으로 전해지고 있다.

이에 따라 국정원은 지난 8월 국회 정보위 보고에서 올해의 북한경제 상황에 대해 국경봉쇄 장기화로 외화 부족 현상이 심화되고 있고 주요 건설대상을 대폭 축소하고 당 핵심기관들이 긴축운영하는 움직임을 보이고 있다고 밝혔다. 아울러 국경 통제로 생필품 가격이 급등하다가 긴급 대응으로 인해 진정 국면으로 돌아섰다고 덧붙였다. 한국은행의 북한 경제성장률 추정에 따르면 제재가 본격화된 2017년부터 북한은 다시 마이너스 성장을 기록하기 시작했다. 2016년 3.9% 성장에서 2017년 -3.5%, 2018년 -4.1% 성장을 나타냈다. 2019년에는 경제성장률이 0.4%를 보였는데 2020년에는 마이너스로 돌아설 가능성이 높다고 국정원은 전망했다.

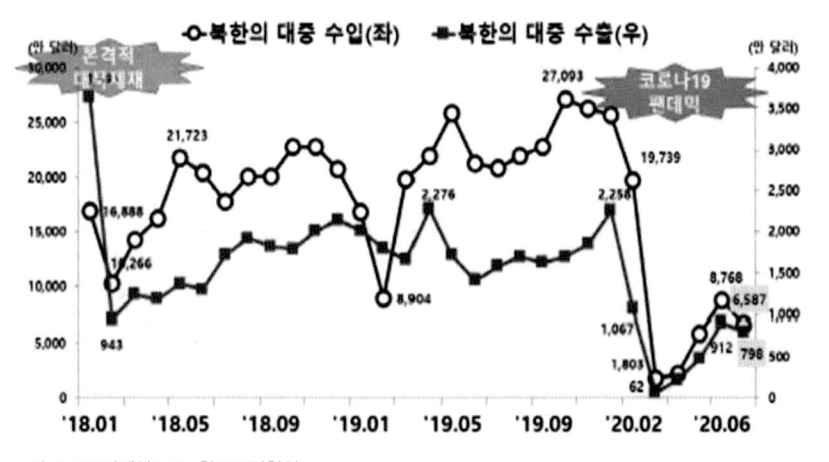

자료: IBK경제연구소, 한국무역협회

〈그림 1〉 북한의 대중 수출입 동향(2018.1~2020.7)

북한 스스로도 올해 경제의 어려움을 공개적으로 토로하고 있다는 점이 눈에 띈다. 북한의 대남선전매체 '우리민족끼리'는 지난 3월 10일, 북한은 "신형코로나바이러스(코로나19)의 방역 여파로 '막대한 경제적 손실'을 감수하고 있다"고 언급한 바 있다. 이어 올해 최고인민회의(4/12) 개최 하루 전(4/11) 열린 당 정치국회의에서 김정은 위원장이 참석한 가운데 "조성된 대내외 환경으로부터 출발해 제7기 제5차 전원회의(지난해 말)의 결정 관철을 위한 사업에서 일부 정책적 과업들을 조정 변경할 데 대한 대책적 문제들을 연구 토의했다"고 발표했는데, 이는 기존 국가계획목표의 하향조정 가능성을 시사한다. 또한 그런 변경의 배경으로서 "…비루스감염 위험이 단기간에 해소되기는 불가능하며 따라서 이 같은 환경이 우리의 투쟁과 전진에도 일정한 장애를 조성하는 조건으로 될 수 있다"는 점을 제시했다.

북한은 이어 지난 8월 19일, 제7기 제6차 당중앙위원회 전원회의를 개최해, 내년 1월에 8차 당대회를 소집하고 '새로운 국가경제발전 5개년 계획'을 수립하기로 결정했다. 즉 지난 2016년 7차 당대회에서 야심차게 내세웠던 '국가경제발전 5개년 전략'의 실패를 사실상 인정함 셈이다. 북한은 전원회의 결정서에서 "혹독한 대내외 정세가 지속되고 예상치 않았던 도전들이 겹쳐드는데 맞게 경제사업을 개선하지 못해 계획됐던 국가 경제의 장성(성장) 목표들이 심히 미진되고 인민생활이 뚜렷하게 향상되지 못하는 결과도 빚어졌다"고 털어놓았다. 김정은 위원장 역시 전원회의 연설에서 "올해 여러 측면에서 예상치 못했던 불가피한 도전에 직면한 주·객관적 환경"을 언급해 주목을 받았다.

2. 종합평가와 전망

코로나가 북한경제에 미치는 부정적 영향은 코로나가 한국경제, 나아가 전 세계 경제에 미치는 부정적 영향을 생각해 보면 쉽게 짐작할 수 있다. 지난 6월, OECD는 올해 한국의 경제성장률을 -1.2%로 전망했는데, 이는 OECD와 G20 국가 중 가장 양호한 성적이다. 즉 -1.2%도 '선방'인 셈이다. 당시 OECD는 미국이 -7.3%, 일본이 -6.0%, 유로존이 -9.1%라는 매우 큰 폭의 마이너스 성장을 기록하고 심지어 중국조차 마이너스 성장(-2.6%)을 나타낼 것으로 전망한 바 있다.

그런데 북한의 경우, 코로나19로 인한 경제적 충격은 한국보다 더 클 수밖에 없다. 무엇보다도 취약한 방역체계 및 1월 말부터 전격적으로 취해져 장기적으로 지속되고 있는 국경차단 자체에도 원인이 있지만, 고강도 제재 국면이라는 조건하에서 국경 차단조치 등이 취해진 데 근본적 원인이 존재한다. 제재의 충격이 시간이 갈수록 누적되고 있는 상황에서 코로나가 추가적 충격을 주면서 충격 자체가 증폭/확대된 것이다.

아울러 2017년부터 본격화된 유엔 제재는 북한이 예상했던 것보다는 고강도 조치였지만 제재 자체는 북한이 예상했던 것이고, 더욱이 어느 정도 익숙한 것임에 유의할 필요가 있다. 하지만 코로나는 북한이 전혀 예상하지 못했던 것이고, 더욱이 전혀 익숙하지도 않고, 게다가 어떻게 대응해야 하는지 전혀 모르는 성격의 사안이다. 따라서 코로나는 그 경제적 충격이 클 수밖에 없다.

앞에서도 밝혔듯이 오늘날의 북한경제에 대해 흔히들 지적하는 것이 경제의 3중고, 즉 제재, 코로나, 수해이다. 그런데 이들은 엄밀히 따지면, 현재의 경기침체를 초래하는 핵심적인 '외부 요인' 3가지이다. 오히려 북한 입장에서 가장 뼈아픈 것은 구조적 문제로서, 기존의 경제 회복 메커니즘의 작동 불능이라고 할 수 있다. 사실 경제난 발생 이후 30년간 북한경제의 움직임을 보면 1990년대 초 경제난의 발생 이후 빠른 속도로 계속 내리막길을 걷다가 2000년 대 들어서는 하락세가 멈추었다. 아울러 길게 보아서는 2000년대 중후반부터 제재 직전의 2016년까지, 짧게 보아서는 2012년 김정은 집권 이후 북한경제가 상대적 회복세를 보여 왔다. 그리고 이런 상대적 회복에는 일종의 경제성장의 3대 축이 작용했다. 이는 △시장화의 진전, △북중무역 확대, △대중 중간재·자본재 수입 확대 및 시장화 진전을 배경으로 한 국영 제조업의 부분적 회복이다. 이들 3대 요인이 상호 간에 긍정적 영향을 미치는 일종의 선순환적 구조가 구축되면서 경제의 상대적 회복을 견인했던 것이다. 그런데 이제는 이런 선순환적 구조가 크게 손상되고 있다. 이들 3대 축이 상기의 3중고로 인해 거의 무너지면서 경제의 상대적 회복메커니즘이 더 이상 작동하지 않게 되었고, 경제는 급격히 추락하고 있다.

물론 그렇다고 해서 현재 '제2의 고난의 행군'과 같은 위기의 징후가 발견되고 있다고 말하기는 어렵다. 우선 현재의 경제구조가 고난의 행군 당시와 질적으로 크게 변화했다는 점이 매우 중요한 요인이다. 대표적인 것이 시장화의 진전에 따른 제반 경제주체의 인식 및 행동양식의 변화이다. 시쳇말로 "주민들의 생각과 행동이 크게 변했다"는 점이다.

아울러 현 시점에서의 북한의 경제총량(GDP)을 지난 30년간의 궤적에 비추어 살펴볼 필요가 있다. 한국은행이 매년 발표하는 북한의 실질경제성장률 추정결과를 사용해 1989년의 북한 GDP를 100으로 놓았을 때 매년의 실질 GDP 추정치를 계산해 보자. 그러면 김정은 시대에 경제의 최저점은 2018년의 80.9 수준이 된다. 이는 지난 30년간 최저수준(1998년의 68.0)보다는 12.9나 높은 수준이다. 그런데 만일 올해 경제성장률이 -5%까지 떨어진다면 실질 GDP는 77.1로 하락한다. 여전히 68.0보다는 높지만 그 격차는 9.1로 줄어든다. 현재와 같은 어려움이 몇 년 지속된다면 위기는 점점 가까워질 수밖에 없다.

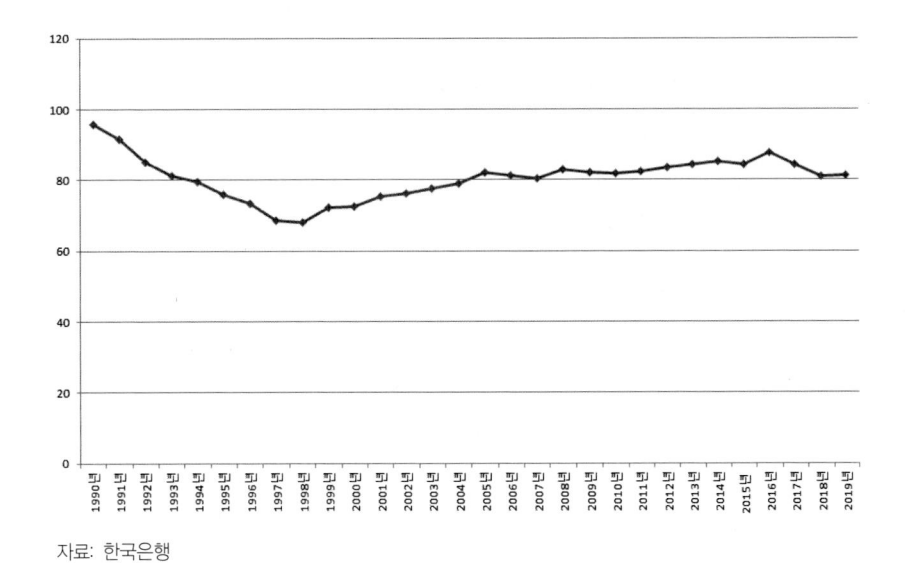

자료: 한국은행

〈그림 2〉 한국은행의 북한 실질 GDP 추정치 (1989=100)

　한편 당분간 북한경제의 상황을 좌우할 결정적인 변수는 단연 코로나이다. 물론 대북제재가 지속되고, 제재의 충격이 누적되고 있는 상황에서의 코로나 충격이라는 점은 아무리 강조해도 지나치지 않다. 그런데 코로나는 언제 종식될지 모르는 성격의 사안이라는 점에 문제의 심각성이 있다. 코로나가 조기에 종식된다면 북한경제도 충격이 덜할 수 있지만 코로나가 장기간 지속된다면 북한경제의 충격은 더 클 수밖에 없다. 현재로서는 코로나가 연내에 종식되지 않고, 내년까지 지속될 가능성이 높다는 것이 지배적인 관측이다. 더욱이 설령 내년에 종식된다고 해도 제2, 제3의 코로나19가 발생할 가능성도 배제할 수 없다.

　코로나의 장기화에 따라 북한경제도 경기침체와 불확실성 증대가 불가피하다. 국가의 한정된 자원을 보건의료분야에 더 많이 투입해야 하고, 코로나 종식 및 제2 코로나 방지를 위해 국내의 인적/물적 이동, 해외와의 인적/물적 이동이 종전만큼 원활하지 않을 가능성이 있다. 전통적인 외화획득 수단인 관광업(외국인 관광 유치) 및 근로자의 해외 파견도 북한 내 방역문제가 걸림돌로 작용할 가능성이 크다.

또한 북한의 최대 후원자인 중국도 경기침체와 불확실성 증대를 피해가기 어렵고, 더욱이 코로나 문제로 인해 북한과의 인적/물적 교류를 비롯, 해외와의 인적/물적 교류에 대해 종전보다 보수적 자세로 접근할 가능성이 높다. 이에 따라 북한은 중국으로부터의 지원 및 중국과의 경제협력이 종전보다 원활하지 않을 가능성이 있다. 이에 결국 당분간은 기존의 경제 회복 메커니즘의 작동 불능 상태로부터 탈피하기가 어려워질 가능성이 크다고 할 수 있다.

3. 정책적 제언: 북한의 경제적 어려움 완화/해소 등을 위한 국제협력

북한의 경제적 어려움의 심화는 한반도 및 동북아의 긴장을 고조시키면서 이 지역의 평화에 대한 매우 큰 위협요인으로 작용한다. 따라서 한국은 물론, 중국을 비롯한 주변국은 이 지역의 평화 유지 차원에서도 북한의 경제적 어려움을 덜어주는 노력을 기울이는 것이 시급한 과제로 떠오르고 있다.

우선적으로 고려해야 하는 것이 인도적 지원이다. 코로나의 지속에다 식량 생산의 감소로 올 겨울부터 내년 봄까지 북한의 인도적 위기 가능성이 우려되고 있다. 따라서 의약품과 식량을 중심으로 북한에 대한 인도적 지원을 추진할 필요가 있다. 물론 북한은 중국, 러시아로부터의 비공식적 지원은 수용하면서도 외부세계로부터 지원을 받지 않겠다고 천명한 바 있다. 하지만 김정은 위원장은 지난 10월 10일, 노동당 창건 75주년 기념 열병식 연설에서 "사랑하는 남녘 동포들에게 (코로나19) 보건 위기가 극복되고 굳건하게 손 맞잡

길 기원한다"며 남측을 향해 유화적인 메시지를 내놓아 눈길을 끈 바 있다. 따라서 앞으로 양자 간 채널이든 다자간 채널이든 북한에 대한 인도적 지원을 적극 모색하는 방안을 강구할 필요가 있다.

이 경우, 유엔의 제재면제허가 획득이 중요한 변수이다. 물론 지금도 인도적 지원은 제재 예외 대상이지만 인도적 지원에 필수적으로 수반되는 운송수단, 금융 등이 제재와 연관되어 있어 현실적인 장벽이 만만치 않은 실정이다. 따라서 코로나로 인한 북한 식량난이 해소될 때까지 한시적으로 제재면제를 시행하는 방안을 한국, 중국 등의 주도로 유엔에 요청하고 논의할 필요가 있다.

아울러 현재 북한의 경제적 어려움을 초래한 직접적 원인 중 하나인 코로나19에 대한 북한의 경제적 부담을 덜어주기 위해서라도 국제협력에 보다 적극적으로 나설 필요가 있다. 코로나에 대한 대응 및 초국경적 방역협력이 전 세계적 관심사로 부상하고, 이에 따라 보건의료 분야에 대해서는 대북 제재의 예외를 허용할 수밖에 없게 된 현실에 주목해 북한과의 협력에서 새로운 공간 창출 가능성에 노력해야 한다.

더욱이 이 문제는 남북한협력뿐 아니라 동북아협력으로 외연을 넓힐 필요가 있다. 이번 코로나 사태에서 극명하게 드러났듯이 감염병에는 국경이 없기 때문에 대규모 감염병 대응은 한 나라 혼자 할 수 있는 일이 결코 아니다. 이에 한국과 중국은 보건 당국, 전문가, 제약업계 등이 참여하는 동북아 보건협력 거버넌스 구축을 주도할 필요가 있다.

북한경제의 전망

최은주(崔銀珠)*

1. 들어가며

2020년은 전 세계적으로 코로나19라는 감염병으로 기억될 해이다. 코로나19는 비교적 안정적인 보건의료 체계를 갖춘 선진국들도 엄청난 인적, 물적 피해를 겪어야 했을 정도로 엄청난 충격이었고 그 여파는 지금도 지속되고 있다. 이와 함께 코로나19로 가려지기는 했지만 2020년 한 해 동안 이상 기후의 여파로 세계적으로 다양한 형태의 자연재해가 발생하였다.

전 세계적 추세에서 북한도 예외는 아니었다. 이에 북한은 코로나19의 유입을 사전에 차단하기 위해 강력한 봉쇄정책을 추진하였고, 7, 8월에 걸친 긴 장마와 태풍이라는 자연재해로 피해를 입었다. 국제사회의 강력한 대북경제제재가 지속되고 있는 상황 속에서 예기치 못한 보건위기와 자연재해는 북한이 처한 어려움을 가중시키고 있다.

---

* 세종연구소 연구위원

코로나19와 자연재해, 대북제재라는 삼중고 속에서 북한 경제는 어떠한 상황에 놓여 있으며 향후 북한 경제에 어떤 영향을 미칠 것인가? 그리고 이러한 충격에 대해 북한 당국은 어떻게 대응하고 있는가? 북한 경제의 현황을 파악하고 북한 당국의 대응 방식을 파악하는 것은 향후 북한과의 관계개선과 교류협력사업을 추진하는 데 있어 중요한 요소이다.

2. 삼중고에 처한 2020년 북한 경제

국제사회의 대북경제제재, 코로나19, 자연재해라는 세 가지 사건은 모두 북한 경제에 외부적 충격을 가하는 사안들이지만 그 파급경로와 북한이 대응할 수 있는 조건은 다르다. 대북제재와 코로나19의 경우 대외경제부문으로부터 시작된 충격으로 볼 수 있다. 대북경제제재로 대외경제가 급격히 위축된 상황 속에서 코로나19로 인해 대외교역은 더욱 위축될 수밖에 없었다. 특히 기존에 수입에 의존했던 각종 원자재와 중간재 및 소비재의 수입이 줄어들게 되면 북한 경제의 생산과 소비에 모두 타격을 준다. 이에 반해 자연재해에 따른 피해는 북한 내수 경제에 직접적인 영향을 미친다.

국제사회의 대북 경제제재의 목표는 북한의 핵개발 포기를 유도하는 것이었다. 대외경제부문으로부터 시작된 경제적 충격으로 북한 경제가 어려워지면 북한이 더이상 핵개발을 지속할 수 없을 것이라는 논리였다. 제재의 내용은 북한의 핵과 미사일 실험이 반복될수록 점차 강화되어, 2016년 4차 핵실험 이후부터 북한 경제 전반에 영향을 미칠 수 있도록 북한의 주요 수출입품목을 금지하거나 거래량을 제한하였다.

그러나 대북제재의 강화는 북한이 핵개발을 지속하는 한 예측할 수 있는 상황이었기 때문에 북한 당국도 각종 경제 정책들을 통해 이에 대응해 왔다.

이에 따라 북한은 제재 속에서도 경제가 내구력을 갖출 수 있도록 각종 개선 조치들을 취해 왔다. 대북제재로 인해 외부로부터의 자원 조달이 위축될 것이 자명한 상황에서 북한 당국이 선택한 것은 효율성의 극대화와 국산화였다. 기존의 비효율적인 자원배분 방식에서 탈피하여 한정된 자원을 효율적으로 활용하도록 유도하며 경제 내에 존재하는 모든 자원을 생산활동에 투입하도록 하였다. 그리고 북한의 상황에 맞는 생산 기술을 개발·도입하여 자체의 원자재를 활용하여 제품을 생산하는 일종의 수입대체전략을 추진하였다.

이러한 변화 속에서 북한은 꾸준히 생산능력을 확장시켜 왔다. 생산활동의 기반인 전력 생산량을 증대시켜 나가면서 극심한 부족 상황에서 벗어날 수 있게 되었고 이에 따라 기업의 가동률도 향상시킬 수 있었다. 증산과 품질제고의 효과는 경공업과 농업을 중심으로 나타나고 있다. 특히 경공업 부문에서의 제품의 증가로 시장과 국영상점에서 북한산 제품의 비중이 증가한 것으로 파악된다. 북한이 매년 개최하는 각종 전시회 및 박람회에 출품되는 제품도 다양화되고 있으며 품질도 개선되고 있다. 농업부문에서도 생산량이 꾸준히 증가하여 과거의 절대적인 부족 상황에서는 벗어났다.

그러나 기간산업인 중화학공업 분야에서는 상대적으로 높은 성과를 거두지 못한 것으로 파악된다. 여전히 북한이 매년 제기하는 경제 부문의 핵심 과제는 전력, 금속, 석탄, 화학 등 인민경제 4대 선행분야의 국산화, 생산정상화 및 현대화이고, 성과 평가에서도 여전히 이 부문들의 공급이 '긴장된' 상태를 벗어나야 한다고 강조하고 있다. 중화학공업의 부진은 북한이 추진하는 '인민생활 향상'이라는 당면 과제를 수행하고 가시적 성과를 내는 데에는 큰 문제가 되지 않을 수 있으나, 중장기적으로 기간산업의 회복 없이 경제의 내구력을 유지하기는 어렵다.

대북제재가 적용되면서 2018년 수출입은 전년 동기 대비 각각 86.3%, 31.2%가 줄었고, 2019년에는 2018년에 비해 소폭 증가하는 수준으로 유지되고 있다. 이러한 무역규모의 급감과 무역수지 악화는 산업생산과 기술개발의 둔화로 이어진다. 다만, 북한은 제재에 적용되지 않는 수출입품목 발굴, 관광산업의 육성을 통한 외화 확보, 비공식무역의 지속 등의 방식으로 대응해 왔다. 특히 주요 건설 대상으로 원산-갈마 해안 관광지구와 양덕 온천 문화 휴양지 등을 포함시켜 해외관광객들의 유치를 위한 개발 사업에 주력해 왔으며, 2019년 12월 양덕 온천 문화 휴양지가 완공되어 2020년 관광산업의 한 축을 담당할 것으로 전망되었다.

그러나 2020년 초에 시작된 코로나19의 확산은 북한이 계획했던 경제 운영 계획에 일부 조정이 발생할 수밖에 없는 상황을 야기하였다. 코로나19의 발생은 예상치 못한 충격이었으며 감염병이라는 특성상 신속한 대응이 요구되는 사안이었다. 특히 지난 경제 위기 과정에서 취약해진 북한의 보건의료제도가 여전히 회복되지 못한 상황 속에서 코로나 바이러스의 유입은 경제의 문제가 아니라 '인민의 생명과 안전'에 직결되는 문제였다.

이에 따라 북한은 1월부터 국가비상방역체제로 전환하고 북중교역을 엄격히 통제하기 시작하였다. 동시에 국정기조를 '인민의 생명과 안전 보장'으로 제시하고 보건의료부문에 대한 예산을 과거에 비해 증액하는 등 이 분야를 재정비하기 위한 사업에 착수하였다. 평양종합병원 건설을 2020년 최우선 과제로 제시하고 모든 자원을 우선 투입하여 동년 10월 10일 당 창건 75주년 기념일에 맞춰 완공할 것임을 발표하였다.

코로나19 대응에 따라 경제 부문 중 대외경제부문부터 타격을 받았다. 국가품질감독위원회는 주요 국경통과지점에 전문 인력을 파견하여 해외로부터 들어오는 모든 물품에 대한 검역사업을 강화하였으며, 선적의 경우 2주 간 방치 뒤 소독 후 하역 작업을 허용하는 등 고강도의 방역사업들을 진행하였다. 사실상 국경봉쇄상태를 유지하면서 엄격한 통제 속에서 최소한의 수출입만 허용하고 있다. 5월부터 중국 단둥과 북한 신의주를 중심으로 국경 무역이 일부 재개되었으나 2020년 상반기 북중무역은 2018년 동기 대비 약 67%가 감소한 것으로 파악된다.

북한은 대외적으로는 경제활동에 대한 통제를 강화하였으나 내부적으로는 경제활동을 지속하고 있다. 셧다운을 통해 경제활동 전반을 위축시키면 경제 내 부족의 문제가 심화될 것이기 때문에 북한은 기업과 공장, 협동농장에 대한 엄격한 방역사업을 실시하면서 생산활동을 유지하고 있는 것이다. 이와 함께 소비 부문에서는 배달 등 비대면 방식을 적극적으로 활용할 것을 장려하고 있다. 특히 경공업 공장과 기업을 중심으로 방역물품의 보장과 의학적 감시대상자들에 대한 생활용품 지원 등 코로나19에 따른 관련 물품에 대한 수요 증가에 부응하기 위한 생산 증대에 주력하고 있는 것으로 파악된다.

이러한 상황 속에서 발생한 자연재해는 북한 경제에 부담을 가중시키는 또 하나의 악재(惡材)였다. 8월 7일 북한 조선중앙통신 보도에 따르면 최근 장마로 황해북도 은파군 대청리 일대, 단층살림집(주택) 730여 동, 논 600여 정보 침수, 살림집 179동이 붕괴되었고 연이은 태풍 피해로 강원도 지역에서도 추가적으로 피해가 발생하였다. 이러한 자연재해에 따른 피해는 복구 사업에 투입되어야 할 재원을 우선 보장해야 한다는 측면에서 북한 경제에 어려움을 야기하기도 하지만 농경지 피해의 경우 식량 생산량 감소로 이어지면 그 여파는 내년까지 이어질 수 있기 때문에 피해를 최소화시키기 위한 신속한 대응이 필요한 사안이다.

북한은 피해복구 사업을 올해 하반기의 최우선 사업으로 설정하고 복구 사업에 전력을 다하고 있다. 특히 수해 피해 지역에 대해서는 현상 복구를 넘어 새롭게 정비하는 계기로 삼고 살림집 등을 건설할 것을 지시하였다. 동시에 이러한 사업은 해외로부터의 지원을 받지 않고 북한 자체적으로 진행할 것임을 밝혔다. 코로나19의 상황이 지속되고 있는 조건 속에서 방역사업의 기조를 유지하면서 복구사업을 병행하기 위한 결정으로 파악된다.

10월 3일 북한은 조선로동당 중앙위원회 제7기 제19차 정치국회의를 개최하고 '80일 전투'를 제기하였다. 2020년은 2016년부터 시작된 경제발전 5개년 전략이 마무리되는 해로서 80일 전투를 통해 성과적으로 마무리 짓겠다고 발표하면서 동시에 피해복구와 농업부문의 올해 사업 결속과 내년 준비를 차질없이 진행할 것을 구체적으로 밝혔다. 2020년 코로나19와 자연재해로 기존의 경제계획을 추진하는 데 차질이 불가피하였으나 마지막까지 노동력을 중심으로 모든 자원을 총동원하여 최대한 성과를 내고자 하는 것으로 보인다.

2020년 북한 경제는 위와 같은 예상치 못한 충격으로 어려움이 가중될 것으로 예상할 수 있다. 그러나 북한 주민들의 경제생활과 직결되는 곡물 가격 및 유가 등 물가 수준은 2020년 초 불안정했으나 이후 안정세를 유지하고 있는 것으로 파악되고 있다. 적어도 지표의 측면에서 북한 경제의 어려움이 식량난이나 생필품 부족 상황으로는 이어지지 않고 있다.

북한 경제가 과거와 달라진 점은 김정은 집권 이후 추진된 경제개혁을 통해 과거에 비해 내구력을 갖췄다는 것이다. 점증해가는 대북제재에 대응하고 북한식 경제발전을 실현하기 위해 추진된 경제관리 방법의 변화는 위기에 대응할 수 있는 유연성을 높였다. 특히 과거에 비해 경제활동 주체들의 의사결정 권한이 확대되면서 국가의 세부적인 지침 없이 경제상황의 변화에 따라 능동적으로 대처할 수 있는 조건이 형성되었다. 이와 함께 경영성과에 따라 누릴 수 있는 경제적 수준에서도 차이가 발생하면서 각 생산조직뿐만 아니라 그에 소속된 개인들에게도 성과를 내야 할 동기가 부여되었다.

최근 북한은 제도화를 통해 경제활동의 안정적인 여건을 마련해 주고, 언론 매체들을 통해 관련된 정보들을 과거보다 자세히 공개하고 있다. 경제 주체들이 경제적 의사결정을 할 때 중요한 고려 요소 중 하나가 불확실성이다. 현재의 경제상황에서 불확실성이 높아질수록 경제활동은 위축된다. 북한은 2019년에 사회주의 헌법을 개정하면서 김정은 위원장 집권 이후 변화된 핵심 내용들을 대거 반영하였다. 즉, 이러한 변화가 임시방편적인 선택이 아니라 김정은 시대의 경제운영 방침으로 공식화한 것이다. 그리고 코로나19 상황과 자연재해에 따른 피해상황들과 복구 성과들을 상세하게 소개하고 있다. 즉, 경제적 어려움이 예견된 상황에서 충격에 따른 불확실성의 심화가 주민들의 동요로 이어지지 않도록 관리하고 있는 것이다.

3. 북한 경제 전망: 정면돌파전의 지속과 대외경제관계의 재개

북한은 2019년 12월 정면돌파전을 선언하였다. 조선로동당 중앙위원회 제7 기 제5차 전원회의에서 "나라의 경제토대를 재정비하고 가능한 생산잠재력을 총발동하여 경제발전과 인민생활에 필요한 수요를 충분히 보장"하고 "강력한 정치외교적, 군사적 공세로 정면돌파전의 승리"를 실현하겠다고 발표한 것이 다. 장기화되고 있는 제재 국면에서 제재 완화나 해제를 염두에 두기보다는 자력갱생을 통해 경제적 돌파구를 마련하겠다는 의미이다. 이러한 상황에서 발생한 코로나19와 자연재해는 북한 경제의 어려움을 가중하고 있다.

경제와 방역이라는 두 마리 토끼를 모두 잡아야 하는 것은 모든 국가들이 직면한 문제이다. 특히 북한은 김정은 위원장도 언급하였듯이 "장기적인 제 재 때문에 모든 것이 부족한 속에서 비상방역도 해야 하고 혹심한 자연피해 도 복구해야 하는 엄청난 도전과 난관에 직면"해 있다. 이처럼 2020년을 삼중 고 속에서 보낸 북한 경제의 전망은 밝지 않다. 내부적으로 모든 자원을 총동 원하고 있는 상황에서 외부로부터 물자가 들어오지 않으면 경제문제를 해결 할 수 있는 돌파구를 마련하기 어렵기 때문이다.

더욱 심각한 것은 코로나19 상황이 장기화될 가능성이 높아지고 있다는 점이다. 홍수 피해에 따른 복구 사업은 단기간에 자원을 총 투입하여 해결할 수 있지만 코로나19에 대한 북한식의 고강도 대응방식은 지속되기 어렵다. 특히 경제적 어려움이 가중되면 밀무역과 같이 국가 통제를 벗어난 활동들이 출현할 수 있다. 이는 방역 체계에도 문제를 야기할 수 있기 때문에 코로나19 상황이 장기화되면 북한 당국도 현재의 방식을 고수하기는 쉽지 않다.

이러한 측면에서 주목할 점은 북한이 코로나19로 국경을 봉쇄하면서도 동시에 신압록강대교의 북측 도로연결 건설 사업을 지속하였다는 점이다. 북한의 입장에서 당장에 교역을 재개할 수는 없지만 재개한다면 과거보다 확대해 나갈 수 있도록 인프라를 구축하고 있는 것이다. 그리고 올해 초까지만 해도 남측 시민단체의 대북전단지살포문제로 개성의 남북공동연락사무소가 폭파되는 등 경색국면이 이어졌지만, 최근 서해 공무원 사망사건에 대한 북측의 대응이나 당창건 75주년 기념식에서 진행된 김정은 위원장의 연설에 등장한 보건위기가 극복되고 남북이 다시 만날 수 있기를 기대한다는 언급을 고려할 때 북한 또한 이러한 상황을 고수할 가능성은 높지 않을 것으로 보인다.

북한은 2021년 1월에는 8차 당대회를 개최하겠다고 발표하였다. 경제와 관련해서는 2016년 7차 당대회에서 제기한 과제들을 관철하는 과정과 그 결과가 보여주는 성과와 한계를 분석하고 이를 토대로 국가경제발전 5개년 계획을 제시하겠다고 밝혔다. 당창건 기념식 연설에서도 김정은 위원장은 8차 당대회에서 북한의 '부흥번영'을 실현하기 위한 방법과 구체적인 목표를 제시하겠다고 하여 경제정책 전반을 재정비하고 비전과 로드맵을 발표할 것으로 보인다.

김정은 집권 이후 북한은 경제운영에서 자력갱생을 강조하는 한편 대외경제관계 확대에도 많은 노력을 기울이고 있다. 물론, 여전히 대외경제부문은 "나라의 경제토대를 강화하는데 절실히 필요한 부분과 고리를 보충하는 방향"에서 진행되어야 하지만 구체적인 내용으로 들어가면 제품 무역을 넘어 기술

교류와 대외경제협조 등에 있어서 유리한 대외경제적 환경을 조성하기 위해 적극적으로 경제외교활동을 벌여나갈 것을 강조하고 있다. 이를 위해 북한의 현실과 변화되는 세계시장의 요구에 맞춰 대외경제를 발전시키기 위한 전략을 수립하고 실리보장의 원칙에 입각하여 경제활동을 추진하며 북한에 필요한 자재와 기술을 적시에 도입할 수 있는 방안들을 마련하고자 하고 있다.

그러나 북한 당국이 보여주는 정책적 의지에 비해 현실적 성과는 미미하다. 현재 수준의 대북경제재제 상황에서는 대외경제관계는 기존의 규모를 유지하는 것도 불가능한 상황이기 때문이다. 과거에는 폐쇄적이고 개방에 소극적인 북한에게 국제사회가 개방을 요구하였다면 지금은 세계 경제에 흐름에 부응하여 세계시장에 진출하고자 하는 북한을 국제사회가 막고 있는 형국인 셈이다. 김정은 위원장 집권 이후 북한이 일관되게 추진해온 대외경제관계 개선의 흐름이 지속되기 위해서는 북한을 둘러싼 주변국의 역할이 중요하다.

코로나19 상황이 지속되고 있는 상황을 고려한다면 보건의료부문을 중심으로 북한과의 교류협력사업의 필요성은 여전히 유효하다. 당면해서는 코로나19 대처에 필요한 물품 지원 사업으로 시작할 수 있지만 장기적으로는 감염병과 같이 공동대응이 필요한 사안들을 중심으로 협력체계를 마련하는 것이 중요하다.

이와 함께 코로나19가 가져온 변화된 상황을 고려한 협력사업들을 발굴해 나가야 한다. 기존의 북한과의 교류협력사업이 주로 대면사업으로 이루어졌다면 이후에는 코로나19의 상황을 고려하여 기존 사업들을 재개해나가는 것과 함께 비대면 방식으로 추진할 수 있는 사업들도 모색해야 한다. 최근 북한은 지식경제로의 전환을 표방하면서 지식과 정보의 중요성을 강조하고 있다. 지식공유는 비대면 방식으로도 추진 가능한 사업이면서 모든 분야에서 본격적인 협력사업을 추진하기에 앞서 착수할 수 있는 사전적인 성격도 갖고 있다. 이러한 측면을 고려하여 제기되는 사업들을 재검토하고 단계적으로 추진 계획을 세워 나갈 필요가 있다.

Ⅲ

한중관계

한중관계의 현주소

미중갈등과 한중 경제관계

최필수(崔弼洙)*

1. 코로나19의 충격: 공급에서 수요로

코로나19의 충격은 국제 경제교류에 치명적인 타격을 입혔다. 먼저 세계 무역량이 크게 감소했다. WTO는 2020년 무역량이 13~32% 정도 감소할 것이라고 전망한다. 이는 약 5~6%로 예상되는 GDP 감소폭보다 훨씬 큰 것이다.

한편 이러한 무역의 감소는 코로나로 인해 촉발되긴 했지만 최근 10년간 지속된 추세이기도 하다. 이른바 '슬로벌라이제이션(Slowbalization)'이란 현상이다. 양으로 봐도 2008년 이후 세계 무역 개방도(Trade Openness Index, 교역량/GDP)는 지속적으로 감소해 왔다. 증가율로 봐도 2011년 이후 무역증가율이 경제성장률을 하회해 왔다. 2018년에는 상품교역의 절대량 자체가 감소하기도 했다.

코로나는 글로벌 생산망에 존재하던 리스크를 발현시켰다. 2020년 2월 중

* 세종대학교 중국통상학과 교수

국산 자동차 부품 '와이어링 하네스(배선뭉치)'의 수급 부족으로 국내 자동차 생산라인이 일시 중단되었고 이로 인해 자동차 12만 대의 생산에 차질이 생겼다. 해당 품목은 중국산이 전체 수입의 87% 차지하고 있다.

중국에 부품을 의존하던 해외 자동차 메이커들도 마찬가지의 상황에 직면했다. FCA는 중국산 오디오부품 부족으로 인해 세르비아 공장이 가동 중단됐다. 랜드로버(Land Rover)는 중국산 부품을 여행 가방에 담아 긴급히 항공편으로 배송하기도 했다. 닛산(Nissan) 역시 중국산 부품조달 불안으로 큐슈 공장의 생산라인이 중단됐고, 혼다(Honda)도 우한 소재 부품기업 가동 중단으로 인해 공급망을 필리핀으로 우회해야 했다.

스마트폰도 마찬가지였다. 전 세계 스마트폰 생산의 60%를 차지하는 중국의 설비 가동중단으로 업계가 위기에 빠진 것이다. 애플(Apple)은 대만 폭스콘의 후베이 공장 가동중단으로 아이폰 신제품 출시를 연기했다. 삼성전자는 베트남에 납품되는 중국산 부품 수급 애로로 생산에 차질을 겪었다. 주요 스마트폰 업체의 중국 생산 의존도는 화웨이 95%, 애플 85%, 샤오미 70%, LG 25%, 삼성 5%와 같다.

방역에 필수적인 방호요구들도 중국발 충격에서 예외가 아니었다. 가령 미국은 의료용 보호장구의 대중 의존도가 30~50%에 달한다. 세부적으로 안면가리개 42%, 보호복 45%, 장갑 39%, 고글 57% 등과 같다.

이상은 모두 코로나 초기 중국의 셧다운으로 야기된 공급부문의 충격이었다. 중국이 초기 방역에 성공하고 생산이 재개되면서 공급부문의 충격은 빠르게 회복됐다. 이제 더이상 공급부문의 충격으로 인한 생산차질은 심각하게 취급되지 않는다. 비록 다른 나라들이 락다운을 겪고 있으나 중국의 락다운만큼 강력한 충격은 없는 것으로 보인다.

이제 전 세계가 직면하게 된 것은 수요부문의 충격이다. 코로나로 인해 전반적인 소비가 감소하고 경기가 냉각되면서 실업이 증가하는 전형적인 수요 충격을 경험하고 있는 것이다. 코로나 초기에는 공급부문의 충격과 수요부문의 충격이 동시에 발생하여 세계 경제가 미증유의 혼란에 빠질 것이라는 극도의 비관론이 나돌았지만 최소한 여름 이후부터는 수요 충격에만 집중하면 된다는 공감대가 형성되고 있다. 물론 코로나로 인한 수요 충격도 미증유의 것이지만 전통적인 재정·통화정책의 처방전이 그나마 통한다는 점에서 불행 중 다행이라고 할 수 있다.

2. 보호주의의 발흥

코로나로 인해 거의 모든 나라가 보호주의를 표방하거나 이에 대응하는 정책을 펴고 있다. 대표적인 것이 전략적 상품의 수출 제한이다. WTO에 의하면 9월 4일 현재 84개국이 242개의 무역 특별조치 발효·진행 중이다. 이들 대부분은 일시적인 수출제한 조치들이다. 또한 의료 및 식량에 대한 수출제한 조치들이 특히 주목되는데, 4월 22일 현재 80여 개국이 그러한 조치를 시행했다. 이는 본래 WTO에 통보했어야 하는 조치이지만 오직 39개국만이 그렇게 했다. WTO의 위상이 심각하게 추락한 것이다.

미국부터 고립주의를 표방하면서 국제공조가 어려워지고 있다. 미국이 트럼프 이후 탈퇴한 국제 조직은 UNESCO, UN인권위, TPP, 파리기후협약, WHO 등이다. 이밖에 미국은 오랫동안 WTO 상소기구 위원 선임을 거부하고 있어서 WTO를 무력화시킨 장본인이기도 하다. 또 미국은 G7에서 보호주의 반대 성명 채택을 거부하는 무책임한 모습을 보이기도 했다. 글로벌 금융위기 당시 G20 정상회의(2008년11월)에서는 미국의 주도로 反보호주의 공동선언문이 신속히 채택됐던 것에 비하면 매우 후퇴한 행태이다.

미국만이 아니라 세계 여러 나라들이 각종 보호주의 정책을 취하고 있다.

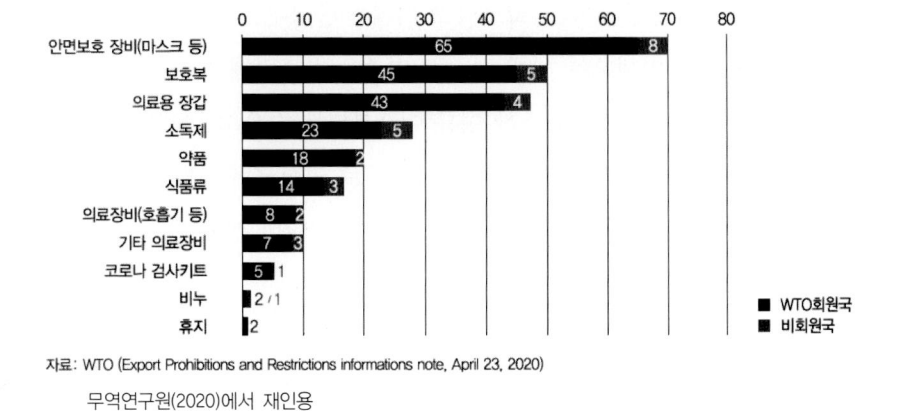

자료: WTO (Export Prohibitions and Restrictions informations note, April 23, 2020)
무역연구원(2020)에서 재인용

〈그림 1〉 주요 의료물자의 수출금지 및 제한조치를 취한 국가 수(2020.4.22. 기준)

이에 대해서는 WTO가 기초적인 사례들을 수집하여 게재하고 있다. 먼저 수입규제 사례이다. 미국은 5월 무역확장법 232조 조사를 개시했고, 경제단체들의 대중국 의료물자 관세인하 요구를 거부하고 있다. 유럽제조자연합(AEGIS Europe)은 4월, 무역구제조치를 적극 활용하여 국내 산업을 보호할 것을 호소했다. 인도도 기업들의 수입제한 제소를 온라인으로 적극 접수하면서 보호주의 분위기에 불을 지피고 있다.

외국인투자에 대한 제한 사례도 많이 나타나고 있다. 인도는 국경을 맞댄 나라가 인도기업을 인수 투자하려면 정부의 승인이 필요하다는 규정을 4월에 발표했다. 독일도 4월에 외국인투자 정부개입 기준을 '실질적 위험'에서 '부작용 발생 가능성'으로 완화했다. 이탈리아는 외국인 투자심사 대상을 금융·에너지·보건·식품으로 확대했다. 프랑스는 심사대상 외국인 투자기준을 전체 지분 33%에서 25%로 낮추고, 대상 업종에 식품·언론을 추가했다. EU 차원에서도 3월 코로나19 종식 전까지 한시적으로 적용할 '외국인 투자심사 가이드라인'을 발표하고, 회원국에 전략 인프라에 대한 외국인 투자심사 실시를 촉구했다.

코로나 전부터 추진되던 선진국의 리쇼어링 정책도 방역과 관련하여 한층 강화됐다. EU는 제약산업의 리쇼어링 정책을 검토 중이며 미국은 미국 내 의료장비 및 약품 생산에 대한 인센티브를 제공하는 법안을 발의했다. 미국의 경우 리쇼어링 기업수가 2010년부터 2018년까지 95→157→232→432→340→294→267→624→886와 같이 크게 증가했다. 일본도 '서플라이 체인 개혁', 의약품 업계 일본 내 생산거점 비용 지원, 기타 기업 복귀비용 보조 등의 정책을 펴고 있다.

중국도 나름대로 '국내 대순환'을 표방하며 보호주의에 대응하는 정책을 펴고 있다. 국내대순환은 2011년부터 꾸준히 추진된 성장동력 전환의 다른 이름이기도 하다. 대외의존도 축소와 내수 위주의 경제운용을 뜻하기 때문이다. 여기에 최근 미중갈등으로 인한 기술독립 의지가 추가됐다. 2020년 양회에서 이른바 '류바오(六保, 취업보장, 민생보장, 시장주체의 활력 보장, 식량·에너지 보장, 산업 가치사슬 보장, 기층 행정 조직의 안정적인 운용 보장)'를 표방하면서 미국을 중심으로 한 디커플링 시도에 체계적으로 대응하려 하고 있다. 이는 중국제조 2025처럼 근사한 구호는 아니지만 실질적인 기술독립 추진이라고 보여진다.

이상을 종합적으로 평가하자면 무역통상 부문에서는 전 세계가 루저(loser)가 됐다고 할 수 있다. 서로 보호적인 조치를 취하고 있기 때문이다. 미국과 중국을 비교해 평가하자면 미국은 공격적 보호주의를, 중국은 방어적 보호주의를 구사한다고 할 수 있다. 적극적인 디커플링과 수입제한 조치를 먼저 구사한 쪽은 미국이기 때문이다.

3. 무역통상 부문 향후 전망

1) 축소요인

코로나와 미중갈등을 맞아 세계의 무역과 통상은 축소될 것이다. 한번 보호주의를 경험하면 그것이 상호 증폭된다고 봐야 하기 때문이다. 이러한 무역통상의 위축은 최강대국 미국에서 고립주의와 보호주의 성향이 강해진다는 근본적인 원인에 직면해 있다. 이는 비단 트럼프의 개성 때문이 아니라 세계화의 피해자(중부 백인)의 목소리에 정치가 반응하기 때문이다. 즉 세계화와 자국 취약계층 보호 사이에서 어쩔 수 없는 균형 찾기가 벌어지고 있는 셈이다.

미중 기술패권 경쟁이 전쟁으로 격화될 가능성도 있다. 미국은 인민해방군과 연루됐다는 화웨이를 넘어서 중국이 심혈을 기울여 육성하고 있는 중신궈지(SMIC)까지 공격하려 하고 있다. 이러한 공격의 명분은 중국이 기존 질서를 파괴하는 수정주의(Revisionist) 국가이기 때문이라는 것인데 중국이 이 비난을 벗으려면 사회주의와 일당체제라는 국체를 포기해야 한다. 결국 상대방이 받을 수 없는 카드를 던졌다는 점에서 미중갈등은 격화될 수밖에 없다.

이밖에 코로나로 인해 바이어 미팅, 업종별 전시회(EXPO), 여행 촉발 소비 등이 모두 위축되면서 무역통상 발전의 근본적인 장애물이 되고 있다.

2) 상쇄요인

그러나 이러한 교류 축소와 디커플링을 저지하는 요인들도 있다. 먼저 리쇼어링의 한계이다. 리쇼어링 현상의 본질은 모국으로의 복귀("back to the mother country")가 아니라 시장으로의 복귀("back to the market")이다. 글로벌 밸류체인(이하 GVC)은 인위적으로 기획된 것이 아니라 자연적으로 형성된 것이므로 인위적으로 해체하기란 어렵다. 생산을 자동화한 국가들도 GVC 참여를 줄이지 않았다는 윙클러(Seric·Winkler, 2020)의 연구가 있으며, 駐상하이 미국 상공회의소의 2020년 4월 서베이는 중국 소재 미국기업 중 84%는 코로나 이후에도 생산시설을 이전할 계획이 없음을 보고하고 있다.

통상분야 글로벌 공조의 필요성을 새삼스레 공유할 가능성도 있다. 1930년대 대공황 이후 글로벌 무역전쟁으로 세계 경기회복이 지연됐고 이는 결국 세계대전으로 이어졌다. 인류가 이 경험에서 뭔가를 배웠다면 같은 실수를 반복하지는 않을 것이다. 무엇보다 검역과 기후변화는 글로벌 공조를 통해서만 해결가능하다.

디지털 통상규범이라는 새로운 분야 역시 국제공조를 필요로 한다. 각국의 디지털 화폐(DCEP) 발행 경쟁이 벌어지고 있는데 이것을 어떻게 해외에서 유통시킬 것인가? 구글·페이스북 등 글로벌 IT 기업에 대해 어떻게 과세할 것인가? 넷플릭스 등 글로벌 온라인 동영상 서비스 업체를 어떻게 규제할 것인가? 디지털 서비스 무역장벽을 어떻게 낮출 것인가? 이러한 문제에 답하기 위해서는 역시 국제공조가 필요하다.

4. 미중갈등 속에서 한국에게 주어진 이슈

한국은 국제경제 협력체제를 선택해야만 하는 위기에 처해있다. 현재 중국은 일대일로, RCEP, 한중일FTA를, 미국은 인도·태평양전략, 블루닷 네트워크(Blue Dot Network), 경제번영 네트워크(Economic Prosperity Network, 이하 EPN)를 추진하고 있다. 이러한 체제들이 非배타적이라면 굳이 선택할 필요 없이 모두 참여할 수도 있다. 하지만 중국 관련 체제는 非배타적인 데 반해, 미국의 것은 미국·멕시코·캐나다 협정(이하 USMCA)과 같이 배타성을 띨 가능성이 존재한다. USMCA의 조항에 비시장경제국과의 경제협력을 규제하는 내용이 있는데 그와 같은 독소조항이 EPN에 투사된다면 우리는 섣불리 참여할 수 없다. 실제로 USMCA 이후 중국-캐나다 FTA는 논의가 중단되기도 했다.

WTO 개혁에 이러한 문제들에 어떻게 대응하느냐도 중요한 이슈이다. 현재 WTO 개혁의 주요 이슈는 (1) 개도국을 어떻게 규정하고 어떻게 보호할 것인가 (2) 자국의 정책집행을 WTO에 어디까지 투명하게 공표해야 하는가 (3) 국유기업을 어디까지 인정하고 특혜를 어디까지 허용할 것인가 (4) 산업보조금을 어디까지 인정할 것인가로 정리할 수 있다. 미국은 개도국 특혜를 줄이고, 더 투명하고, 국유기업을 더 제재하고, 산업보조금을 더 규제하는 방향을 원하고 있으며 중국은 반대이다. 우리나라는 이미 2019년에 개도국 지위를 포기했으며 (1)에서 (4)로 갈수록 중국과 같은 입장이라고 할 수 있다.

화웨이 배제 여부도 한국의 판단이 필요하다. 화웨이 통신장비 철거는 막대한 비용이 듦으로 가능한 피해야 한다. 수 조원이 소요될 철거 비용을 국가가 부담해야 할지, 그렇지 않다면 LG 주주들에게 어떻게 설명할 것인지, 모두 답하기 어려운 문제이다. 최근 아일랜드 통신사 에어(Eir)는 막대한 비용을 이유로 화웨이 통신장비 배제에 동참하지 않기로 했으며, 영국 정부의 화웨이 배제 방침에 세계 2위 통신사 보다폰(Vodafone)이 직접적으로 반발하고 있어서 성사 여부가 불투명하다.

미국이 다른 나라에 화웨이 통신장비 철거를 진짜로 강제하려면 확실한 근거를 제시해야 하는데 그것은 어려워 보인다. 화웨이를 도입하기 앞서 영국(BT)은 2009년에 심천 본사에서 실사 작업을 거친 바 있으며, 미국 하원도 2012년에 화웨이와 ZTE에 대한 집중 조사를 벌였지만 혐의를 입증하지 못했다. 오히려 화웨이는 2020년 6월 스페인 인증기관인 CCN에서 CC(Common Criteria) 평가보증 4등급(EAL4+)을 받았는데 이는 네트워크 장비상 최고 레벨(ISO 15408)이다. LGU+도 2020년 1월 화웨이 장비를 포함한 5G 기지국의 정보보호 관리체계 국제인증(ISO27001)을 받았다. 2013년 스노든 사태는 미국이 우방국을 포함한 전 세계를 도·감청해왔음을 드러냈다. 따라서 미국이 화웨이가 문제라고 주장을 하는 것에 설득력이 떨어지게 되었다.

5. 한국의 바람직한 대응 원칙과 적극적 정책 제언

이러한 문제에 대하여 이슈를 잘게 쪼갤수록, 당사자가 많아질수록 한국의 활동 공간이 넓어진다. 이를테면 "일대일로에 참여하느냐 마느냐"가 아니라 "정부 간 MOU를 맺느냐?", "제3국 공동진출 금융 플랫폼을 정부 차원에서 제공하느냐?", "중국이 발주하는 해외 건설을 수주하느냐?"와 같이 물어야 한다. "이 편이냐 저 편이냐"는 물음은 전략적 사고에 과몰입한 결과이며, 때로는 공허하기도 하다.

또한 문제를 최대한 다자의 틀로 가져가는 것이 한국에게 유리하다. 미중 간에 선택을 강요당하는 것은 한국만이 아니라 전 세계이기 때문이다. 가령 미국의 독단적인 이란 제재에 대해서 유럽은 반발하고 있으며, 미국의 금융 제재를 피하기 위해 미국이 통제하는 SWIFT를 피해 INSTEX라는 금융 결제 시스템을 만들었다. 일본도 G7 회담에서 중국이 민감해하는 홍콩 이슈에 대해 미국과 결이 다른 목소리를 내곤 한다. 베트남도 CPTPP와 RCEP을 동시에 추진하는 유연성을 보이고 있다. 한국은 이러한 여러 나라들과 연대하면서 가급적 WTO, OECD, G20와 같은 다자의 틀에서 경제 문제를 해결하는 것이 바람직하다.

한편 한국이 소극적인 선택에 머물지 않고 적극적으로 제기해야 할 이슈들이 있다. 먼저 북한경제 개발을 위한 한중 공동방안을 도출할 수 있다. 현재 UN제재로 본격적인 북한 접근이 어렵지만 관광과 인문교류 등 제재 바깥에서 시작할 수 있는 영역부터 시작하여, 압록강·두만강 접경지역 공동 개발,

북한 철도 및 도로 인프라 재건, 산업협력 등으로 남북중 협력의 틀을 넓혀나
갈 필요가 있다.

<표 1> 단계별 남북중 경제협력 로드맵

사업구분		가능사업	가능단계
한중 양자협력: 동북3성 지역		일대일로, 동북진흥, 창지투(長吉圖) 개발 계획과 한국 신 북방정책 협력: 지린성 한중 국제합작시범구, 랴오닝성 자유무역시험구, 훈춘 물류 사업 협력 등	
남북중 삼각협력 및 기타 다자협력	제재 무관사업	[1] 교육, 환경(보건), 관광 등 소프트웨어 협력: 지식교류 교육사업 / 미세먼지 확산, 북한 환경 문제 등에 대한 실태 조사 / 아프리카 돼지열병 등 유행성 질병에 대 한 공동 대처 / 초국경 관광루트 개발 공동 연구 [2] 교통물류: 동아시아 철도공동체 구축에 대비한 남북중 철도 및 도로협의체 창설과 공동조사 및 연구, 대북 교통물류 전문가 양성 [3] 에너지, 산업단지: 남북중 협력방안에 대한 공동연구 와 학술교류	제재 유지
	제재 유관사업	대북기업 투자 및 제한적 금융거래가 가능해진 상황에서 남북중 협력 사업	제재 완화

자료: 이현태 외, 「남북중 경제협력 방안 연구」, p.216 (KIEP 연구보고서 19-02)

에너지 분야에서 한중협력을 통한 남·북·중·러 협력으로의 확대를 도모
할 수 있다. 한국은 에너지 조달 다원화와 미국 의존 축소를 위해 중국과 러
시아가 구축한 에너지 조달 루트를 적극적으로 활용할 필요가 있다. 러시아
의 자원을 북한을 경유하는 파이프라인으로 조달하는 것은 장기적인 아젠다
라고 할지라도, 중·러·프·일 합작으로 시베리아 야말반도에서 생산하는
LNG를 도입하는 등의 정책을 시도할 필요가 있다.

또한 2018년 상하이에 개설된 원유 선물시장에서 위안화로 결제가 이뤄지
고 있는데 대중무역 흑자로 위안화를 보유하기 좋은 한국은 이를 적극적으로
활용할 필요가 있다. 즉 위안화 무역결제를 통한 위안화 획득이 안정적인 원

유의 공급으로 이어지는 선순환 구조를 만들 수 있는 것이다. 이를 통해 중동 원유 시장에서의 이른바 아시안 프리미엄(Asian Premium)을 상쇄하는 부수적 효과도 거둘 수 있다.

중미 전략경쟁 심화와 중한관계

현상과 전망

가오인(高吟)*

문재인 정부는 2017년 5월 출범 이후 한미 동맹에 기초하여 안보 및 북핵위협 대응능력을 강화하고 남북화해협력과 한반도 비핵화 및 주변 4강 국가와의 협력을 추진하겠다고 천명하였고, 이에 '동북아+책임공동체'라는 정책이 수립되었다. 2017년 7월 시진핑 주석은 독일 베를린에서 문재인 대통령과 처음으로 회동을 가졌고 이후 양국의 지도자들은 다양한 곳에서 수차례 회동을 가지기도 하였다. 그리고 2020년 코로나 발생 이후 중한 지도자들은 두 차례의 전화 외교를 진행하였는데, 이는 박근혜 정부 시기 '사드'로 인해 교착상태에 빠졌던 양국의 관계가 문재인 정부가 들어선 이후 일정 수준 회복되고 있는 징후로 볼 수 있다. 또한 미국정부가 중국에 대해 포괄적 압력을 가함에 따라, 미국은 중국을 압박하기 위한 교두보로써 한국을 지속적으로 압박하여 중국에 대항하는 '포위망'에 동참케 하였다. 이러한 사안을 어떻게 적절히 처리할 것인지, 그리고 중미 양국과의 관계에서 자신의 국익을 어떻게 보호할

---

* 중국국제우호연락회 평화와 발전연구센터 부연구원

것인지가 한국에 있어 매우 중요하게 되었고 한국 정부는 중한관계 발전에 있어 중대 기로에 서게 되었다.

1. 중미 전략경쟁의 심화와 '안미경중'(安美經中) 전략 추구의 어려움

중한수교 28년 이래 양국은 정치, 경제, 문화 등 각 영역에서 빠른 속도로 교류 및 협력을 발전시켜 왔다. 고구려 역사 문제와 '사드' 등으로 인해 양국 관계가 파행을 겪기도 했지만 총체적인 발전 상황은 양호한 편이며 상당한 성취를 이루었다.

우선 무역 영역에서 중국은 한국의 가장 큰 무역 파트너로서, 가장 큰 수출 시장이자 가장 큰 자원 수입국이며, 동시에 한국은 중국의 3대 교역국이기도 하다. 2019년 중한 양국의 화물 수출입 금액은 2845.3억 달러였고, 그중 한국의 중국 수출은 1735.7억 달러, 수입은 1,109.6억 달러였으며, 한국은 중국과의 무역에서 626.1억 달러의 무역흑자를 달성하였다. 투자 영역을 보면, 2019년 말까지 한국의 중국에 대한 실제 투자는 누적으로 825.8억 원이며 중국의 한국 투자는 78.7억 달러였다. 한국은 중국의 두 번째로 큰 투자 원천국이며 중국은 한국의 두 번째로 큰 직접 투자 대상국이다. 뿐만 아니라 양국의 과학, 문화, 교육 등의 영역은 지속적으로 왕래하고 협력하는 관계를 유지하고 있다. 양국 주요 도시 간 60개 노선의 정기항로가 있고 매주 약 1,200번의 항공이 운영되고 있으며, 2019년 중한 인적 왕래는 1083.3만 회에 이른다. 2019년 말까지 중국의 한국 유학생은 7.7만 명이고 한국의 중국 유학생은 6.6만 명으로 양국 모두 유학생 중 가장 많은 비중을 차지하고 있다. 군사방면에서도 고위층간의 왕래가 유지되고 있으며 상호 군함탐방, 군인유학생, 재난구호, 반테러, UN평화유지행동 등 교류협력을 유지하고 있다.

한미 양국은 1953년에 '공동방위조약'을 체결해 정식 군사 동맹관계를 맺게 되었고 지금까지 67년의 역사를 가지고 있다. 냉전시대 한미동맹은 기본적으로 북한의 위협을 억제하고 소련을 중심으로 한 사회주의 진영에 대항하는 데 그 목적이 있었다. 냉전이 종식된 이후 미국은 점진적으로 중국을 아시아 태평양 안보방어의 핵심지역으로 간주했다. 미국은 중국의 부상으로 인해 자신의 패권 지위가 위협받는 것을 방지하고자 북한의 위협에 대응하기 위해 결성되었던 한미동맹을 이용하려 하였고, 그 방향은 점차 중국을 가리키기 시작하였다.

트럼프 정부가 출범한 이후 한미동맹은 일부 조정되었는데 첫째, 군사·안보 협력이 강화된 것이다. 미국은 '사드' 배치를 추진함으로써 한미연합방위 체제를 조정하였다. 둘째, 한국을 '인도－태평양 전략'에 끌어들여 '한일 군사정보보호협정'에 서명하게 하였다. 셋째, 한미동맹이 가치 동맹임을 강조하면서 동맹의 개념과 범위 등을 확장하여 한국을 남중국해 문제에 개입하게 하였다. 또 호르무즈 해협의 연합순항 작전에 참가하게 하는 등 조정의 목적이 중국을 향하고 있음이 더욱 분명해졌다.

장기적으로 한국은 '안미경중', 즉 '안보적으로는 미국에 기대고 경제적으로는 중국에 기대는' 전략을 취해 기본적으로 중미 양국과 좋은 협력 관계를 유지해 왔으며 안보와 경제적 이익을 최대한 유지해 왔다. 하지만 중미 간 전략게임이 심화됨에 따라 한국이 지속적으로 '모호한 전략'을 추진할 수 있는 외교정책의 공간이 축소되었다. 향후 중미 간 전략게임이 심화됨에 따라 한국의 전통적인 '안미경중' 전략을 가지고는 중미관계가 악화되는 상황에서 효과적인 대응이 어렵게 될 것이고 복잡한 국면을 마주하게 될 것이다.

2. 중한관계에서 주목할 몇 가지 문제

중미관계의 악화는 중한관계에도 많은 영향을 끼칠 것이다. 구체적으로 아래와 같은 몇 가지로 정리해 볼 수 있다.

1) 정치영역

미국은 한국에 '인도－태평양 전략'에 적극적으로 참여할 것과 '반중동맹'에 가입할 것을 요구하고 있다. 2020년 6월 1일 트럼프는 G7에 출석하는 국가를 늘리자고 제안했으며 한국이 그 명단에 포함되어 있었다. 한국은 국력강화를 위하여 참가 의사가 있음을 표명하였다. 하지만 미국의 G7 확대는 중국을 겨냥하고 있음이 분명하며 '반중동맹'의 범위를 확대하는 것을 의미하고 있다. 따라서 한국이 가입 후 성명을 발표하거나 이에 대한 행동을 취한다면 중한관계에 심각한 영향을 미칠 것이다.

2) 안보영역

첫째, '사드'가 다시 강화될 조짐을 보이고 있다. 2020년 5월 28일 한미 양국은 성주군 주민들의 방해를 뚫고 육로를 통해 '사드' 기지에 대량의 장비를 운송하는 돌발행동을 하였다. 6월 22일 다시 '사드' 통신시스템에 대한 업그레이드를 실시하였고, 10월 22일 한국 국방부는 '사드' 엔지니어링 장비를 옮기는 것을 발표하여 '사드'문제가 다시 뜨거운 감자로 떠오르기 시작했다.

둘째, 미국이 한국에 중거리 탄도 미사일을 배치할 가능성이다. 2019년 8월, 미국의 에스퍼 임시 국방부 장관은 아시아에 새로운 재래식 육상 중거리 탄도 미사일을 배치할 것을 발표하였다. 비록 한국에 배치할 것이라고 확실히 표명한 것은 아니었지만 이 가능성도 배제할 수는 없다. 만일 향후 한미 양국이 '사드'와 같은 방식으로 중거리 탄도 미사일을 한국 내에 배치하게 된다면 중한관계에는 '사드' 때보다 더욱 심각한 부정적인 영향이 나타나게 될 것이다.

셋째, 미국이 미국, 일본, 인도, 호주가 참여하는 '쿼드'(4자 안보대화, Quadrilateral Security Dialogue: QUAD)에 한국이 적극적으로 참여할 것을 촉구한다는 것이다. 미국은 '인도-태평양 전략'을 추진한 이래 일본과 인도 그리고 호주와의 군사안보협력을 지속적으로 강화해 왔다. 10월 27일 미국과 인도는 외교부 장관과 국방부 장관의 '2+2 회담'을 실시하여 "인도-태평양의 안보를 유지하고 안정화할 방법"에 대해 토론하였고 동시에 '기본교류협력협정'(BECA)을 체결하였다. 같은 날, 미국과 일본은 필리핀해와 일본 본토에서 'Keen Sword 21'이라는 대규모 군사훈련을 거행, 양국에서 약 5만여 명의 인원이 참여하였으며, 이는 중국을 겨냥한 의도가 분명해 보인다. 11월 3일, 미국, 일본, 인도, 호주는 다시 벵골만에서 '말라바르(Malabar) 2020'이라는 연합훈련을 실시하여 4개국 군사협력에서 실질적인 진전을 이루었다. 이렇듯 '쿼드'는 이미 외교적 측면에서 군사영역으로 확장되었으나, 문재인 정부는 이에 대해 적극적인 태도를 보이지는 않았다. 하지만 미국의 참여 압박을 받아 한국이 '쿼드'에 참여하여 반중동맹권을 조성한다면 중한관계는 파국에 이를 것이다.

3) 경제무역 영역

화웨이 5G 장비 처리 문제에 있어서 미국은 한국을 강하게 압박했다. 트럼프는 여전히 '경제번영 네트워크'의 구축을 적극적으로 추진하고 있으며 한국도 참여할 것을 요구하고 있다. 이것은 미국이 글로벌 공급망의 '탈중국화'를 추진하여 반중국 경제블럭을 조직하려는 중요한 고리이다. 이에 대해 한국의 입장과 태도는 상당히 복잡하다. 먼저 '사드'문제의 경험과 코로나 충격 이후에 한국에서는 과도하게 중국에 의존해서는 안되며 적극적으로 공급망 다원화 전략을 가져가야 한다는 주장이 높아지고 있다. 또한 최근 한국 상품의 중국 시장 내 점유율이 낮아지고 있으므로, 경제적 이익의 측면에서 한국이 미국이 주도하는 글로벌 공급망에 참여하게 된다면 중국시장에서 줄어든 경제적 이익을 채울 수 있다는 의견이 있다. 하지만 한국이 '경제번영 네트워크'에 참여하게 되면 중한무역협력의 많은 부분에서 부정적 영향이 나타나게 될 것이다.

이 외에도 우리는 돌발적인 사건과 역사 문제 등으로 인해 양국 국민의 감정이 악화되는 것에도 주목해야 할 것이다. '사드'문제로 인해 중한 양국의 국민 감정과 상호 인식이 급격히 악화되었다. 한국 보수 매체의 코로나 사태와 관련한 중국에 대한 부정적인 보도로 인해 양국 국민의 불신이 증가하게 되었다. 최근 한국에서 가장 인기 있는 아이돌 그룹인 BTS의 한국전쟁 및 한미동맹에 관한 정치적 발언과 관련하여 삼성과 현대 등의 중국어 홈페이지에서 BTS 모델 광고를 신속히 삭제해 논란이 일기도 하였다. 양국 국민의 정서적 적대감이 주로 네티즌의 언사를 통해 드러난 것인데, 네티즌들이 주로 두 나라의 젊은 세대인 점을 감안한다면 청년들 간의 악감정이 향후 중한관계의 장기적 발전에 불리하게 작용할 여지가 있다.

3. 중한관계 발전의 전망

지난 11월 3일 미국은 신임 대통령 선거를 실시했다. 선거 결과를 아직 정확히 알 수 없지만 다수의 미국 주요 매체들은 바이든이 승리했다고 이미 발표하였다. 각국의 지도자들은 모두 이미 바이든 당선을 축하하였고 바이든 본인도 당선 소감을 발표하였다. 중한 양국의 전문가들은 바이든 정부의 외교정책이 민주당의 전통적 노선으로 돌아가고 동맹관계를 중시할 것으로 보고 있다. 한미동맹은 트럼프 정부 시절에 비해 어느 정도 회복될 것이다. 하지만 동시에 대다수의 전문가들은 중미관계가 근본적으로 바뀌기 어려울 것으로 예상하고 있고 바이든 정부가 들어선 이후 중국을 압박하기 위해 한국에 압력을 행사할 가능성 또한 배제하지 않고 있다. 따라서 미래 중한관계의 전망은 새롭게 더욱 복잡한 국면으로 나타날 가능성이 있다. 하지만 미국의 집권당이 어디가 되든지 간에, 그리고 중한관계에 가장 큰 영향을 미치는 외부변수라 할 수 있는 미국요인이 어떻게 변화하든지 간에, 우리는 중한관계의 본질이 변하지 않는다는 점을 명확히 인식해야 한다. 즉 중한 양국이 우호관계를 유지하는 것이 양국과 양국 국민, 동북아 지역의 공통된 이익에 부합한다.

최근 주미 한국대사인 이수혁 대사가 국정감사에서 70년 전에 한국이 미국을 선택했다고 해서 앞으로 70년간 반드시 미국을 선택해야 하는 것은 아니며 한국의 국익을 중심에 놓고 보아야 한다고 이야기한 적이 있다. 한국의 문정인 대통령 통일외교안보특보는 '신냉전'에 반대하고, 한국이 미국에 완전히 경도되거나 중미의 군사적 충돌에 한국이 개입하는 데에 반대하는 글들을 발표하였는데, 한국의 국익을 기준으로 한국 경제발전의 기회가 되며 한반도 문제 해결에 대해 적극적인 작용을 하고 있는 중국을 인식할 필요가 있다고 주장하였다. 이에 한국의 고위관료들도 이러한 기조가 미래 한미동맹 및 중한관계 정책결정에 부분적으로 반영될 필요가 있다고 공개적으로 표시한 바 있다.

중한 우호협력발전관계의 기반은 여전히 탄탄하다. 중국은 미국과 충돌하는 것을 원하지 않는다. 최근 중미관계 긴장의 원인은 전적으로 미국 측에 있다. 중미 분쟁의 심화는 중한관계의 복잡성을 증가시킬 뿐이고 중한 간의 전면적 전략협력 동반관계의 기반은 흔들리지 않는다는 것을 알아야 한다. 중국은 '평화공존 5대 원칙'을 고수하고 '인류를 위한 공동체' 구축을 제안하며 다자무역체계와 세계 및 지역 평화와 안정 유지, 국제사회 협력을 촉진하여 함께 코로나를 극복할 것을 제안하였다. 이것은 세계 역사 발전의 추세에 부합하고 또한 한국을 포함한 세계 각국의 공동이익에도 부합하는 것이다. 그리고 중국은 한국이 국익을 우선하여 긴 안목을 가지고 각종 요소들을 종합적으로 고려하며 미국 일변도로 가지 않을 것이라 믿고 있다.

문재인 정부의 대북정책은 중한협력의 계기를 제공해 준다. 한반도에서의 비핵화와 지역 평화를 유지하는 것을 실현하는 데 있어 중한 양국의 입장은 비슷하다. 중국은 문재인 정부가 북한과의 관계를 적극적으로 완화하려는 노력을 지지하고 있다. 또 최근 중국은 한국이 러시아와 협력하여 유엔 안보리에서 대북제재의 일부 해제를 적극적으로 추진하고 있는 것에 대해 동의하였다. 북한 또한 국가전략의 초점을 경제발전으로 전환하였다고 수차례 표명하였다. 이는 한반도 문제에서의 중한 협력을 강화하기 위한 유리한 조건을 제공해 준다.

코로나 상황은 중한협력에 새로운 의미를 부여하였다. 코로나는 전 인류가 직면한 도전이다. 코로나에 대응하는 과정에서 중한 양국은 전염병 대처에 매우 성공적이었고 동시에 어려움 극복 과정에서 서로 지지하며 국제사회에 방역 협력의 좋은 모범사례를 제시한 바 있다. 즉 코로나 상황은 중한협력을 위한 좋은 계기가 되었으며 미래 중한관계 발전에 새로운 동력이 되었다고 할 수 있다. 28년 전 한국과 중국의 지도자들은 역사적 조류에 따라 기회를 잡아 어려움을 극복하고 양국이 외교관계를 수립하기 위한 전략적 결정을 하였다. 지금 세계는 백 년간 유례를 찾기 힘든 큰 변화를 맞이하고 있다. 이에 중한 양국은 미래 중한관계의 발전 방향을 명확히 하기 위해 새로운 공동이익을 확인하고 찾아야 한다.

4. 중한관계 발전을 위한 몇 가지 제언

첫째, 양국의 정치, 안보영역에서의 대화와 교류를 강화하는 것이다. 한국과 중국은 우호적인 이웃이며 중한협력은 양국의 근본적 이익에 부합한다. 양국 수교 28년 동안 경제, 무역, 인문교류는 급속히 발전해 왔다. 하지만 양국의 군사안보영역에서의 교류는 상대적으로 뒤쳐져 있다. 중한은 정치체제에서 양국의 차이를 명확히 인식해야 하고 대화와 교류를 통해 이해와 신뢰를 증진시켜 오해를 없애야 한다. 그리고 양국 간 비전통안보영역의 협력을 촉진시키고 전략적 상호신뢰를 증진시키기 위해 군사안보영역의 1.5 트랙 및 2트랙 채널을 확대해야 할 것이다.

둘째, 새로운 상황과 변화에 적응하기 위해 중한 무역협력을 업그레이드해야 한다. '일대일로'(一帶一路) 이니셔티브는 중국이 주변국과의 외교를 중시하고 주변 국가와 함께 발전하기를 원하는 구체적인 경제협력구상을 의미한다. '일대일로'는 중한협력에 매우 긍정적인 의미를 가지고 있다. 문재인 대통령이 중국을 방문하였을 때 한국정부는 중국의 '일대일로' 정책을 한국정부가 추진하고 있는 '신북방정책' 및 '신남방정책'과 연계할 수 있기를 희망한다고 명확히 말한 바 있다. 양국은 제3세계 시장의 개발에 대한 협력과 지역 내 무역투자협력을 강화할 수 있다. 코로나 이후 중국의 경제회복은 한국의 경제회복을 위한 동력이 될 것이다. 양국은 디지털 경제영역의 협력 또한 강화하여 코로나를 함께 극복하고 새로운 성장의 장을 열어야 할 것이다.

셋째, 한반도 문제에 대한 협력을 강화하는 것이다. 최근 문재인 정부는 '정전협정'을 '평화협정'으로 전환하기 위해 적극적으로 추진하고 있으며 중국은 이에 적극적으로 지지하고 있다. 한반도 비핵화와 지역경제협력 등을 둘러싼 문제에서 양국은 서로 뗄 수 없는 관계이다. 동시에 한반도 문제의 해결을 제약하는 중요한 요소는 북미의 상호 불신이다. 중한 양국은 한반도 문제에서 협력을 강화하여 북미대화를 촉진시키고, 북미 간 '신뢰 적자'(deficit of trust) 감소 노력을 통해 한반도 문제의 평화적인 해결을 추진하여 한반도 비핵화와 지역평화 및 경제발전을 이루어야 할 것이다.

넷째, 양국의 인문교류와 협력을 확대하는 것이다. 나라 간 우호는 국민 간의 친밀함에 있고 국민 간의 친밀함은 서로를 이해하는 데에 있다. 중한 양국은 지리적 근접성과 문화적, 인적 연결을 통해 수천 년의 역사 동안 우호적인 이웃국가였다. 인문교류협력은 중한관계의 지속적인 발전에 중요한 의의를 가지고 있다. '유교 한자 문화권'의 공통점을 바탕으로 문화, 여행, 학술, 교육 등의 영역에서 교류협력을 지속적으로 공고화해야 할 것이다. 또한 민족주의와 역사문제 등의 정치적 요소들을 배제하여 양국 국민의 상호 이해를 증진시켜야 한다. 특히 양국의 언론매체들이 각자 지닌 여론에 대한 영향력을 발휘해 양국 관계 발전의 추진체가 될 수 있도록 하고, 중한관계를 해치는 악의적 선동은 피할 수 있도록 매체들의 교류 및 협력을 강화하여야 할 것이다.

한국의 중국인식과 한중관계

장영희(張榮熙)*

지난 30여 년 동안 한중관계는 그 어느 국가 간 관계보다도 양적·질적으로 빠르게 발전해 왔다. 1992년 노태우 정부와 장쩌민 정부에서 '우호협력 관계'를 수립한 이후, 1998년 김대중 정부와 장쩌민 정부 사이에 '21세기를 위한 협력동반자 관계'를 구축했고, 2003년 노무현 정부와 후진타오 정부 사이에 '전면적 협력동반자 관계'로 발전했다. 이어서 2008년 이명박 정부와 후진타오 정부 사이에 '전략적 협력동반자 관계'가 선언되었고, 2013년 박근혜 정부와 시진핑 정부 사이에 「한중 미래비전 공동성명」을 발표하며 기존의 전략적 관계의 내실화에 합의하고, 2014년 한중 정상회담에서 '성숙한 전략적 협력동반자 관계'의 구축을 선언했다.[1] 즉 한국과 중국은 매 정권마다 중국과의 관계성에 대한 레토릭을 격상시키며 관계 발전을 도모해 온 것이다.

그러나 경제영역에서의 상호의존성이 빠르게 심화되었음에도 불구하고,

* 성균관대학교 성균중국연구소 연구교수

1) 이희옥, 「시진핑 시기 한중관계와 한중일 협생」, 『한중일 3국 관계 – 새로운 협력을 향하여』, 동북아역사재단 편, 2015, 175쪽.

정치영역에서는 여러 우여곡절을 겪었다. 한중관계가 다층적으로 발전하는 과정에서 마늘 파동, 탈북자 문제, 조선족 문제, 어로 분쟁, 동북 공정, 문화원조 논쟁, 사드 배치 문제 등 양국의 이해관계와 인식의 차이에 따라 갈등이 발생하였고, 협상과 논의를 통해 문제의 해결을 모색해 왔다.[2] 특히 2016년 박근혜 정부의 사드 배치 결정으로 양국 관계는 최악의 상황을 겪었고 이는 양국 교역관계에 커다란 장애물로 작용해 왔다. 문재인 정부가 들어선 후 한중관계는 양국 정부와 민간의 노력으로 차츰 회복 국면에 진입하게 되었으나, 코로나19 확산으로 인해 양국 정부 간 관계회복의 공식화가 지연되었다. 코로나19 팬데믹 상황은 한국의 중국인식에 있어서 정부와 민간의 인식 차를 극명하게 드러내고 있다. 즉, 민간에서는 중국발 바이러스의 확산이라는 부정적 인식이 형성되었음에도 불구하고, 양국 정부 간에는 방역의 공동대응 및 방역경험 교류가 이루어졌고, 세계에서 가장 먼저 패스트트랙을 구축하는 등 새로운 모멘텀을 형성하기도 했다.

1. 사드 보복으로 악화된 한국사회의 중국인식

산업연구원은 중국의 사드 보복으로 인한 피해액과 관련한 연구에서, 한국 여행상품 판매금지 조치가 한국 경제에 미치는 직간접 피해규모가 최소 5조 6,000억 원에서 최대 15조 2,000억 원에 이를 것으로 평가했다.[3] 현대경제연구원은 사드 보복으로 인해 2017년 한 해 동안 한국이 GDP의 0.5% 정도 타격을 받아 75억 달러의 경제적 손실을 봤고, 중국의 손실은 GDP의 0.01%로 8억

---

2) 차창훈, 「한중관계와 사드 그리고 북핵」, 제주평화연구원 PeaceNet: http://jpi.or.kr/?p=10844

3) http://china.kiet.re.kr/bbs/b02b/155197

8천만 달러 정도에 불과했다고 평가했다.[4] 경제적 상호의존성이 높은 양국 간에 경제 제재가 이루어질 경우 양쪽이 모두 손실을 보는 구조임을 감안하면, 중국의 경제 제재가 매우 정교하게 실행되었음을 알 수 있다. 중국 정부는 관광과 문화교류에 대한 단속과 더불어 롯데그룹에 대해서도 39개의 점포를 폐쇄했지만, 경제 제재 조치의 집행을 부인했다.

이러한 일련의 행위는 한국의 대중국 여론에 부정적인 영향을 미쳤다. 보수 정권에서 국가안보보좌관을 역임한 한 인사는 "중국이 이웃 국가들에게 얼마나 가혹할 수 있는지, 화평발전에 대한 중국의 약속이 얼마나 공허한 것인지 한국인들이 분명히 알게 되었다. 한국 사회에서 중국에 대한 낭만적 시각은 이제 사라졌다"고 평가했다.[5] 시카고국제문제협의회(CCGA)에서 실시한 여론조사에 따르면, 사드 이전인 2016년에는 한국인의 33%가 중국을 신뢰할 수 있는 파트너로 인식했는데, 2019년에는 14% 정도만이 중국을 신뢰할 수 있는 미래 파트너로 인식했다.[6] 아산정책연구원이 2020년 8월 내놓은 여론조사에서도 한국인들은 미중 전략경쟁 속에서 중국(15.7%)보다 미국(73.2%)을 더 선호하는 것으로 나타났다.[7] 2019년 10월의 여론조사에서도 한국인들이 향후 10년 안에 동아시아 지역에서 중국이 미국보다 더 영향력있는 국가가 될 것으로 예상하면서도 미국과의 동맹 강화에 대한 선호도가 더 높은 것으로 나타났다.[8] 이상의 여론조사 결과들은 한국의 사드 배치에 대한 중국의

---

4) Jane Perlez et al., "China blinks on South Korea, making nice after a year of hostilities," *The New York Times*, November 1, 2017.

5) Uri Friedman, "How to Choose Between the U.S. and China? It's Not That Easy," *The Atlantic*, July 26, 2019.

6) Pak, Jung H. "Trying to loosen the linchpin: China's Approach to South Korea." *The Brookings Report*, July, 2020.

7) J. James Kim, Kang Chungku. "The U.S.-China Competition in South Korean Public Eyes." *Issue Briefs*, The Asan Institute for Policy Studies, Aug. 25, 2020.

8) J. James Kim, Kang Chungku, Scott A. Snyder, and Ellen Swicord. "South Korean Caution and

보복으로 인해 '미래 협력동반자로서의 중국'에 대한 한국인들의 불신감이 매우 커졌음을 알 수 있다.

한편, 한국인들의 35%가 미국과 중국의 전략경쟁을 '한국의 국익에 대한 위협'으로 인식하고 있으며, 60% 이상이 미중 사이에서 '균형적 접근'을 선호하는 것으로 조사되었다.[9] 또한 현재는 힘의 균형이 미국에게 유리한 상황이지만, 미래에는 힘의 균형이 중국 쪽으로 바뀔 수 있음도 인식하고 있었다.

2. 북한 변수: 남북공동연락사무소 폭파의 의미

북한은 2020년 6월 16일 오후 남북공동연락사무소를 폭파했다. 2018년 제1차 남북정상회담과 제7차 남북고위급회담 합의에 따라 문재인 정부가 건설비용 약 180억 원을 전액 지불하고 유지비와 사용료를 포함하여 총 235억 상당을 들여 세워진 남북공동연락사무소가 남한의 동의 없이 폭파된 것이다. 북한이 판문점 선언과 9.19 군사합의를 파기한 셈이다. 북한의 입장에 대해 중국의 일부 전문가들은, 김정은 정권이 남북회담 및 북미회담 과정에서 많은 것을 양보하고 협상테이블에 앉았는데 실제적으로 얻은 것은 없기 때문에 한국 정부에 배신감을 느꼈을 것이라고 해석한다.[10]

한국 정부가 자주성(autonomy)이 없이 트럼프만 바라보고, 미국을 통해서만 문제를 해결하려는 태도에 불만을 가진 상황이라는 것이다. 그러나 김여정의 남북공동연락사무소 폭파를 국가 이성에 기반한 전략적이고 외교적인

Concern about China." *Issue Briefs*, The Asan Institute for Policy Studies. Oct. 16, 2019.

9) Sea Young Kim, Sook Jong Lee. "South Korean Perception of the United States and China: United States, a More Favorable Partner than China." *EAI Issue Briefing*, July 21, 2020.

10) 2020년 9월 24일 개최된 한중정책연구회의에서 중국 측 전문가의 발언.

행위라고 볼 수 있는지에 대해서는 장기적인 관찰이 필요할 것이다. 오히려 북한이 코로나 상황에서 경제적으로 급박한 위기의식을 느끼고 있는 방증으로도 볼 수도 있다. 그럼에도 북한 정권이 한국 정부의 전략과 입장을 고려하지 않은 것은 아쉬운 지점이다. 문재인 정부는 기본적으로 노무현 정부의 실패를 교훈 삼아 정책을 재구성하고 있다. 노무현 정부는 특히 한반도 문제에 있어서 미국 요인을 잘 다루지 못한 것으로 비판을 받았다.

현대 국제정치는 국내정치의 영향을 더욱 많이 받고 있다. 특히 한국처럼 민주사회의 경우 대외정책 추진 과정에서 국내정치 요인이 여론 형성과 정책 추진의 동력에 크게 작용한다. 노무현 정부는 대외정책을 추진하는 과정에서 자주성(autonomy)을 중요한 가치로 생각했고, 이에 미국의 네오콘 그룹의 반발과 한국 내 보수진영의 집요한 공격을 받았다. 문재인 정부가 자주성에 대한 의식이 없거나 미국에만 의존하여 문제를 해결하려는 생각을 가졌다고 간주해서는 안 된다. 미국을 움직여 북한 문제를 해결해야만 UN 제재를 풀면서 항구적인 한반도의 평화체제의 길로 갈 수 있고, 그래야만 국내 보수진영의 공격과 정책 단절을 방어할 수 있다는 전략적 수순을 고려한 것으로 이해해야 한다.

물론, 트럼프의 일관성 없는 행위와 한반도 평화의 문제를 자신의 정치적 계산에 따라 결정하는 상황 속에서, 자주성의 공간을 확보하려는 치열한 고민이 결여된 것에 대해 문재인 정부가 성찰해 볼 지점도 있다. 관련하여, 통일외교안보 특보를 필두로 정책 그룹에서 뒤늦게나마 좀 더 적극적으로 미국을 견인하고 정책적 자주성의 공간을 확보하려는 움직임을 보이고 있다. 다만, 문재인 정부의 임기가 2년이 채 남지 않은 상황에서 팬데믹 상황의 지속으로 인해 적극적인 액션플랜이 나오기는 어려운 상황이다. 이에 현재 한국 정부의 고민은 미국 대선의 결과가 나온 후 어떻게 한반도 문제를 풀 것인가에 초점이 맞춰져 있다.

3. 미국 대선 결과와 한반도 평화

트럼프 행정부는 지난 4년간 '미국 우선주의'와 '힘을 통한 평화'를 대외정책 기조로 삼아왔다. 하지만 트럼프가 재선되더라도 이러한 방식이 더 강화되는 방향으로 가지는 않을 것이다. 미중 간의 패권경쟁이 외관상으로는 치열하게 진행되겠지만, 힘의 우위를 확보하려는 과정에서 미국 경제의 이익을 최대화하는 방향으로 이익의 균형점을 재조정하려 할 것이다. 미중 간의 패권경쟁은 무역 부문을 넘어 첨단기술 부문으로 확대되고 있는데, 첨단기술 부문에서의 핵심 경쟁 분야는 반도체, 5G, 인공지능 등이다. 미중 간의 기술 경쟁이 관세 압박, 기업거래 제한, 해외투자 규제 등과 연계될 경우, 글로벌 공급사슬의 양분화로 이어지면서 세계경제질서 재편이라는 결과를 낳을 수도 있다.[11] 글로벌 공급사슬이 양분화될 경우, 미중 양국과 경제적으로 밀접하게 연계되어 있는 국가들은 시간이 갈수록 양자택일의 어려운 상황에 놓이게 된다. 실제로 미중 간 경쟁이 격화됨에 따라 한국이 경제적 타격을 받고 지정학적 입지가 위태로워진 것은 주지의 사실이다.

바이든이 선출될 경우, 대중 정책은 조정기를 거쳐 큰 폭으로 완화될 가능성이 높다. 그러나 미래 힘의 우위를 유지하기 위해 좀 더 다양한 형태의 경쟁이 벌어질 것이다. 우선 미국 우선주의가 아닌 동맹과의 연계와 역할을 강화하는 방향으로 갈 것이며, 힘보다는 민주주의 가치를 강조하면서 진영화하려고 할 것이다. 이 경우 한국 정부는 트럼프 시기보다 더 어려운 입장에 처할 수 있다. 한반도의 평화체제 구축을 목표로 하고 있는 한국 정부의 입장에서는 안보, 경제, 과학기술, 방역, 가치라는 대외관계의 다양한 범주에서 미국이 내세우는 명분에만 끌려가지 않기 위해 외교력의 발휘가 필요하다. '줄 세

---

11) 배영자, 「미중 기술패권 경쟁: 반도체·5G·인공지능 부문을 중심으로」, 『EAI 스페셜 이슈브리핑』, 2019.07.17.

우기'를 통한 진영 논리에 갇히지 않기 위해 중견국으로서의 평화담론을 구성하고 다자주의적 접근 등 다양한 행동 모델을 모색해야 한다.

미중 패권경쟁의 첨예화는 한국에게 어느 편을 들라는 독점적인 선택의 압력을 가중시킨다. 중국은 지정학적으로 동맹의 약점을 파고들어야만 자국의 안보와 전략적 공간을 좀 더 확보할 수 있다. 팬데믹 상황에서 중국은 국내정치적 요인과 국가이익 극대화를 위해 당분간은 한국에게 유화적인 제스처를 취하겠지만, 바이든 행정부의 강권에 의해 한국이 중국의 국가이익을 해치는 태도를 보일 경우 압박적 수단을 결합한 접근을 취할 가능성도 크다. 문제는 중국이 강압적인 접근을 할 경우 한국 사회에서 중국에 대한 불신은 더욱 강화되고 원심력이 더욱 크게 작동할 것이라는 점이다. 결국 한중관계의 미래는 중국만의 책임이 아니며, 한국과 중국이 공동으로 지켜내야 할 관계이다. 한국은 좀 더 중립적인 입장에서 미국과 중국의 입장을 충분히 고려하며 한미중이 상생하고 공생하는 길과 원칙을 세워나가야 한다.

팬데믹 상황에서 미국과 중국이 국제적 리더십 발휘에 실패하면서 세계질서는 리더십 공백 속에서 각자도생의 시대를 맞이한 상황이다. 바이든이 집권하게 된다면 자유주의 국제질서의 회복을 시도할 것이다. 트럼프 행정부에서 무너진 미국의 국제적 리더십을 회복시키려고 할 것이고, 민주주의, 다자주의, 동맹의 중요성을 강조하게 될 것이다. 중국에 대해서는 대결과 압박을 유지하면서도, 기후변화, 팬데믹, 경제위기의 회복 등을 이해 협력의 방안을 찾으려 할 것이다. 바이든은 한국에게 민주주의 동맹 혹은 민주주의 네트워크에 참여를 적극 요청할 것이고, 북핵 협상에 있어서 트럼프의 하향식 의사결정이 아닌 상향식 의사결정 방식을 선호하기 때문에 관료 및 전문가들이 주도하는 방식으로 되돌아 갈 것이다. 결국 한국에게는 남북한 평화체제 구축의 과정에서 외교적 선택의 난이도가 더 높아질 것이다. 따라서 정부는 수동적인 자세보다는 좀 더 적극적으로 우리의 원칙과 의지를 표명하며 문제해

결의 대안을 제시할 필요가 있다. 그리고 우리의 자산이라 할 수 있는 미중경쟁에서 한국 및 한반도가 갖는 지정학적 가치와 전략적 지위를 십분 활용하는 지혜가 필요하다.

중한 경제협력

기술 추격 및 산업 고도화

허시유(何喜有)[*]

1. 서언

2018년 중한관계 회복 이후, 중한 FTA 발효로 시작되었던 경제협력의 새로운 시대가 다시 정상궤도로 돌아왔지만, 중미 무역 마찰과 코로나19로 인해 발생한 글로벌 경제 위기의 영향을 받고 있다. 한국과 중미 양국의 특별한 이해관계를 고려할 때, 현재의 역사적 전환기에 어떻게 하면 전략적 고도화 차원에서 중한 경제협력을 강화하고, 전략적 협력 동반자 관계의 실속을 챙길 수 있을지가 중한 양국의 모든 분야의 보편적인 관심사가 되었다.

중국은 개혁개방으로 실현한 기술적 진보와 산업 고도화를 통해 세계 경제에서의 위상제고와 영향력 확대를 이뤄낼 수 있었다. 이 과정에서 중한 경제협력이 중요한 역할을 하였다. 중한 경제 관계에 대한 역사적 성찰과 전망에 대한 논의가 진행되고 있는 지금, 그 맥락을 정리해 보는 것은 중한 경제협력

* 푸단대학교 경제학원 부교수

이 나아가야 할 방향을 명확히 파악하는 데 도움이 될 것이다.

중미 무역마찰은 본질적으로 중국의 기술 추격, 산업 고도화와 경쟁력 상승이 미국의 리더십을 약화시킨 데에 기인한다. 한미중 3국이 각각 긴밀한 양자 경제 관계를 맺고 있는 만큼, 이 글은 기술 추격과 산업 고도화의 측면에서 중한 경제협력과 그 성과를 되돌아보고 중한 경제협력을 전망하려 한다. 또한, 중국의 기술 추격과 산업 고도화, 그리고 중한 양국의 국제적 위상을 높이는데 중한 경제협력이 기여한 역할을 파악하고, 협력을 심화할 수 있는 방향에 대해 건의하고자 한다.

2. 중국의 기술 추격과 산업 고도화

중국은 냉전시기 '독립자주, 자력갱생(獨立自主, 自力更生)'의 노선을 고수하며 군수산업 분야에서 '양탄일성(兩彈一星: 죽기살기로 국산화를 실현시키는 중국의 전략)'으로 상징되는 큰 성과를 이뤄냈다. 하지만 이런 성과가 무색하게 중국은 국민 경제의 불균형, 생필품의 부족, 산업 기술의 노후, 경제체제와 경영방식의 경직성 등의 심각한 문제에 직면하게 되었다. 개혁개방 이후 선진국과의 격차를 줄이기 위해 역대 정부가 추진해온 기술 진보와 산업 고도화는 다음과 같은 두 번의 큰 전략 단계를 거쳤다.

1) '시장 – 기술 교환(市場換技術)'의 전략적 시기(1979–2001)

1979년 중국이 점진적 개혁 개방을 실시한 이후, 1982년 외국 자본에 대해 '시장 – 기술 교환(市場換技術: 외국 기업에 대한 시장 개방을 통해 선진기술을 습득하는 전략)' 방침이 제시되었다. 즉, '칭진라이(請進來: 외국 자본이 중국 유입으로 되는 것을 적극 유도했던 정책)' 방식의 개방을 통해 외국자본(IFDI)

을 유치하고 중국과 외국의 합자 기업(중외합자기업)을 설립하여 다국적 기업의 선진 기술을 배우려는 방침이 제시된 것이다.

이러한 전략의 실행으로 중국은 세계 최대의 외국인 직접투자(IFDI) 유입국으로 급부상하여 '세계의 공장'으로 자리 잡았다. 이를 통해 일자리와 세수를 늘리고 무역 규모를 확대하였으며 무역 구조를 개선하고 산업 고도화를 추진하며 경제 성장을 촉진했다. 하지만 기술 추격의 성과는 제한적이었고, 일부 산업은 시장도 잃고 기술도 습득하지 못하는 등,[1] 기술 추격의 효과 또한 각 산업마다 다르게 나타났다.[2] 예를 들면, 자동차 산업은 기술추격에 실패했지만, 통신 장비 분야는 성공했다.[3] 개혁 개방 이후 중국은 자동차와 통신 장비 산업의 우선적인 발전과 기술 추격을 추구하며 선진국의 다국적 기업과의 합작을 통해 전반적인 산업 고도화를 이뤄냈지만, 두 산업의 기술 습득 효과는 제각기 달랐던 것이다.

자동차 산업에서는 1980년대 중반, 1990년대 초반, 1990년대 말, 2001년 4개 구간을 거쳐 이치자동차(一汽·FAW), 둥펑자동차(東風·DFM), 상하이자동차(上汽·SAIC), 베이징자동차(北汽·BAIC), 톈진자동차(天汽·TAIC), 광저우자동차(廣汽·GAC) 등 '3대3소(三大三小)'[4] 국유기업을 비롯하여 세계 유명 자동차 회사와 14개의 합작 회사를 설립하였다. 그중에는 독일의 폭스바겐(Volkswagen), 프랑스의 푸조(Peugeot), 이탈리아의 피아트(Fiat), 미국의 크라이슬러(Chrysler)

---

1) 鄭志國·劉明珍, 關於以市場換技術的代價, 『中國工業經濟』, 1996年12期.

2) 陳炳才, 「外商直接投資與中國技術進步的關系──兼談如何實現"以市場換技術"」, 『國際貿易問題』, 1998年1期.

3) Xiyou He and Qing Mu, How Chinese firms learn technology from transnational corporations: A comparison of the telecommunication and automobile industries, Journal of Asian Economics, 2012, Vol.23(3), pp.270-287.

4) 역자 주: 중국 정부의 지원을 받은 3대 자동차 중점 기업인 광동제일자동차(廣東一汽), 후베이 제2자동차(湖北二汽), 상하이자동차(上海汽車)와 이후 추가된 3개의 소형 승용차 기업인 베이징지프(北京吉普), 톈진샤리(天津夏利), 광저우푸조(廣州標致)를 일컫는 말.

와 제너럴 모터스(GM), 일본의 스즈키(Suzuki), 혼다(Honda) 그리고 토요타(Toyota) 등이 포함되어 있었다. 왕성한 수요와 높은 산업 진입 장벽으로 인해 합자기업의 제품은 중국 승용차 시장의 90%를 차지하였다. 반면 중국 본토 기업들은 자주적인 브랜드를 개발할 시간적·물질적 여유가 없었고, 이로 인해 '시장은 점령당했지만 기술은 배우지 못한' 참담한 상황이 발생하였다.

통신장비 분야의 경우, 1984-1995년의 기간에 상하이벨(Bell), 베이징지멘스(Siemens), 톈진NEC, 칭다오랑쉰(Lucent), 베이징노키아(Nokia), 난징에릭슨(Ericsson), 쟝쑤후지스(Fujitsu), 광둥노스텔(Northtel) 등의 합자 기업이 잇달아 설립되었는데, '7개국과 합자한 8개 제조회사'의 제품이 중국 통신 설비 시장을 장악했다. 그러나 1993년부터 통신 서비스업이 빠르게 발전하고, 통신 서비스업에 대한 시장 수요가 높아지면서 쥐룽(巨龍), 따탕(大唐), 중싱(中興), 화웨이(華爲), 진펑(金鵬) 등으로 대표되는 5개 중국 로컬 기업이 역공학(Reverse Engineering) 기술, 기술 인력, 공동 연구개발 등 기술 습득 방식을 활용하기 시작했다. 이를 통해, 중국 로컬 기업이 산업기술 발전을 실현하며 '7국 8제(七國八制)'의 다국적 기업 제품이 시장을 독점하던 국면을 타파하고 외국 합자 기업과 중국 로컬 기업의 제품이 시장 점유율에서 줄다리기를 하게 되었다.

앞서 언급한 '시장-기술 교환'의 전략에서 중국 기술 추격의 한계가 드러나고, 산업 간의 차이가 발생했던 이유는 다음과 같다. 첫째, 중외합자 모델이 갖는 분업형태의 문제이다. 외국 기업이 자본과 생산 운영을 책임지고, 중국 기업이 토지, 공장, 판매를 책임지는 형태의 분업에서 외국 기업은 기술을 보호하려 노력했고, 이로 인해 중국 기업은 기술습득의 동기가 부족해졌는데, 특히 중국 국유기업이 그러하였다. 둘째, 산업의 진입 규제 문제도 짚을 수 있다. 산업정책이 민간 기업의 진입을 허가한다면 기술 습득의 동력은 충분해진다. 반대로, 민간기업의 진입을 허가해 주지 않는다면 해당 산업의 기술 습득 효과는 떨어질 수밖에 없다.

2) 자주 혁신과 해외 인수합병 전략 시기(2002년 이후)

2000년, 중국 정부는 '저우추취(走出去: 중국기업들의 해외 진출을 장려하는 정책)' 정책을 국가 전략으로 격상시켰다. 2001년 말 중국은 WTO에 가입한 이후, '칭진라이'와 '저우추취'를 결합한 개방 정책과 '자주혁신(自主創新)'의 과학 기술 전략을 실시하였다. 과학기술의 '취약 부분'을 보완하기 위해 중국 로컬 기업들은 해외 투자를 통해 시장을 개척하고 자원을 개발하였다. 또한, 기술 선도자를 추격하기 위해 해외 R&D 기관을 설립하였고, 해외 인수 합병을 통해 전략적 자산을 획득하고 다국적 기업의 기술과 운영을 배웠다.[5]

그 결과, 중국의 외자 이용은 양적·질적으로 모두 지속적으로 향상되었고 해외의 투자가 급격히 증가했다(그림 1 참조). 중국은 2012-2014년과 2017년에 세계에서 세 번째로 큰 해외투자국(外資源泉國)으로 부상하였으며, 2015-2019년에는 세계 2위의 해외투자국이 되었고, 2010년 중국은 세계 2위의 경제대국이 되었다. 뿐만 아니라 기술 추격에서 놀라운 성과를 거두었고, 산업 구조가 최적화되었다. 민간 기업은 빠르게 성장하였고, 국영 기업의 운영이 개선되었다.[6] 전통 산업의 기술 경영 능력은 다소 부족하지만, 신흥 산업의 경영 혁신 능력은 강화되었다. 중국 기업의 해외 확장과 기술 추격은 미국과 유럽의 선진국에 점점 더 높은 경각심을 불러일으키고 있다.

---

5) 章昌裕,「從市場換技術轉向資本換技術的戰略選擇」,『國際貿易』, 2010年3期.
6) 張傑 陳志遠 吳書鳳 孫文浩,「對外技術引進與中國本土企業自主創新」,『經濟研究』, 2020年7期.

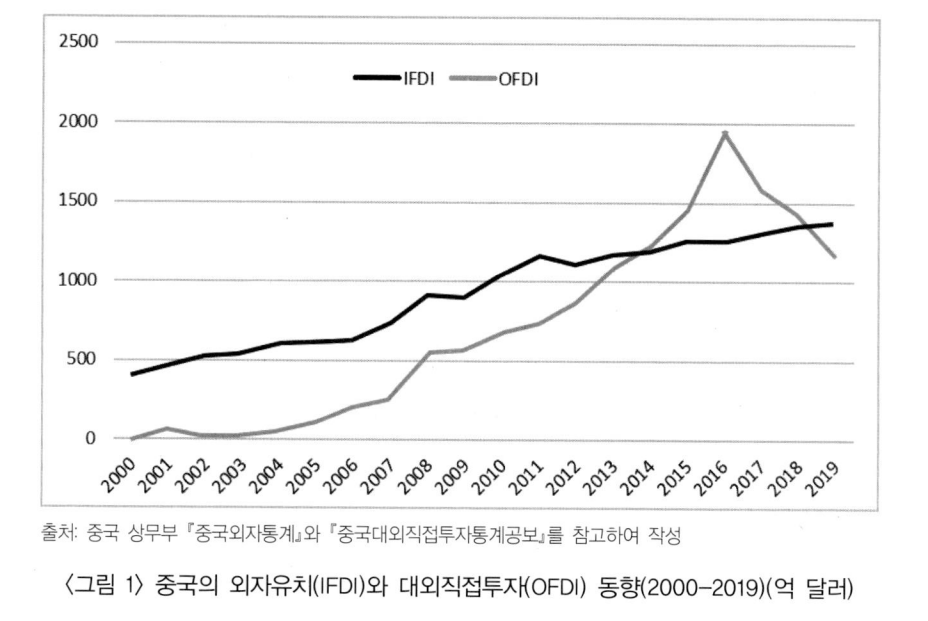

출처: 중국 상무부 『중국외자통계』와 『중국대외직접투자통계공보』를 참고하여 작성

〈그림 1〉 중국의 외자유치(IFDI)와 대외직접투자(OFDI) 동향(2000-2019)(억 달러)

자동차 제조 분야는 '인진라이(引進來: 중국의 외자도입 정책)'에서 큰 효과를 보지 못하고 단기간에 독자적인 혁신의 효과를 기대하기 어려운 상황에서, 국유 자동차 회사는 해외 기업 인수 합병을 통해 기술 습득을 시도했다. 예를 들면, 2003년 상하이자동차(上汽 · SAIC)가 한국 쌍용 자동차를 인수하고, 2005년 난징자동차(南京汽車 · NAC)가 British Rover Motors(MG-ROVER)를 인수했다. 그러나 두 사례 모두 경험 부족으로 인해 실패하였다.

반면, 자동차 분야에 진출을 허가받은 민간 기업은 해외 인수합병과 독자적인 연구 개발 등의 방법을 통해 후발주자로서의 우위를 발휘한 것이 주효했다. 2010년 지리자동차(吉利汽車 · Geely)가 스웨덴의 볼보자동차를 인수하면서 급부상하였다.[7] 신에너지와 스마트카 분야에서는 2018년 미국 테슬라

---

7) 江詩松 龔麗敏 魏江, 「轉型經濟中後發企業的創新能力追趕路徑:國有企業和民營企業的雙城故事」, 『管理世界』, 2011年12期.

(Tesla)가 상하이에 투자하며 자동차 업계의 새 얼굴이자 선두주자가 된 것에 이어 중국의 비야디(比亞迪·BYD), 웨이라이(蔚來·NIO) 등의 자동차 기업이 급부상하면서 전통적인 자동차 업체들도 산업구조를 개선하고 있다.

전자 통신 분야에서 가전, 컴퓨터, 통신 등 3대 분야의 기업들은 '저우추취' 전략과 독립적인 혁신을 병행하고 있다. 예를 들어, 가전 분야에서는 하이얼(海爾·Haier)이 2011년에 일본 산요전기(三洋·SANYO), 2012년에 뉴질랜드 피셔앤드페이켈(Fisher & Paykel), 2016년에 미국 제너럴일렉트릭(GE) 가전 부문, 2019년에 이탈리아 가전기업 캔디(Candy)의 지분을 인수하여 신속하게 기술 역량을 강화하고 빠르게 시장 점유율을 높였다. 컴퓨터 분야에서는 레노버(聯想·Lenovo)가 2004년에 미국 IBM의 개인용 컴퓨터 사업부, 2011년에는 모토로라(摩托羅拉·Motorola), 2014년에는 IBM의 X86 서버 사업부를 인수했다. 통신 분야에서는 화웨이(Huawei)가 17개국에 R&D 기관을 설립하여 기술 우위와 자원을 확보함으로써,[8] 기술 추격에서 기술 선도로의 전환을 이뤄냈다. 스마트폰 분야에서는 2010년부터 한동안 애플(Apple), 노키아(Nokia), 삼성(Samsung), 모토로라, 블랙베리(Blackberry), 소니 에릭슨(Sony Ericsson) 등 브랜드가 프리미엄 시장을 장악하였지만, 2015년 이후부터는 중국의 화웨이, 오포(OPPO), 비보(VIVO), 샤오미(小米) 등 기업이 빠르게 성장했다. 전자상거래 분야에서는 알리바바(阿裏巴巴), 징동(京東) 등이 대표적인 유니콘 기업으로 부상하며 세계의 이목이 집중되고 있다.[9]

이러한 전략이 효과를 거둔 주요 원인은 첫째, 2001년 말 중국이 WTO에 가입한 이후 '기술적' 단점을 보완하기 위해 중국 기업의 기술 습득 동력을 고양시키고 우수한 기술 자원을 적극적으로 확보하기 위해 노력했기 때문이다.

---

8) 柳卸林 吳晟 朱麗, 「華爲的海外研發活動發展及全球研發網絡分析」, 『科學學研究』 2017年6期.

9) 德勤(Deloitte), 投中信息(CVINFO), 『中美獨角獸研究報告』, 2017年10月; 2018年6月; 『2020年胡潤全球獨角獸榜』(HURUN Global Unicorn List), 胡潤研究院, 2020年8月4日.

둘째, 선진 경제권이 겪은 두 차례의 경제 위기와 새로운 산업 혁명으로 인한 전 세계적 산업 구조조정 추세에 따라 중국이 추진한 '저우추취' 정책과 중국 자본의 해외 유치가 중국 기업에 기회를 제공하였다.

3. 중한 경제협력의 성과

중한 경제협력은 주로 투자와 무역의 두 가지 방면에서 구현되고 있으며, 양국은 서로 자국의 산업 고도화와 경제 성장을 촉진시켰다. 양국 간의 상호 투자는 중한 양국의 발전 단계, 요소적 조건, 시장역량(capacity) 등에서 차이가 있기 때문에 한국의 대 중국 투자는 지속적으로 증가하고, 중국의 대 한국 투자 규모는 미미하고 느린 성장세를 주로 보이고 있다. 한국의 대 중국 투자와 무역에 초점을 맞추어 중한 경제협력의 과정과 그 성과를 간략하게 요약하면 다음과 같다.

1) 한국의 대중국 투자와 그 효과

한국의 대 중국 투자는 1988년에 시작되었는데, 1988-1991년에는 미약하다가 이후 1992-2019년 사이에 급격하게 증가하여 1992년의 1.38억 달러에서 2019년 57.94억 달러로 급증했다. 외부 환경 요인과 투자 추세를 보면 중한 무역 관계는 크게 1992-2001년 중한 수교 안정기, 2002-2007년의 위기 이후의 고성장기와 2008-2019년의 가파른 기복을 반복하는 조정기 등 3단계를 지나왔다. 한편, 한국의 대 중국 투자액은 2007년 56.96억 달러, 2013년 52.12억 달러, 2019년 57.94억 달러를 기록하며 세 차례의 최고점을 갱신하였다.

한국의 대중국 투자가 지속적으로 추진되면서 중한 양국 경제는 긴밀한 상호의존 관계를 형성하였다.

우선, 중국은 한국 대외직접투자(OFDI)의 주요 목적지 중 하나가 되었다. 중국은 1994-1995년, 2002-2007년, 2010년의 기간에 한국 최대 해외 투자 대상국이 되었다. 2011-2019년 사이에는 미국에 이어 두 번째로 큰 해외 투자 대상국의 지위를 유지하였다. 한국의 전체 대외투자에서 중국이 차지하는 비중은 1992년 10%에서 1994-1995년 28%로 상승했다. 마늘 파동 이후, 2003년과 2005년에는 39%로 정점을 찍었으며, 2006년과 2007년에 각각 30%와 25%로 하락하였다. 하락세는 멈추지 않고 2008년과 2015년에 각각 16%와 10%로, 2016년과 2018-2019년의 시기에는 9%까지 하락하였다.

한편, 한국은 중국의 주요 외자유치국 중 하나이기도 하다. 중국 상무부가 발표하는 역대 『중국의 외국자본 통계 공보(中國外資統計公報)』에 따르면, 중국의 주요 외자유입국 순위에서 한국은 기본적으로 4위 또는 5위에 자리 잡고 있으며, 중국의 외국 자본 이용 총액 비중에서 한국은 2002-2006년 기간 중 연평균 5%를 넘어섰으며, 2004년에는 10.3%, 2007-2019년에는 5% 이하, 2014-2019년에는 대체로 3%대 초반대를 유지하였으며, 2018년에는 3.4%에 이르렀다. 최근 중국의 한국 외자 이용이 증가하고 있다. 2018년에 46.70억 달러와 1,882건을 기록하였고, 2019년에는 55.40억 달러와 2,108건을 기록하며 각각 연간 18.7%, 12%의 증가율을 보였다.

한국의 대 중국 투자는 주로 제조업에 치중되어 중국 산업의 고도화를 추진하는 중요한 외부 자원이 되었다. 1992-2019년의 기간 동안 1997, 2008, 2012년의 3개년을 제외하면 제조업 투자 비중은 모두 70% 이상을 차지하였고, 일부 연도에서는 90% 이상을 차지하기도 하였다. 2015-2019년에도 중국은 한국의 가장 큰 제조업 해외투자 대상국 지위를 계속 유지하고 있다. 2018년 한국의 대 중국 투자에서 제조업이 차지하는 비중은 92%, 2019년에는 93%에 달했다. (그림 2 참조)

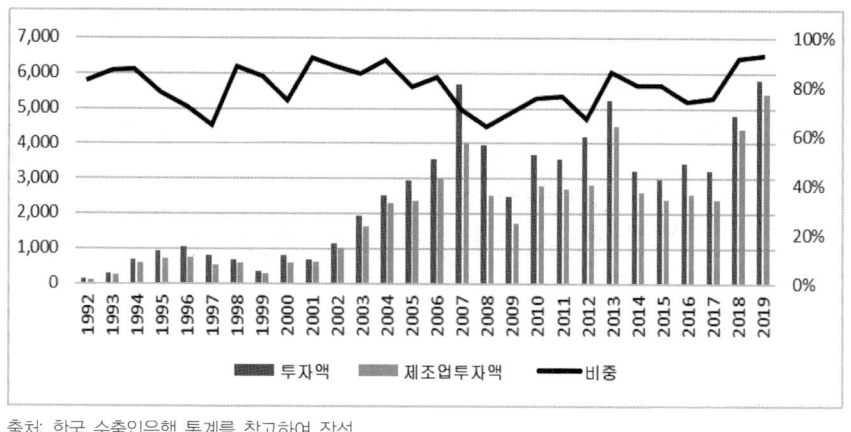

출처: 한국 수출입은행 통계를 참고하여 작성

〈그림 2〉 한국의 대중국 투자 제조업 비중(1992-2019) (백만 달러, %)

한국의 대 중국 투자는 중한 양국의 서로 다른 차원의 산업 고도화를 촉진했고 양국의 국제적 위상을 높였다.

먼저, 한국의 대 중국 투자는 한국 전통산업의 해외 이전과 산업 최적화와 고도화를 가속화하고 있다. 한국의 대 중국 투자는 초기에 주로 방직, 의류, 신발 등의 노동 집약형 산업에서 이루어졌고, 중후반기에는 전자제품, 자동차, 화학 등 자본과 기술집약형 산업에서 이루어졌다. 한국 기업의 대 중국 투자 동기는 '생산 요소 주도형(生產要素導向型)'에서 '시장 주도형(市場導向型)'으로 전환되었다. 2001년 말 중국이 WTO에 가입 한 이후, 한국 기업들의 중국 시장 개척 의지는 더욱 높아졌다. 한국 기업들이 중국에 투자하는 세 가지 주요 목적은 현지 시장 진출, 수출 촉진, 저렴한 노동력 활용이다.

또한, 한국의 대 중국 투자는 중국의 기술 추격과 산업 고도화를 촉진시켰다. 한국 자본은 신제품, 신기술, 풍부한 산업 사슬 구조를 가져왔다. 전자정보, 자동차, 화학공업 등 주요 산업 분야의 기술 발전을 가속화하였고, 현지의 첨단기술산업을 촉진하여 다방면으로 기술적 파급 효과가 나타났다. 한국

기업이 디스플레이, 스마트폰 등의 분야에서 선도적인 위치를 차지하고, 해당 산업에서 우위를 선점한 것은 중국 기업의 추격 열망을 불러일으키며 중국의 기술 추격 및 산업 고도화를 촉진시켰다. 이는 중한 간의 발전 단계의 차이와 기업 경영관리 모델을 참고할 수 있었기에 가능했던 일이다.

이밖에도 한국의 대 중국 투자는 국제시장을 대상으로 하는 산업 내 분업 체계와 생산 네트워크를 형성했으며, 양국의 무역 규모를 증가시켰을 뿐만 아니라, 산업 내 무역도 견인했다. 이러한 요소적 비교 우위에 기반하여 형성된 수직적 분업 체계와 상호 보완적 관계는 2009년 이후 점차 경쟁 관계로 전환하면서 양국의 기술과 경영 혁신을 한층 더 촉진하였다.

2) 중한 무역과 그 성과

중한은 이미 상호의존적인 무역 파트너가 되었다. 중한 무역액은 1992년 63.79억 달러에서 2003년 570.19억 달러로 증가하였고, 2005년에는 1,005.63억 달러로 급격히 상승하여 1,000억 달러를 돌파했다. 2011년에는 2,206.17억 달러에 달하여 2,000억 달러를 넘어섰는데, 2018년에는 2,686.14억 달러를 기록하였다가 2019년에 2,434.32억 달러로 떨어졌다.

중국은 한국의 가장 중요한 경제 무역 파트너이다. 중국은 2003년에 한국 최대의 수출 시장이 되었고, 2007년에는 한국 최대의 수입 시장이 되었으며, 2004년부터는 줄곧 한국의 최대 무역 파트너의 지위를 지켜왔다. 한국의 대 중국 수출 총액이 한국 수출 총액에서 차지하는 비중은 2003-2009년의 약 20%에서 2010년 이후에는 기본적으로 약 25%의 수준을 유지하고 있다. 한국의 대 중국 수입액이 한국 수입 총액에서 차지하는 비중은 2007-2014년의 약 17%에서 2015-2019년 약 20% 수준으로 높아졌다. 중한 무역액이 한국 무역 총액에서 차지하는 비중은 2007-2014년 약 20%에서 2015-2019년 약 23%의 수준으로 상승하였다. 한국의 무역 의존도는 2000년 57.8%에서 2019년 63.7%으로 상승했으며, 2011년에는 86.1%에 달하기도 했다. 한국의 국제무역 순위가 1997년 12위, 2012년 8위, 2019년 7위로 부상하며 세계 무역대국으로 도약하는 과정에서 중한 무역의 역할은 매우 중요했다.

한국 역시 중국의 주요 교역 상대국 중 하나이다. 1998년 이후 한국은 거의 항상 중국의 4대 무역 파트너였으며, 중국에서 네 번째로 큰 수출시장이기도 하다. 2000년 이후 대 한국 수출이 중국 전체 수출에서 차지하는 비중은 약 4.5% 수준이다. 1998년부터 한국은 중국에서 4번째로 큰 수입 시장이 되었으며, 2013-2019년 기간 내내 중국의 최대 수입 시장이었다. 중국의 세계 무역량 순위는 1978년 32위에서 2013년 1위로 뛰어올랐고, 2016년 미국에 1위를 내어주었던 것을 제외하면 2014-2018년 1위를 계속 유지하였으며, 이 과정에서 한국은 중국의 주요 무역 파트너 중 하나로서 중요한 역할을 하였다.

4. 전망과 제언

현재 중한 경제 관계는 역사적 전환점에 이르렀다. 글로벌 경제 위기, 중미 경제 무역 마찰, 중한 간의 경쟁 고조 등의 새로운 도전에 지혜롭게 대처하여 위기를 기회로 삼아야 한다. 중한 양국 정부는 지난 8월 '제24차 한·중 경제공동위원회'에서 얻은 합의를 실천하고 있다. 중한 양국이 직면한 장애물을 극복하고 중한 경제협력을 견고히 하기 위해 다음과 같은 제안을 하고자 한다.

먼저, 우선 한반도 정치 안보 등 민감한 요소들의 부정적 영향을 국가전략 차원에서 극복해야 한다. 양국 경제가 세계 전역 및 동아시아 지역에서 차지하고 있는 중요한 위치, 양국이 지닌 두터운 협력 기반과 대단한 잠재력, 중한 협력에 대한 양국의 염원과 중한관계 모색에 대해 양국이 보이는 적극적인 노력을 고려한다면, 양국 경제협력의 내재적 특징이 양국의 관계 회복과 발전, 그리고 관계의 질적 향상으로 나타날 것이다. 이를 실현하기 위해서는 협력 기반과 신뢰를 다지고, 중한이 직면한 어려움을 극복하고, 협력에 대한 의지를 표출하고, 원활한 협력을 이끌어내야 한다.

그 다음으로 경제협력을 이어가기 위해서는 역세계화와 자국 보호주의 등의 부정적 영향을 극복해야 한다. 글로벌 경제 위기와 공급체인 체계의 재편에 직면한 상황에서 중국의 '신형 인프라 건설 계획(新基建)'과 '한국판 뉴딜'은 서로 맞물려 새로운 성장 동력으로 부상하였다. 확대된 신흥 중한산업단지의 양적 공간 강화는 양국 기업에게 중국과 한국이라는 무대에서 협력의 재편성과 벤처 연합 등 새로운 투자 협력 기회를 가져올 것이다. 이를 실현하기 위해서는 중한 협력에서의 균형, 협력의 다원화된 연계, 통합 강화, 조화로운 관계 구축과 동반 성장을 모색해야 한다.

마지막으로, 기업 협력의 패러다임 측면에서 눈앞의 이익에만 급급해 성급하게 행동하는 기회주의적인 성향을 극복해야 한다. 한국 기업들이 이미 중국의 비즈니스 환경에 대해 익숙하다고 할지라도, 여전히 치열한 경쟁에 대처할 필요가 있다. 중국 기업들이 한국에 대한 투자를 기대하고 있다고 하더라도, 여전히 한국 비즈니스 환경에 대해 잘 알고 있어야 한다. 전통적 산업에서든 신흥 산업에서든 한국과 중국은 이미 경쟁구도로 들어섰으며, 충분한 협의를 필요로 한다. 중국의 넓은 시장, 혁신적인 기업가 그룹과 유연한 자본, 한국의 선진 기술과 성숙한 경험은 새로운 경제협력 단계에서 상호 보완적인 장점이 된다. '중국 기업가와 자본 + 한국 기술과 관리' 방식의 협력 모델은 전략적 협력의 의미를 충족시키고 협력 관계의 질적인 향상을 이끌어내어, 중한 협력관계의 새로운 시대를 열게 할 것이다.

앞으로 중한 경제협력이 다원화된 주체가 참여하고 다양한 협력 모델을 병행하며 다중 플랫폼이 교차하는 단계인 '긴밀한 소통과 협력을 통해 협력의

내실을 다지고, 중한관계의 질적 발전을 이뤄내는 단계'로 나아갈 것으로 기
대한다.

III

한중관계

한중관계의 새 지평

중한수교 28년, 인문교류의 평가와 전망

뉴린제(牛林傑)*

중한 양국의 문화교류는 오랜 역사를 가지고 있으며 양국 국민 사이에는 친밀감과 공감대가 형성되어 있다. 이는 양국의 우호관계가 심도 있고 빠르게 발전하는 데 확고한 기반이 되었다. 중한 양국이 수교를 체결한 후 28년 동안 양국의 인적 교류는 전 세계가 주목할 만한 성과를 이루며 중한관계의 장점이 되었다. 하지만 동시에 우리는 중한 인문교류에서 여전히 문제점이 존재하고 양국 국민 간 감정이 자주 요동치거나 심지어 악화되기도 한다는 사실을 반드시 인식할 필요가 있다. 양국은 상호의존, 공동번영을 바탕으로 신시대 전략적 협력 동반자 관계를 구축해야 하며, 양국 국민 간 이해와 포용을 강화하여 시련에 견딜 수 있는 상호 이해와 신뢰 관계를 구축해야 한다.

* 산동대학교 한국학원 원장, 교수

1. 중한 인문교류의 주요 성과

1) 상호 간 관광객이 가장 많이 방문하는 국가

1992년 수교 초기, 중한 국민이 상호 방문한 횟수는 20만 회가 채 되지 않았다. 그러나 2014년 방문객 천만 시대에 진입하며(중국인의 한국 방문 횟수와 한국인의 중국 방문 횟수는 각각 633.5만 회와 410만 회), 50배 이상 증가했고, 매주 중국과 한국 간 왕복 항공편은 최대 1,254회로, 이는 한국 국제선의 29%에 달하며,[1] 중한 양국은 상호 관광객이 가장 많이 방문하는 국가이자 관광 목적지가 되었다. 중한 양국 국민들의 우호와 교류에 편의를 제공하기 위해 양국은 비자 발급 절차를 간소화하고 '관광의 해'를 지정하는 등 국민 간 교류를 적극 촉진했다.

중한 양국의 지속적인 인적 교류의 확대는 양국 국민들의 상호 이해를 증진시키는 동시에, 한국에 거대한 경제적 이익을 가져다주었다. 중한 인적 교류가 가장 많았던 2015년, 한국을 방문한 중국인의 1인당 평균 소비는 약 2,200달러로 한국을 방문한 외국인의 평균 소비보다 두 배가 넘었다. 중국 관광객의 숙박, 교통, 쇼핑 등을 통해 한국이 창출한 경제적 효과는 220억 달러로, 한국 총 GDP의 1.6%를 차지했다.[2]

2) 상호 간 유학생이 가장 많은 국가

수교 이후, 중한 양국의 학생이 상대국으로 유학하는 수가 빠르게 증가했다. 통계에 따르면, 1998년 이후 중국에서 유학하는 외국학생 중 한국학생이 가장 많은 수를 차지하고 있다. HSK에 참가하는 인원도 전 세계 50% 이상이

---

1) 한국 국토교통부 홈페이지, molit.go.kr
2) 한국관광공사 홈페이지, kto.visitkorea.or.kr

한국인이다. 2020년에 한국에서 유학하는 중국학생은 71,700만 명으로, 한국 전체 외국 유학생의 44.4%를 차지했다.[3] 이러한 성과는 양국 정부의 지원, 대학들의 적극적인 유학생 유치 조치, 양국 문화교류의 전반적인 배경과 밀접한 관계가 있다. 중한 양국은 장학금 정책을 도입하여 상대국 학생들이 유학을 와서 학위를 받거나 연수를 받을 수 있도록 했고, 양국 대학은 유학생 전담부서를 설립하고 유학생 유치, 교육, 관리 등을 담당함으로써 유학생의 학업과 생활에 편의를 제공했다. 또한 중한 양국의 문화가 유사하고, 오랫동안의 문화적 교류가 있었기 때문에 상대국으로 유학을 가서도 비교적 쉽게 현지 사회에 적응할 수 있었다. 이외에도, 유럽과 미국에 비해 상대적으로 저렴한 유학비용 역시 양국 학생이 상대국으로의 유학을 선호하는 이유 가운데 하나이다.

3) '한류(韓流)'와 '한풍(漢風)'

중한 수교 이후, 양국의 문화교류가 더욱 빈번해지며 한국의 드라마, 영화, 음악, 댄스, 음식 등을 포함한 '한류'는 점차 중국 대중문화의 중요한 부분이 되었다. 개혁 개방 초기, 중국에서는 일본, 홍콩과 대만의 드라마, 영화, 음악이 유행하며 중국문화를 선도했지만 그 기간은 3-5년에 불과했고, 10년 정도 지나자 인기가 사라졌다. 그러나 한국 드라마는 '사랑이 뭐길래', '대장금', '겨울연가', '내 이름은 김삼순'까지 중국인들의 사랑을 받았고, 이후 '별에서 온 그대', '태양의 후예'도 중국 대중의 지속적인 사랑을 받았다. 이처럼 한류가 중국에서 유행하며 한국의 문화가 중국 대중들에게 익숙해지기 시작했고, 한국의 음식, 풍습, 심지어 패션을 알기 위해 한국에 여행을 가거나 유학하는 인원이 급격하게 증가했다.

---

3) 한국 교육부 홈페이지, www.moe.go.kr

'한류'가 중국에서 유행한 것과 마찬가지로, 한국에서도 강력한 '한풍(漢風)'
이 불기 시작했다. '황제의 딸', '거상 치아오쯔융', '위황후전', '량야방', '보보경
심', '옹정황제의 여인' 등 중국의 시대극이 한국 대중들의 사랑을 받았다. 문
학에서는 4대 명작으로 대표되는 중국의 전통문학 이외에도, 모옌, 위화, 마
이쟈 등 근현대 작가들과 그들의 작품이 높은 평가를 받고 있다. 과학기술 분
야에서는 샤오미, 화웨이 등 중국기업의 제품이 한국 소비자들에게 많은 관
심을 받고 있으며 일상생활에서는 많은 관광객과 유학생이 한국에 들어오며
중국 음식과 중국어를 어디에서나 보고 들을 수 있게 되었다.

4) 광범위하고 심도 있는 교육 및 학술 교류

1992년 중한 수교 초기, 중국에서 한국어 전공을 개설한 대학은 5개에 불과
했다. 그러나 중국에서 한국어 교육 사업은 빠르게 발전했다. 현재 한국어 전
공을 개설한 중국 대학의 수는 270여 개로 증가했다. 이는 100개 가까운 외국
어 가운데 1위에 해당한다. 중한 수교 초기, 한국에서 중국어 전공을 개설한
학과도 20여 개에 불과했지만 중한관계의 급격한 발전에 대한 수요를 충당하
기 위해 현재는 143개까지 증가했다. 이로써 중국어는 영어 다음으로 한국에
서 가장 수요가 많은 외국어가 되었다. 중국이 세계 최초로 설립한 공자학원
이 서울에 소재하는 등, 한국에는 23개의 공자학원과 5개의 공자학당이 개설
되어 있다.

수교 이후 중한 대학 간 학술 교류가 더욱 긴밀해졌다. 양국의 100여 개 대
학이 상호 교류 관계를 체결했고, 양국 대학과 연구기관의 다양한 학술교류
가 활발하게 전개되고 있다. 중국의 한국학과 한국의 중국학 모두 놀라운 발
전을 이루었다. 연구그룹은 지속적으로 성장하고 연구 성과는 풍성해지며 연
구수준이 향상되며 국제학계에서 영향력이 점차 확대되었다. 베이징대학, 산
둥대학, 푸단대학, 저장대학 등이 정기적으로 주관하는 중국한국학대회는 중

한 학술교류에서 가장 영향력이 큰 중요한 플랫폼이 되었다. 이외에도 『한국
연구논총』, 『당대한국』, 『한국청서(blue book)』, 『한국학논문집』, 『한국연구』
등 한국문제를 전문적으로 연구하는 정기 출판물이 다수 발간되고 있다.

5) 활발한 미디어 교류 및 영향력 확대

중한 수교 이후 양국 언론이 활발하게 교류하며 정기적인 교류 메커니즘을
구축했을 뿐만 아니라 양호한 발전 추세를 보여 왔다. '중한 미디어 고위급
대화'는 2009년 창설된 이후 매년 한국과 중국에서 개최되며 새로운 시대 중
한 전략적 협력 동반자 관계에서 언론의 역할 등 주제를 논의했다. 2001년에
는 중국국제방송(CRI)과 KBS월드라디오가 프로그램을 공동 제작하기 시작했
고, 2004년 5월 1일, 한국에 중화TV가 개국하며 중국 관련 뉴스, 드라마, 다큐
멘터리, 예능 프로그램을 24시간 방송하게 되었다. 2005년 9월 한국교육방송
(EBS)에서는 한국 최초의 중국 종합라디오프로그램인 '하오 TV'가 방영되기
시작했다. CITVC는 KBS와 상호 호혜적인 협력 관계를 체결하고 동아시아 문
화의 우수성을 알리기 위한 프로그램을 공동 제작하고 있다. 중국에서 많은
사랑을 받은 '런닝맨', '아빠 어디가', '나는 가수다' 등의 프로그램은 중한 양국
미디어가 협력한 성과이기도 하다.

최근에는 중국의 인민망, 신화망 등이 한글 서비스를 시작했고, 연합뉴스,
조선일보, 중앙일보, 동아일보, 아주경제 등 한국의 주요 언론사도 중문 서비
스를 시작했다. 양국 주요 언론매체가 외국어 서비스를 시작함으로써 양국
대중이 상대방을 이해하는데 더욱 많은 편의를 제공하고 있다.

6) "어려울 때 친구가 진정한 친구": 코로나19와 인문 교류

양국은 모두 코로나19가 비교적 빨리 유행하기 시작한 국가로, 전염병을
빠르게 통제하는 동시에, 국제사회를 지원하며 국제사회로부터 모범적인 국

가라는 명성을 얻었다.

갑작스럽게 창궐한 코로나19에 직면해 중한 양국 국민들은 서로를 지지하고 지원하며 어려움 속에서도 함께 협력하는 이웃의 정과 친구로서의 의리를 충분히 보여줬다. 양국 국민들이 기부한 방역물품이 담긴 상자 안에는 진심이 담긴 위로의 편지가 있었고, 그 편지에는 "도리를 멀리 하지 않는 사람에게는 국경이 없다", "하늘과 땅에 어찌 국경이 있겠는가, 산과 강은 어디나 다름이 없다", "간과 쓸개를 서로 꺼내 비추니, 얼음 항아리에 비친 달빛처럼 투명하다" 등 양국의 우호를 반영한 유명한 시를 확인할 수 있었다. 이 역시 중한 간 우호적인 관계를 진정으로 반영한 모습이라고 할 수 있다.

2. 중한 인문교류에 영향을 미치는 주요 요인

중한 수교 이후 28년 동안, 양국의 인문교류는 풍부한 성과를 거두었다. 이러한 성과를 돌아보는 동시에, 우리는 중한 양국의 국내 실정, 사회제도, 가치관 등의 차이로 인해 양국의 인문교류에서 일부 문제, 심지어 갈등이 있을 수 있다는 사실을 분명하게 인식해야 한다. 양국 인문교류의 경험과 교훈을 정리하고 양국 인문교류에 영향을 미치는 주요한 요인을 분석해야만 향후 양국 인문교류의 심화와 발전에 도움이 될 수 있다.

중한 인문교류는 양국의 민심을 반영하는 동시에, 양국의 정치적 상호 신뢰와 경제협력과도 밀접한 관계가 있어, 상호보완적이라고 할 수 있다. 중한 수교 이후, 양국의 인문교류에 영향을 미친 주요 요인은 다음과 같다.

첫째, 정치안보적 요인이다. 정치와 안보는 국가 간 인문교류에 가장 큰 영향을 미치는 요인이다. 냉전 당시 중한 양국은 공식적인 외교관계를 체결하지 않았기 때문에 양국의 인문교류는 기본적으로 단절되어 있었다. 1992년 중한 양국은 우호적인 협의를 거쳐 중대한 정치적 결단을 내리며 수교를 체결했다. 그 이후 양국의 정치경제 관계는 급격하게 가까워졌고, 인문교류 역시 발전하고 확대되었다. 이는 중한 양국의 정치관계(수교)가 양국 인문교류의 발전에 결정적인 역할을 했음을 방증한다.

중한 수교 이후, 양국은 한미 동맹, 냉전적 사고, 사회제도, 이데올로기 등 이슈에서 수차례 갈등하고 충돌했다. 중한 인문교류에 영향을 미친 정치안보적인 사건이 끊임없이 발생했다. 예를 들어 2010년 '천안함' 사건 이후 중한 양국은 사건의 진상 조사와 대응 방식에서 서로 다른 입장을 취했고, 이로 인해 양국 국민들은 서로를 비난하며 논쟁을 벌였다. 양국 관계는 빠르게 냉각되었고, 양국의 인문교류도 침체에 빠졌다. 2016년 한미 양국이 한미동맹을 강화하기 위해 한국 내 사드배치를 결정한 것은 정치안보적인 요인이 인문교류에 영향을 미친 대표적인 사례라고 할 수 있다. 사드 배치는 중국의 전략적 안보 이익에 심각한 위협을 가하기 때문에 중국은 확고한 반대입장을 표명했다. 사드 문제에 대한 중한 양국의 상이한 입장은 양국 정치적 상호 신뢰에 심각한 도전이 되었다. 이러한 일련의 정치안보적 요인은 중한 인문교류에 빠르게 영향을 미치며 방한 중국관광객 수가 급감하고 문화교류와 협력 사업이 취소되거나 연기되도록 만들었다.

정치안보 분야에는 중한 전략적 동반자 관계와 한미 동맹의 모순, 중한관계와 북중 우호관계의 균형 등 중한 간 구조적 갈등 요소가 실제로 존재한다. 이러한 요소의 대부분은 중한 양국의 문제가 아니라 제3자와 관계가 있다. 따라서 제3자와 관련된 정치안보적인 문제를 적절하게 처리하고 갈등이 격화되는 상황을 방지하는 것이 중한관계의 발전은 물론 양국 인문교류의 안정적인 발전에 유익하다.

둘째, 역사·문화적 인식이다. 역사·문화적 인식은 중한 인문교류에 영향을 미치는 또 다른 중요한 요인이다. 중한 양국은 이웃에 위치해 있기 때문에 역사를 돌이켜 보면 중한 양국의 우의는 어디서나 쉽게 찾아볼 수 있다. 불로초를 찾기 위해 제주까지 내려온 서복, 구화산에서 열반에 오른 신라왕자 김교각, 동방유학의 시조 최치원, 고려시대에 동쪽으로 건너와 한반도에 공자의 후손 명맥을 심어준 공소(孔紹), 중국 각지에서 27년간 한국의 독립운동을 위해 헌신한 김구, '중국인민해방군가'의 작곡가가 된 한국 출신 정율성(鄭律成) 등, 양국 국민의 우호적인 교류와 상부상조의 전통은 오랜 역사를 가지고 있다. 이와 같이 공통된 역사적 기억은 중한 양국 국민들의 상호 인식과 이해에 중요한 역할을 했다.

그러나 고구려 역사, 한국전쟁, 전통문화의 기원 등 일부 역사적 문제에 대한 양국의 상이한 인식은 양국 국민들의 논쟁을 증폭하는 이슈가 되었고, 양국의 정상적인 인문교류에 영향을 미쳤다. 발해와 고구려 등 동북아의 역사 문제는 본질적으로는 학술적인 문제이지만 중한 양국은 이 문제로 인해 충돌했다. 특히 한국학계와 대중들은 강렬하게 반응했고, 이로써 한국 국민들의 중국에 대한 인식이 악화되며 양국관계 및 인문교류의 발전에 심각한 영향을 미쳤다. 한의학, 한자, 인쇄술, 단오절 등 양국의 공통된 문화유산에서도 인식의 차이가 존재하며, 심지어 이러한 문화유산의 세계 문화유산 등재에서도 갈등과 충돌이 나타났다. 사실, 동아시아의 공통된 문화와 전통은 중한 양국의 문화적 동질성을 강화하는 긍정적인 요인이 되어야 하지만 실상은 그렇지 못하다. 민족주의적인 사고에서 탈피하여 동아시아 문화공동체의 시각에서 관찰해야만 비로소 상술한 문제를 해결할 수 있을 것이다.

중한 수교 이후 중국이 급격하게 발전하며 중한 양국의 종합적인 국력 차이가 확대되었다. 중국의 급격한 발전에 대해 한국 대중이 인식하고 받아들이기에는 여전히 일정한 시간이 필요하다. 중한 양국의 상호이해에 대한 편차가 커질수록 양국의 인문교류에 부정적인 영향을 미치기 때문에 양국 정부와 언론이 긍정적인 역할을 하여 최대한 조속히 이를 해소해야 한다.

셋째, 언론의 부정적인 보도이다. 오랫동안 한국 언론의 중국 관련 보도는 눈에 띄게 편견과 오해가 존재했고, 이는 한국 대중의 중국에 대한 반감을 초래했다. 이번 코로나19 사태를 통해 중한 양국 국민들 사이에서 신뢰와 이해가 부족하다는 사실이 양국 관계에 취약한 고리라는 사실을 재차 확인할 수 있었다. 이 중 한국 언론의 중국에 대한 부정적인 보도가 아주 큰 영향을 미쳤다고 할 수 있다. 통계에 따르면 중국에 대한 전 세계 보도 가운데 중국에 대한 부정적인 보도가 가장 많은 국가가 한국이었다. 코로나19가 유행한 기간 동안, 유럽의 여론조사기관에서 실시한 조사에 따르면, 53개의 조사대상국 가운데 미국, 한국, 일본만이 중국의 코로나19 방역 활동을 인정하지 않았으며, 미국의 방역 활동이 중국보다 낫다고 인식했다.

넷째, 인문교류의 수준이다. 인문교류는 각기 다른 두 국가의 국민들이 상호 우호적인 인식을 증진하는 중요한 방법이다. 일반적으로 국민 간 교류가 활발해지고 더 많은 사람이 교류할수록 양국 국민들의 우호적인 인식은 높아진다. 중한 인문교류를 교류하는 인원의 수로만 본다면 규모가 매우 크다고 할 수 있지만, 규모가 크다고 해서 양국 국민이 반드시 서로를 잘 이해하고 호감을 가질 것이라고는 볼 수 없다. 정치안보 분야나 역사문화 분야에서 돌발적인 사건이 발생할 때마다 양국 국민들의 상호 호감도는 급격하게 요동친다. 사드 배치 문제로 중한관계가 급격하게 악화될 때 한국 국민들의 중국에 대한 선호도는 일본에 대한 선호도보다 낮게 나타났다. 유학생 교류에서도 같은 문제가 존재한다. 중한 양국은 상대방 국가에 가장 많은 유학생을 보내고 있지만 유학생의 수준과 교육 수준에서는 여전히 많은 문제가 나타나고 있다.

따라서 앞으로 중한 인문교류는 양적 향상보다 질적 향상에 더 많은 관심을 가져야 한다. 뿐만 아니라 유학생 유치가 수반하는 경제적 효과만 추구하지 않아야 하며 사회적 효과도 간과해서는 안 된다. 지속가능한 발전을 위한 제도적 기반을 확보함으로써 중한 인문교류의 전면적인 발전을 추진해야 한다.

3. 중한 인문교류의 심화를 위한 제언

전대미문의 대전환이 발생한 시대적 상황에서 중한 양국 국민들의 상호 이해와 우호적인 감정이 깊어질 수 있도록 역사와 문화 분야에서 교류와 대화를 강화하여 오해를 해소하고 충돌을 피해 우호적인 이웃이자 사이가 좋은 파트너가 되어야 한다. 이를 위해 중한 양국은 다음과 같은 분야를 중시해야 한다.

첫째, 중한 인문교류를 위한 전략대화 메커니즘을 더욱 고위급으로 격상하고 장기적인 체계를 구축해야 한다. 이와 함께 정부와 학계, 민간의 소통과 상호작용을 강화해야 한다.

둘째, 코로나19 방역이 장기화되고 일상화되는 상황에서 중한 인문교류의 새로운 채널, 내용과 방법을 적극적으로 모색함으로써 중한 인문교류의 수준을 끊임없이 제고해야 한다.

셋째, 역사와 문화유산 분야에 존재하는 이견을 직시해야 한다. 이러한 문제가 양국 발전을 제약하는 요인이 되지 않도록 양국 정부와 민간 기관은 양국 관계의 발전이라는 거시적인 시각에서 출발해 다각적인 대화와 교류를 추진함으로써 이견을 해소하고 공감대를 증진하기 위해 노력해야 한다.

넷째, 교육 분야에서 양국의 교류와 협력을 더욱 강화해야 한다. 학교 간 교류와 협력의 범위를 확대하고 학생 양성, 연구 등을 위한 협력 메커니즘을 구축하여 더욱 많은 글로벌 인재를 양성해야 한다.

다섯째, 다양한 언론매체들이 양국 관계 조성과 문화교류에서 매우 중요한 역할을 하고 있다. 양국 언론은 양국 국민들 사이에 존재하는 오해와 정서적

충돌을 해소하기 위해 더 많은 노력과 긍정적인 역할을 해야 한다. 언론매체
가 책임을 다하여 양국의 전략적 동반자 관계의 발전에 긍정적이고 건전한
역할을 주도해야 한다.

중한 수교 28년 동안, 양국은 인문교류에서 풍부한 성과를 거두었다. 이러
한 성과는 쉽게 얻을 수 있는 것이 아니며 소중하게 여길 가치가 있다. 중한
관계의 발전은 양국의 근본적인 이익에 부합하며 동북아의 평화와 안정에도
유익하다. 양국은 한반도의 평화와 안정 유지, 상호 호혜적인 경제무역 협력,
인문교류의 보편성 등에서 이익공동체를 형성했다. 이러한 이익공동체는 중
한관계의 기반이 된다. 설사 중한관계가 일부 외부적인 요인에 영향을 받거
나 충돌한다고 할지라도 상술한 중한 양국의 공동이익에는 근본적인 변화가
발생하지 않을 것이다. 따라서 중한 양국 정부와 국민이 양국의 근본적인 이
익 수호에서 출발해 오늘날 직면한 어려움을 극복할 수 있으며 중한 양국의
인문교류가 더욱 심화하고 발전될 것이라고 믿는다.

일대일로와 신북방정책

최재덕(崔才德)*

1. 서론

2018년 시작된 미중 전략경쟁은 코로나 팬데믹을 계기로 경제, 기술, 군사경쟁에서 이념과 제도의 경쟁으로 확장되면서 더 치열한 양상을 이어가고 있다. 코로나 팬데믹의 완전한 종식 시점을 예측할 수는 없으나 각국은 코로나 종식을 위해 노력하는 동시에 침체된 세계 경기를 살리기 위해 선제적으로 포스트 코로나 시대를 준비하고 있다. 미중 전략경쟁의 확대와 더불어 코로나 팬데믹으로 인한 혼란이 복합적으로 작용하고 있지만, 변함없는 사실은 한반도 평화는 한중관계와 동북아시아의 평화를 지키는 근본이며, 이를 위해 한국과 중국은 함께 협력하고 새로운 성장의 기회를 만들어내야 한다는 것이다. 코로나 팬데믹으로 촉발된 사회적, 경제적 충격 및 불확실성 증대, 포퓰리즘과 국수주의의 확산, 미중패권경쟁 심화라는 새로운 환경에 적응하기 위

* 원광대학교 한중정치연구소장

해서 국가 간 협력의 중요성이 더욱 커지고 있다. 한국과 중국은 포스트 코로나 시대를 동북아 경제발전의 새로운 도약의 기회로 삼아 일대일로와 신북방정책을 연계하여 이익 공유와 상호 발전을 위해 전략적 협력을 심화시켜 나가야 한다.

중국의 일대일로와 한국의 신북방정책은 지정학적으로 동북 3성 지역의 남·북·중, 한·중 경제협력, 중앙아시아와의 경제교류, 러시아와의 에너지 협력, 환동해권을 이용한 물류 네트워크 형성 등 큰 틀에서 그 궤를 같이한다고 볼 수 있다. 또한, 사업의 방향성이 같거나 상호보완적이며 한·중이 함께 협력할 때 더욱 효율적인 연계 사업을 수행할 수 있다. 한반도 긴장 상황은 중국과 남북한이 함께 안보 위기에 직면하게 됨을 의미하며, 평화로운 상호 협력과 경제발전을 도모할 수 없게 되므로 한반도의 평화는 중국의 지속적인 발전의 필요조건이기도 하다. 한반도 평화체제 구축과 중국의 동북지역 발전은 상호 연계되어 있다. 공간적으로 중국의 동북지역과 한반도가 국경을 접하고 있으며, 시기적으로 2018년부터 한반도 비핵화와 평화체제 구축을 위해 노력하는 남북한과 2049년까지 위대한 부흥을 준비하는 중국의 협력은 한국의 신북방정책과 중국 동북 3성 지역의 일대일로 사업에서 시너지를 낼 수 있다. 평화를 위한 경제발전, 경제발전을 위한 평화는 어려운 시기에 한국과 중국이 더욱 추구해야 할 가치이며, 한국의 신북방정책과 중국의 일대일로 협력이 필요한 이유라 하겠다.

2. 일대일로와 신북방정책의 협력과 가능성

한국과 러시아, 카자흐스탄, 우즈베키스탄, 몽골, 중국의 동북 3성은 역사적·문화적으로 밀접한 관계에 있음에도 불구하고, 한국과 북방지역 사이의 인적, 물적 교류는 지리적인 인접성과 경제적인 보완성에 기초한 잠재력에 크게 미치지 못하고 있다. 특히 북한으로 인해 육로를 통한 교류가 불가능하다는 사실은 한국과 북방지역 간 교류의 잠재력을 현실화하는데 결정적인 장애 요인이 되어 왔다. 북방경제협력의 목적은 분단 이후 해양 진출을 통한 경제성장에 편중되었던 한국의 경제협력구조를 대륙으로 확장하여 중국 동북지역, 러시아, 중앙아시아와의 실질적인 경제협력을 통해 한국의 경제영토를 확장하기 위함이며, 이를 통해 동 지역에 다자협력공간을 확보하여 한반도 평화의 기반을 조성하는 데 의의가 있다. 신북방정책은 신남방정책과 함께 '동북아 플러스 책임공동체 구상' 중 번영의 축에 해당하며, 북방지역 국가들과의 경제협력을 중심으로 하면서 동북아 내의 지정학적 긴장 해소, 한반도 평화체제에 대한 지지와 한국의 생존 및 번영에 우호적이고 협력적인 환경을 조성하려는 정치적·외교적 전략이다. 신북방정책의 핵심인 북방경제협력은 경제적으로 시장 다변화, 4차 산업혁명 기술협력, 대륙에너지 연결, 물류망 구축 등으로 한국 경제에 신성장 동력을 창출하여 신북방 국가들과 한국의 발전 경험을 공유하고 호혜적 이익을 도모하는 데 목적이 있다. 관련하여, 문재인 대통령은 2017년 6월 아시아인프라투자은행(AIIB) 연차총회에서 "남북이 철도로 연결되면 새로운 육상해상 실크로드의 완전한 완성이 이루어질 것"이라고 강조하여 일대일로와의 협력을 시사한 바 있다.

중국의 일대일로 전략은 중국의 '새로운 시대(新時代), 중국몽(中國夢)'을 현실화할 마스터플랜이다. 이 전략은 고대 동서양의 교통로였던 육상·해상실크로드를, 중국-중앙아시아-유럽을 잇는 육상실크로드경제벨트를 '일대(一帶)'로, 중국-동남아시아-서남아시아-유럽-아프리카를 잇는 해상실크로드경제벨트를 '일로(一路)'로 잇는 메가경제권의 형성을 의미한다. 고대 동서양의 실크로드 개념을 확장시켜 대륙 또는 지역 단위로 존재해왔던 연계성을 통합하고 2049년까지 현대판 실크로드를 구축한다는 전략으로 현재 100여 개가 넘는 국가와 국제기구가 참여하고 있다. 일대일로의 연선국가는 65개국, 세계 인구의 63%인 44억 명, 전 세계 GDP의 29%인 21조 달러, 전 세계 상품·서비스·무역의 23.9%, 고속철도망은 8.1만 킬로미터에 이른다. 2018년 6월에 이미 중국과 연선 국가 간 상품무역 누계는 5조 달러를 초과했으며, 해외 경제무역협력지대에 대한 총 투자액 289억 달러, 현지 일자리 24만 4000개, 세수 20억 1000만 달러를 창출했다. 일대일로는 연선 국가들과 개혁·개방, 화해, 공영을 바탕으로 경제협력을 통해 세계 경제에 새로운 신성장동력을 공급하고 상호이익을 공유하여 이익공동체, 운명공동체, 책임공동체를 실현하자는 것이다. 일대일로는 정책구통(政策溝通), 시설련통(施設聯通), 무역창통(貿易暢通), 자금융통(資金融通), 민심상통(民心相通)의 5통을 기본이념으로, '6랑6로다국다항(六廊六路多國多港)'을 추구하고 있다. '6랑6로다국다항'은 중국-파키스탄 경제회랑, 중국-몽골-러시아 경제회랑, 신유라시아 대륙교량, 중국-중앙아시아-서부아시아 경제회랑, 중국-인도 중남반도 경제회랑, 방글라데시-중국-인도-미얀마 경제회랑의 6대 경제회랑을 중심으로 도로·철도·수로·항공로·파이프라인·정보망 등의 인프라를 건설하고 여러 나라의 여러 항구를 개발하는 것을 의미한다.

한반도는 중국-몽골-러시아 회랑과 가장 근접해 있으나, 북핵 관련 안보 불안으로 인해 중국은 일대일로의 한반도 확장을 유보해오다가 '평양공동선언' 직전인 2018년 9월 17일, '랴오닝 일대일로 종합실험구 건설 총체방안(遼寧一帶一路綜合實驗區建設總體方案)'을 통해 북·중 접경지역인 랴오닝성 단둥을 관문으로 삼아 일대일로를 한반도로 확장한다고 발표했다. 중국은 일대일로 참여 국가와 참가 국제기구의 협력을 도모하기 위해 일대일로 국제협력 정상포럼을 2년마다 개최하고 있으며 2017년에 이어 2019년 4월 25일부터 27일까지 제2회 일대일로 국제협력 정상포럼을 성공적으로 개최하였다. 미중무역분쟁이 격화되는 중에도 참가 국가가 130개 국가에서 150개 국가로 참가 국제기구는 70개에서 90개로 증가했으며 참가 대표 수도 1,500명에서 5,000명으로 증가하는 등 국제적으로 중국의 영향력이 확대되고 있음을 확인하였다.

한국의 신북방정책과 중국의 일대일로 협력이 이루어질 주요 무대인 동북 3성 지역은 남북한, 중국, 러시아, 몽골 등 동북아시아 국가들의 협력과 국제 협력의 중심지가 될 수 있는 잠재력이 충분하다. 동북 3성은 일대일로 개발 전략을 통해 동북진흥정책, 장강(長江)경제벨트 전략, 랴오닝성 자유무역구 시범 추진 등 경제발전을 위한 개혁·개방 확대로 국제협력이 촉진되는 방향 으로 발전하고 있다. 초국경경제협력구 지정, 창춘-지린-두만강지역 개발 개방선도구(이하 창지투 개발선도구), 광역두만강개발계획(GTI) 등 기존의 개 발 전략들은 한반도 평화를 기반으로 한 북한의 개발 참여로 더욱 발전적인 다자경제협력이 이루어질 가능성이 크다. 또한, 중국의 일대일로, 러시아의 신동방정책, 한국의 신북방정책, 북한의 경제개발계획의 협력을 촉진하고 초 국경지역의 긴장을 완화하는 데 도움이 될 것이다.

한국의 입장에서 신북방정책과 일대일로 전략의 협력은 남북한 경제협력 의 지속성과 확장성을 확보하고 한반도 경제를 대륙 경제와 연결하기 위해 필요하다. 그동안 남북경제협력은 국제정세와 북핵 문제 등 정치적 요소에 의해 지속과 중단을 반복해 왔고 이는 다자경제협력으로 발전하지 못하는 제 약 조건으로 작용했다. 일대일로와의 협력은 한반도 경제를 대륙 경제와 연 결하고 경제적 협력 기제를 활용함으로써 남북한 간의 정치적 상황 변수에 흔들리지 않는 남북경제협력의 지속성과 다자경제협력으로의 확장성을 확보 할 수 있다. 한국은 장기적 안목에서 한반도 신경제지도 구상의 실현과 남북 경제의 균형 발전을 위해 한반도 철도·도로·물류를 동북지역의 인프라 물 류시스템과 연계하여 중국, 러시아, 몽골은 물론 중앙아시아·유럽국가와의 경제협력을 추구해야 하며, 다자경제협력의 북한 참여는 북한의 정치적, 경 제적 안정을 도모할 수 있다.

중국의 입장에서 동북 3성 지역은 대북 제재 완화 시 발전 잠재력이 큰 곳이다. 한반도의 평화정착을 기반으로 동북 3성 지역에서의 다자경제협력은 교통·물류·인프라 구축, 경제특구 조성, 광역두만강개발계획(GTI)과 연동하여 큰 효과를 기대할 수 있다. 동북 3성 지역은 중국이 중·몽·러 경제회랑의 주요지역으로 낙후된 동북 3성의 경제발전을 위해 다자간 인프라·산업·물류 협력을 도모하고 있는 지역으로 중국에서 조성 중인 11개 '초국경 경제협력구' 중 5곳—①수이펀허－빠그라치니－헤이허－블라고베셴스크(중·러) ②훈춘－자루비노(중·러) ③만저우리－초이발산－자바이칼스키(중·몽·러) ④엘렌하오터－자민우드(중·몽) ⑤훈춘－나선－하산(북·중·러)—이 중국 동북지역에 집중되어 있어 향후 산업 물류 거점으로서의 발전 가능성이 큰 곳이다. 특히, 북·중 접경지역에서의 북·중 경제협력, 단둥의 황금평 개발과 위화도 개발 등을 한국을 포함한 다자경제협력으로 전환할 수 있는 경제 공간을 마련할 수 있다. 중국은 북한의 나진항과 러시아 자루비노항을 빌려 동해로 진출하여 지린성과 헤이룽장성의 물류 항로를 개척하려는 계획을 추진 중이나 유엔대북제재로 현재 진전이 없는 상태이다. 또한, 중국 정부는 창지투개발선도구의 대외창구를 반경 300km 내에 10개의 항만과 인접해 있는 훈춘으로 정하고, 창지투 개발선도구를 배후지로 한 '국제해륙복합운송로'로 활용할 계획이다. 2018년 2월 26일 '국가해양국－지린성 전략 합작 기본협정 체결(國家海洋局－吉林省人民政府戰略合作基本協定)'은 이를 통해 지린성의 해양 발전 추진과 일대일로－창지투를 접목하여 동해안의 북한 항만과 러시아 극동 항만을 연결하기 위한 중국 정부의 준비로 볼 수 있다.

북한이 다시 GTI에 참여한다면 핵심사업인 교통·물류 분야에 획기적인 전환점이 마련될 수 있을 것이다. 교통·물류·인프라 구축에 있어서 신북방정책과 일대일로의 협력은 북·중접경지역에서의 남·북·중 경제협력지대 조성, 물동량 확보를 위한 배후지 확보 노력, 복합물류시스템 개발이 필요하다.

중국의 훈춘시, 북한의 나진항. 청진항, 러시아의 자루비노항, 블라디보스토크항, 한국의 부산항 등 환동해권 항구들을 항만 클러스터로 개발하는 방안과 일대일로와 GTI, 한반도신경제지도 구상을 연계하여 환동해권 물류 허브를 개발하는 방안이 검토되어야 한다. 또한, 신북방정책과 일대일로 전략의 연계 시 교통망·물류망 연결을 위해 2014년 GTI가 설정한 6개의 교통회랑(Trans-GTR Transport Corridors)—투먼교통회랑(TTC), 쑤이펀허 교통회랑(STC), 시베리아 대륙교량(SLB), 다롄 교통회랑(DTC), 한반도 서부축 교통회랑(KWC: 부산−서울−평양−신의주−선양−하얼빈−시베리아대륙교량), 한반도 동부축 교통회랑(KEC: 부산−나선−하산−우수리스크−시베리아대륙교량)—도 고려해야 할 것이다.

3. 한·중 협력사례와 정책방향

대통령 직속 북방경제협력위원회 권구훈 위원장은 2019년 11월 13일 제6차 북방위원회 회의에서 '평화와 번영의 동북아 경제공동체 실현의 선도 거점화'를 비전으로 하는 〈중국 동북지역에서의 한중경제교류협력 강화방안〉을 마련하고, 적극 추진할 계획이라고 발표했다. 중국 동북지역은 동북아의 평화 정착 시, 최대 수혜지역이면서 한반도 신경제구상 실현의 핵심 거점으로 성장 잠재력이 높은 곳으로 평가하고, 지린성, 랴오닝성, 헤이룽장성의 성(省)별 지역개발 정책과 상호 연계한 실질적인 교류협력을 추진한다. 또한, 교역 분야 다양화, 4차 산업혁명에 대응한 미래 신산업, 친환경, 벤처창업 분야로 협력을 다양화해 나갈 계획이다.

2020년 4월 중국 국무원은 한·중 협력의 새로운 모델로 중국 지린성 창춘에 조성 중인 '한·중 국제협력시범구'의 총체방안을 승인했다. '한·중 국제

협력시범구'는 국무원 승인을 획득한 국가발전개발위원회 주도의 최초의 정부 간 협력 시범구로 중국 중앙정부 차원의 다양한 지원을 받게 되어 향후 시범구 조성이 순조롭게 진행될 여건이 마련되었다. 210㎢ 넓이의 시범구는 바이오, 보건의료, 뷰티, 헬스 등 내수 중심의 서비스업과 IoT · AI 등 생산성 향상을 견인할 수 있는 첨단기술 분야의 한중경제협력 모델이 될 것이며, 시범구 내 한국 여행사의 지사 설립 지원, 144시간 경유 무비자 정책 시행 논의 등 관광 분야 협력도 포함되어 있어 관광 산업 활성화에 도움이 될 것으로 예상된다.

시진핑 주석은 2018년 9월 동북진흥 좌담회에서 "동북지역은 중국의 중요한 공업 및 농업 기지이자 국방 · 식량 · 에너지 · 산업 안보에 있어서 중요한 전략적 위치에 있다"고 말하면서 신시대 동북진흥을 강조했다. 시진핑 주석의 동북진흥계획과 맞물려 지방정부가 IT 기업과 협력하여 노후한 산업 지역을 스마트 첨단 도시로 탈바꿈하겠다는 목표를 설정했다. 알리바바는 헤이룽장성과 스마트 농업 구축, 텅쉰(텐센트)은 랴오닝성과 AI 등 스마트 도시 구축, 완다(萬達) 그룹은 선양시와 관광 쇼핑 중심의 국제도시 건설하고 3년 안에 전자상거래 영업 및 결제 센터를 세울 예정이다. 징둥(京東)은 지린성과 함께 물류 현대화, 데이터 서비스를 구축한다는 계획을 발표했다. 2019년 12월 16일 시진핑 국가주석이 북한에 인접한 중국 동북지역의 전략적 지위를 다시 강조하면서 동 지역의 발전이 더욱 주목받고 있다.

시진핑 주석은 공산당 이론지 『치우스』에 게재한 기고문을 통해 중국 지역경제발전의 필요성을 언급했다. 중국의 동북 지역인 랴오닝성, 지린성, 헤이룽장성 등은 과거 중국 중화학공업의 요충지였으나 중국의 경제구조 변화와 대북 제재 강화 등으로 지역 경제가 낙후되었다. 시진핑 주석은 기고문에서 "동북지역의 전략적 지위가 매우 중요하며 새로운 전략적 조치로 동북지역의 전면 부흥 실현을 추진해야 한다"면서 "자원을 효율적으로 재통합하고 경제

구조를 적극적으로 조정해 균형 발전의 산업 구조를 형성하도록 해야 한다"고 밝혔다. 또한 "정부 기능 전환을 추진하고 지도자들의 격려를 통해 동북지역의 전방위적인 진흥을 추진해야 한다"고 말했다. 2020년 8월 한중 수교 28주년을 기념하여 중국 대형 전자상거래 플랫폼 핀뚜오뚜오(拼多多)에 한국 상품을 모아 판매하는 한국관이 운영되고 있어 양제츠(杨洁篪) 중국 공산당 외교담당 정치국원의 방한에 이은 한중관계 개선의 청신호로 볼 수 있다. 한국관에서 판매되는 제품은 한국 식품과 화장품을 포함하여 총 160여 종이 넘는다. 롯데가 핀뚜오뚜오 플랫폼의 온라인 라이브 판매 방송을 진행하는 등 중국 내 '롯데 금기'도 완화되고 있다.

미중패권경쟁과 코로나 팬데믹으로 인해 국제질서가 혼란스러운 와중에 양국의 경제협력을 위한 노력이 성과를 만들어가고 있는 것은 매우 의미 있는 일이다. 변화하는 국제질서와 산업 구조의 변화에 적응하면서 양국이 새로운 협력을 모색하고 상호 윈－윈하는 전략적 협력방안을 꾸준히 강구해 나가야 한다. 양국은 현재 가능한 분야에서 새로운 협력 모델을 발굴하고 점차 한반도 비핵화와 UN대북제재 완화 시 착수할 수 있는 사업을 준비하는 것이 중요하다. 양국의 협력은 상호 경제적 이익을 도모할 뿐만 아니라 동시에 동북아시아의 평화를 지키는 데 큰 의의가 있다고 하겠다.

4. 결론

남북한과 동북 3성, 연해주 지역이 경제적으로 서로 연결되어 자유로운 물류의 이동이 가능하다면 이 지역이 안고 있는 안보 불안과 저성장, 저개발의 문제를 해결하는 동시에 동북아시아의 물류 허브로 새롭게 부상할 수 있을 것이다. 신북방정책과 일대일로의 협력은 남북경제협력의 공간을 동북 3성

중심의 북방지역으로 확장하여 유라시아 대륙과 연결함으로써 한국의 신북방정책, 중국의 일대일로, 러시아의 신동방정책이 시너지 효과를 내는 다자경제협력공간을 확보하는 토대가 될 것이다. 정치적 변수에 민감하게 연동되는 남북경제협력을 북방지역 국가와의 경제협력을 통해 안정성과 지속성을 확보함으로써 한반도 평화체제의 지속성을 도모할 수 있다. 또한, 북한의 자유 시장경제 편입을 유도하는 전략적 공간으로 활용할 수 있다. 동 지역의 발전을 위해 동북아 평화를 위한 전략적 다자경제협력 공간의 확보, 동아시아 물류 허브의 실현을 위한 협력이 요구되며, 이를 위해 한반도 평화이익의 공유 주체로서 남·북·중·미·일·러·몽 등 다양한 국가들의 참여와 경제협력 모델 개발, 안정적인 사업비 조달, 투자 여건 개선에 적극적인 노력이 필요하다.

신북방정책과 일대일로 사업 추진 시 일대일로의 사업 취지에 부합하는 '함께 상의하고(共商)', '함께 건설하며(共建)', '함께 누리는(共享)' 기본 원칙이 지켜지며, 호혜·평등·공영의 취지에 부합하도록 진행되어야 한다. 일각에서 제기되고 있는 중국의 이익 독점, 환경오염, 경제성이 없는 인프라 사업 시행을 경계하고 공정하고 투명한 공개입찰 방식 도입, 현지 일자리 창출과 지역경제 활성화, 환경영향평가 등을 고려하여 양국의 경제협력으로 상호이익을 실현하고 동북아 발전에 성장동력을 제공하도록 협력해야 할 것이다.

포스트 코로나 시대의 중한 경제협력

왕위안(王圓)*

1992년 중한 수교 이후, 양국의 경제·무역 관계는 급속도로 발전을 이루었다. 중한 경제무역 관계의 발전과 그 파급 효과 속에 양국은 관계발전의 기초를 다질 수 있었고, 양자 관계는 급격히 발전하게 되었다. 2020년 전 세계를 휩쓴 코로나19의 폭발적인 확산은 많은 국가의 정치, 경제, 사회 및 문화에 중요한 영향을 미쳤을 뿐만 아니라 새로운 변수가 되어 국제 정치와 경제 관계에도 무시할 수 없는 영향을 미치고 있다. 그리고 이는 중한 경제·무역 협력과 중한관계 발전에도 해당된다.

1. 중한 경제·무역 협력의 현황과 제약적 요인

포스트 코로나 시대의 중한 경제·무역 협력을 논의하기에 앞서, 포스트

---

* 지린성사회과학원 연구원

코로나 시대의 특징을 파악하고, 중한 경제·무역 발전의 과정, 특징 및 관련 제약요소를 간략히 정리하고자 한다.

중한 양국 간 교역 규모는 수교 초기 63.7억 달러에서 2018년 3,134.3억 달러로 40배 이상 증가하였다. 최근 27년간 양국이 이루어 낸 경제·무역 관계의 발전을 통해 중국은 한국의 최대 수출입 국가이자 최대 해외투자 대상 국가가 되었다. 한국 또한 중국의 세 번째로 큰 무역 파트너이자 두 번째로 큰 외국인 직접 투자 유입 국가가 되었으며, 중국의 두 번째로 큰 해외 투자 대상 국가이기도 하다. 그러나 협력이 지속적으로 심화됨에 따라 중한 경제·무역 관계의 발전은 여러 난관에 부딪치게 되었다.

첫째, 중한 경제·무역의 비대칭적 의존도는 발전의 제약 요소가 되었다. 양국의 무역의존도를 살펴보면 중한 무역 구조는 매우 비대칭적이다. 한국의 대중 무역의존도는 중국의 대한국 무역의존도보다 훨씬 높은 수준이다. 한국의 전체 무역액 중 중한 간의 무역 총액이 차지하는 비중은 1992년 4.03%에서 2017년 22%로 증가하였다. 또한, 한국의 총 수출액에서 대중 수출이 차지하는 비중도 3.46%에서 26%로 증가하였다. 이에 비해 중국의 대한국 무역의존도는 오히려 감소하였으며 상대적으로 낮은 수준을 유지하고 있다. 중국의 대외 무역에서 중한 무역이 차지하는 비중은 1992년 3.04%에서 2배 정도 늘어나 2017년에 7%에 겨우 도달하였다. 지난 20여 년 동안 중국의 대한국 수출액은 중국 대외 수출 총액 비중의 약 1.5배 수준 밖에 증가하지 않았다. 한국의 대중 무역의존도는 중국의 대한국 무역의존도의 약 20배 정도이다. 즉, 한국의 대중 무역의존도는 지속적으로 높아지고 있는 반면, 중국의 대한국 무역의존도는 그 성장세가 느리며 심지어는 하락세까지 보이고 있다. 위와 같은 현상이 나타나는 원인은 크게 두 가지이다. 하나는 양국은 경제 규모 자체에서부터 큰 차이를 보이고 있기 때문이고, 다른 하나는 한국 경제가 수출지향적인 특징을 가지고 있기 때문이다. 따라서 앞으로도 상당 기간 동안 이러한 비대칭적인 의존도가 중한 경제·무역 발전에 제약 요인으로 작용된다는 점을 간과해서는 안 된다.

둘째, 성장세는 둔화되었고, 경쟁 관계는 심화되었다. 중한 경제의 상호보완성은 중한 경제·무역 관계의 발전을 위한 중요한 전제조건이다. 그러나 이러한 상호보완적 관계는 지속적으로 약해지고 있으며, 이러한 변화로 인해 양자 무역 성장이 둔화되었고 중한의 경쟁은 심화되고 있다. 한국 무역 회의 관련 통계 자료에 따르면, 2015년 중한 무역액은 전년 대비 3.4% 감소하였고, 2016년 무역액은 2015년 대비 7% 감소하였다. 2017년에는 마이너스 성장세가 반전되며 전년 대비 14.2% 증가를 기록하였다. 1992년 이후 중한 무역은 연평균 17.8%의 성장률을 유지하였지만, 2008년 이후 중한 무역 성장률은 크게 감소하여 저성장 시대로 접어들었다. 2008년 금융 위기 이후 현재까지 중한 무역의 연평균 성장률은 약 5.8%에 불과하며, 2015-2017년 3년간 양자 무역의 연평균 성장률은 1.9%대로 떨어졌다. 이로써 중한 무역은 본격적인 성장 침체기에 접어들었다고 볼 수 있다. 이와 동시에, 양국 간 무역에서 한국 수출 상품의 비교 우위 지수는 지속적으로 하락하고 있으며, 중한 수출입 상품의 유사성이 크게 증가하였다.

셋째, 무역마찰이 증가하였다. 협력이 심화됨에 따라 중한 무역마찰 또한 증가하고 있다. 2003년 이후 중국은 미국에 이어 한국의 제2의 통상마찰국이 되었다. 분쟁 횟수가 늘어나고 갈등이 고조되면서 중한 경제·무역 관계에 악영향을 미치고 있다. 현재까지 중한 무역마찰은 주로 반덤핑(Anti-Dumping)과 농산물 두 가지 분야에 집중되어 왔다. 관련 데이터에 따르면 한국과 중국은 세계 주요 반덤핑 대상 국가임에 동시에, 대표적인 반덤핑 제소국가이다. 한국 무역위원회와 중국 상무부가 발표한 자료에 따르면 1997-2007년 한국의 반덤핑 신청 상위 3개국은 중국(79건), 일본(50건), 미국(29건)이며, 중국의 주요 반덤핑 소송 국가는 일본(46건), 미국(44건), 한국(37건)이다. 이로써 중국은 한국의 최대 반덤핑 소송 대상이 되었고, 중한 반덤핑 제소 건은 한국 전체 반덤핑 제소 건수의 3분의 1을 차지하였다. 한국 역시 중국의 반덤핑 소송 대상국에서 3위를 차지하였다. 이러한 무역마찰의 폭발적인 발생은 가격 경쟁, 품질 문제, 품질 기준의 차이, 검역 결과의 검증, 관세 증가, 타 산업으로의 파급, 국민들의 불만, 문제 해결을 위한 정부의 개입 등 갈등의 '기승전결'적 요소가 대거 포함되어 돌발적이고 반복적이며, 영향력이 큰 것이 특징이다. 무역 구조의 불균형 속에서 중한 무역마찰은 단기간에 완전히 해소되거나 없어질 문제가 아니며 앞으로 중한 경제협력의 발전에서 피해 갈 수 없는 문제이다.

2. 코로나19 이후 중한 경제·무역 협력의 당면 과제

코로나19의 갑작스러운 유행은 국제경제협력에서 협력 과제를 '순서대로 하나씩' 진행하기 어렵게 만들었고, 이로 인해 국제협력의 분야, 내용, 방식, 심지어는 목표까지 재설정하게 하였다. 포스트 코로나 시대의 중한 경제·무역 협력과 발전 역시 코로나19가 야기한 많은 고민과 도전에 직면하게 되었다.

첫째, 코로나19로 인해 중한 경제 교류가 난관에 부딪히게 되었다. 한국과 중국을 포함한 상당 국가들이 자국 내 코로나19가 확산되는 것을 막기 위해 재외 교민 철수, 비자 면제 정책 폐지, 코로나19 감염 지역 입국 제한, 일시적 국경 폐쇄 등 다양한 수준의 방역 정책을 펼쳤다. 이러한 조치들로 인해 국제선 운항 횟수가 급격히 감소하였으며, 양자 간 교류와 협력은 정체 상태에 빠지게 되었다.

둘째, 코로나19로 인해 상호 호감도가 하락하였다. 코로나19 발병 초기, 바이러스의 갑작스럽고 빠른 확산으로 인해 코로나19에 대한 인식이 전무하였다. 외부로부터 유입된 코로나 바이러스가 중국에 대규모의 확진자를 발생시켰고, 이후 한국으로 유입된 코로나 바이러스가 다시 중국으로 유입되는 등, 중한 양국 간의 활발한 인적교류로 인해 양국은 큰 피해를 입었다. 이런 가운데 '마스크 부족 현상', 개학 연기 등이 일상생활에 직접적인 영향을 미치며 중한 국민 사이에 '중국인 입국 공포증', '방역 불이익', '감염지역 황폐화' 등의 현상이 발생하였고, 양자 간 국가 호감도가 떨어지는 상황까지 벌어졌다.

셋째, 코로나19로 경제발전과 경제·무역 협력에 대한 양국 간 상호 신뢰가 손상을 입었다. 코로나19 발생 이후 중한은 수출입 물량, 방역 지출, 실물경제 및 실업률 등의 측면에서 다양한 영향을 받았다. 또한, 추가 확산을 저지하기 위해 휴가철 연기, 정상 근무로의 복귀 연기, 통행 제한, 사회적 거리두기, 항공편 축소, 제한적 교류 등이 중한의 정치, 사회, 문화에 영향을 미쳤으며, 특히 경제와 소비 부문에 부정적인 영향을 미쳤다. 이러한 조치들이 중한 경제·무역 협력에 미치는 충격과 영향이 불러일으키는 '나비효과'가 양국이 가장 우려하는 부분이다. 동시에, 경제 발전과 경제협력에 대한 고민, 미래에 발생할 비상사태에 대한 회피, 코로나19 피해 지역에 대한 우려, 코로나의 장기화 문제 및 코로나19로 영향을 받은 산업에 대한 개편 등의 요인들이 포스트 코로나 시대 중한 경제·무역 협력에 영향을 미칠 것이다.

넷째, 코로나19로 인해 협력방식에 변화가 발생하였다. 코로나 바이러스의 확산을 막기 위해 국가들은 봉쇄를 강화하였고, 이로 인해 국제 사회가 만들어온 신속하고 효과적인 국제협력의 방식은 더 이상 평소처럼 유효하지 않았다. 양국은 코로나19의 부정적인 영향에서 벗어나기 위해 새로운 경제·무역 협력 방식을 모색하고 있다. 현재 클라우드 기반의 '언택트(untact)' 교류 방식이 주류가 되었으며, 교류 방식에 대한 협의가 늦어질수록 경제·무역 협력에 차질이 발생할 수 있다. 코로나19가 가져온 협력방식 변화에 대응하기 위해서 각국이 적응할 시간이 필요하다.

3. 포스트 코로나 시대 중한 무역 협력의 새로운 기회

첫째, 중한 양국의 협력 의지가 굳건해졌다. 코로나19의 발생, 확산, 예방이 반복되는 과정에서 중한은 서로의 코로나19 감염 상황과 양자 간 경제·무역 협력에 큰 관심을 기울였다. 해당 기간 동안 한국과 중국의 여론을 살펴보면 각국의 코로나19 현황, 추세, 방역 조치의 성과 이외에도, 코로나19가 중한 양국 경제와 양자 경제·무역 협력에 미치는 영향 등과 관련된 이슈에 대해 관심을 가졌으며, 이에 대한 다양한 논의가 이루어졌다. 코로나19가 양국 경제에 미치는 부정적인 영향, 특히 경제 혼란이 중한 경제·무역 협력과 양자 관계에 미치는 영향에 대해 많은 우려가 있었지만, 혼란을 극복하고 경제·무역 협력을 발전시키는 것에 대해 양국은 깊은 공감대를 형성하고 있다.

둘째, 경제·무역 관계 발전에 코로나19 방역이 도움을 주고 있다. 양국이 자국에서 발생한 코로나19에 적극적으로 대응하고, 상대국에 방역 지원을 하고, 코로나19라는 공동의 적에 '적개심'을 가지게 된 것은 중한관계를 더욱더 견고히 하는 데 도움을 주었다. 중한은 같은 배를 탄 경제 공동체로서 기꺼이 서로를 도와 이 난관을 헤쳐 나가야 한다. 코로나19 발생 초기에는 한국이 중국에 방역 물자를 기증하고, 화교들에게 편의를 제공하였으며, 중국 우한(武漢)을 응원하였다. 코로나 발생 이후 한국에 팬데믹이 일어났을 때에는 중국이 한국을 지원해 주며 중한 방역 협력에 나섰다. 이러한 구체적인 협력은 양자 관계를 객관적으로 발전시키는 새로운 동력이 되었고, 중한 경제·무역 협력의 기반은 더욱 공고해졌다.

셋째, 협력에 대한 중한의 공통된 인식이 지속적으로 확대되고 있다. 코로나19는 중한은 물론 동북아 경제에도 부정적인 영향을 미쳤기 때문에, 오로지 협력을 통해서만 이 위기를 함께 극복할 수 있다. 방역 부분에서 협력하여 얻은 성과와 암묵적인 이해는 방역과 경제·무역 협력 발전에 대한 양국의 공감대를 드러내 주었다. 현재까지 중한은 자국 내 코로나19 국면에서 단계적인 성과를 거두었다. 자국의 방역 성과를 확실히 하고 국제적 방역 협력을 강화하는 동시에 경제를 회복시키고, 긴밀히 공조하고, 다양한 분야의 교류와 협력을 강화하여 코로나19가 가져온 부정적인 영향을 최대한 상쇄시키는 것은 이미 중한 양국이 공통으로 추구하는 목표와 이익이 되었다.

넷째, 협력의 공간이 확대되었다. 중한 양국이 코로나19 방역에 협력하는 과정에서 양국 관계를 공고히 하는 동시에 전염병 예방 및 치료와 같은 비전통 안보 분야에서 더 많은 교류와 협력을 할 수 있는 새로운 길을 개척하였다. 또한, 포스트 코로나 시대라는 새로운 상황에서 인공지능(AI)과 빅데이터 등 신흥산업 분야에서 협력할 수 있는 공간이 넓어질 것이다.

4. 포스트 코로나 시대 중한 무역 협력의 방향

중한 양국에게 있어, 경제발전은 코로나19 방역 성과를 견고히 하는 것과 더불어 최우선으로 삼아야 하는 과제이며, 양국이 나아가야 하는 방향이기도 하다. 지난 4월 14일, 아세안(ASEAN)과 한중일(10+3) 정상회담은 코로나19 퇴치 및 협력 강화에 합의하고 공동성명을 발표하였다. 코로나19로 인해 국제자본의 흐름이 바뀌면서 한국과 중국, 동아시아가 지닌 큰 잠재력을 발휘할 수 있는 여건이 조성되었다. 앞으로 중한은 역내 경제질서의 회복과 발전을 촉진시키고 글로벌 경제를 안정시키기 위한 새로운 길을 모색할 것이다. 중한 경제·무역 협력의 안정과 발전을 효과적으로 추진하기 위해서 한국과 중국은 다음과 같은 노력이 필요하다.

첫째, 코로나 시대의 특성에 부합하는 교류 협력 사업을 개발해야 한다. 신종 코로나로 인해 중단되었던 관례적인 교류 협력 사업을 적극 가동하고 강화하여, 코로나19로 인해 교류 협력이 좌초되지 않도록 협력을 확대하고 정상화해야 한다. 이밖에 '입체적이고, 다원적이며, 시공간을 뛰어넘는 형태의 교류와 협력 사업을 지속적으로 개발하여, 양자 경제·무역 협력이 여러 분야에서 다층적이고 다양한 발전을 이룰 수 있게 해야 한다.

둘째, 방역 협력에서 '공감 효과'를 발휘하여 양자 관계를 강화해야 한다. 중한 양국은 '이웃 간의 우정, 친구 간의 의리(鄰裏情, 朋友義)'와 같이 서로에 대해 공감하고 걱정하는 마음으로 함께 적극적으로 방역을 공고히 해야 한다. 방역 과정에서 적극적으로 서로에게 구호물자를 지원해 주며 협력한 양국의 각 지방 우호도시 간 교류와 협력을 중점적으로 강화하고, 지방 도시들이 중한 협력에 참여하여 각자의 역할을 수행할 수 있도록 해야 한다. 나아가, 이번 계기를 통하여 전염병 예방 및 치료 분야에서 한국과 중국 의료진 간의 교류와 협력이 더욱 강화되어야 한다.

셋째, 소통을 강화하여 불필요한 오해를 사전에 차단해야 한다. 코로나19의 확산으로 인적 교류가 차단되며 언론이 정보 유입의 주된 통로가 되었다. 그렇기 때문에 소통의 화합을 강화하고, 언론을 적극적으로 활용하여 양국 국민 간의 유언비어 확산과 감정적인 대립이 발생하는 것을 사전에 차단해야 한다. 이와 더불어, 커뮤니케이션 채널의 혁신을 통해 불필요한 오해의 발생을 사전에 차단하고 서로에 대한 호감도를 높임으로써 향후 포스트 코로나 시대에 새롭게 등장할 경제·무역 협력의 장애물을 제거할 수 있도록 해야 한다.

넷째, 경제발전에 대한 신뢰를 구축하고, 맞춤형 협력을 진행해야 한다. 포스트 코로나 시대에 각국이 경제 회복을 이뤄내기 위해서는 자국 및 협력이 세계경제에서 지니는 장점과 대체 불가능성을 어떻게 보장할 수 있는지를 최우선적으로 고민해야 한다. 또한, 코로나19 방역을 위해 물리적 거리를 둘 수밖에 없는데, 이로 인해 경제협력은 어쩔 수 없이 전면적인 협력 확대보다는 중점 과제를 제한적으로 추진하는 방향으로 흘러갈 것이다. 따라서, 중한 양국은 경제 발전과 경제·무역 협력에 대한 열정과 자신감을 되찾는 동시에 정보, 통신 기술, 빅데이터, 원격 의료 등의 주요 영역과 코로나19의 영향을 비교적 적게 받는 분야에서의 협력을 이뤄내야 한다. 최근 한국이 내놓은 '한국형 뉴딜 정책'도 '디지털 강국'과 관련된 분야를 특히 강조하고 있어 일맥상통한다. 또한, 코로나19의 영향을 크게 받는 일부 분야에 대해서는 맞춤형 지원을 통해 중한 경제무역협력의 점진적인 회복과 장기적인 발전을 이뤄내는 것 역시 소홀히 해서는 안된다.

양국의 수교 이후, 중한 경제·무역 관계는 비약적으로 발전하였다. 경제·무역 관계는 의심할 여지없이 중한 양자 관계의 발전을 이끄는 원동력이다. 그러나 중한 경제·무역 관계에 산재한 여러 제약 요인들은 양국 관계가 한층 더 발전하기 위해 극복해야 하는 장애물이다. 따라서 중한 경제·무역의 장점에만 관심을 가지기보단, 단점을 제때 발견하고 통제할 수 있어야 중한 경제·무역 관계가 지속 가능하고 건전한 발전을 이뤄낼 수 있을 것이다. 이 밖에 포스트 코로나 시대에 필요한 조치를 적시에 취하여, 코로나19의 부정적 영향이 확산되는 것을 방지하고, 이로 인해 생기는 긍정적인 부산물들을 발견해야 한다. 중한 경제·무역 협력 관계의 발전은 양국의 코로나 방역 협력을 끝까지 유지시켜 코로나19의 부정적인 영향을 최소화하고 중한관계의 장기적인 발전을 이끌어내는 원동력이 될 것이다.

한중 문화갈등의 양상과 방향

임대근(林大根)*

1. 들어가며

코로나19가 팬데믹으로 이어지면서 2020년 한국과 중국의 문화교류는 사실상 중단되었다고 해도 과언이 아니다. 한국과 중국 모두 전염병 확산의 방지 노력에 국가적·사회적 관심과 역량이 집중되면서 문화예술 분야는 많은 기획이 보류되거나 취소될 수밖에 없었다. 물론 전대미문의 상황을 타개하기 위해 비대면 이벤트를 기획하는 경우도 없지 않았다. 부산국제영화제, 전주국제영화제 등 다수의 국내 영화제는 온라인과 오프라인을 병행하거나 온라인으로만 진행되기도 했다. 언택트(Untact), 온택트(Ontact)와 같은 신조어가 유행하면서 문화의 국제 간 교류 또한 온라인−국제화(Onternationalization)로 방향을 전환하였다.

이런 상황 속에서 한국과 중국은 온라인을 중심으로 문화갈등이 빈발하는

* 한국외국어대학교 글로벌문화콘텐츠학과 겸 중국어통번역학과 교수

양상을 보였다. 한국 문화방송(MBC)의 예능프로그램 〈놀면 뭐하니?: 환불원 정대〉에 출연한 이효리가 부캐릭터를 설정하면서 '마오'를 언급한 데 대한 중국 네티즌의 반발, BTS가 밴플리트 상을 수상한 뒤 밝힌 수상소감을 두고 역시 중국에서 터져 나온 비판, 최근 한복 양식의 기원을 두고 벌어진 양국 네티즌 사이의 설전 등은 모두 온라인 공간에서 일어난 한중 문화갈등의 사례이다. 이 글은 2020년 하반기에 발생한 이러한 문화갈등 사례의 발생 양상을 살펴보고, 그 원인이 무엇인지, 향후 해법과 대응방안은 어떠해야 하는지 등을 논의하고자 한다.

2. 빈발하는 한중 문화갈등

이른바 '이효리 마오 사건'은 2020년 8월 22일, 문화방송 예능프로그램 〈놀면 뭐하니?: 환불원정대〉에서 자신의 부캐릭터(부캐)의 이름을 정하면서 "중국 이름으로 할까요? 마오 어때요?"라고 발언하는 장면이 방송되면서 시작됐다. 인터넷으로 이 방송을 시청한 중국의 네티즌이 이효리가 '중국의 국부'인 '마오쩌둥'을 폄하했다고 주장하면서 비난을 퍼붓기 시작했다. 특히 이효리의 SNS 인스타그램 계정에는 중국인들에 의해 수십만 개의 댓글이 달리면서 중국 네티즌이 이 사태를 어느 정도 심각하게 인식했는지를 보여주었다. 특히 중국 네티즌들은 이런 문제에 상호 대응이 필요하다고 보고 세종대왕이나 이순신 같은 한국의 역사인물을 비하하는 행태를 보였다.[1]

이런 상황에 대해 프로그램의 제작진(김태호 PD)는 8월 24일 공식 인스타그램을 통해 사과의 뜻을 밝혔다. "이효리 씨가 활동명을 정하는 과정에서 언

---

[1] 이하 관련된 사안에 관한 내용은 한국과 중국의 언론보도 및 해당 기관의 공식 웹사이트 또는 SNS계정을 참고하여 재구성하였음.

급한 '마오'와 관련해 일부 해외 시청자분들이 불편함을 느꼈다는 내용을 접하게 되었"다고 전제하고, "특정 인물을 뜻하는 의도는 전혀 없었으며 더 이상의 오해를 막기 위해 어제부터 제공되는 유료 서비스에서는 해당 내용을 편집했"고, "이효리 씨의 최종 부캐명은 다른 이름으로 정해진 상태"이며 "앞으로 보다 세심하고 신중하게 방송을 만들겠다"는 입장을 보였다. 더불어 9월 2일, 이효리는 자신의 인스타그램 계정 운영을 중단하겠다고 밝히기도 했다.

상황이 심각하게 지속되자 한국의 온라인 민간 외교단체인 '반크'는 9월 4일, 홈페이지에 「한국의 한 연예인에게 수십만 개의 댓글을 달며 린치를 가하는 중국 사이버 국수주의를 막아주세요!」라는 제목의 성명을 내고, "민족주의의 이름으로 표현의 사소한 부분까지도 가장 악랄하거나 공격적인 방식으로 해석하여 상대를 공격하는 국수주의적 태도에 반대한다", "민족주의의 이름으로 주변국과 주변국의 국민을 강압적으로 대하고, 세를 과시하며 린치를 가하는 패권주의적 태도에 반대한다"고 주장했다. 또한 "이러한 태도가 국가와 정부에 의해 용인되고 미덕으로 여겨지는 상황에 우려를 표한다"고 주장하기도 했다.

그로부터 한 달여 뒤, 이번에는 BTS와 관련한 문제가 발생했다. 10월 7일 BTS는 올해 밴플리트 상을 수상했다. 밴플리트 상은 한국전쟁에 미 8군 사령관 겸 유엔군 총사령관으로 참전했던 밴 플리트 장군을 기리기 위해 미국 코리아소사이어티가 제정한 상이다. BTS는 수상소감을 통해 "우리는 두 나라가 함께 겪은 고난의 역사와 수많은 남성과 여성의 희생을 영원히 기억해야 한다"고 말했다. 특히 올해는 한국전쟁 70주년이어서 이를 기념하자는 의도가 들어 있었다.

이런 수상소감이 알려지자 중국 네티즌들은 "국가의 존엄을 무시했다"고 비난하기 시작했다. 중국 관영매체인 『환구시보』는 중국어판과 영어판에 각각 관련한 기사를 자극적인 내용으로 게재했다가 일부 철회하는 등의 전략을 구사했다. 중국 택배회사들은 중국의 '아미'들이 주문한 'BTS 굿즈'를 배달하지 않겠다고 선언했다. 시진핑 중국 국가주석은 10월 23일 베이징 인민대회당에서 열린 '항미원조전쟁 참전 70주년 기념대회'에 참석하여 "위대한 항미원조전쟁은 제국주의 침략의 확장을 막고 신중국의 안전을 지켜냈으며, 중국 인민의 평화로운 생활을 보위했다"고 연설했다.

다시 한 달쯤 뒤, 지난 10월 29일에는 중국 게임회사가 국내에서 출시된 게임이 문제를 일으켰다. 페이퍼게임즈라는 중국 게임회사가 출시한 '샤이닝니키'라는 게임이었는데, 이 게임은 주어진 캐릭터에게 '옷 입히기'를 통해 점수를 획득하는 방식이다. 게임이 제공한 의상 아이템 가운데 '한복'을 두고 중국 네티즌들이 "한복이 중국에서 비롯됐으며, 명나라 복식의 영향을 받았다"고 주장했다. 그러자 게임회사는 "중국기업으로서 페이퍼게임즈와 조국의 입장은 늘 일치한다"는 입장을 밝히고 한복 아이템을 게임에서 삭제하는 조치를 취했다. 이에 한국 네티즌들은 여기에 반발하면서 게임을 불매하겠다고 선언하면서 '보이콧 샤이닝니키'를 제안하고, "한복은 우리의 것이며, 매국을 하지 않겠다"고 주장했다. 결국 게임회사는 11월 5일 공식 커뮤니티를 통해 "페이퍼게임즈는 중국 게임사로 국가 존엄성 수호를 위해 한국판 서비스를 종료한다. 11월 6일부터 게임 다운로드와 결제가 차단되며 12월 9일 서비스를 종료한다"고 밝혔다.

그 사이, 11월 4일 중국 공산주의청년단(共産主義靑年團)은 공식 웨이보(微博) 계정에 "한복(漢服)이 한복(韓服)에서 왔다고? 웃기는 소리!"라는 제목의 글을 올리고 "고대 한국에는 자신의 의관제도가 없었으며 명 왕조의 복식을 근거로 개량하여 한국 TV드라마에 나오는 복식을 볼 수 있게 되었다"면서 "이것이 한복의 역사적 진상"이라고도 주장했다. 공청단은 최근 몇 해 동안 중국의 전통 복장인 '한복'(漢服)을 부흥해야 한다는 운동을 지속적으로 펼쳐왔는데, 온라인에서 한복(韓服) 관련 논란이 일자 이런 입장을 밝힌 것으로 보인다.

결국 페이퍼게임즈가 출시한 '샤이닝니키'는 국내에서 적극적인 마케팅을 펼쳤지만 중국 네티즌의 반발로 인해 자발적으로 서비스를 철회하게 되었다.

3. 한중 문화갈등의 원인

최근 빈발하고 있는 이와 같은 한국과 중국 사이의 문화갈등을 살펴보면 몇 가지 특징이 도출된다.

첫째, 한국과 중국이 상호 역사에 대한 이해가 불충분하여 오해를 불러일으킨다는 점이다. 마오쩌둥, 한국전쟁, 한복의 유래 등과 같은 역사적 사실에 대하여 상대국이 어떻게 인식하고 있는지에 대한 사전 이해가 충분하지 않기 때문에 관련된 쟁점이 부상하면 상호 갈등으로 곧바로 비화하고 있다. 이러한 상황은 고대사와 현대사를 막론하고 모두 그 대상이 되고 있는데, 대부분 역사적 사실에 대한 오해와 그릇된 인식에서 비롯되는 경우가 많다. 그중에서도 최근 발생한 '이효리 마오 사건'은 '마오'라는 인물에 대한 중국인의 인식이 어떠한지, 그에 대한 호칭이 무엇인지에 대한 세밀한 인식이 부재했기 때문에 비롯되었다. 이런 경우는 상대국 역사와 문화에 대한 '사실의 부분적 이해'의 층위에서 구성된 결과라고 할 수 있다. 한국전쟁의 경우는 똑같은 역사적 사실을 두고 상호 인식이 어긋나는 경우이다. 중국은 한국전쟁을 두고 '항미원조(抗美援朝)전쟁'이라고 불러왔고, '미국 제국주의'가 '중국을 상대로 침략해 온 전쟁'이라는 태도를 보여왔다. 한국과 중국 사이에 극복할 수 없는 이러한 인식의 차이는 언제든 양국 간 문화갈등으로 발화할 잠재 요소였다. 이 경우는 양국이 공동으로 경험한 역사에 대한 '의도적 사실의 왜곡'의 층위에서 구성된 결과이다. 한복에 관한 문제는 여러 학자들이 주장하는 바와 같이 명 왕조의 복식을 개량한 것이 아니라 스키타이의 복장에서 유래한 것으로 판단하고 있는 바,[2] 역사적 사실을 정확하게 검증하지 않은 상태에서 '추론적 사실의 왜곡'의 층위에서 구성된 결과라고 할 수 있다. 이와 같이 한국과 중국 사이의 역사와 문화에 대한 갈등은 상호 인식이 '사실의 부분적 이해' 또는 '의도적 사실 왜곡' 또는 '추론적 사실 왜곡' 등과 같은 다양한 층위에서 발생하고 있다.

둘째, 한국과 중국의 문화갈등은 주로 온라인에서 네티즌들이 주도하는 양상을 보이는데, 이러한 상황에서 대체로 정서에 경도되는 경향을 강하게 보여주고 있다. 예컨대 '이효리 마오 사건'의 경우, 중국에서는 '마오'가 마오쩌둥을 줄여 부르는 관습적인 호칭이라는 점 때문에 중국어 화자에게는 즉각적으로 '마오=마오쩌둥'이라는 등식이 성립될 수는 있지만, '마오'는 또한 수많은 중국인의 성씨 중 하나이기 때문에 이런 발언을 곧바로 마오쩌둥에 대한 폄하라고 판단하는 태도는 정서적 동기에 의해 유발됐다고 보지 않을 수 없다. 그러한 사례로 중국 네티즌들은 이효리의 SNS에 이른바 '댓글 테러'를 통해 "왜 마오쩌둥의 이름을 함부로 쓰느냐", "네가 키우는 개 이름은 세종대왕이냐" 등과 같은 매우 감정적인 언사를 쏟아냈고, 이에 대한 한국 네티즌들의 대응도 크게 다르지 않았다. 이런 상황은 'BTS 사건'이나 '한복 사건'에서도 유사하게 반복되고 있다. 정서적인 반응은 부득불 반중, 반한정서를 증폭시키면서 문화갈등을 확산시키는 역할을 하고 있다.

셋째, 한국과 중국의 언론이나 공식기관이 이런 문제를 보도하거나 입장을 내면서 갈등이 커지는 경우도 적지 않다. 양국 갈등에 대한 언론의 관심과 보도는 당연한 것이지만, 한국 언론들의 대부분 보도 태도는 갈등을 해소하거나 상호 이해를 증진하기 위한 층위에서 수행되기보다는 대체로 갈등이 벌어지고 있는 '사실' 자체만을 소개하거나, 중국 네티즌들의 정서적 반응을 전달

---

2) 김문자, 「고대 한복의 원류 및 세계화 속의 한복의 위치」, 『한복문화』 제7권 1호, 2004 참조.

함으로써 해당 사안에 대한 건강한 해결 방안을 제시하지는 못하고 있는 상황이다. 중국 측에서는 관영언론이나 공식기관이 개입하는 경우가 있다. 특히 'BTS사건'의 경우 관영언론인 『환구시보』가 적극적으로 보도하면서 여론의 형성을 주도했다.3) 또한 '한복 사건'의 경우는 공청단이 공식 입장을 발표하면서 갈등을 확산하고 여론을 만들어냈다. 이런 상황은 유의해서 볼 필요가 있는데, 특정한 문화갈등에 대해서 중국 공산당 중앙이나 정부가 나서서 의견을 내지는 않지만, 산하기관을 통해서 여론을 유도하고 조정하는 역할을 하고 있다는 점이다. 그리고 언론이나 기관의 여론 유도 작업이 전체적으로 중국의 대외전략의 기조를 반영하고 있다는 합리적 의심을 갖지 않을 수 없다.

넷째, 최근의 중국 내 한국 대중문화에 대한 저항 정서에 중국 당국이 조직적으로 개입했다는 확증은 없지만, 일련의 흐름 속에서 내부 사회를 통합하려는 필요에 의해서 이루어진 것으로 보인다. 특히 코로나19와 중·미 간 무역분쟁 등 대외 관계가 좀처럼 출구를 찾지 못하고 있는 상황에서, 이런 문제를 해결하지 못하고 있는 공산당 지도부에 대한 비판적 여론을 잠재우기 위해 강력한 애국주의 여론을 조성하고 있는 것으로 판단된다. 비근한 예로 2019년 상하이국제영화제 개막작으로 선정됐다가 "기술상의 이유"라는 모호한 사유로 개막 2일 전 상영이 취소된 영화 〈팔백〉(八百)은 올해 8월 전국적으로 개봉하여 관객몰이를 했다. 〈팔백〉이라는 영화가 중일전쟁 당시 일본군에 저항하는 국민당 군대의 항전을 서사화했기 때문에 이러한 일련의 상황 전개는 중·일관계에 대한 중국 당국의 입장과 태도(2019년 상영 철회), 코로나19 상황 및 미·중관계의 악화로 인해 애국주의를 소환해야 할 필요성 (2020년 상영)에 따른 것으로 해석되고 있다.4) 대내적, 대외적 상황의 해소를

---

3) 예를 들면 다음 보도가 있다. 呂克, 「發表涉朝鮮戰爭言論激怒中國網友, 防彈少年團在中國"中彈"!」, 『環球時報』 2020.10.12.

4) 임대근, 「중국영화 '팔백'이 만드는 '애국 인민'」, 컬처타임즈, 2020.10.23, http://www.ctimes.co.kr/ 참조.

위해 강력한 애국주의 분위기를 형성하고 있는 셈인데, 이러한 흐름이 한국에 대한 일련의 문화갈등을 유도한 측면이 있는 것으로 판단된다.

다섯째, 한국과 중국의 문화갈등은 수교 이후 지속적으로 일어나고 있는 현상이다. 2002년 '동북공정' 문제가 부상하면서 수교 이후 밀월관계를 끝낸 양국은 이후 다양한 사안으로 부딪혀 왔다. 강릉 단오제의 유네스코 '인류구전 및 무형유산 걸작' 등재(2005), 장춘(長春) 동계 아시안게임 시상식에서 한국 여자쇼트트랙 선수들의 '백두산은 우리땅 퍼포먼스'(2007), 공자의 한국인설 논란(2008), 베이징올림픽 성화 봉송 폭력 사태(2008), SBS의 베이징올림픽 개막식 사전 보도(2008), 첨단 정보기기 한글 자판 국제 표준화 논란(2010), 아리랑 중국 국가무형문화유산 등재(2011) 등이 대표적인 사례다.[5] 이런 사례들에 더해 최근 빈발하고 있는 문제들은 한국과 중국 사이에 역사적, 문화적 문제로 인해 언제든 갈등이 일어날 수 있을 뿐만 아니라, 이런 갈등이 한국과 중국을 막론하고 어느 주체에 의해서든 야기될 수 있으며, 잠재되어 있던 애국주의 또는 민족주의 정서를 자극할 가능성이 농후하다는 점을 보여준다. 그리고 그 과정에서 양국 언론이나 지도층이 개입하는 경우는 매우 흔한 일이 되었다.

4. 건강한 한중관계의 미래를 위한 대응

한국과 중국 사이의 이러한 문화갈등이 양국 관계의 건강하고 지속적인 발전을 저해한다는 점에 대해서는 누구나 동의할 수 있다. 그렇다면 건강한 양국 관계의 미래를 위한 대응은 어떠해야 할까? 위의 분석을 토대로 몇 가지

5) 임대근, 「한-중 문화갈등의 발생구조와 대응 방안」, 『한중사회과학연구』 제10권 3호, 2012 참조.

대안을 제시하고자 한다.

첫째, 한국과 중국이 상호 역사와 문화에 대한 정확한 이해를 더욱 강화할 필요가 있다. 한국의 경우 중국사를 주제로 한 다양한 서적이 출판되고 있고, 대학 등에서 정규 교육도 이뤄지고 있지만, 중국 근현대사에 대한 정보는 상대적으로 취약한 편이다. 중국 근현대사에 대한 정확한 자료와 정보가 다양한 형식으로 공유될 필요가 있다. 중국에서는 한국역사에 대한 연구와 교육, 보급이 상대적으로 더욱 찾아보기 어려운 상황이다. 고대사에 대한 민감한 문제가 여전히 잠복되어 있기는 하지만, 근현대사를 포함하는 한국의 역사에 대한 중국어로 된 지적 정보가 역시 다양한 형태와 경로로 제공될 필요가 있다.

둘째, 양국 언론이나 공식기관은 이러한 문화갈등을 증폭하는 역할을 하기보다는 조정하는 역할에 앞장서야 한다. 특정한 사안이 부상할 경우, 확인되지 않은 사실에 대한 섣부른 주장을 확산하는 역할에 머무르지 말고 우선 정확한 사실을 확인하고, 그에 따른 입장과 태도를 결정할 필요가 있다. 이성적인 사고와 대응을 통해 양국 네티즌이 주도하는 감정적인 반응을 제어하고 조정해야 한다. 이 과정에서 언론과 공식기관은 해당 분야의 전문가로부터의 자문과 제언을 경청할 필요가 있다. 양국 간 문화갈등이 발생하고 수습되는 기존의 과정을 살펴보면 사실관계를 정확하게 정리하는 전문가의 역할이 효과를 발휘하는 요소로 작용하기 때문이다.

셋째, 한국과 중국 사이에 문화갈등은 이제 언제든 발생할 수 있다는 전제적 인식이 필요하다. 이러한 인식은 또한 양국 문화갈등이 발생하는 구조적 요인과 돌발적 요인을 사전에 파악하고 그러한 구조에 대응할 수 있는 역량을 기르는 방향으로 전개되어야 한다. 지리적, 문화적 인접국으로서 피할 수 없는 갈등이라면, 양국 관계의 건강한 발전을 위해서라면 이런 문제가 빈발하는 상황과 유형을 사전에 인지하여 돌발 상황이 발생하더라도 차분한 대응이 가능할 것이다. 이런 대응을 위해서라면 정부 내 관련 위원회 등 상시 조직을 구성하는 방안도 고려할 수 있을 것이다.

한국과 중국은 유사 이래 불가분의 관계에 있고, 앞으로도 그러할 것이다. 두 나라의 공동 이익을 실현하려는 접점은 때로는 요원해 보이고 때로는 손에 잡힐 듯 가까워 보이기도 한다. 그러나 양국의 '시민'이 상호 적대적 정서를 가지고 있는 한, 건강한 미래는 성취하기 쉽지 않을 것이다. 향후에도 두 나라 사이에 이러한 갈등이 없을 수는 없을 것이므로, 갈등을 유연하게 조정하고 해소하는데 두 나라 정부와 민간이 함께 노력해야만 한다.

한중 방역 거버넌스와 한중관계

양갑용(楊甲鏞)*

1. 들어가며

전염병의 속성 혹은 성격은 민족, 인종, 종교, 이념, 사상, 국가 등을 초월하여 전 인류에게 영향을 미치는 인류 보편의 문제라는 점이다. 예컨대 코로나19는 현재 5대양 6대주 전 지역으로 확산되어 인류의 생명과 안전을 심각하게 위협하고 있다. 그러나 이에 대한 인류의 대응은 인류 보편 차원에서 접근하지 못하고 일국(一國) 차원에서 접근하고 있다. 심지어 유럽연합(EU)도 공동체 차원에서 방역에 대처하기보다는 독일, 프랑스, 스페인, 이탈리아 등 개별 국가 차원에서 코로나19에 대처하고 있어, 비상 시기에 EU가 방역 공동체로서 협력 방역의 역할을 제대로 수행하지 못하는 모습을 보이고 있다. 심지어 코로나19 초기, 차단과 봉쇄를 개인 자유 침탈로 비난하던 프랑스, 영국 등 일부 국가는 2차 확산을 맞아 봉쇄를 서둘러 단행하고 있다. 이에 격리와

---

* 국가안보전략연구원 책임연구위원

봉쇄가 권위주의적 접근이라는 비난은 무뎌지고 있다.

코로나19는 현재 역내 공동체나 글로벌 공동체 차원의 협력 방역이 전혀 이루어지지 못하고 있다. WHO 등 국제기구는 미국의 편향성 제기와 탈퇴 통보로 치명상을 입고 있으며, 글로벌 차원의 방역 협력을 주도해야 하는 보건 관련 국제기구의 역할을 제대로 수행하지 못하고 있다. 이러한 과정에서 중국, 한국, 베트남, 뉴질랜드 등 일부 국가의 개별 방역 성공이 주목받고 있다. 특히 중국과 한국은 방역과 경제 두 마리를 잡는 과정에서 일정한 성과를 거두고 있다. 중국은 IMF의 내년도 경제 전망에서 주요 국가 가운데 유일한 플러스 성장 국가로 거론되었으며, 한국은 WSJ에서 방역과 경제 두 마리 토끼를 모두 잡은 사례로서 높은 관심을 받았다. 한국과 중국은 체제, 가치, 이념 등에서 뚜렷한 차이를 보이지만 방역과 경제 재건에서 성과를 보인 것이다.

2. 방역 거버넌스의 성과

한국과 중국은 체제, 이념, 가치 등 차이가 작지 않다. 그러나 차이에도 불구하고 감염병 상황의 안정적 관리와 통제에서 유사한 성과를 만들어냈다. 국제적으로 한국과 중국은 코로나19를 안정적으로 통제, 관리하는 국가로 평가받는다. 한국과 중국이 다양한 이질적인 요소에도 불구하고 방역의 안정적 관리와 성과 창출이라는 유사한 결과를 가져온 원인은 무엇인가? 방역 성공과 안전한 관리라는 동일한 현상이 양국에 공통으로 나타났다면 양국의 이질적인 요소보다 동일 요소가 동일 결과를 가져왔다는 합리적 귀납 추론이 가능하다. 즉 동일한 요인이 동일한 현상(결과)을 가져왔다는 논리에 기초하여 한국과 중국의 방역 성과를 검토할 수 있다.[1]

---

1) 물론 이러한 일치법에 기초한 귀납적 접근 방법이 △선행 요소의 충분한 검토 △드러나지 않은 요소

우선, 정부 역량의 차이를 들 수 있다. 한국과 중국은 강력한 중앙집중형 정부 역량을 보유하고 있다. 여기에 강력한 카리스마적 리더십이라는 동양적 특징이 가미되었다. 시진핑 주석은 이미 '핵심' 지위를 갖고 있고 문재인 대통령은 역대 대통령 선거에서 경쟁자와 비교하여 가장 큰 표 차이로 당선되었다. 두 리더 모두 당국가체제와 민주적 리더십에 기반을 둔 강력한 리더십의 소유자들이다. 이러한 강력한 리더십은 직접 위기 대응조직을 이끌지 않으면서도 강력한 정부 역량을 추동하는 기반이 된다.

중국은 중앙정치국 상무위원회에서 방역 영도소조를 구축했고 리커창 총리에게 지휘를 맡겼다. 한국도 중앙재난안전대책본부를 가동하고 국무총리가 책임을 맡았다. 이러한 행정조직을 통해서 한중 양국은 체계적이고 조직적으로 전염병에 대처했다. 리더십에 기초한 자원의 효율적인 배분과 방역 과정에서 종적 위계성과 횡적 연계를 유연하게 발휘했다. 한국은 지방에서도 지방 지도자를 중심으로 행정이 효율적으로 작동한 강력한 리더십에 기초한 방역이 이루어졌다. 중국도 국가위생건강위원회와 지방 성급(省級), 지급(地級), 현급(縣級), 기층(基層)으로 연결된 위생건강위원회가 조직적으로 움직였다.

다음으로는, 사회구성원의 자발적 참여도 양국 방역의 성과 창출에 기여했다. 양국 모두 방역이라는 공공 이익 성과 창출을 위해서 개인의 자발적 참여와 헌신이 활발하게 나타났다. 의료진의 헌신, 자원봉사자 활동, 생활 방역 협조 분위기 등이 방역에 일조했다. 방역 과정에서 양국 국민들은 공공 이익을 우선하고 개인의 선택이나 판단을 일시적으로 제약하거나 유보하는 조치에 대해서 조직적으로 저항하는 모습을 자제했다. 위기 상황에서 리더와 행

존재 가능성 △누락되었거나 인식하지 못한 요소 등의 원인으로 인과관계의 오해나 원인과 결과의 오판, 개연성의 지나친 강조 등 여러 가지 비판적인 시각이 존재한다. 그럼에서 불구하고 일치법에 따라 한국과 중국의 방역성과를 비교하는 것은 양국이 너무나 많은 차이에도 불구하고 현상적으로 코로나19를 안정적으로 관리 중인 몇 안 되는 사례이기 때문이다.

정기관을 중심으로 결집 효과(rally effect)가 나타나고 개인의 자율적 선택이나 판단을 우선하기보다는 자발적 순응의 방식으로 방역에 협조하는 사회적 합의를 보여주었다. 이는 위기상황일수록 개인 선택을 일시적으로 희생하거나 유보하는 공동체 의식이 양국 방역 과정에 매우 강하게 나타난 것으로 평가할 수 있다. 요컨대 양국 방역 과정에서 공공 이익을 위한 사회 지원과 연대의 거버넌스가 충분히 발현되었으며, 이는 곧 공동체 의식을 중시하는 문화적 요인이라고 평가할 수 있다.

3. 방역 거버넌스의 한계

공공 이익을 중시하는 양국의 문화적 속성은 개인 자율성과 개인 선택에 대한 사회적 집단 따돌림(bullying) 현상을 심화시켰다. 방역 과정에서 나타나는 개인의 자율성과 개인 선택에 기초한 행동을 대부분 공동체 이탈로 간주하고, 사회적 공격을 묵인하거나 용인하는 사회 현상이 발생했다. 종교적인 신념이나 개인적인 선호에 따른 판단이 현저하게 공공 이익에 손해를 끼치는 경우 사회적 비난이 나오기도 했다.

이러한 사회적 비난은 사회적 합의를 통해 용인되어야 한다. 그리고 어디까지나 사회 공동체를 파괴하지 않는 범위 안에서 이루어져야 한다. 그러나 양국 방역 과정에서 비록 일부이기는 하지만 방역에 협조하지 않은 것은 모두 나쁜 행위이고, 단죄되어야 한다는 전체주의적 사고가 사회 공동체 내에서 나타났다. 예를 들어 한국에서 신천지 등 일부 교회에서 시작된 감염병 확산은 특정 종교와 교회에 대한 전체주의적 비난을 가중시켰다. 일부는 용인해도 된다는 논리가 유통되었다. 중국에서도 방역 초기 우한 사람에 대한 사회적 편견과 질시, 견제 심리가 확산되었다. 이는 사회 공동체를 유지하는데 부정적인 요인으로 작용했다. 물론 일부 집단이나 개인이 방역 시스템을 무력화시키고 국민들에게 전염병 확산의 공포를 가져온 것은 사실이다. 하지만 이에 대한 비난이 특정 지역, 특정 종교, 특정 개인에 대한 사회적 린치나 집단 따돌림으로 심화되는 것은 사실 사회 공동체 유지에 도움이 되지 않는다. 이러한 비난은 합리적이라기보다는 대부분 전체주의적 속성을 띠는 집단 따돌림이다. 위기 상황에서 공공 이익 수호라는 명분으로 개인의 일탈에 대한 과도한 집단 따돌림 현상이 용인되거나 방조되는 것은 사회 거버넌스에 도움이 되지 않는다.

둘째, 전염병은 성격상 글로벌 속성을 가지고 있다. 이러한 성격을 제대로 이해하지 못하고 일국(一國) 관점에서 방역에 접근하면 인종, 국민, 민족, 이념 간 갈등 현상이 출현한다. 코로나19가 글로벌 의제임에도 불구하고 이에 대한 대응은 대부분 일국 차원에서 진행되었다. 국가, 인종, 민족 간 갈등 요인이 심화하는 원인 가운데 하나이다. 예를 들어, 한국에는 중국에서 들어오는 사람들을 부정적인 시각으로 대했다. 중국 내에서도 우한 사람에 대한 사회적 기피 현상이 심각했다. 특정 지역과 특정 국민에 대한 지나친 공격, 확진자에 대한 무차별 비난과 완치자에 대한 사회적 편견이나 경시, 서양 사회에서 나타난 동양인에 대한 비하나 멸시 등이 사회 전반에 확산되었다.

전염병이 확산되는 공포에서 관리와 통제가 국가 단위로 이루어지면서 타국과 타국인에 대한 배제, 격리, 비난, 공격 등이 심화되었다. 인류 보편의 문제를 대처하는 국가 중심적 대응의 당연한 결과라고 할 수 있다. 그리고 그 과정에서 불안 심리와 공포를 이겨내기 위한 일환으로 타인, 타국, 타종교, 타문화에 대한 적대적 공격과 분노가 의도적으로 조장된 측면도 없지 않았다. 한국과 중국 모두 이러한 비판에서 자유롭지 못하다. 반감의 극적인 표출은 방역 실패 책임을 외부로 돌린다는 점에서 매우 정치공학적이다. 또한 인간의 연대 의식과 공동체 의식을 파괴한다는 점에서 국제사회의 역할이 더 중요하다는 점을 일깨워 준다.

4. 방역 성공의 함의

전염병이라는 사회적 위기 상황에서 중국과 한국은 사실상 강력한 리더십에 기초한 동원 체제를 가동했다. 중국은 겨우 10일 만에 1,000명이 넘는 환자를 수용할 수 있는 임시 병원을 만들어냈다. 정상적인 정책 결정 과정에서는 보기 어려운 일이다. 궁(窮)하면 통(通)한다고는 하지만, 이 같은 동원체제는 중국과 같은 강력한 동원형 국가가 아니고서는 사실 불가능하다. 과정은 역동적이었으며 결과는 흥미롭다. 그러나 이는 중국과 같은 권위주의 사회에서나 가능하지 민주사회에서는 오랜 숙의의 시간이 필요하며, 전염병과 같은 위기 상황에서 어쩔 수 없이 권위주의적으로 접근해야 효율적이라는 편견을 갖게 할 수 있어서 위험한 측면이 있다. 결과가 좋다고 과정이 용인되는 것은 민주주의가 아니다.

중국의 조치는 전염병 통제라는 확실한 목표에는 가장 부합하는 접근 방식이었다. 하지만 한국은 다른 방법으로 접근했다. 권위주의가 아닌 자유주의 방식으로 접근했다. 최대한 개인의 자율성을 존중하는 범위 내에서 동의에 기초하여 방역을 진행했다. 방역 당국의 공격적인 검사와 추적이 개인 자율과 충돌한다는 평가도 있다. 그러나 이러한 강력한 조치는 사실 광범위한 개인의 동의가 있었기 때문에 가능했다. 동선 추적 역시 개인정보의 위임이 있었다고 평가할 수 있다. 이러한 위임은 한국이 한층 수월하게 방역에서 성과를 낼 수 있게 했다. 개인은 방역을 위해서 핸드폰 사용 내역, 신용카드 사용 내역, SNS 등 정보 사용을 사실상 위임했다. 정부는 여기에 부합하여 투명하고 개방적으로 방역을 진행했다. 한국 정부는 이를 투명성, 개방성, 민주성으로 모델화하여 'K-방역'이라고 브랜드화했다. 결국 한국의 방역은 중국의 권위주의적인 방식과 달리 시민들의 능동적인 참여에 기초한 자유주의적 접근의 성과라고 평가할 수 있다.

한국은 또한 재난 상황을 예비한 법적 토대 마련에 빨리 나섰다. 사회적 합의를 만들어가는 과정에서 사회 거버넌스의 법적인 토대를 구축하려고 노력했다. 여기에는 사스와 메르스의 경험이 영향을 미쳤다. 중국도 2003년 사스를 겪으면서 대규모 전염병에 대한 위기대응 체계를 미리 준비하고 있었다. 중국과 한국은 정부에 대한 신뢰도가 매우 높다. 중국의 중앙정부 신뢰도는 최근 하버드대학의 조사 결과에 따르면 거의 90%를 넘는다. 한국도 정부의 방역에 대한 신뢰도가 매우 높다. 이렇게 높은 신뢰도는 비록 개인정보의 임의 사용에 대한 반감이 있는 상태에서도 정부의 방역 조치에 따르는 사회적 분위기를 조성했다. 정부도 투명한 정보 공개와 프로세스로 사회적 합의에 호응했다. 위기 상황에서 방역 협력이라는 새로운 거버넌스를 선보였다. 그 결과 방역에서 빠른 검사와 추적으로 전염원 통제, 관리의 성과를 낼 수 있었다.

한중 방역 성공은 정부 능력의 유사성에서도 함의를 찾을 수 있다. 효과적인 발견(effective find), 검사(test), 추적(trace), 격리(isolate), 지원시스템(support system) 등이 일사불란하게 작동했다. 물론 그 과정에서 한중 양국 모두 보고체계 등 개선해야 할 몇 가지 문제점이 발견되었다. 그럼에도 불구하고 양국의 높은 수준의 정부 능력은 방역의 성공을 이끌었다. 한국은 4.15 총선에서 여당 압승으로 나타났고 중국은 빠른 경제회복으로 나타나고 있다. 한중 양국의 방역 성공은 권위주의 정권이든 자유주의 정권이든 정부 능력이 위기 상황에서 사회 거버넌스에 매우 중요한 요소임을 일깨워 준다. 정부 능력은 또한 리더십의 강력한 의지와 행정조직의 효율성에 의해서 더욱 강력한 역할을 발휘한다고 평가할 수 있다. 그럼에도 불구하고 한중 방역 과정에서 몇 가지 과제가 놓여 있다.

5. 협력 과제와 정책제언

첫째, 사생활 보호와 공공 이익에 대한 사회적 합의를 어떻게 마련할 것인가이다. 개인의 프라이버시 침해 논란에 대한 법적 장치를 마련할 필요가 있다. 전염병과 같은 심각한 공공 위기가 발생할 때 감염 경로 추적을 위한 휴대전화, 은행 카드 등 개인정보를 적극적으로 활용한다. 여기에 기초가 되는 개인정보 활용 매뉴얼이나 법률 기반이 마련되어야 한다. 자유주의 사회에서 개인의 합리적 선택과 자율적 판단은 존중되어야 한다. 위기 상황이라고 하더라도 개인정보의 무차별적인 활용은 매우 엄격한 조건하에서 진행되어야 한다. 물론 사회적 합의가 전제되어야 한다. 한국이나 중국처럼 문화적 요인에 기초해서 국가 및 리더십에 대한 자발적 동의가 서양에 비해 용이하다고 해도 어디까지나 법적인 기반에서 만들어진 합의여야 한다.

둘째, 개인 자율과 공공 이익의 차원에서 개인의 일탈을 어떻게 다룰 것인지도 사회적 합의가 필요하다. 개인의 종교적 신념과 이익에 기초한 개인 일탈이 방역을 어렵게 한 사례는 수도 없이 많다. 이러한 일탈에 대한 사회적 제재 내지 단죄는 대부분 공격적인 비난이나 공격 등이 주류를 이루고 있다. 개인 일탈을 사회적 합의를 통해 제약하는 사회 공동체의 법적 제약 노력이 필요하다. 공동체 구성원들의 합의 도출을 위한 사회 거버넌스가 필요하다. 공포와 혼란을 외부로 돌리기 위한 타인, 타 민족, 타 종교, 타 국가에 대한 공격성은 결국 사회 공동체뿐만 아니라 글로벌 인류 공동체의 건전하고 안정적인 발전에도 전혀 도움이 되지 않는다.

셋째, 이 과정에서 종교의 역할을 다시 생각해야 한다. 한국처럼 종교가 마치 사회적 일탈의 주체와 같이 되어서는 안된다. 오히려 종교적 차원에서 갈등과 대립을 완화하고 통합과 화합을 마련하는 역할을 종교가 수행해야 한다. 이러한 종교의 역할은 비록 일국 단위에서 방역이 이루어진다고 해도 그 성격이 바로 인간안보에 관련된 인류보편의 문제라는 점에서 종교도 인류 보편의 문제에서 보다 거시적인 시각이 필요하다. 특히 종교의 정치화, 신앙의 정치화는 사회 통합에 전혀 도움이 되지 않는다는 점을 인식해야 한다.

넷째, 전염병이라는 글로벌 위기 상황에서 일국 방역의 한계를 극복하는 노력을 기울여야 한다. 중국은 마스크 외교를 통해서 일국 방역의 한계를 극복하려고 노력했고 한국도 외국 이민자들에 대한 방역에 주의를 기울였다. 그럼에도 불구하고 사각지대가 존재했다. 중국은 마스크 외교가 오히려 책임국과 발원국이라는 비난을 피해가려는 술책이라고 비판받고, 한국도 일국 차원 방역에서 소외되는 이민자를 포함한 사회적 약자가 발견되었다. 이 모두 일국 방역 과정에서 나타난 오류들이다. 이에 대한 보완 노력이 필요하다.

다섯째, 전염병 확산이 계속되면서 교육에서 격차가 현저해지고 있다. 경제적 부의 차이는 교육 기회의 차이로 연결되고 있고 대면 교육이 줄어들면서 공교육의 위기가 발생하고 있다. 등교 수업이 제한된 상황에서 교육 자원에 접근하기 어려운 사회적 약자들에게는 교육 격차의 확대가 나타나고 있다. 코로나19와 같이 전염병이 팬데믹으로 확산되고 등교수업과 대면수업이 줄어든 상황에서 사회구성원의 교육 격차는 미래 교육에 빨간불이다. 교육 격차가 개인의 경제적 차이에 따라 심화되는 사회구조적 요인을 제거하는 노력이 요구된다.

한국과 중국은 방역 과정에서 상당한 성과를 거두고 있다. 이를 기회로 한중이 더욱 협력 관계를 강화할 필요가 있다. 그러기 위해서는 몇 가지 정책을 고려할 필요가 있다.

첫째, 양국 방역의 성공 요인을 명확하게 정리하고 매뉴얼로 만들어 다른 사례에 적용할 수 있도록 표준화 작업을 진행해야 한다. 방역 관계자, 전문가 등이 상시적으로 의견을 교환하고 역내에서부터 실천 가능한 양국 방역의 성과를 체계화할 필요가 있다. 한국이 제안한 동북아 방역 공동체는 하나의 좋은 예이다.

둘째, 한국과 중국은 방역 성공에도 불구하고 양국 간 국가와 국민에 대한 이미지는 매우 나빠졌다. 특히 한국의 대중국 이미지는 수교 이후 가장 나쁜 수준에 이르고 있다. 양국 간 고위급 관계가 아무리 빈번하게 벌어지고 교류와 협력이 이루어진다고 해도 양국 국민의 마음을 서로 얻지 못하면 한중관계는 매우 어려운 상황으로 빠지게 된다. 따라서 고위급 교류 못지않게 저위급 교류를 활성화시켜서 양국의 상호 이미지 개선에 정책의 우선순위를 둬야한다. 마음의 불신을 간직하고서 깊이 있고 안정된 교류와 협력을 이룰 수는 없기 때문이다.

셋째, 공공외교의 내용을 좀 더 심화하여 상대국 안에 체류하고 있는 양국 국민들에 대한 관심을 더욱 기울여야 한다. 한중 양국은 현재 자국 내 취업 이민, 학업 이민, 결혼 이민 등 다양한 유형의 상대국 국민들이 거주하고 있다. 이들에 대한 관심을 더욱 강화하고 공공외교 또한 이들에 대한 관심 확대로 연결될 수 있도록 노력해야 한다. 자국 내 거주하는 상대국 국민들에 대해서 더욱 많은 관심과 배려가 있어야 한다. 이들은 자신들이 원해서 거주하는 만큼 한중 이미지 개선에도 훨씬 빠르고 큰 효과를 볼 수 있는 집단이다. 그동안 이들에 소홀했다면 앞으로 이들에 대한 관심을 더욱 증대하는 방향으로 공공외교를 다시 짜야 한다.

넷째, 한중 양국은 방역 과정에서 여러 가지를 경험했다. 예를 들어 국가와 개인, 개인 일탈, 교육 격차, 이미지 악화, 사회적 편견, 집단 따돌림, 종교와 사회, 공공 이익과 개인 선택, 외부인에 대한 인식 등이다. 또한 글로벌 위기 상황이 발생했을 때 일국 단위 대응의 어려움과 국제 협력의 필요성 등도 경험했다. 한중 양국은 이와 같은 경험을 농축하여 사회 거버넌스 차원에서 어떻게 대안을 마련할지 고민해야 한다. 한중 양국이 경험한 문제들이라 함께 답을 찾는 협력이 요구된다. 한중 양국이 지혜를 모아 대안을 마련한다면 그 자체로 국제 사회에 큰 기여를 하는 것이다.

중국의 코로나19 통제 전략

진산산(金姍姍)[*]

　코로나19는 근 2세기 동안 인류가 겪은 감염병 중에서 감염 전파 속도가 가장 빠르고, 감염 범위가 가장 넓으며 통제가 가장 어려운 감염병이다. 세계보건기구(WHO)는 이를 팬데믹(Pandemic, 감염병 대유행)으로 규정하고, 전세계 인류의 생명과 안전을 위협하는 '국제 공중위생 사건'으로 평가했다. 세계 각국은 각자의 경제구조와 가치에 따라 각기 다른 패턴으로 코로나19를 통제하고 있다. 중국 정부는 중앙에서 기층조직까지, 그리고 정부에서 민중에 이르는 정부연합통제 및 기층사회군의 통제가 결합된 총체적인 통제 모델을 점차 형성하고 있다.

1. 중국의 코로나19 방역 거버넌스 배경

　의학적 측면에서 보면 코로나19의 가장 큰 특징은 고도의 불확실성이다.

---

* 저장사범대학교 법정학원 부교수

감염고리의 시작점이 지금까지 확인되지 않았으며, 중간 숙주에 대한 정론도 아직 없다. 또한 바이러스의 잠복기간은 기존의 연구결과를 뒤집었으며, 진단기준 역시 수차례 변경되면서 임상진단근거의 위상이 높아졌다. 그리고 무증상 감염자와 완치자의 재감염 현상도 존재한다. 이처럼 이번 코로나19 감염 사태에 대한 일반인들의 인식이 하나씩 깨지고 있으며, 이 고도로 불확실한 감염 바이러스는 인류의 생명과 사회의 근간을 크게 훼손시켰다.

하지만 중국이 마주한 불확실성의 수준은 타국들과는 전혀 다르다. 앤서니 기든스(Anthony Giddens)는 일찍이 사회변화가 불확실성의 증가를 가져와 현대 사회가 사회적 위험에 빠지게 될 것이라고 경고했다. 개혁개방 이후 중국은 주목할 만한 세 가지의 역사적 변혁이 있었다. 첫째는 도시화 변혁이다. 중국인들이 시골에서 도시로 모여드는 과정은 공간적인 변화일 뿐 아니라 사회적 기능과 지배 관계의 재구성이기도 하다. 도시화로 집적된 사람들과 자원은 공중보건 서비스와 감염병 방지에 집중할 수 있는 역량인 동시에 '바이러스 육성의 온상'이 되기도 한다. 최근 몇 년간 중국이 도시 간의 장벽을 허물기 위해 추진해 온 고속철 건설은 감염병 예방과 통제의 어려움을 가중시키고 있다. 두 번째 변혁은 도시화와 더불어 기술 진보와 산업 발전을 의미하는 정보화의 변혁이다. 정보화의 물결 속에서 오히려 감염병에 대한 비이성적인 공포가 생겨나 공공의료에 영향을 줄 수 있다. 또 18대 공산당이 들어서면서 도시화와 정보화를 막론하고 모두 국가 통치시스템과 통치능력의 현대화라는 거대한 제도와 체제 아래에 놓이게 되었다. 마지막으로, 중국은 국가의 통일된 의료자원의 동원능력이나 감염병 예방과 통제 과정에서 의존할 수 있는 법률체제와 관리체계 및 각급 정부의 전문성과 집행력에도 큰 변화가 있었다.

그럼에도 불구하고, 전문적인 분업을 지향하는 수직적 관리구조와 지방정부에 대한 행정관리를 지향하는 수평적인 부서구조를 중대한 감염병이 발생했을 때 어떻게 신속하고 효율적으로 통합할 수 있는지는 중국 공공위기 관리의 오래된 난제였다. 하지만 세 차례의 역사적 변혁의 누적적 성과는, 세가지 변혁을 유기적으로 연결시켜 중국의 공공위기 관리 틀이 재구성되도록 만들었다. 그리고 현재 코로나19의 제어는 하나의 구체적 실천으로써 전체 틀 속에 내장되어 있다. 아래 〈그림 1〉은 도시화 및 정보화의 국가관리 현대화의 관계를 그린 것이다.

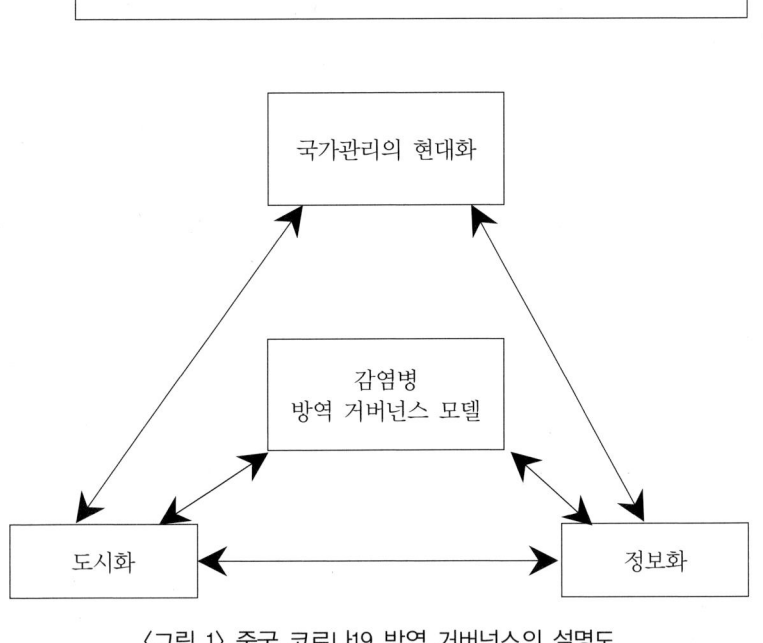

〈그림 1〉 중국 코로나19 방역 거버넌스의 설명도

도시화, 정보화 및 국가관리 현대화의 3대 변혁이 겹치면서 감염병의 발원, 발견, 경보, 대응, 처리 등은 모두 사회, 정치, 문화적 함의를 지니게 되었다. 감염병 방역 거버넌스에 관한 문제는 이미 감염병학과 보건경제학의 범주를 넘어 점차 매체 전파, 공공자원 분배, 윤리·도덕적 판단, 지역사회의 자치, 응급관리체계와 공공선택 등 복잡한 문제를 안고 있다. 그래서 리텔(Rittel) 등은 감염병 방역 거버넌스와 같은 공공 위기관리를 해결하기 어려운 '까다로운 문제'라고 규정하는 것이다.

2. 코로나19 통제를 위한 중국의 전략 : 총체적 관리

이런 '까다로운 문제'에 대해 중국은 자부할만한 답을 내놓았다. 첫 번째는 감염 취약층에 대한 보호가 이루어졌다는 것이다. 막대한 사회·경제적 대가를 치러 전파 경로를 차단하고 전염원을 통제했으며, 우한(武漢)을 중심으로 하는 전국의 감염병 전파를 신속하게 차단하여 상시적인 방역 거버넌스와 경제사회 발전의 두 마리 토끼를 모두 잡겠다는 것이다. 두 번째는 완치를 위한 무상의료가 발동했다는 것이다. 중국은 완치와 무상의료를 원칙으로 치료율과 완치율을 높여 질병 사망률과 의료진 감염률을 낮추는 데 전력을 기울이고 있다. 330여 개의 의료조와 의료진 4만 천여 명을 우한으로 파견하고, 코로나19 확진자 치료를 위해 레이선산(뇌신산, 雷神山)과 훠선산(화신산, 火神山)에 병원 2개를 지었다. 세 번째는 국제적 의무에 책임을 다하는 모습을 보여주었다. 이번 코로나19 발생 이후 중국의 과학기술자들은 신속하게 코로나19 바이러스를 분리해 유전자 염기서열을 공개하고 진단 시약·키트를 개발하여 세계에 공표하였다. 중국의 전문가 조직은 방역 물자를 가지고 이탈리아, 이란, 이라크 등의 나라에 '중국방안'을 전달했다. 2020년 10월 9일에 중국은 코로나19 백신 글로벌 프로젝트인 '코백스 퍼실리티(COVAX Facility)'에 공식 가입하였으며, 코로나19 백신 개발에 성공하면 세계 공공재로 개발도상국에 우선 공급하겠다고 공언하였다.

세계보건기구(WHO)는 중국의 이러한 조치가 바이러스 전파 통제에 가장 효과적인 조치라고 극찬하면서, 전 세계에 중국식 모델을 본받으라고 촉구했다. 중앙에서 기층조직까지, 그리고 정부에서 민중에 이르기까지, 정부의 연합통제 및 방역과 기층사회의 상호부조적 방역이 결합된 중국의 총체적인 통제 모델이 이를 뒷받침한다. 중국 정부는 방역을 '인민전쟁, 총력전, 저격전'으로 규정하고 전국이 하나 되어 코로나19 방역을 위해 힘쓰고 있다.

3. 중국의 총체적 방역 거버넌스는 어떻게 실현되고 있는가?

중국의 총체적 방역 거버넌스 모델은 강력한 국가와 동원 사회의 결합을 통해 감염병 통제와 사회 질서에 대한 강력한 통제를 형성한다. 이 통제는 기층사회에 대한 연계만을 강조하는 것만이 아니라 관료체계의 지휘 및 공공위기 자체에 대한 통제력 강화이다. 물론, 이러한 총체적 거버넌스방식은 실질적으로 위기에 대응하기 위한 임시형태이며 사회거버넌스의 일상적 형태는 아니다.

1) 권위 분포상의 총체적 권위

시진핑 총서기는 코로나19 관련부서를 직접 배치하고 지휘하였으며, 여러 차례 회의를 열어 보고를 받고 중요한 지시를 내렸다. 2020년 1월 25일, 중앙 정치국 상무위원회는 회의를 열어 감염병 발생에 대비한 실무조를 구성하여 중앙정치국 상무위원회 지도하에 업무를 전개하기로 결정했다. 당 중앙위는 후베이(湖北)성 등 감염병이 심한 지역에 지도조를 파견하여 지역의 감염병 방역 거버넌스를 전면적으로 강화하기로 했다. 중앙 감염병 대응 영도소조 조장은 리커창(李克强) 총리, 부조장은 왕후닝(王湖寧) 정치국 상무위원이다.

영도소조 출범 이후, 상황 변화에 따른 맞춤형 감염병 통제의 검토가 이뤄지고 있다. 1월 27일, 쑨춘란(孫春蘭) 국무원 부총리가 중앙지도조를 이끌고 우한에 도착하여 방역활동, 물자전달, 감사, 정보공개 등 다양한 방면에서 현안을 해결하고 있다.

중앙 대응 영도소조 출범 이후, 국가위생건강위원회가 주도하여 만들던 공동방호통제 체계도 국무원 연합방호제로 개편되었다. 국무원 연합방호체계 산하의 종합조, 의료구제조, 의료물자보장조, 생활물자보장조, 과학연구공관조, 감염병 통제조 등은 조장 단위로 업무를 주도하여 감염병 분석연구, 환자 의료구제, 약품 및 물자 제공 보장, 의료 인력의 안전 보장, 시장 공급 보장, 여론 유도, 사회조직역량동원, 사회적 안정 유지 등의 문제에 대한 연합방호통제를 실시했다.

또한 국무원이 신종 코로나 바이러스 감염에 대비한 합동방호체계인 30개의 작업지도조를 파견하여 지역 방역에 전면 참여하도록 하였으며, 지역관리의 원칙에 따라 지역의 감염 상황을 분석 연구하는 것에 협조하는 한편, 업무 지도와 감독을 강화하고 보고와 연락체계를 잘 활용하여 방역 업무상 제기되는 문제들을 해결하도록 했다. 국무원의 각 부서는 그에 상응하여 감염병 예방지도조를 세웠다. 국가위생건강위원회의 경우 산하에 종합조, 정보조, 방역조 등의 부서를 두었다.

이로써 중대 사안에 대한 연구부서인 중앙대응 태스크포스(TF)와 국무원 합동방호통제체제의 조정 및 조율을 담당하는 조직지도체제(그림2 참조)가 형성되었다. 2020년 2월 3일, 시진핑 총서기는 중앙정치국상무위원회에서 "중앙대응 태스크포스는 여러 차례 회의를 열어 전염병 통제 관련 업무 배치를 검토하며, 지도조도 적극적으로 움직여야 한다. 국무원 합동방호통제제제는 협조와 관리체계를 강화하여 방호업무에서 직면한 긴박한 문제들을 즉시 해결할 수 있도록 한다. 또한 관련 부서는 각자의 역할을 잘 수행하고, 군은 지

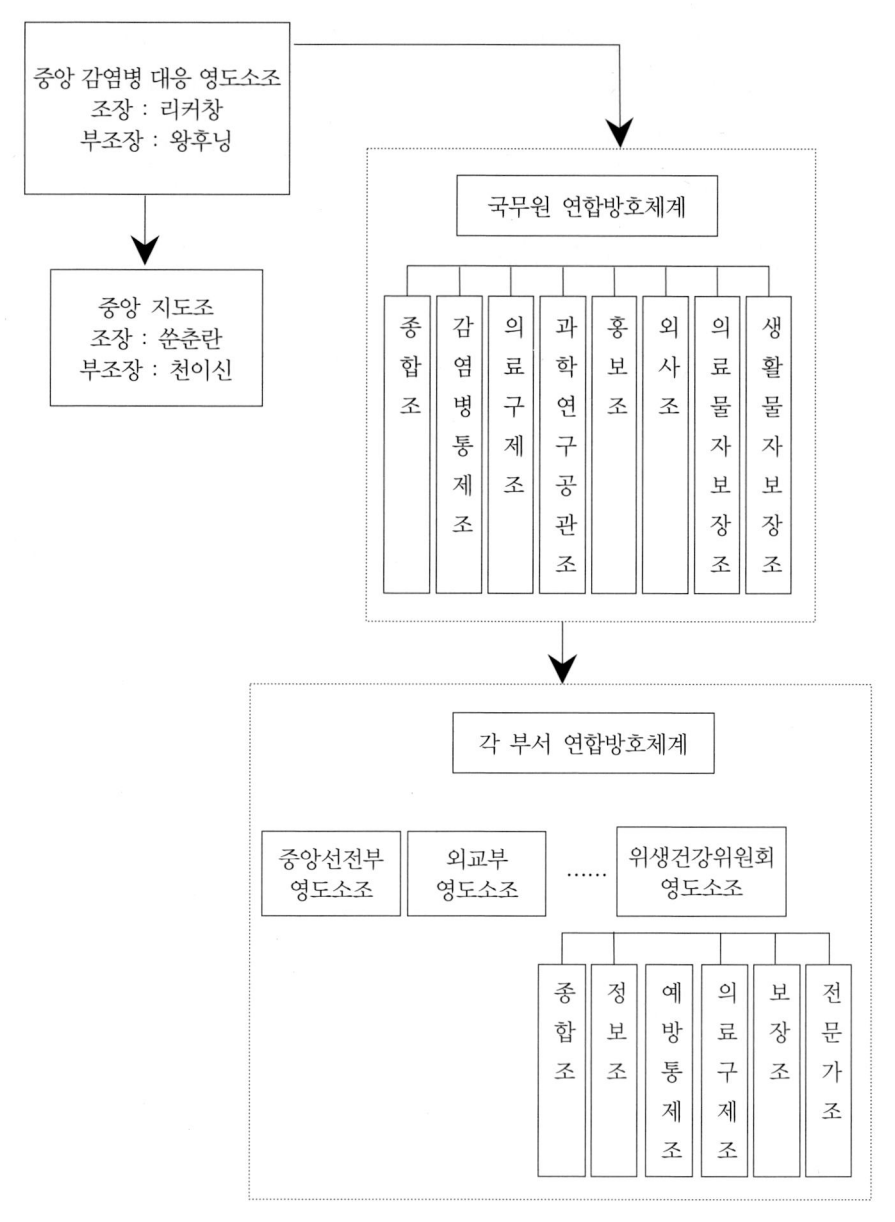

〈그림 2〉 중국 중앙정부 방역조직

역 감염 예방을 위해 적극 지원한다"고 말했다.

이러한 '당 위원회의 직접 지도 및 부서의 합동방호통제' 모델은 당정 간의 권력과 책임 배치를 위해 당 중앙위가 대응 태스크포스를 구성해 직접적으로 의사를 결정하고 감염병 발생 상황에 관한 대응 업무의 의사결정과 배치도 직접 결정한다. 또한 정부는 당의 의사결정배치를 책임지고 실현한다. 부처 간 권력과 책임 배치에 대해서는 국무원 차원의 감염병 대응 합동통체체제를 구성하고, 부처 간 협조를 통해 감염병 대응 업무를 조율한다. 이로써 중국 공산당의 총체적인 권위가 확보되었다.

2) 논리적인 동원 질서 구축

최종적인 권위의 결정은 기층, 개체에서 그리고 중국 공산당의 근본적인 사업노선과 군중노선으로 실현된다. 군중노선은 기층 사회를 추동하여 동원 체제를 가동시키는 것이며, 군집 방호체제는 당의 군중노선이 기층 사회의 감염병 예방 활동 과정에서 구현된 것으로, 감염병을 예방하는 일종의 사회 동원과 같은 통제 체제이다.

물론 군집 방호체제는 중국 공산당의 역사적으로 전통적인 질병 퇴치법이었다. 1952년 마오쩌둥은 "동원하여 위생을 연구하고 질병을 감소시켜 건강 수준을 높이고 적의 세균전쟁을 분쇄하자"고 호소하였다. 이후 곳곳에 '제사 해 운동(除四害運動)'[1]이라는 대중적인 위생운동이 급속히 확산되면서 감염병 퇴치에 군집이 처음 등장하여 큰 성공을 거두었다. 또한 군집제는 중국의 질병 방역 거버넌스의 법정 방식이라는 점도 주목할 만하다. 중국 〈돌발공중위생사태 긴급조례〉 제40조에서 군집성 예방에 대해 구체적으로 다음과 같이 설명하고 있다. "감염병이 폭발적으로 발생하고 유행할 경우, 거리 및 향진,

---

1) 편집자 주: 대약진 운동 시기 네 가지 해로운 것. 즉 모기, 파리, 쥐, 참새를 제거하자는 운동.

주민 위원회와 마을민간위원회 등이 힘을 합쳐 집단 예방·통제를 실시하고, 보건행정 주부서와 다른 관계부서는 서로 협조하여 의료위생기구가 감염병 상황에 대한 정보를 수집하고 보고할 수 있도록 하며, 인원의 분산과 격리 및 공공위생조치의 업무 실행을 위해 주민들에게 감염병 예방에 관한 지식을 알려야 한다."

지역사회 방역이라는 사회의 기본적 측면을 파악하고, 격자식(網格化) 통제 방식을 채택하여, 지역사회의 감염병 퇴치 체계를 수립했다. 그물망 식의 엄격한 검사로 지역 내에서 코로나19 발생 상황을 조기에 발견하여 즉시 보고하고, 확진자와 감염 의심환자를 의료기관으로 보내 건강한 사람들과 격리하여 치료하고 지역 내 사람들 간의 바이러스 전파 경로를 차단하고 확산을 통제했다. 필요한 경우, 지역사회 폐쇄 조치를 통해 바이러스의 지역사회 유입을 막고 소외계층과 폐쇄 상태에 있는 주민에게 서비스를 제공하였다. 이로써 격자식 관리가 업그레이드되었으며, 거리-거주위원회와 향진-마을위원회를 주체로 하고 당정 기관의 역량을 바탕으로 지역사회의 '슈퍼방역격자'(超級網格) 체계를 구축하였다. 그리고 이러한 신종 코로나 바이러스 통제 활동 중 군중 노선은 실제적으로 군중에 영향을 미치는 방법이자 수단으로 기능하였다.

3) 통합방식의 지배적 통합

감염병 통제 기간 중 중국 공산당은 '총체적 지배'라는 지위에 기초하여 중요자원의 장악을 바탕으로 사회의 전면적 통합을 이루었다. 약품과 생활필수품을 집중적으로 구매, 배송, 배포하였으며, 신강(新疆)의 과일, 동북의 쌀, 산동의 채소 및 기타 지역의 일부 구호물자가 연이어 중대 재해 지역으로 보내졌고, 중앙정부조직은 이를 19개의 성에 맞춤 지원하였다. 전력, 통신, 식량과 식용유, 항공운항 등의 대형 국영기업부터 화웨이(華爲), 알리바바(阿裏巴巴), 텅쉰(騰訊), 징둥(京東) 등 대형 민간기업까지 모두 자원 통합 대열에 합류했다.

국가는 거의 모든 중요자원을 독점하고 있는데, 이러한 자원은 물질 재산뿐만 아니라 정보자원도 포함된다. 국가위생건강위원회와 지역위생건강위원회가 감염병 정보의 발표를 책임지며, 중국 질병통제센터와 지방 질병통제센터는 감염병 상황의 정보수집과 취합을 책임지고, 주보(周報), 월보(月報)와 연보(年報)로 국가 위생건강 위원회에 보고한다.

중국은 코로나19 발생에 따른 총체적 방역 거버넌스 장치로 격자화와 계층화 및 수직화 관리를 결합했다.

첫 번째는 격자화 관리이다. 지역사회, 마을, 기업체 등은 모두 방역격자의 구성요소가 되며, 이러한 격자의 각 요소들은 책임감 있게 각각 자신들의 경계를 잘 지켜, 타 지역으로의 감염병 전파를 예방하고 내부적인 홍보, 동원, 검사를 철저히 하여 14억 인구의 중국인 모두가 방역 격자 내에 포함되게 만드는 것이 방역이 성공할 수 있는 기본 조건이다.

두 번째는 계층화 관리이다. 중앙의 전략적인 배치, 국가적 의지와 각 지역의 구체적 상황을 결합하여 시행하려면 반드시 계층화 분업으로 진행해야 한다. 물자이동, 교통통제, 정보취합, 질서보장 등의 사회 관리기능을 구체적인 기능과 특성에 따라 계층화하여 사회화의 기능을 계층관리로 귀결해야 한다.

마지막으로는 수직화 관리이다. 각 지방의 위생건강위원회는 더이상 여러 부서에 보고할 필요가 없고, 국가위생건강위원회로만 보고하면 된다. 이로써 전문가들이 연구한 사회통제 가이드라인과 사회행정관리 전문가들의 가이드라인을 늘려 전문가관리와 행정관리의 결합을 더욱 심화시킬 수 있었다.

이처럼 코로나19의 방역 거버넌스는 격자화, 계층화, 수직화 관리의 과학적인 구분과 유기적인 결합을 통해 국가의 통제 능력을 상승시킬 수 있게 되었다. 다만 유의해야 할 지점은, 비록 방역 거버넌스의 방식과 군집통제가 효율이 높기는 하지만, 이들은 모두 위기 발생 이후의 위기통제에 강점이 있는 것이지 위기예방에 강점이 있는 방법까지는 아니라는 사실이다.

IV

한반도 평화의 모색

코로나 이후 한반도 평화 기획

이정철(李貞澈)*

『폴리티코』라는 정치 저널 3월 호에 실린 글은 코로나 이후의 세상에 대해 많은 시사점을 제시하고 있다. 이 흥미로운 글은 코로나 바이러스가 세계를 영원히 바꿀 것이라는 전망으로 34가지의 예측들을 해 놓았는데, 그중 새로운 유형의 애국주의가 나타날 것이라는 예측이 있다. 미국 중심의 군사질서 체제가 바뀌면서 Health warrior, 즉 방역군 혹은 방역 전사 체제가 등장할 수도 있다는 예측이 그것이다. 그 외에도 우리가 그동안 지키고 살아왔던 룰이 더 이상 적용이 안 될 것이라는 예측이 있는데, 우리가 그동안 생각해왔던 글로벌 질서가 그대로 돌아가지 않을 것이라는 설명이다. 아울러 이 글은 향후 "The tyranny of habit", 즉 우리가 습관적으로 해왔던 것들에 전제정(專制政)이라는 표현을 붙여 내가 결정할 수 없었던 습관적 행동들이 더 이상 유효하지 않을 것으로 해석하고 있다. 코로나가 바꿀 미래의 일단을 보여주는 글이라는 점에서 일독을 권한다.

* 숭실대학교 정치외교학과 교수

1. K-방역

사실 코로나 위기 이후 한국 방역모델에 대한 논의가 많은데, K-방역의 핵심은 혐오와의 전쟁을 통해서 체계적인 글로벌 질서를 유지하는 책무를 그대로 가져가면서 외국인들과의 교류를 유지하고 또 우리 국민들에게 투명하게 정보를 공개하는 민주주의적 방역모델을 의미하는 것으로 받아들여지고 있다. 이 과정은 한국인에게 "우리가 큰 나라 사이에서 과연 무엇을 할 수 있겠는가"라는 체념과 자괴감들을 떨쳐내기 시작한 계기가 되었다. 그리고 이를 외교에도 적용하면 우리가 무엇인가를 할 수 있는 시기가 왔다는 자각이 확산되고 있다고 얘기할 수 있다.

2019년 3.1절 연설에서 문재인 대통령은 중요한 표현인 "새로운 백년을 우리 스스로 개척해야 된다"는 문구를 통해 모종의 의지를 표명했다. 이는 우리가 오랫동안 짓눌려온 식민사관을 극복해야 한다는 대전제에서 나온 개념이다. 즉, 우리가 패배한 민족이고, 남의 지배를 받았던 민족이고, 스스로 근대화를 하지 못했고, 선진국이 우리 근대화를 도와줘서 성장했다는 자괴감을 걷어내는 작업의 시작인 것이다. 달리 말하면 50대, 60대, 70대로 갈수록 "tyranny of habit"이 강하지만, 30대, 20대, 10대로 내려갈수록 거기서 자유롭다는 현실에서 출발하자는 의미로 이해된다. 여기에서 대통령이 강조하는 것은 바로 그 젊은 에너지로 미래 백 년을 개척하자는 얘기였다. 거기에 평화경제의 선순환을 만들어가자, 남북관계와 국제질서의 선순환을 만들어가자, 어렵지만 시작해야 한다는 메시지였던 것이다.

2. 새로운 한반도와 인간안보

상술한 3.1절 연설에서 대통령은 신한반도 체제를 다음과 같이 얘기하였다. "이제 새로운 100년은 과거와 질적으로 다른 100년이 될 것입니다. 신(新)한반도체제로 담대하게 전환해 통일을 준비해 나가겠습니다. 신한반도체제는 우리가 주도하는 100년의 질서입니다." 그리고 같은 해 5월 프랑크푸르트 『알마이네 차이퉁』紙 기고글에서 대통령은 신한반도 체제가 평범한 사람들이 만드는 체제, 엘리트가 만드는 체제가 아니라 투명하고 민주적인 시민들이 나서는 미래체제라고 선언하였다. 우리는 그간 수동적인 냉전질서에 살았지만 이를 능동적인 평화질서로 전환하고, 스스로 운명을 개척하여 평범한 사람들이 자기 운명의 주인이 되는 세상을 만들어야 한다고 한 것이다. 다시 말해 평화경제를 통해 선순환 구조를 만들어 사람, 평화, 번영의 공동체를 만들겠다는 것이다. 이어 대통령은 오슬로로 가서 '국민을 위한 평화'를 역설하였다. 거기서 "우리의 평화는 일상을 바꾸는 적극적 평화입니다. 저는 이것을 국민을 위한 평화로 부르고 싶습니다"라고 하면서 새로운 100년 질서에 대한 상을 제시해왔다. 이후 2019년 8.15 광복절 연설에서 대통령은 "우리의 역량을 더 이상 분단에 소모할 수 없습니다. 평화경제에 우리가 가진 모든 것을 쏟아 부어 새로운 한반도의 문을 활짝 열겠습니다"라고 하며 신한반도 체제라는 표현 대신에 '새로운 한반도'라는 표현을 사용하기 시작했다.

이후 한국정부는 '남북이 함께하는 평화경제'라는 발언을 일관되게 하고 있다. 그리고 이제 비전통적인 안보위협. 초국경적 협력이라는 이야기를 하면서 북한과도 보건분야 협력 얘기를 하고 사람과 가축의 감염병 확산에 남북이 같이 가자는 이야기를 해서 비전통적 안보위협에 대응하자라는 화두를 던지고 있다. 남북이 협력해야 하는 평화체제 구축에 국가안보나 비핵화와 같이 큰 담론만 있는 것이 아니라 비전통적 안보인 환경, 재해, 감염 등의 문제까지도 존재하고 있으며, 오히려 그런 협력의 플랫폼으로서 한국이 지닌 능력과 기능을 더욱 강조하기 위함이었다.

2020년 5월 문대통령은 '인간안보'라는 표현을 쓰기 시작한다. 전통적인 군사안보에서 재난, 질병, 환경 문제 등 안전을 위협하는 모든 요인에 대처하는 '인간안보'로 논의를 확장하였다. 대통령은 취임 3주년 연설에서 "인간안보라는 공동의 목표를 향해 나가도록 주도적 역할을 하겠습니다. 남과 북도 인간안보에 협력하여 하나의 생명공동체가 되고 평화공동체로 나아가길 희망합니다"라며 드디어 평화 이슈와 평화 아젠다의 내용을 인간안보라는 개념으로까지 확장시켰다. 너무 큰 담론인 국가안보, 군사안보만 생각하는 안보개념에서 이제는 인간안보 개념이 '새로운 한반도의 중요한 아젠다'라는 얘기를 던지기 시작한 것이다. 코로나19의 대응 과정에서 K-방역 모델을 창출한 경험에 근거해 한국이 인간안보라는 개념을 통해 평화 모델을 확장하겠다는 의지를 밝힌 것이다.

3. 한국형 평화

파라벨룸(Para bellum)이란 단어가 있다. "평화를 원한다면 전쟁을 준비하라"라는 중요한 안보론이자 정치 담론으로, 바로 베게티우스의 명언이다. 그러나 한반도에서 이 단어는 파라파켐(Para Pacem), 즉 "평화를 원한다면 평화를 준비하라"로 바뀌어야 한다. 물론 전통적인 안보론에서는 파라벨룸이 맞지만, 현재 한반도에서 평화를 위해 전쟁을 준비하던 시기는 지나고 있다. 즉 "평화를 원하면 평화를 준비"해야 하는 시기가 왔다는 게 신한반도 체제가 갖고 있는 문제의식의 핵심이다. 9·19 남북 군사합의서야말로 파라파켐, 즉 "평화를 원해서 평화를 준비"하는 남북군사합의서인 것이다.

과거 한반도에서 평화를 원하면 북한이 우리를 공격하지 못하도록 사드 (THAAD)를 강화하고, F-35를 도입하고, 미국의 전술핵무기를 들여오고 확장 하는 능력을 갖추는 등 전쟁을 준비해야 했다면, 이젠 반대로 가야 한다. 즉, 평화를 원하면 북한과 협상을 하고, 평화를 원하면 서로를 자극하지 않고, 평 화를 원하면 이루어진 합의를 지켜나가고, 평화를 원하면 서로 경제협력을 하는 것이 바로 국민을 위한 평화이고, 오슬로 연설에 담긴 얘기이며, 이는 또한 평화배당금에 대한 얘기이기도 하다. 평화를 위해서 우리가 투자를 하 고 그 투자가 국민들한테 10년, 20년, 30년 뒤 혜택으로 돌아간다는 것, 이것 이 바로 배당금 개념이다. 그래서 평화 배당금 개념을 우리 국민들이 체득하 고 체감할 수 있게 만들자는 게 오슬로 연설의 국민을 위한 평화에 담긴 내용 이다. 그래서 이제는 평화를 위해서 평화를 준비하는 시기가 됐고 거기에 베 게티우스의 정말 중요한 격언인 전쟁을 준비하는 단계를 넘어서, "평화를 원 하면 평화를 준비하자"는 얘기가 한국형 평화의 중심 주제가 되어야 한다는 것이다.

원래 안보론의 철학은 리스크를 관리하고 위험을 회피하는 데 있다. 그런 데 평화론의 철학은 기업가 정신이다. 즉 리스크 테이킹(risk taking)의 철학인 것이다. 상대방이 나를 공격할지도 모르는데 어떻게 평화를 추구할 수 있는 가? 이것이 리스크 관리형 철학인 것이다. 못 믿는 상대를 대상으로 어떻게 악수를 할 수 있는가라는, 안보 딜레마에 근거한 리스크 관리형 체제가 안보 론의 정신이다. 하지만 평화론과 평화학의 정신은 비록 상대를 못 믿지만 내 가 악수를 청하면 상대도 피할 수 없을 것이라는 위험 감수형 전략에서 시작 한다. 조금 마찰이 생기더라도 내가 부둥켜안으면 평화가 될 것이라는 리스 크 테이킹의 접근법인 것이다. 이 점에서 평화학과 안보학은 근본적으로 다 른 메타철학을 갖고 있는 것이다. 한국은 그동안에 너무 오랫동안 리스크 관 리만 해왔는데 이제는 평화를 위한 리스크 감수 전략을 수립할 때가 됐다. 기업가 정신을 발휘해서 한반도에 플랫폼을 만들기 위해서 뭔가를 던질 때가 됐다는 것이다. 평화경제론이라는 것, 대통령이 얘기한 적극적 평화, 오슬로 연설에서 적극적 평화가 가진 메타철학적 함의는 이런 것이다. 군사합의서를 지키는 건 그래서 그것이 현재 가장 중요한 과제로 되는 이유이다.

4. 플랫폼 전략의 성공 과제[1]

신한반도체제 이전까지의 문재인 정부의 외교 전략은 '남북관계의 평화적 관리를 기반으로 한 안정적 4강 외교' 정도의 현상유지 전략으로 평가할 수 있다. 이는 앞서 보았듯이 가교국가, 교량국가, 플랫폼 전략 등으로 드러나고 있으나 신남방정책 외에는 구체적인 전략 방향이 일사불란하게 집행되고 있는 수준은 아니다. 현재 한국 정부의 플랫폼 전략에 대해 미·중·일 모두가 지지하고 있지 않은 상태이며 특히 가장 노골적인 비판에 나선 것은 일본 정부다. 일본의 한국 정부에 대한 도발은 한국의 플랫폼 전략이 가져올 일본의 주변부화를 선제적으로 방지하는 데 있다. 일본이 올림픽 등의 국제 환경으로 인해 중국 위협론, 북한 위협론이라는 두 가지 전통적 위협론을 사용하기 어렵게 됨에 따라 아베 정부가 참의원 선거에서 두 가지 위협론의 대체재로 한국 때리기 전략을 구사한 것이 지난해 7월 한일 반도체 분쟁이었다. 한편 미국 역시 한국에 대한 비용청구를 통해 한국의 플랫폼 전략을 견제하고 있다. 미국의 대한국 비용청구는 호르무즈 해협 파병, 방위비 분담금 증액, GSOMIA 유지 압박, 중거리 미사일 배치론, 남북관계 동결 요구 등 다양한 형태로 나타나고 있다. 중국 역시 북한에 대한 한국의 과잉 접근을 경계하고 한

---

1) 동 파트는 『세계 질서의 변화를 읽는 7개의 시선』, 메디치미디어에 실린 필자의 글을 수정한 것이다.

국의 플랫폼 전략의 성공 조건으로 일대일로 참여와 사드 해결 등을 묵시적으로 제시하고 있다. 향후 중국은 중거리 미사일 배치 문제에 대해 매우 명시적인 입장표명을 요구하는 방향으로 나아갈 것으로 보인다.

우리의 플랫폼 전략에 대한 북한의 비용 요구와 대남 압박 역시 해결해야할 과제이다. 북한은 북중관계의 전략적 복원에 근거해 남북관계에 대한 고가의 프리미엄 전략을 구사하기 시작했고 이에 대한 고비용 부담을 요구하고있다. 북한은 심지어 한국과의 협상에서 전략적 우위에 섰다는 판단을 하고있는 듯하다. 물론 지난 30년간의 비대칭 관계를 극복하고 중국과의 관계개선, 러시아와의 관계개선 등 진영논리가 작동하고 있는 점도 감안해야 한다.

이 같은 난점에도 불구하고 한국형 플랫폼 전략의 성패는 결국 남북협력즉 남북협조체제 형성에 달려 있다는 점은 분명하다. 신북방, 신남방을 아우르고 한중관계와 한미동맹을 병행한다지만 결국 한반도가 플랫폼이 되기 위해서는 남북협조체제가 먼저 수립되어야 한다. 한국형 플랫폼 전략은 한미동맹 몰입론자들이나 한미일 동맹론자 등 국내 보수주의자들이 수용할 수 없는비전통적 방식이다. 동시에 중국 경사론과 같은 비판의 대상이 되는 논법 역시 플랫폼 전략에 어울리지 않는다. 남북협조체제가 성공하고 한반도에 플랫폼을 성공적으로 구축하기 위해서는 미중 경쟁과 갈등이라는 구조적 형국에대응하기 위한 이행기적 자율성이 필요할 것이다. 이를 위해서는 국내적 합의가 필요하기도 하지만 전환기의 국론 분열이라는 것은 사실상 글로벌 현상의 국내적 투사 과정에서 나타나는 불가피한 상황이라는 점 또한 명심해야한다. 최대한 국내적 합의의 형성을 시도해야 하지만 동시에 돌파의 전략을병행해야 한다는 점이 강조되어야 하는 이유이다. 전환기에 대한 한국의 대안으로 제시된 플랫폼 전략은 당사국의 '선언'으로 되는 것이 아니고, 오히려초기에 모든 주변국의 반대를 직면하고 이를 극복하고 설득하는 과정에 '승인'되는 것이 상례이다. 따라서 현재와 같은 사면초가 상황은 매우 자연스러운 과정이므로 이를 극복할 전략을 변함없이 갖고 가야만 플랫폼 전략이 가능할 것인 바, 한국 정부가 이 같은 의지를 분명히 하는 것이 필요하다.

5. 남북협조체제

남북협조체제를 위해서 무엇보다 중요한 것은 남북을 아우르는 평화협력 플랫폼을 만드는 것이다. 이를 위해서는 북한의 협조가 절실하지만 현재의 남북관계는 북한이 협조적으로 나오기를 기대하기 어려운 상황이다. 따라서 남북 간 경제/정치/안보의 3대 필러에서의 협력 체제를 활성화하기 위한 전망을 제시하고 각각의 필러에서 북한의 이해를 구하는 과정이 소요될 것이다.

이를 위해서는 경제에서는 신한반도경제 구상, 정치에서는 남북연합의 사실화 전략 그리고 안보에서는 동북아 공동안보 체제의 모색이라는 3대 필러의 협력 비전을 제시해야 한다. 각 필러에서의 협력을 강화하는 세부적 방안을 마련하여 제시하되 북한의 반응에 일희일비하지 말고 장기적이고 구체적인 안을 마련하는 것이 중요하다.

플랫폼 전략의 성공은 한국 정부가 이행기적 자율성을 확보하기 위한 노력을 공식화할 때 가능할 것이다. 이 점에서 문재인 대통령이 2020년 1월 7일 신년사에서 '남북대화를 북미대화보다 앞세울' 의지를 선언한 것은 매우 성찰적이다. 그러나 "남과 북 모두가 북미대화를 앞세웠던 것이 사실입니다…(중략)… 그러나 북미대화의 교착 속에서 남북관계의 후퇴까지 염려되는 지금…(중략)… 남북 협력을 더욱 증진시켜 나갈 현실적인 방안을 모색할 필요성이 더욱 절실해졌습니다"라는 성명의 선명성에 비해서는 구체적인 대북 사업이 부재했고 따라서 남북대화를 앞세운다는 의지의 강도도 분명히 전달되지 못했다.

물론 연초부터 시작된 코로나19 사태가 가장 큰 요인이지만, 코로나19 문제가 한 단계 해소된 5월이 되도록 아무런 후속 조치를 실행하지 못한 우리 정부의 조치를 북한이 끝내 기다려 주리라 생각한 그 오만함이 화를 자초했다는 평가도 귀담아 새길 점이다. 북한이 우리 국가 제일주의를 주장하면서 2개 국가론을 공공연히 제기한다는 평가도 뒤따르고 있다. 문재인 정부는 통일 전략이 없다는 국내의 비판도 심심찮게 제기된다.

그러나 통일과 평화라는 목적지(end state)는 단기에 세워졌다 사라지는 그런 가치가 아니다. 일희일비할 이유가 없다는 것이다. 평화와 통일의 상호관계는 플랫폼을 구성하는 횡과 축이다. 동북아 지역이라는 거대한 지각판에서 평화와 통일이 한반도 플랫폼을 통해 남북협조체제로, 나아가 그것이 남북연합으로 그리고 더 높은 공동체로 나아가는 일은 평화와 통일이 주거니 받거니 하면서 그려가야 할 큰 그림일 것이다. 물론 이 그림의 완성에 10년이 걸릴지 100년이 걸릴지는 알 수 없지만 우리 플랫폼에 뿌리 깊게 자리한 나무로 자라게 하는 것이 1차적 목표이지 않을까?

한반도 평화 프로세스의 현상과 전망

비잉다(畢穎達)*

미국의 대중 억제 정책이 지속됨에 따라 중미관계는 계속 하락해 악화로 치달으면서 한반도 비핵화와 평화체계 구축은 중대한 도전에 직면했다. 한반도 문제가 날로 복잡해지고 불안정 요인이 증대하면서, 어떻게 한반도의 평화와 안정을 유지하고 지역 전체의 번영과 발전을 확보할 것인가는 동북아 모든 국가가 함께 당면한 중대 과제가 되었다.

1. 미국의 대중 억제와 중미관계

중국의 종합국력이 꾸준히 성장하면서 미국은 수성(守成) 대국으로서 공개적으로 중국을 포위하고 압박하는 정책을 펴기 시작했다. 조지 W. 부시 정부 시절 미국은 대중 견제 전략을 계획했으나, 9.11 테러의 충격으로 전략 초점

* 산동대학교 동북아학원 부교수

이 대테러에 맞춰지면서 대중국 견제 전략은 제대로 시행되지 못했다. 오바마 행정부 시절 미국은 중국 겨냥을 목표로 한 아시아·태평양 재균형 전략을 본격적으로 추진했다. 트럼프 행정부는 출범 이후 전임 정부의 외교정책을 공개적으로 부정하고 있으나, 이전의 전략 방향은 달라지지 않았다. 아태전략은 '인도태평양 전략'으로 확대되며 더욱 명확하게 중국을 전략적 경쟁상대로 설정하고 대중 군사 포위를 계속 추진함과 동시에 정치, 경제, 과학기술, 인문교류 등 거의 모든 분야에서 중국을 억제하며 중미관계는 전례 없는 시험대에 올랐다.

코로나19 발생 이후, 미국이 계속 '중국 책임론'을 부각하고 인권과 제도적으로 대중 공세에 박차를 가해 중미관계는 공동 방역이라는 협력은커녕 오히려 더 하락하고 있다. 2020년 5월 20일, 미국 백악관은 〈미합중국의 대(對) 중화인민공화국 전략지침(약칭 '미국의 대중국 전략지침')〉 보고서를 의회에 제출했다. 전체적으로 미국은 중국이 경제, 가치관, 안보 등 방면에서 미국에 도전하고 있어, 이들 분야에서 조치를 강화해야 한다고 주장했다. 경제적으로는 중국의 시장경제적 지위를 부정하고 미국은 중국이 국가자본주의 모델을 운영한다고 주장했다. 대외적으로 '경제적 약탈'을 진행하기 위해 동맹국에게 중국을 배척하는 대외적 경제 번영 네트워크(EPN, Economic Prosperity Network)를 조직할 것을 호소했다. 안보 면에선 중국이 주변으로 확장하고 있다고 보고 '4자 안보대화+' 안보 메커니즘 구축을 적극적으로 추진하고 인도태평양 지역의 '나토'를 만들기 위해 노력해야 한다고 강조했다. 가치관 측면에서는 중국을 전제주의 국가로 규정하고 중국이 기존의 자유주의 국제질서를 파괴하고 있다고 주장했다.

일각에서는 이 보고서가 중미관계를 재평가하고 중미 신냉전 시대의 도래를 선포한 것으로 본다.[1] 실제로 백악관의 5월 전략 보고서가 나온 지 얼마 되지 않아 7월 22일 폼페이오는 닉슨 도서관 연설을 통해 중국의 제도와 가치관을 적나라하게 공격하고 '공산주의 중국'에 함께 반대할 것을 강조하기도 했다. 이처럼 미국의 대중국 정책이 갈수록 냉전적 색채를 띠면서 많은 이들이 폼페이오의 연설이 사실상 신냉전의 시작을 알리는 '철의 장막 연설'이라고 생각하게 된 것이다.

비록 중미관계가 신냉전에 접어들었다는 데 대해 학계에서 이견이 있긴 하지만, 필자는 다음과 같이 생각한다. 미국의 냉전적 대중국 정책이 계속되는 가운데 중미관계는 사실상 '신냉전'을 향해 가고 있으며 단지 구조화되지 않았을 뿐이다. 중국이 미국과 '신냉전'을 하지 않겠다고 강조했지만, 미국의 대중 정책이 점점 더 중국의 핵심이익을 건드리는 상황에서 중국의 '대피' 공간은 갈수록 좁아지고 있다. 중요한 것은 '신냉전'이 과거 냉전의 재개를 의미하는 것이 아니라 세계화라는 큰 배경하에서 발생한 '새로운 형태의 냉전'이라는 것이다. 그 특징은 접촉을 최소화하는 정책을 유지하면서 전략적으로 봉쇄와 반봉쇄, 억제와 반억제에 전력을 기울이는 것이다. 이는 미소 냉전과 다르기 때문에 당연히 미소 냉전을 바탕으로 '신냉전'의 성립 여부를 판단해서는 안 된다.

중미관계가 갈수록 긴장되고 동북아 지역 정세도 날로 복잡해지고 있어 신냉전 구도가 뿌리내릴 위험이 있다. 그 원인은 다음과 같다.

첫째, 미국 입장에서는 전략적으로 동북아 지역에서 냉전 또는 그와 유사한 분위기를 조성할 필요가 있다는 점이다. 트럼프 행정부는 "미국을 다시 위대하게"를 강조했는데 이는 미국의 국제질서 주도 능력이 상대적으로 약화된 상황을 반전시키고, 다시 한 번 미국이 국제질서 주도권을 확보하기 위해서는 중국의 급부상을 포함한 주요 도전요인에 대한 관리를 강화한다는 뜻이다. 그러나 그 관리는 미국 혼자만의 역량으로는 실현할 수 없고, 동맹국의

---

1) 양연희, 「트럼프 행정부의 〈대(對)중국 전략 보고서〉 전문 번역 및 분석」, 2020.07.08, http://www.pennmike.com/news/articleView.html?idxno=33330 (검색일: 2020.10.09)

협조와 지지가 필요하다. 협조와 지지를 얻기 위해서는 미국이 막강한 국제적 리더십을 확보해야 하는데 리더십을 확보하기 위해서는 확실한 공공재를 제공해야 한다. 하지만 미국의 현 상황에서는 이제 예전처럼 공공재를 계속 제공하기 어려우며, '미국 우선(America First)' 원칙은 미국의 국제적 리더십을 약화시키고 있다. 이런 상황에서 새로운 '위협적인 존재'를 만들고 그 위협에 대응하는 안보를 제공하는 것은 미국이 리더십을 재차 획득할 수 있는 주요한 방법이다. 이런 경험은 미소 냉전 역사에서 비롯했다. 미소 냉전 중 미국은 소련의 위협을 부각해 동맹 협력을 효과적으로 이끌어냄으로써 소련을 제치고 유일한 초강대국이 되어 미국 역사상 '위대한 순간'을 만들어 냈다. 따라서 중국을 '거대한 위협'으로 묘사하면서 동맹국과의 가치와 안보 공감대를 강화하는 동시에 억제와 봉쇄로 대응해 일종의 냉전적 분위기 속에서 동맹국에 대한 리더십을 회복하고 향상하고자 한다. 이것이 미국의 대중국 냉전정책의 주요 고려사항일 수 있다.

둘째, 동북아 지역에서 냉전적 사고가 계속되고 있다. 미소 냉전은 끝났지만 냉전적 사고방식은 완전히 사라지지 않았다. 이런 사고의 관성은 지금까지 계속되고 있으며 동북아 국가 간 교류에서 자주 드러난다. 미국이 냉전 정책을 계속 쏟아내는 가운데 이런 냉전적 사고가 재차 새로운 동력을 얻게 되면서 동북아 지역 국가 관계는 새로운 시험에 직면하게 되었다.

셋째, 동북아 지역에는 여전히 냉전 구도가 남아있다. 1990년대 세계 냉전 공식과 동북아 국가 간의 긴밀한 정치, 경제, 인문적 유대에도 불구하고, 동북아 지역은 냉전의 잔재를 근본적으로 제거하지 못했다. 특히 한반도에서는 냉전의 대립구도가 남아 남북관계와 한반도 주변국과의 관계에 작용한다. 중미 전략경쟁이 갈수록 치열해지는 상황에서 한반도에 남아있는 냉전 구도는 다시 강화될 수 있을 뿐만 아니라 이 구조가 한반도를 중심으로 주변으로 확산될 위험도 있다.

이처럼 중미관계 변화는 불가피하게 한반도에 영향을 미칠 수밖에 없고 한반도의 향후 정세 발전에 큰 도전이 된다.

2. 중미 전략경쟁하의 한반도 정세 변화

2018년 이후 한반도에는 한차례 완화 국면이 나타났지만, 비핵화와 평화 정착 프로세스는 실질적 진전을 이루지 못했다. 한반도 문제를 해결하는 과정에서 비핵화와 평화 기제 구축을 막론하고 모두 중미 간 전략적 공감대와 적극적인 협력이 필수적이다. 그러나 미국의 대중국 억제 정책이 계속됨에 따라 양국은 한반도 문제 해결에서 전략적 공감대가 약화되고, 양국 간 협력 공간이 점점 위축됐다. 한반도 평화 질서 구축에서 중국을 배척하는 기미가 나타나고 있는 만큼 남·북·미 삼자 틀 내에서 문제를 해결하자는 주장이 여전히 주류를 이루고 있다. 지난 몇 년 동안 삼자 틀 안에서 문제를 해결하고자 하는 적극적인 시도가 있었다. 남·북·미 정상 간의 수차례 교류를 통해 원칙적 협의가 이루어졌으나, 비핵화 문제는 지금까지 경색 국면을 벗어나지 못하고 있다. 그 원인은 다음과 같다.

첫째, 한반도 문제 해결에 대한 미국의 성의가 부족하다. 트럼프 행정부는 한반도 비핵화 협상에 적극적으로 참여하는 모습을 보였고, 국제사회에 '미국은 비핵화에 진정성 있으며, 자신이 있다'는 신호를 보냈다. 그러나 문제 해결 행동 측면에서 '선 핵포기 후 제재해제'를 일방적으로 고수하고 있다. 북한 입장에선 미국의 이런 요구가 북한의 '무장 해제'와 다를 바 없다.[2] 비핵화 협상

---

[2] 2019년 5월 24일 북한 외무성 대변인은 북미 하노이 정상회담 실패와 관련해 담화를 발표하고 "미국은 북한의 선의의 조치에 상응하는 조치를 취하지 않으면서 오히려 일방적으로 북한에 무장해제를 요구해 회담을 인위적으로 결렬시켰다"고 강조했다. 참고: 주멍인(朱夢穎), 「북한 외무성 대변인: 북미 하노이

에서 미국이 자신의 입장만 고집하는 것은 사실상 문제 해결에는 별 의지가 없음을 보여준다. 물론 미국이 북한과의 협상을 거절하지는 않았지만, 이런 표현은 비핵화가 교착상태에 빠진 데 대한 책임을 지지 않기 위한 것으로 보인다. 전체적으로 볼 때 미국은 한반도 문제 해결보다 북한의 핵, 미사일 문제 관리에 더 중점을 두는 것처럼 보인다. 특히 코로나 바이러스가 전면적으로 확산되고 있는 상황에서 미국은 국내 거버넌스에 더욱 집중하고 있어 북핵 문제 해결에 더 많은 자원을 투입하는 것은 어려워 보인다.

둘째, 미국의 실질적 행동이 없는 상황에서 북한의 비핵화 의지는 저하되고 있다. 오랫동안 많은 학자들이 비핵화와 제재 해제를 등가 관계로 보았으나, 북한 입장에서 대북 제재 해제는 중요하고 시급한 문제이다. 그러나 북한의 근본적 고려사항은 여전히 대미관계 개선과 체제의 안전 보장이다. 이는 북미 〈제네바 합의〉나 6.12 싱가포르 합의에서 분명히 드러난다. 2019년 북미 하노이 정상회담이 결렬된 후 북한 외무상 이용호는 당일 하노이에서 브리핑을 통해 "우리의 비핵화 조치 과정에서 가장 중요한 문제는 안전 보장이다. 그러나 미국의 현재 군사 분야에서의 조치는 부담이 된다. 우리는 부분적 제재 해제를 상응 조치로 제안한다"라는 입장을 강조했다.[3] 미국이 '남북전쟁 종전 선언'을 발표할 의지가 없는 상황에서 북한은 미국의 '평화에 대한 진정성'을 감지하지 못했고 대북 제재의 점진적 해제 문제에 대한 고집스러운 '미국의 방안'에 맞닥뜨리면서 북한의 비핵화 의지도 점차 퇴색됐다. 내부 사정이 갈수록 안정되면서 북한도 '기다림'에 들어갔다.

셋째, 중한 협력과 각자의 역할 발휘가 부족하다. 2018년 이후 나타난 새로

정상회담 결렬 원인은 미국」, 2019.05.24, 환치우왕(環球網): https://world.huanqiu.com/article/9CaKrnKklzZ (검색일 : 2020.10.11)

3) 주용석, 「北, '일부 제재완화만 요구했다'···'북한이 모든 제재해제 원했다'던 트럼프 정면 반박」, 2019.03.01, 한국경제, https://www.hankyung.com/politics/article/201903010458i (검색일: 2020.10.11)

운 비핵화 추진 과정에서 중한 양국의 적극적인 공조 태도는 나타나지 않았고 마치 '3자 해결론'이나 '4자 해결론' 문제에 더욱 집중하는 듯했다. 다시 말해 중한 양국은 새로운 비핵화 과정을 추진하는 데 효과적으로 협력하지 못했다. 이런 상황에서 한국의 중재자로서의 역할은 제한적일 수밖에 없다. 남북 간에는 진정한 신뢰관계가 구축되지 않은 반면, 한국과 미국은 전략적 동맹 관계이다. 마찬가지로 중국의 역할은 비핵화 과정에서 긍정적 효과를 가져 올 수 있지만, 앞서 밝힌 바와 같이 이런 역할은 오히려 제한적일 수밖에 없다.

넷째, 코로나 바이러스는 한반도 비핵화 프로세스에 영향을 미쳤다. 코로나 바이러스가 발생한 이후 각국이 방역과 바이러스로 인한 각종 충격에 대응하느라 여념이 없어 북핵 문제 해결에 더 많은 에너지를 투입할 수 없는 상황이다. 게다가 코로나 바이러스 때문에 비핵화 대면 협상도 현실적으로 어려운 상황이다.

중미관계의 긴장도가 증가하고 코로나 바이러스가 기승을 부릴 뿐만 아니라 미국 국내 정치적 변동이 있는 상황에서 한반도 정세가 어떻게 전개될지 주목된다. 한반도 정세는 기본적으로 안정세를 유지할 것이다. 왜냐하면 한국과 중국은 줄곧 한반도 평화 안정을 유지하는 중요한 역량이었고 북한 또한 경제 건설에 주력하면서 한반도 정세에 위기가 발생하는 것을 원하지 않기 때문이다. 그럼에도 불구하고 한반도 정세 위기가 재현될 가능성을 배제할 수 없다. 그 이유는 다음과 같다.

첫째, 앞선 경험으로 미루어 봤을 때 미국 대선을 앞두고 북한이 압력을 가할 수 있다는 점이다. 10월 10일 북한은 심야 열병식에서 장거리 탄도미사일(ICBM)과 잠수함발사탄도미사일(SLBM) 등 무기를 선보였다. 또한 김정은 위원장은 연설을 통해 북한의 핵전략 지침을 재차 강조했다. 이런 행동들은 미국에 압박을 가하려는 의도를 분명히 보여준다. 미국 대선이 임박하고 선거

판세 변화에 따라 북한의 후속 행보가 이어질 가능성이 있다. 북한이 행동폭을 적절히 조절할 수 있겠지만, 미국이 이를 빌미로 한반도 긴장을 고조시킬 가능성도 배제할 수 없다.

둘째, 예측불허의 우발적 사건으로 인해 긴장이 고조될 수 있다. 역사적으로 봤을 때 한반도와 그 주변 지역에서는 우발적 사건이 끊이지 않았다. 예를 들어 연평해전이나 천안함 사건, 연평도 포격사건 등이 그러했다. 이런 우발적 사건들은 당시 남북관계에 막대한 시련을 초래했고 한반도 정세는 전쟁 직전에 이르렀다. 최근 발생한 한국 해양수산부 공무원 피살 사건은 남북 양국의 긴밀한 소통과 적절한 처리가 아니었다면 양국 관계는 또다시 위기의 소용돌이에 휘말릴 뻔했다. 이와 비슷한 일이 앞으로 다시 발생하지 않으리라 보장할 수 없기 때문에 당사국들이 어떻게 처리하느냐가 관건이다.

셋째, 미국이 한반도 긴장을 고조시킬 가능성을 배제할 수 없다. 다수의 여론이 트럼프가 미국 대통령을 연임할 경우 향후 북한 문제에서 진전이 있을 것[4]이라고 생각지만, 트럼프가 재선 이후에도 거침없이 대북 강경책으로 회귀하거나 이를 가중할 가능성도 있다.[5] 그뿐만 아니라 대중 억제 전략과 동맹 네트워크 관리를 고려할 때 한반도에 긴장을 조성할 가능성을 배제할 수 없다. 한반도에 긴장을 조성하면 남북 양국이 중국을 압박할 수 있고, 남중국해와 대만 등 지역에서 중국의 전략적 투입을 분산시킬 수 있기 때문이다. 또한 한반도 정세의 긴장은 미국의 동맹 강화 정책에 유리하다. 최근 미국은 한국이 미국, 인도, 일본, 호주 대화 기제(Quad+)에 가입하지 않은 데 대해 불만을 제기하며 10월로 예정됐던 폼페이오의 방한 계획을 돌연 취소했다. 앞으

4) 김다영, 「김정은 '당신은 반드시 이겨낼 것' 친서…트럼프 재선에 베팅했나」, 『중앙일보』, 2020년 10월 5일, 종합 2면.

5) 장훼즈(張慧智), 「트럼프 행정부 북핵 문제 리스크 관리와 비전 검토(特朗普政府對朝核問題的危機管理及前景研判)」, 『동북아논단(東北亞論壇)』, 2020년 제3기, p. 39.

로 한국을 압박하기 위해 대북 강경책으로 한반도 긴장을 고조시킬 가능성
역시 배제할 수 없다.

요컨대 이런 여러 요인 속에서 향후 한반도 정세는 낙관적이지 않다. 미국
이 결단을 내리고 문제 해결에 성의를 보이지 않는 한 한반도 비핵화와 평화
건설은 경색 국면을 벗어나기 어렵다.

3. 한반도 평화 정착을 위한 노력

한반도 평화와 안정을 유지하는 것은 한반도와 주변국의 이익에 부합하기
때문에 각국은 함께 노력해야 한다.

먼저 동북아 국가들은 함께 신냉전 구조의 등장을 막아야 한다. 상술한 바
와 같이 미국의 대중 억제 정책이 계속되는 상황에서 한반도 비핵화와 평화
기제 건설은 큰 도전에 직면할 것이다. 제대로 처리하지 못한다면 한반도에
남아있는 냉전 구도는 다시 고착될 가능성이 있다. 일단 이런 구조가 고착되
면 전체로 확장될 위험이 있고, 이는 동북아 지역의 평화와 발전에 큰 좌절을
초래할 수 있다.

이에 대해 동북아 국가들은 냉전 구도로 피해를 보는 것이 당사국뿐만이
아니라는 전략적 공감대를 형성해야 한다. 그러므로 냉전 구도가 동북아 지
역에 뿌리내리는 것을 막기 위해서 해당 지역 공동의 노력이 필요하다. 특히
한반도 문제의 주요 당사국인 중한 양국은 힘을 합쳐 협력해야 한다. 한국은
'동맹 우선'사고방식을 전환하고 국익의 소재를 객관적으로 인식해 중립적 전
략을 확립해야 한다. 중국은 자국의 전략적 의도를 더욱 분명히 하고 지역의
평화와 공동 발전을 촉진하는데 보다 적극적이고 능동적인 역할을 하며, 한
국의 자주적 전략에 필요한 지지를 제공해야 한다.

또 다자간 교류 협력을 강화해 한반도 평화 정착에 유리한 환경을 조성해야 한다. 미국이 북핵 문제를 해결할 의지가 없는 상황에서 한반도 문제는 직접 당사자인 한국, 북한, 중국 삼국은 긴밀하게 소통하고 긴박하게 움직이면서 다음과 같이 한반도 평화프로세스 추진을 모색해야 한다. 첫째, 삼자 협조를 강화하고 한반도 정세를 공동 관리해야 한다. 특히 우발적 사건이 위기의 불씨가 되지 않도록 해야 한다. 둘째, 한반도 평화프로세스를 위해 공동 노력해야 한다. 이를 위해 삼국이 공동으로 남북전쟁의 휴전상태 조기 종식을 제안하고 종전선언을 위해 실질적으로 노력해야 한다. 이는 소극적인 입장의 미국에도 부담을 주어 미국은 이를 직시하지 않을 수 없을 것이다. 분명한 것은 종전선언이 비핵화 교착상태에서 벗어나는 데 유리하다는 것이다. 셋째, 북한과 유엔 간의 '적대적' 관계를 종식시키기 위해 노력해야 한다. 북한은 일찍이 유엔의 합법적 회원국이 됐지만, 남북 간 전쟁 때 북한을 겨냥해 결성된 '유엔군' 사령부가 여전히 존재하며 역할을 하고 있다. 한반도 평화를 위해서는 공동의 종전선언 외에 북한과 유엔 간의 이런 비정상적 관계도 조속히 정상화돼야 한다.

그뿐만 아니라 남·북·중·러 4자 틀 안에서 실질적인 협력을 구축하고 실행할 수 있다. 관광, 기초 인프라, 에너지 등 분야의 적극적 협력 외에도 훈춘(琿春), 개성 등지에 다국적 경제무역협력 시범구역을 조성하는 등 환황해 경제권을 함께 추진할 수 있다. 유엔 대북 제재와 관련해 4개국이 점진적인 방식으로 부분적 제재 완화를 함께 추진할 수 있다.

마지막으로 코로나 바이러스 방역을 계기로 비전통 안보 분야에서 더욱 긴밀하게 협력하고 협력의 제도화를 위해 노력해야 한다. 코로나 바이러스는 이념과 제도를 구분하지 않고 인류 전체를 위협한다. 이런 위협은 각국의 운명을 밀접하게 연결해 갈등을 넘어 협력하는데 중요한 동력이 되기도 한다. 동북아는 현재 세계 경제 성장의 엔진으로 국가 간에 더욱 긴밀하게 연결돼 있기 때문에 바이러스에 대응하고 지역협력 기제를 구축하는 데 더 많은 진전이 필요하다. 이런 비전통 안보 분야 협력은 전통적 안보 영역의 문제를 직접 해결하지는 못하지만, 적어도 문제 해결에 유리한 환경을 조성하고 힘을 보탤 수는 있다고 하겠다.

미중 경쟁과 한반도 평화프로세스 추진

김동엽(金東葉)*

1. 미중관계 악화에 따른 한반도 평화프로세스 추진 환경

한반도 문제의 국제화 및 주변국 이해관계 상충이라는 배경하에서, 현재는 한반도 정세의 능동적 전환을 위한 한반도 평화프로세스 구체화 전략 수립이 요구되는 시기이다. 대북제재의 지속, 북한이 생각하는 체제 안전 보장에 대한 신뢰성 결여, 비핵화 협상의 부진 등으로 남북관계 진전 및 한반도 평화프로세스 추진이 어려운 상황이다. 한반도 평화프로세스는 현재 글로벌 및 역내에서 점차 치열해지고 있는 미중 사이의 전략적 경쟁에 많은 영향을 받고 있어 한반도 평화프로세스 추동에 새로운 돌파구 마련이 어렵다. 한반도 평화정착을 위한 남북미중의 입장 차이는 물론 미중 양측으로부터 미중 경쟁과 관련된 선택의 압박이 심화되고 있는 상황에서 한국이 미중 양측의 요구를 계속해서 거부하기는 현실적으로 어려운 딜레마에 처할 수밖에 없다. 반면

* 경남대학교 극동문제연구소 교수

북한은 과거 냉전 시기 중소분쟁 사이에서 보여주었던 특유의 '시계추 외교'를 다시금 미중 사이의 전략적 경쟁 구도를 활용해 펼치며 전혀 다른 새로운 길을 모색하는 등 김정은 체제의 생존과 이익의 확대를 모색하고 있다.

문재인 정부는 출범 초기부터 한반도 비핵평화의 안착을 위해 남북관계를 중심으로 한미 및 한중 관계를 재정립하려고 노력해 왔으나 국내정치적 문제와 친미세력의 저항으로 한계에 직면했다. 정권 후반기에 넘어오면서 미중관계 속에서 한반도 평화프로세스를 추진하기 더 힘겨워진 상황이다. 한국은 안보적으로 미국과의 동맹 관계를 중시하면서도 경제 분야에 있어서는 중국과의 교역이 압도하는 불균형 상태이다. 이는 당면한 최대의 외교적 과제로 한국은 미국과 중국 사이에서 한반도 평화와 공동번영을 추구해나가야 하는 위치에 있다. 한미동맹은 우리의 의도와는 무관하게 중국을 겨냥한 다원적 전략동맹으로 진화하려는 추세가 한동안 지속될 것으로 전망된다. 이러한 동맹 중심의 접근은 장기적으로 우리 사회에 동맹에 대한 불신과 피로감을 증가시킬 가능성이 높다.

한반도 평화프로세스는 추진은 남북한이 함께 미중 간의 경쟁과 대립의 공간 속에서 새로운 역할을 모색해야 가능하다. 미중 간 갈등·협력의 전략적 경쟁 속에서 남북미중 이해관계의 접점을 모색하여 미중관계가 한반도 문제 해결에 긍정적으로 작용하도록 하는데 집중해야 한다. 남한이 중심이 되어 남북관계를 한 단계 진화시켜 남북한 모두 한반도 문제에 대한 역량을 강화하고 이를 통한 한미, 한중, 북미, 북중 등 다양한 양자관계 연결 및 역할 공간을 확대해 나가야 할 것이다.

2. 한반도 평화프로세스의 개념과 새로운 이론적 접근

남한은 역대 정부로부터 현 정부에 이르기까지 전쟁도 평화도 아닌 불안정적인 정전체제를 항구적인 평화체제로 전환하기 위해 '한반도 평화체제'를 추진해 왔다. 이번 정부 역시 평화를 최우선으로 추구하고 평화공존을 정책비전으로 제시하며 한반도 평화체제 실현을 위한 한반도 평화프로세스를 추진해 오고 있다. 따라서 한반도 평화체제와 한반도 평화프로세스의 정확한 개념 정리를 통해 정책적 혼동을 예방할 필요가 있다.

평화체제는 전쟁상태를 종결짓는 법적·제도적 조치를 넘어, 실질적인 관계 변화까지 포괄하는 가장 상위의 개념이다. '한반도 평화체제'란 정전협정을 평화협정으로 대체하고, 상호 신뢰가 구축되어 법적·제도적·실제적으로 공고하게 평화가 보장된 상태이다. 시간적으로 평화협정이 하나의 사건이자 약속이라면 평화체제는 평화협정이라는 사건을 통해 맺은 약속이 지켜지는 기간을 의미한다. 내용적으로는 단순히 정전협정을 평화협정으로 대체하는 규범적·형식적 변환이 이루어질 뿐만 아니라 남북관계 정상화, 군사적 신뢰구축, 갈등관리 체제 수립, 군비통제, 북미 및 미일 관계 정상화 등 실질적 조치가 이루어짐으로써 평화가 항구적으로 정착되는 상태를 의미한다.

한반도 평화프로세스는 한반도 평화체제를 구축해 나가는 시간적으로 과거와 현재, 미래, 공간적으로 한반도와 동북아 지역을 포함한 모든 일련의 과정과 노력을 포함하고 있다. 한반도에서 평화가 부재한 근본적인 이유는 한반도가 분단체제(정전체제)와 냉전체제(샌프란시스코체제) 속에 갇혀있는 구조적인 문제이다. 분단과 냉전체제는 곧 남북관계와 북미관계이면서 미중관계이기도 하다. 결국 한반도에서 평화를 만들어가는 과정은 분단체제를 해체하고 냉전체제를 극복해 새로운 평화체제(구조)를 만들어 가는 중첩된 투트랙(2 Track)의 병행과 조화의 과정이 큰 틀이 되어야 한다.

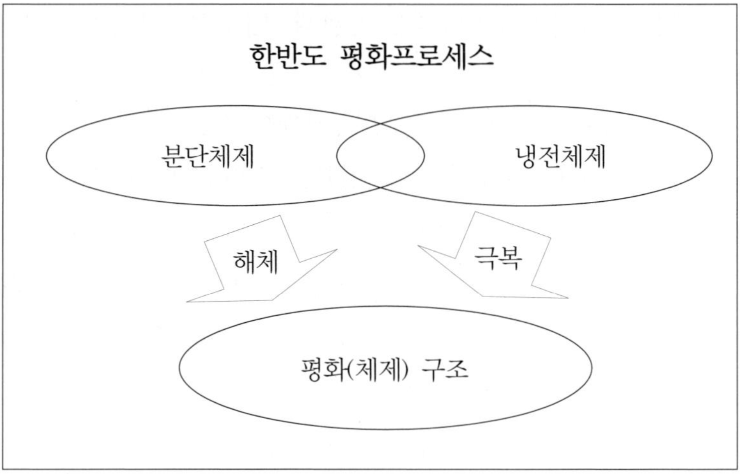

〈그림 1〉 한반도 평화프로세스

한반도 평화프로세스 추진을 위해서는 안보와 평화의 개념이 재고되어야한다. 전통적인 안보개념은 ① 군사적 영역, ② 국가중심, ③ 전략적 고려가핵심 내용이지만 비전통안보는 ① 군사 포함 환경·경제·정치 등 다양한 영역, ② 국가·지역·비국가기구·개인 등 다양한 행위자의 공존, ③ 안보이슈의 사회적 형성을 포함하고 있다. 안보 영역의 확장으로 평화의 영역 역시 확장되어 한반도 평화프로세스의 접근 경로와 의제도 다변화될 수밖에 없다. 이러한 개념의 변화는 접근법의 변화를 요구한다. 기존 전통적 안보 개념하에서 군사적 접근은 방위충분성에 기반한 위험회피(risk averse)였다. 그러나평화의 개념 변화와 영역의 확장은 위험을 감행(risk taking)하는 평화 자체로의 접근을 필요로 한다. 평화충분성이라는 새로운 개념 정립이 필요하다.

3. 한반도 평화프로세스 추진을 위한 한국의 선택지와 새로운 시작

한반도 평화프로세스 추진과 동북아의 미래를 위해서는 남북한의 주도권만큼이나 상호 밀접한 관계를 맺고 있고 주변 강대국 이익 간의 조화가 중요하다. 한미일 3자 동맹 구도에 갇혀있던 냉전시대의 틀에서 탈피하여 한반도와 동북안의 평화번영이 연결된 지역 설계(architecture)와 다자주의를 추구하는 것이 핵심이다. 한반도 평화프로세스의 궁극적인 목적이 한반도 문제 해결이라고 해도 남북관계와 국제협력의 균형점을 잘 설정할 필요가 있다. 한반도 평화프로세스가 동북아의 평화번영과 괴리가 있다면 국내외 지지를 확보하기 어려울 것이다. 다극화 양상을 보이는 동아시아 질서에 대비하기 위해 동맹전략에 의존해왔던 기존 국가전략에서 탈피해야 한다. 미중 양자택일의 문제가 아니다. 이러한 이분법적 대립을 극복할 수 있는 '가교외교론' 등과 같은 협상(entente)전략을 모색할 시기이다. 동맹과 균형의 미래는 향후 미중관계에 의해 선택지가 결정될 가능성이 높지만 이를 운명 결정론적으로 받아들여서는 안된다. 우리의 최적 선택은 동맹의 틀이 북한과 중국을 위협으로 규정하는 것이 아닌 새로운 차원으로 재편되는 것이다. 우리가 만들어가는 한반도 평화체제는 동북아에서 미중이 균형을 지속할 수 있는 하나의 평화공공재를 생산해 낼 수 있어야 한다.

'한반도 평화체제' 구축을 위한 한반도 평화프로세스는 남북관계를 넘어 한반도와 주변 안보환경과도 밀접한 관계를 갖고 있다는 점에서 한반도를 중심으로 지역적으로 새로운 평화구조가 형성되어야 가능하다. 대화와 협력을 통해 남·북한 모두에게 이익이 되는 미래지향적 남북관계 모색을 위한 일련의 과정(프로세스)이 필요하다. 미중 전략적 대결구도하에서 주변 이해국들과의 양자관계와 다자협의체 활성화 등을 통해 '중층적'인 평화구조를 형성할 프로세스가 필요하다.

향후 남북관계가 획기적으로 개선되고 문재인 정부의 신북방정책과 남북 중 3국 경제협력이 본격화된다면 남북뿐만 아니라 주변국들에게도 새로운 경제적 기회 창출과 평화로운 한반도 및 동북아 환경조성이 가능하다는 점을 인식시킬 필요가 있다. 남북관계, 비핵화, 한반도 평화체제, 동북아 안보질서가 상호 긍정적인 영향을 미치는 선순환 관계로 진전하는 것이 모든 이해 국가들에게도 이익이라는 점을 설득하고 이해시키기 위해 노력이 요구된다. 주변국가들의 전략(일대일로, 인도-태평양)과 한국의 신북방/남방정책, 한반도 신경제지도, 북측의 5개년 계획을 상호 연계시켜 나간다면 지경학을 넘어선 지전략적 차원에서 새로운 한반도 질서뿐만 아니라 동북아 중심의 운명공동체적 지역질서 창출도 가능할 것이다.

한반도와 동북아의 평화와 공동번영을 추구하기 위해서는 건강한 한미관계와 한중 간의 전략적 파트너십을 동시에 발전시켜 나가는 유능한 외교가 절실하다. 한미동맹은 한반도 평화정착과 평화통일을 위해 가장 중요한 축이고, 중국은 북한의 안정과 변화, 한반도 긴장완화, 한반도 비핵화를 지지하는 등 한국과 공통의 이해를 갖고 있어 양측 모두 역내 안정과 평화에 중요한 전략적 자산이다. 한반도 비핵화와 평화체제, 역내 공동번영을 추구하는 방향에서 한미동맹관계와 한중 '전략적 협력동반자' 관계는 상호 상충하지 않는다는 인식 아래 양자를 상호 조화해 나가야 한다. 한미동맹은 역내 평화유지의 역할로 발전시키면서 동시에 동북아 다자안보협력 체제를 추진하여 한반도 문제의 평화적 해결과 동북아 안정에 유리한 국제환경을 조성하고 한중 전략적 협력동반자 관계는 경제협력은 물론 안보협력을 확대 및 심화시켜야 한다. 경제협력 중심의 접근 및 정책에 따른 한계를 직시하면서 전통적 안보의 영역은 물론 비전통안보 과제를 병행해 추진해 나갈 필요가 있다.

미중관계 변화와 동북아 국가의 갈등 속에서 남북이 문제를 주도적으로 이끌어 나가기 위해서는 한반도와 동북아 내에서 신뢰와 균형의 개념을 보다 구체화하여 우리의 대북 및 외교안보, 경제협력 정책의 균형을 포함하여 남북관계와 역내국가들 간 협력의 균형이 결합한 남북관계와 동북아시아 협력의 다층적 균형을 모색해 나가야 한다. 남북관계 개선과 동북아시아 협력 간의 균형은 견인의 주체와 우선순위가 동일하지 않으며 남북관계 개선을 우선적으로 하되 동북아 지역국가들과의 협력과 조화가 선순환적으로 연결됨을 의미한다. 한반도와 동북아시아 국가들 간의 다차원 신뢰 수준 확대를 통해 남북 및 역내국가들 간 상호 믿음에 대한 확신을 넘어 미래를 함께 열어갈 수 있는 신뢰 수준 형성과 영역의 확대가 필요하다. 동북아시아 역내 환경이 협력적 관계보다는 여전히 안보 문제에 있어 국익을 중요시하고 있어 안보와 경제 영역을 포괄하는 상호의존적 신뢰가 형성되어야 한다. 한국 독자적인 미중과의 양자관계도 중요하지만 남북관계 수준에 따라 2(미·중)+2(남·북), 2(미·중)+1½(남·북관계 개선), 2(미·중)+1(남·북공동체), 2+1(남·북+미, 남·북+중, 남·북+일, 남·북+러) 등 다양한 양자 및 다자간 협력체를 통한 외교 방정식을 고안해 강대국 위주의 동북아 질서가 갖는 경직성을 주도적으로 완화해 나가야 할 것이다.

한반도를 둘러싼 동북아 냉전질서 극복을 통해 한반도 평화프로세스를 진전시켜 나가려면 동북아지역의 안보적 대립 질서부터 해소해야 한다. 그러기 위해서는 동북아 지역질서를 위한 다자간 안보협력을 한반도 평화프로세스와 병행 추진하는 것이 바람직하다는 점에서 평화체제 제도화를 통해 한반도와 동북아 평화와 연관된 군비통제체제를 모색해야 할 것이다.

한국은 단기적으로 미국의 대중정책의 방향성과 전략적 목표를 지속적으로 탐색하는 한편, 기존 한미동맹에 기반을 둔 대외전략에 대한 전면적인 검토와 함께 미중 간 갈등의 영역에서 불필요한 오해와 연루를 피하면서 우리의 입지를 확대해 나가는 정책을 마련해 나가는 세밀한 자구(字句, wording)의 원칙 확립이 필요한 시기이다. 그러나 경제의 영역이 아닌 안보의 영역에서 미중 사이의 중립이나 전략적 모호성은 오히려 위험성을 내포하고 있다는 점을 인식할 필요도 있다.

한반도 평화프로세스 추진을 위해서는 단계를 어떻게 구분할 것인지에 대한 논의가 매우 중요하다. 미중의 전략적 경쟁 속에서 예측 불가한 환경이 상수가 된 시대에 흔들리지 않을 남북관계와 '완전하고 검증가능하며 역진불가한 한반도의 평화(CVIP)'를 위해서는 사고의 전환이 필요하다. 한반도 평화프로세스 조기 추진이 가능한 남북관계 재설정과 전략적 한미중 관계가 시너지 효과를 나타낼 수 있는 대외환경 조성이 선행되어야 한다. 한미동맹과 북미관계에 끌려가지 않는 남북관계와 보편적 국제규범의 틀 속에서 남북관계가 한반도 평화프로세스의 새로운 돌파구가 될 수 있다. 자기주도 원칙에 따라 우리 대북정책과 미국의 대북정책과의 접점을 찾아나가야 한다. 남북관계 발전과 한반도 평화프로세스는 변화 속에 우리가 있는 것이 아니라 우리로부터 변화가 시작되어야 한다는 문제의식에서 시작한다. 우리의 선제적이고 일방적인 조정과 전략적 양보가 시작점이고 이를 통해 안정적 평화가 가능하다.[1]

남북관계를 통해 생길 수 있는 남남갈등과 한미, 한중 간의 불편함을 최소화하고 빠르게 치유해 나가수 있도록 제한된 손상(limited damage) 전략을 구사해 나가는 것도 중요하다. 동맹이 군사영역뿐만 아니라 한미관계 전반을 규율하는 한미동맹의 총체화, 신성화, 물신화가 유지되는 것은 종전선언과 평화체제 구축 노력의 커다란 장애로 작동할 수 있다. 이러한 장애를 돌파하

---

[1] Kupchan은 unilateral accommodation(일방적 수용)을 시작점으로 상호 자제와 사회적 통합 단계를 거쳐 새로운 서사를 통해 안정적 평화 상태가 만들어질 수 있다고 주장한다. Charles A. Kupchan, *How Enemies Become Friends: The Sources of Stable Peace* (Princeton: Princeton University Press, 2010), pp. 35-52.

기 위해서는 동맹의 의미와 목적, 효과 등에 대한 전반적인 재규정과 재조정
이 필요하다.

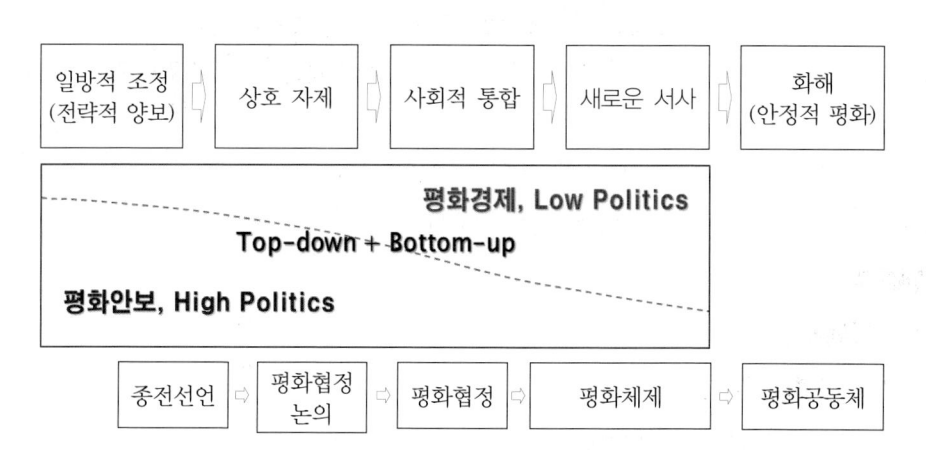

〈그림 2〉 한반도 평화프로세스 순서도

큰 틀에서 위의 그림과 같이 종전선언 논의와 체결(입구), 평화협정 논의와
체결(1차 출구), 평화체제 유지, 평화공동체(2차 출구)라는 진행 순서가 현실
적이다. 여기에 한반도 비핵화, 군비통제, 미·일·중·러와의 우호적 협력관
계와 동북아시아 지역협력 안보체제의 구축 등과 연결된 복잡한 다차원 방정
식 속에서 세부적인 협상전략을 만들어 나가야 할 것이다. 한반도 평화프로
세스 추진 단계별로 다양한 분야와 영역에서 high politics와 low politics,
Top-down과 Bottom-up의 단계적 접점을 모색하고 협상 의제를 구체화해 나
가야 할 것이다.

한반도 비핵화·평화체제의 새로운 추진 방안

한센동(韓獻棟)*

2018년 초 이래로 한반도의 정세는 급변하였고, 정상외교를 주축으로 하는 탑다운식 교류가 북중관계와 남북관계, 북미관계의 빠른 변화를 이끌어내며 한반도의 비핵화·평화체제를 재가동시키는 성과를 거두었다. 그러나 2019년 북미 하노이 정상회담이 무산되면서 한반도 비핵화·평화체제는 다시금 정체 상태에 빠지게 되었다.

중미 간의 전략적 경쟁이 격화되면서 한반도 문제에 대한 국제적인 상황이 변하였고, 한반도 문제가 복잡해지면서 해결이 어려워지고 있다. 그러나 트럼프 정부의 대중(對中) 압박에도 불구하고 중국은 여전히 한반도 문제에 있어 미국 및 국제사회와 공조하는 태도와 정책을 견지하고 있으며 미국의 전략으로 인해 대북정책을 대폭 조정하지도 않았다. 예컨대 중국은 유엔 안전보장 이사회의 대북 경제제재 결의를 준수하고 있으며, 중미관계의 변화로 인해 원칙 없이 대북정책을 조정하지도 않았다. 이는 중국이 한반도 문제에

* 중국정법대학교 국제정치학과 교수, 한반도연구센터 주임

대해 스스로의 책임을 이행하고 스스로의 원칙을 견지해왔음을 보여주는 한편, 한반도 문제가 중미 간의 문제만이 아님을 의미한다. 나아가 한반도 정세의 흐름과 변화의 양상이 중미관계 변화와 관련되기는 하지만 완전하게 일치하는 것은 아니라는 점을 시사하는 것이기도 하다.

중미관계가 급격히 악화하는 상황 속에서 아래 설명할 한반도 문제에 대한 두 가지 과정, 즉 비핵화체제와 평화체제의 구축이 정체되고는 있지만, 2018년 이전의 상황처럼 악화된 것 또한 아니다. 이는 미국과 중국은 물론 한국과 북한, 그밖의 국가들도 한반도 정세 조성에 관여하고 있기 때문에 한반도의 정세가 중미관계보다 훨씬 복잡한 움직임을 보이는 까닭이다. 따라서 중미관계의 틀 안에서만 기회를 찾을 것이 아니라 중미관계의 틀 밖에서도 한반도 정세를 탐색할 수 있는 새로운 방안을 모색해야 한다. 그리고 이러한 기회를 잡을 수 있을지의 여부는 중미관계보다도 훨씬 복잡한 한반도 정세구도의 운영에 달려 있다고 할 수 있다.

1. 한반도 비핵화 체제의 현황 및 원인

1) 비핵화 체제 현황

2018년 3월 김정은 위원장은 첫 방중으로 한반도의 비핵화 원칙을 수용했으며, 4월 27일 남북 정상회담에서 발표한 판문점 선언과 6월 12일 북미 싱가포르 정상회담에서 싱가포르 공동성명을 통해 한반도 비핵화 원칙을 공식화했다.

2012년 4월 13일, 북한은 제12기 최고인민회의 5차 회의에서 헌법 전문에 '정치사상강국, 핵보유국, 무적군사강국으로의 전환'을 명시한 바 있다. 2013년 3월에 열린 북한 노동당 제6기 중앙위원회 제23차 전체회의에서 '경제건설·

핵무기 건설 병진 노선'이 제기되었다. 이어 2013년 4월에 열린 최고인민회의 제12기 7차 회의에서 〈자위적 핵보유국의 지위를 더욱 공고히 하는 데 대하여〉라는 법령이 채택되었다. 북한은 2006년, 2009년, 2013년 세 차례의 핵실험 이후, 사실상 법적으로 그리고 나아가 헌법적으로 핵을 보유하게 된 것이다. 북한은 당 중앙의 노선과 핵 보유에 관한 법적인 확인을 통해 국내의 법적·헌법 차원에서 핵보유의 정책 방향과 법적 지위를 분명하게 하였다. 그리고 2016년부터 2017년까지 핵실험과 대륙간탄도미사일 시험발사를 거듭하여 2017년 말까지 '핵미사일 강국' 건설 완료를 선언했다. 따라서 이것은 북한이 이미 현실 및 국내 법률상 핵 보유를 전제로 하여 한반도 비핵화 원칙을 인정하고 수용한 것을 의미한다.

한반도 비핵화 원칙을 재차 확인한 북한은 정책실천에 있어서 주도적으로 몇 가지의 조치를 취했다. 북한은 2018년 4월 20일에 열린 노동당 중앙위원회 제7기 3중전회에서 2018년 4월 21일부터 핵실험과 대륙간탄도미사일 시험발사를 중단한다고 선언했다. 또한 핵실험 중단을 보장하기 위해 북쪽에 있는 핵 실험장을 폐쇄하겠다고 밝혔다.

이러한 결정은 중앙전회가 발표한 '경제건설·핵건설 병진노선 선포에 관한 위대한 승리'라는 결정문을 통해 국내외에 공표되었다. 결정문 제1조에서 '당 병진노선을 관철하는 투쟁 과정에서 임계전 핵실험, 지하 핵실험, 핵무기의 소형화 및 경량화, 초대형 핵무기 및 운반수단 개발로 핵무기 병기화를 실현시켰음을 엄숙히 밝힌다'는 것을 전제로 선포했다. 이것은 북한이 핵미사일 개발의 업적을 긍정하고, 병진노선을 바탕으로 한반도 비핵화라는 원칙으로 돌아섰다는 의미이다. 또한 이는 한반도 비핵화가 가지는 조건성과 어려움도 의미한다.

또한 북한은 2018년 5월 24일 길주군 풍계리 핵실험장을 각국의 취재진이 참관한 상태에서 폭파했다. 남북한이 9월 19일 서명한 '9월 평양 공동선언'에서도 북한은 우선적으로 동창리 엔진시험장과 미사일 발사대를 관련 국가 전문가들의 참관하에 영구적으로 폐기하기로 했다. 북한이 추가적으로 영변 핵시설의 영구 폐기 등에 동의한 것은 〈6.12 북미정상회담 공동성명〉의 정신에 따라 그에 상응하는 조치를 취한 것이다.

이와 같은 조치들은 북한이 일방적으로, 주도적으로, 전제조건 없이 결정하거나 한국과의 공동선언에서 조건을 달거나 혹은 조건을 달지 않은 상태에서 나온 것들이다.

2) 비핵화 체제의 정체 원인

한반도 비핵화에 대한 북미간의 원칙적 합의가 이루어진 후, 구체적으로 어떻게 추진할지에 대한 진전이 없었다. 폼페이오 미국 국무장관은 북미 싱가포르 정상회담 이후 2018년 7월 6~7일 두 차례에 걸쳐 평양을 방문했다. 1차 방문에서는 별다른 진전이 없었고, 2차 평양 방문에서는 2차 정상회담을 위한 실무급 협의가 조속히 시작돼야 한다는 데 합의했지만 실무급 협의는 이뤄지지 않았다. 2019년 1월 17~18일 김영철 북한 통일전선부장의 2차 방미 이후 실무급 협상이 시작됐지만 이는 2차 북미 정상회담을 준비하기 위한 것이었다. 2019년 2월 말 하노이 북미 정상회담에서 한반도 비핵화를 계속 추진하는 것에 대해서는 합의하지 못했다. 하노이 정상회담 이후 김정은 위원장과 트럼프 대통령은 2019년 6월 30일 판문점에서 다시 회담을 열었다. 하지만 실무급 회담은 10월 초 스웨덴 스톡홀름에서 열렸으나 하루 만에 회담이 결렬되었다.

북미 양측이 한반도 비핵화 문제를 진전시키지 못한 것에는 세 가지 원인이 있다. 첫째, 북한과 미국이 한반도 비핵화를 위한 구체적인 방안과 로드맵에 합의하지 못했다는 것이다. 두 번째는 각자 다른 이유로 인해 탑다운식 주고받기 방식을 선호했는데, 정작 실무급 차원의 협상은 지속적으로 추진되지 않았기 때문이다. 셋째, 평화체제와 남북관계, 특히 남북 간의 경제협력 회복은 여러 가지 이유로 인해 진전이 없었기 때문이다.

2. 평화체제의 현황 및 원인

1) 평화체제 현황

2018년 이후 한반도 평화체제는 북미관계의 진전과 남북관계의 발전 속에서 재개되었다. 평화체제 재개의 주요 동력은 문재인 정부가 수립하고 집행한 '평화와 번영을 위한 한반도 정책'에서 나왔다. 2018년 이후 3차례의 북미 정상회담이 진행되었고, 조선민주주의인민공화국 수립 70년 이래 북미관계에서도 큰 진전과 돌파구가 생겼다. 3차례의 정상회담을 통해 양국 관계의 적대성은 바뀌지 않았지만 긴장 수위는 상당 부분 낮아졌다.

남북관계에 있어서도 문재인 정부 출범 이후 4차례의 걸친 남북 정상의 만남을 통해 판문점 선언, 9월 평양공동선언 및 남북군사 합의서에 서명함으로써 남북 간의 평화체제를 새롭게 재개했다.

판문점 선언에서 남북은 육지와 해상, 공중의 적대행위를 전면 중단하고 북방한계선 일대를 평화수역으로 만들어 남북 간 상호협력과 교류 및 왕래를 위한 군사적 보장과 국방부장관 회담을 비롯한 군사당국 간의 회담을 갖기로 합의했다. 9월 평양 공동선언, 특히 부속문서인 남북군사 합의서는 남북이 취해야 할 군사적 긴장완화 조치를 구체적으로 명시하고 있다. 이와 동시에 문재인 정부는 한·미 연합훈련 잠정중단과 훈련 규모의 축소 등 대미 정책을 통해 한·미 연합훈련의 빈도와 규모를 조정했다. 이렇듯, 북미관계의 진전과 북방한계선과 군사분계선 인근에서 이루어진 남북의 조치 등으로 한반도 평화체제에 진전이 있었다고 할 수 있다.

그러나 남북 간 판문점 선언과 북미 싱가포르 공동성명에 '정전체제를 평화체제로 전환한다'라는 규정이 빠져 있었기 때문에 평화체제를 위한 조치가 제대로 이루어지거나 추진되지 않아 한반도 평화체제는 이 수준에서 정체하게 되었다.

2) 평화체제 정체의 원인

상술한 한반도 평화체제의 첫 번째 단계는 북미관계 및 남북관계의 완화와 군사적 신뢰구축으로 이루어졌다. 2단계는 한반도 평화체제 구축 단계에서 다자적 틀을 가동하는 것이지만, 이 다자적 틀은 제대로 가동되지 않았다. 2019년 6월 30일 남·북·미 3국의 정상회담이 판문점에서 진행되었지만 평화체제 구축을 위한 플랫폼과 틀은 마련되지 않았다. 10월 초 스톡홀름에서 진행된 북미 간 실무급 협의도 결렬되면서 평화체제의 진전에도 영향을 미쳤다.

그런데 비록 한반도 비핵화·평화체제가 2019년 이후 난항을 겪으며 정체되고 있음에도 불구하고, 한반도 정체가 과거의 긴장상태로 돌아가지 않는 데에는 몇 가지 주요한 요인이 있다.

첫째, 2018년 초 이후 북한과 한·미 간에 형성된 '쌍중단'(雙暫停), 즉 '두 개의 중단' 합의가 여전히 깨지지 않고 있다는 점이다. 즉 북한의 핵과 장거리 탄도미사일 시험발사 중단, 대규모 한·미 연합훈련의 중단이라는 '쌍중단' 국면이 유지되고 있는 것이다. 이러한 국면은 북한과 한·미 간의 상호 약속 혹은 구속의 형국이 아닌 각자 능동적으로 일방적 조치를 취하여 만들어진 것이다. 비록 2019년 이후 비핵화와 평화라는 두 체제의 지속적인 추진이 어려워졌지만 '쌍중단'은 유지되었다. 북한이 2019년 7~8월과 2020년 2~4월 사이에 포병 사격과 전술유도무기 사격 훈련을 여러 차례 실시했지만 이는 핵과 대륙간탄도미사일 시험발사를 중단하겠다는 태도에는 어긋나지 않는다.

둘째, 문재인 정부는 여전히 남북관계와 북미관계의 발전을 위해 노력하고 있다. 이는 한반도 정세를 안정시키는 데 중요한 역할을 하였다. 미국의 제약으로 남북관계의 돌파구를 마련하지 못한 문재인 정부는 미국을 설득해 정책방향의 돌파구를 마련하려고 했다.

셋째, 북한과 미국은 최고지도자 차원에서 일종의 특수관계를 유지하고 있다. 2019년 2월 하노이 정상회담과 10월 스톡홀름 실무급 회담 모두 서면상의 성과는 없었지만 북미 정상은 친서라는 형식을 통해 일종의 우호관계를 유지하고 있다. 이는 바로 국가 간에는 어느 정도의 적대적인 관계가 유지되고 있지만, 지도자 간에는 일종의 우호적관계가 유지되는 특수한 관계라고 할 수 있다. 이와 같은 정상 간의 특수한 우호관계는 트럼프와 김정은 모두 공식적으로 인정하고 있다. 어떤 이유에서든 양측 지도자로 형성된 우호적 관계를 유지하고 있는 것은 적어도 북미관계는 진전될 가능성이 있다는 인상을 주며, 서로가 어느 정도의 만족감을 주고받는 상태라는 기대감을 품게끔 한다.

3. 비핵화 및 평화체제 지속 추진의 새로운 방안

북한과 미국의 관심사는 다르기 때문에 서로 자신의 관심사를 우선적으로 해결하려 할 것이다. 이를 위해 중국은 '쌍중단'과 '쌍궤병행'이라는 모델을 제시했다. 비록 목표하는 것이 '쌍중단'이라는 점을 분명히 밝히지는 않았지만 북한은 핵미사일 실험을 중단하였고, 한·미가 대규모 연합훈련을 중단한 것은 엄연한 사실이다.

그러나 이는 한반도 문제해결의 초기 단계일 뿐 지속적으로 추진하려면 '쌍중단' 기조를 유지한 채 비핵화·평화체제를 추진해야 한다. '쌍궤병행'은 각자의 관심사를 동시에 만족하기 위해 제시한 것으로, 그 목적은 갑이 을의 관심사에 맞는 실질적인 이행조치를 취했음에도 을이 이에 대한 반응을 보이지 않는 경우 갑의 지속적인 조치 이행에 영향을 미쳐 한반도 문제에 악영향을 주는 것을 막기 위한 것이다. 따라서 비핵화와 평화체제를 모두 추진하려면 먼저 비핵화와 평화체제에 대한 세부 방안을 설정한 뒤에 대등한 원칙에 따라 추진해야 한다.

그러나 문제는 한반도 정세 흐름의 근간을 이루는 북미관계에 있어, 북미 양측은 외교 자원, 국제 권력, 영향력 등의 방면에서 전혀 다른 두 개의 행위자라는 것이다. 미국이 훨씬 더 강하므로, 북한은 자신들이 먼저 조치를 취했더라도 미국이 이에 상응하는 조치를 취하지 않을 것을 우려하고 있다.

한반도 비핵화 문제에 대해 북미 간에 비핵화의 정의, 추진 방식 등에 차이가 있는 것처럼 보이지만, 사실은 쌍방 간의 주도권을 놓고 경쟁하는 것이다. 미국은 평화체제 수립과 관련하여 한반도의 정세나 동북아 정세에 대한 장악력이 떨어질 것을 더 우려하고 있다. 이것이 바로 '쌍궤병행'이 계속 추진되기 어려운 이유다.

1) 종전선언문의 추진을 계기로 새로운 동력을 형성

평화체제 구축은 한반도의 비핵화보다 단계와 내용의 설계 면에서 더 융통성이 있는 문제라고 할 수 있다. 종전선언을 한반도 평화체제 구축의 첫걸음으로 삼는 것은 기존의 이익구조에 충격이 덜한 조치이다.

첫째, 한국전쟁은 사실상의 휴전을 한 지 67년이 되었다. 종전선언 전략은 한반도에 현존하는 현실에 부합하고, 주변 국가와 민중의 바람에도 부합한다. 따라서 문재인 정부가 추진해 온 평화중심의 대북정책이 한반도 '쌍중단'을 가능하게 할 수 있었던 것이다.

둘째, 종전선언은 정치적, 도의적인 구속력이 있지만 법적 구속력이 없기 때문에 기존의 이익구조에 미치는 충격이 적다는 것이다.

셋째, 종전선언의 내용 및 후속조치 등에서 더욱 융통성을 가미할 수 있다. 종전선언의 진전을 통해 북한은 비핵화 문제에 대해 진일보한 조치를 취하게 될 것이고, 이로 인해 비핵화와 평화체제 구축을 상호적으로 추진하는 선순환을 형성해야 한다.

그러나 미국은 아직까지 이 문제에 대해 소극적인 태도를 유지하고 있다. 2020년 9월 22일 문재인 대통령은 유엔총회 기조연설에서 종전선언은 한반도 비핵화와 함께 항구적 평화체제의 길을 여는 문이 될 것이라며 유엔과 국제사회의 도움을 호소했다. 또한 10월 8일 뉴욕의 비영리단체인 코리아소사이어티의 연례 만찬 기조연설에서 문재인 대통령은 종전선언을 위한 미국의 협력을 영상으로 다시 한 번 호소했다. 미국은 공식적으로 종전선언 요지를 논의할 수 있다고 밝혔지만 미국의 일부 전문가는 비핵화가 없으면 수용할 수 없다고 주장하고 있다.

2) 지역 내 '탈미국화' 평화선언

만약 미국이 종전선언 문제에 대해 계속 소극적이고 보수적인 태도를 취한다면, 동북아 지역 국가들은 '탈미국화'를 위한 지역적 평화선언을 검토하고 서명할 수 있다. 지역적 평화선언은 한반도 종전선언을 대체할 수 없지만 한반도와 동북아 지역의 평화를 더욱 공고히 하며 평화적인 문화와 분위기를 정착시키기 위한 조치다. 평화선언은 상호간의 무력 불사용과 평화적인 방식의 문제 해결을 주요 내용으로 하며, 형식적으로는 양자-다자주의적 조치를 취한다. 또한 그 참여주체는 동북아 국가를 위주로 한다. 만약에 평화선언이 진전이 있을 경우 동남아 국가들의 참여를 점진적으로 흡수하여 동아시아 지역을 포괄하는 평화선언 구역을 형성할 수도 있다.

동북아와 동아시아는 동북아시아와 동아시아 국가의 본거지이다. 이 지역의 평화는 지역 내 모든 국가의 이익과 관계된다. 이 지역의 국가들이 평화를 중심으로 상호 관계를 구축하고 지역의 평화와 번영을 촉진하는 것은 모든 지역의 국익에도 부합한다. 지역평화의 분위기와 메커니즘이 형성되면 미국의 인식과 정책에도 영향을 미쳐 궁극적으로는 종전선언을 통해 한반도 비핵화 실현과 평화체제 구축에 유리한 여건이 조성될 수 있을 것이다.

한반도 평화를 위한 남북중 협력 방안*

이현태(李賢泰)**

1. 남북중 협력의 필요성

2018년 2월 평창 동계올림픽 이후 3차례의 남북 정상회담, 4차례의 북중 정상회담, 사상 최초의 북미 싱가포르 정상회담이 잇따라 개최되면서 향후 비핵화 논의가 진전되고 대북제재가 완화, 해제될 것으로 기대되었다. 그러나 2019년 2월 하노이 북미 정상회담 결렬 뒤 한반도 긴장완화와 함께 대북 협력이 활발해지리라는 기대는 크게 꺾었다. 오히려 국제적으로 미중 전략경쟁이 격화되면서 대북 문제에 대한 국제 공조가 흔들리는 양상이다. 게다가 2020년 11월 미국 대선에서는 대북 관계개선에 신중한 민주당 바이든 후보가 당선됨으로써 한반도를 둘러싼 불확실성은 더욱 커지고 있다. 국내적으로도 대북 협력 논의를 꺼내기 쉽지 않다. 2020년 정부는 대북라인을 교체하면서 새로

* 이 글은 이현태 외, 『남북중 경제협력 방안 연구』(대외경제정책연구원, 2019)의 일부 내용을 수정·보완해서 작성한 것임.
** 인천대학교 중어중국학과 교수

운 계기 마련에 나섰으나, 북한의 연락사무소 폭파, 연평도 공무원 사살 등 악재가 겹치면서 대북 협력에 대한 국민적 회의감이 증폭되고 있다.

그럼에도 불구하고 각계에서는 이후 진행될 수 있는 다양한 대북 경제협력에 대해 꾸준히 논의를 이어나가야 한다. 우리는 멀게는 2000년 6월 남북정상회담과 6.15선언, 가깝게는 2018년 2월 평창올림픽 이후의 갑작스러운 남북관계의 진전을 예상하지 못했다. 특별한 계기에 의해서 한반도 정세가 갑자기 개선될 가능성은 여전히 남아 있기에 이에 항상 준비하는 자세가 필요하다. 또한, 대북 협력에 불리한 대내외적 여건이 나아지기를 기다리고 있을 수만은 없다. 대북제재의 지속, 미중 분쟁의 격화, 미국의 新지도부 등장, 코로나 19의 확산 등 어려운 환경 속에서도 북한을 협력의 장으로 이끌어낼 수 있는 새로운 아이디어를 발굴할 필요가 있다. 이전과는 다른 방식으로 북한과 국제사회의 호응을 이끌어내는 것이다. 물론 그 아이디어들은 한반도 정세를 충분히 고려한 실현가능한 것이어야 한다. 미국을 중심으로 하는 국제사회는 여전히 엄격한 대북제재를 시행하고 있고 북한의 비핵화 없이는 제재 완화·해제는 없다는 강경한 입장을 고수하고 있다. 따라서 무역, 투자, 인프라 건설 등 본격적인 대북 협력은 불가능하다.

이에 이 글은 '대북제재 단계에 따른 남북중 협력 방안'을 제시하고자 한다. 우선 대북제재가 쉽게 완화되거나 해제되지 않을 거라고 전제한다. 과감한 북미 대화 등으로 깜짝 관계개선을 시도했던 트럼프 행정부와는 달리 바이든 행정부는 대북 문제에 있어서는 전형적인 '보텀업(bottom-up)' 전략으로 핵문제에 대한 북한의 비핵화를 먼저 요구하면서 강한 압박을 계속할 공산이 크다. 그러나 북한의 태도 변화 또한 쉽게 기대하기 어렵기에 대북제재의 완화혹은 해제까지는 지난한 줄다리기가 필요할 것이다. 따라서 우리는 대북제재하에서 가능한 협력 사업과 대북제재가 완화되거나 해제될 때 가능한 사업들을 구분해야 한다. 대북제재의 장기화 가능성이 큰 지금, 본격적 협력에 대한 장밋빛 전망은 접어두고 현실적으로 가능한 협력 방안들을 찾아서 실천해야 한다. 이후 어떤 계기에 의해서 한반도 긴장 완화가 실현된다면 제재 완화 혹은 해제 단계에서 가능한 사업을 전개할 수 있다. 이때 제재하에서 협력하면서 쌓았던 경험이 본격적인 협력 사업을 추진하는 데 큰 도움이 될 수 있을 것이다. 또한, 이 방안은 남북한, 한반도 중심의 2자 협력이 아니라 중국과의 3각 협력을 통해 현재 한국 정부가 제안하는 양자 사업들에 대해서 반응이 없는 북한을 견인하고자 한다. 중국은 한반도 정세 변화의 주요 이해당사국이자 북한과 정치·외교·군사·경제 교류가 가장 활발한 국가다. 한반도와 국경을 접하면서 북한과 밀접한 관계에 있는 중국과 함께 다자 협력을 추진함으로써 북한을 국제무대로 이끌어내고 남북 교착국면을 타개하고자 하는 것이다.

   이런 남북중 3자 협력은 한국의 양대 대외협력 전략인 '한반도 신경제지도'와 '신북방정책'이 결합된다는 의미도 있다. 한국 정부는 한반도 신경제공동체 구현을 위한 '한반도 신경제지도 구상'과 북방 지역권과의 경제협력을 위한 '신북방정책'을 추진해왔다. '한반도 신경제지도 구상'과 '신북방정책'은 경제협력과 평화의 선순환을 위한 토대로서, 이 전략들은 국경을 맞댄 북한, 중국, 러시아와의 밀접한 협력 없이는 성공을 담보하기 어렵다. 이에 한국은 북방의 새로운 협력 공간을 확대하기 위해서 관련국들과의 다자협력을 동시에 구상할 필요가 있다. 특히 한국, 북한, 중국의 3자 협력이 중요한데, 이는 남북한에 있어 중국의 정치 경제적 중요성은 그 어느 나라보다 크며, 위 정책들의 성공은 필연적으로 남북중 3자 협력을 전제하기 때문이다. 한국−북한−중국 간의 초국경 다자협력 사업 추진은 상호 간 정치·군사적 안정을 굳건히 하면서 한반도 통일을 위한 역내의 우호적 환경을 조성하고 세력 균형에도 크게 기여할 수 있다.

2. 남북중 협력 추진 방안

그렇다면 '대북제재 단계에 따른 남북중 협력 방안'은 과연 어떤 분야에서 어떤 형식으로 가능할 것인가? 남북중 협력을 대북제재와 분리해서 생각할 수 없다는 점에서, 남북중 협력 정책들을 분야별로 제재 유지 단계와 제재 완화 단계로 나누어 고려해야 한다. 제재 유지 단계에서는 제재와 무관한 남북중 협력을 추진한다. 제재와 무관한 남북중 사업으로 의료(위생), 환경, 관광, 교육 등 인도적(비전통적 안보, 소프트웨어) 분야에서의 협력 추진이 가능하다. 제재가 완화되거나 해제되면 그간 축적된 상호 간 신뢰와 공감을 바탕으로 남북중 협력을 다방면으로 전개하면서 한반도 지역의 공동발전을 위해 노력한다.

1) 제재하에서의 남북중 협력

가. 보건의료

현재 동북아에서 최근 코로나19, 아프리카 돼지열병 등의 위생(의료, 방역) 문제가 심각한 데, 유행성 질병이 국경을 통해 전파될 경우 방역, 의료 시설이 열악한 북한은 적지 않은 타격을 입을 수 있다. 이에 한국과 중국은 북한과 적극 협력하여 공동 방역, 국경 검역, 의료시설 확충 등에 대해 공동으로 대처하는 방안을 모색해야 한다. 또한 북한에서 가장 시급한 의료 문제 중 하나로 지적되고 있는 영아사망률을 낮추기 위한 남북중 협력도 서둘러야 한다. 안전한 식수공급, 충분한 영양섭취, 감염병 예방접종, 항생제 등 필수의약품 보급 등에 대해서 중국과 한국이 북한을 설득하여 국제기구 등을 통해 지원하는 방법을 모색해야 한다.[1]

---

1) 신종호, 이현태, 「한반도신경제구상과 연계한 남북중 3각 협력 방안」(미발표 원고), 2020.

나. 환경

남북중은 지리적으로 인접하여 일국(一國)에 심각한 대기오염 등이 발생하면 바로 다른 지역에 영향을 줄 수 있기에 공동대응이 필수적이다. 북한은 환경 인프라가 매우 열악하여 대기, 물, 토양, 산림 등 전반적으로 환경문제에 취약하다고 알려져 있다. 대북제재하에서 남북중은 북한 환경 실태조사, 환경 인프라 구축을 위한 사전조사, 동북아 미세먼지(대기오염) 오염원 모니터링, 백두산 분화 가능성 공동조사, 동서해 및 두만강·압록강 수질 관리, 해양 보호, 생물다양성 조사, 국토환경 복원·보전 가능성 조사, 환경전문가 교류 등을 공동 추진할 수 있다. 지역적으로는 제재하에서도 어느 정도 조사가 가능한 북중/남북 접경지역을 중심으로 시작하여 향후 북한 내부로 확대한다. 그리고 국제환경 이슈에 대한 남북중 공동대응 및 북한의 역량강화를 지원하면서, 탄소 배출량 조사와 감축, 탄소배출권 거래, 지속가능발전목표 이행, 생물다양성 보전 같은 국제환경 이슈에 남북중이 공동으로 활동하고 이를 위한 교류 및 역량강화 기회를 늘려나가야 한다.

다. 관광

대북제재의 틀 안에서 실질적으로 가능한 관광 계획 수립, 마케팅 및 상품 중심, 네트워크 구축, 인적 교류, 민간 협력, 남중 협력 중심 등에 중점을 두어야 한다. 남북중 관광포럼 개최, 남북중 문화관광자원 조사단 구성·운영, 남북중 문화관광자원 아카이브 구축 등 민간 학계 중심의 협력을 우선 모색한다.[2] 지역적으로는 두만강과 압록강을 중심으로 하는 초국경 관광루트를 주요 협력지역으로 설정한다. 훈춘(방천), 단동-두만강, 압록강-신의주, 나선 등을 연결하는 북중 초국경 관광루트이다. 한반도-중국을 가로지르는 이 관

---

2) 신종호, 이현태, 「한반도신경제구상과 연계한 남북중 3각 협력 방안」(미발표 원고), 2020.

광벨트는 백두산을 비롯한 아름다운 자연환경과 항일 유적 등 풍부한 역사적 유산이 많아 북한 개방 시 엄청난 관광발전이 기대된다.

라. 학술·교육

중국 동북의 연변대 훈춘 분교 등에서 한국과 중국이 공동으로 동북아 물류과정, ICT 기술교육과정 등을 개설하여 북한을 포함한 남북중의 학생들이 함께 교육을 받을 수 있는 교류의 장을 마련할 수 있다. 북한에 경제와 산업 운용에 필요한 지식을 전수하고 인재 양성에 도움을 준다면 향후 개혁 개방 과정에서 예상되는 부작용들을 완화시킬 수 있다. 또한 향후 본격적으로 전개될 다자 협력을 위해 선제적으로 다양한 분야에 대한 남북중 연구 교류를 확대해 나가야 하는데, 현재 북한 학자와 학술 교류가 가능한 공간은 연변대가 매년 가을 주최하는 '두만강 포럼'에 불과하다. 따라서 연변대, 지린대, 랴오닝·지린성 사회과학원 등 동북3성의 중국 측 연구기관을 적극 활용, 삼자의 연구네트워크 구축을 위해 노력할 필요가 있다. 또한 남북중 중심 도시를 연결하는 베이징-서울-평양 교육 네트워크를 제안할 수 있다. 구체적으로 베이징대-서울대-김일성종합대의 네트워크를 추진하고 학술회의를 비롯하여 대학간의 교류를 점진적으로 활성화한다. 그리고 2014년 시진핑 주석 방한 이후 만들어진 '한중인문학포럼'처럼 '남북중 인문학포럼'을 제안할 수 있다. '두만강포럼' '고려학회'처럼 전 세계의 학자들이 참여하는 개방된 회의와 달리, 남-북-중의 학술 협력과 상호 친밀도를 높이는 플랫폼이다.

마. 교통물류

교통물류 분야에 있어서도 제한적 협력이 가능하다. 우선 동아시아 철도공동체 구축을 대비한 남북중 철도 및 도로협의체의 창설과 공동 조사 및 연구가 바로 그것이다. 철도 및 도로 시설의 수준 및 표준화 논의, 통관절차의 간소화 및 합리화 추진방안을 구체적으로 마련하는 것이다. 실제 사업으로는 남북중 철도 연결을 통한 '한반도-중국 국제화물열차 운행 시범 사업'을 구상할 수 있다. 백두산 이도백하에서 생수(백산수)를 국제화물열차를 통해 단동-신의주-평양-서울로 운송하는 사업이다. 이를 통해 한반도 종단철도 (TKR)~중국횡단철도(TCR) 간 국제화물열차를 시범운행하고 수송경쟁력을 검증한다. 사실상 UN 및 미국의 대북제재가 해제되거나 제재 면제 사업으로 허가되어야 가능하지만, 제재 상황에서 할 수 있는 방법도 고려해야 한다. 현재 대북제재에도 불구하고 중국의 철도(객차, 화차), 러시아 철도는 북한으로 정기적으로 운행하고 있다. 따라서 남측화차의 북한행이 불가능하다면 중국 측 화차를 활용해서 북한 구간을 이동하는 아이디어도 고민해 봐야 한다. 북한 지불 요금의 경우에도 현금 등이 아닌 非제재품목인 현물로 대신하는 방안도 가능하다.[3] 다만 이렇게 제재 상황에서 사업 추진은 국제적 문제와 갈등을 일으킬 수 있기 때문에 미국, 중국, 북한, 러시아 등 관련국들과의 충분한 협의를 통해서 추진해야 한다. 특히 한반도 철도 연결이 한반도 긴장완화와 북한개방에 주는 의미를 충분히 설명하고 미국의 협조를 얻는 것이 중요하다. 이런 협의 절차 없이 무리한 추진은 금물이다.

2) 제재 완화 · 해제 단계에서의 남북중 협력

가. 제재 완화 단계

북한 비핵화와 함께 제재가 완화되면 남북중 협력을 다양하게 전개하면서 동북아시아의 발전을 위해 공동으로 노력해야 한다. 한국의 5.24 조치 해제와 함께 국제사회의 대북제재가 2016년 이전 수준(UNSCR 2270 이전 수준)으로 돌아간다면 북한에 대한 기업 투자 및 제한적 금융거래가 가능해지면서 다양

---

3) 코레일, 「국제화물열차(TKR~TCR) 시범운행 개요」, 2019.

한 형태의 다자협력이 가능할 것으로 보인다. 교통 · 물류 · 에너지 인프라 구축(운영), 산업단지, 농림수산, 경제특구 개발, 관광, 교육, 환경 등 분야의 여러 협력 사업들이 단둥-신의주, 훈춘-나선 등 북중 초국경 지역을 중심으로 진행될 수 있다. 특히 한반도 신경제지도와 일대일로 구상의 교통 · 물류 인프라 연결이 우선적으로 추진될 가능성이 높다. 한반도가 동북지역-몽골-러시아-유럽(중몽러 경제회랑)과 연결되면 남북중을 포함하는 다자협력이 시작되면서 다른 분야의 협력을 위한 교량의 역할을 할 수 있을 것이다.

나. 제재 해제 단계

제재가 완전히 해제되고 북한이 개방의 길로 나서면 전면적인 다자 경제협력이 가능하다. 북중 접경지역에서 한국의 환동해 · 환황해 종축 벨트와 중국의 종축(중몽러 경제회랑, 창지투 경제벨트)을 잇는 '동북아 경제회랑'이 구축되면서 한반도 신경제지도, 신북방정책, 일대일로 구상의 정합적 결합이 성사된다. 동북아 경제회랑은 중국의 입장에서는 중몽러 경제회랑의 확대이자 한반도를 통해 일본-태평양을 연결하는 일대일로의 7번째 경제회랑이다. 한반도는 이 회랑을 통해 유라시아 대륙과 태평양을 연결하는 접점으로서 발전한다. 북한 또한 한반도 북부로서 동북아 경제회랑을 통해 동북아 협력의 연결을 담당하는 중요한 위상을 차지하게 될 것이다. 동북아 경제회랑은 중국의 일대일로, 몽골의 초원의 길, 러시아의 신동방정책, 한국의 신남북정책, 한반도 신경제지도가 동시에 접하는 동북아 복합 경제벨트로 작용하면서 한반도, 동북3성, 극동러시아가 다양한 교통 · 물류 · 에너지 인프라로 연결되고 산업별 가치사슬과 공동시장이 형성되면서 동북아 경제공동체로의 발전 가능성을 시험하게 될 것이다.[4] 다만 이 과정에서 각 지역이 가진 경제적 상황,

---

4) 원동욱, 「경의선연결을 계기로 한 남북중 경협사업: 한반도 신경제지도와 일대일로의 연계 협력」, 『월간교통』 247호, 2018.

장기 경제 정책, 비교우위, 상호 경쟁 및 보완 요소를 충분히 고려한 전략적 접근이 필수적이다.

3. 남북중 협력의 SWOT 분석

다만 실제로 남북중 협력을 추진하기 위해서는 넘어야 할 난관들이 많다. 남북중 협력에 대한 남북중의 정책 방향이 일치해야 하고, 전면적 협력을 위해서는 대북제재가 완화 혹은 해제되어야 하며, 장기적으론 남북중 사업이 적절한 수익을 낼 수 있어야 한다. 또한 자금조달 기제가 마련되어야 하고, 사업의 리스크를 완화할 수 있는 방안이 있어야 하며, 구체적인 협력 모델과 사업을 도출해야 하는 등 난제가 많다. 남북중 협력의 장점과 단점, 기회와 위험 요인에 대한 분석이 선행되어야 하는 이유다. 그런 후에 협력을 서두르지 말고 국내외에서 충분한 공감 과정을 거쳐 전략적으로 추진해야 한다.

남북중 경협 사업에 대한 대략적인 SWOT 분석은 아래와 같다(표 1). 내부 강점요인으로 남북중 3국 사업 역량이 상호보완적이며 그간 양자—한중, 북중, 남북— 혹은 남북중 사업 경험이 많고, 3자 사업을 통해 대북 사업의 리스크를 공유, 감소시킬 수 있으며, 북한의 대중국 의존도 경계심을 완화시킬 수 있다는 점을 뽑을 수 있다. 내부 약점요인으로는 그간 남북중 간에는 삼자 사업이 아닌 양자 사업이 지배적이었고 북한 또한 양자 협력을 선호하는 것으로 파악되며, 북한과의 사업은 리스크가 크고 북한개발을 둘러싼 한중간 견제 및 경쟁과 남북중 협력을 둘러싼 남남갈등이 증폭될 가능성이 있다는 점이다. 외부 기회요인으로는 남북관계, 북중관계, 북미관계 개선으로 인한 역내 협력 가속화 가능성, 남북중 3국의 지역개발전략의 결합, AIIB, GTI 등 역내 다자개발기구의 존재를, 외부 위협요인으로는 북한 비핵화 지연과 대북제재 지속, 남북, 북중, 남북중 협력 심화에 대한 미국, 일본의 견제와 반대, 중국의 일대일로 구상에 대한 의구심 증폭(부채의 덫 외교 논쟁) 등을 들 수 있다.

〈표 1〉 남북중 경협 사업 SWOT 분석

S(내부요인)	W(내부요인)
- 남북중 3국 사업 역량의 상호보완성 - 양자(한중, 북중, 남북) 혹은 삼자(남북중) 사업 경험 有 - 대북 사업의 리스크 공유/감소 - 북한의 대중국 의존 경계심 완화	- 한−중, 북−중 등 양자 경협의 지배적 구도 - 북한의 양자 협력 선호 - 북한과의 사업 리스크 大 - 한−중 간 견제 및 경쟁 가능성 - 남−남 갈등의 심화
O(외부요인)	T(외부요인)

- 남북관계, 북중관계, 북미관계 개선으로
  인한 역내 협력 가속화 가능성
- 남북중 3국의 지역개발전략의 결합 가능
  성
- AIIB, GTI 등 역내 다자개발기구의 존재
	- 북한 비핵화 지연과 대북제재 지속
	- 남북, 북중, 남북중 협력 심화에 대한 미국,
	  일본의 견제와 반대(일대일로−인·태 전략)
	- 중국의 일대일로 구상에 대한 의구심 증폭
	  (부채의 덫 외교 논쟁)

자료: 저자 작성.

4. 한반도 평화를 위한 남북중 협력

한반도는 글로벌 패권 전쟁으로 치닫는 미중 양국과 분단 70년을 넘어가는 남북이 한반도에서 중첩되어 맞서는 곳이다. 그런 만큼 대북 협력 추진을 위한 대내외 정책 환경은 녹록지 않다. 국제사회의 대북제재가 장기화되고 있는 상황에서 코로나19의 확산은 국경 간 일체의 교류를 막고 있다. 남북 내부의 여건 또한 만만치가 않다. 연락 관리사무소 폭파, 연평도 공무원 사살 등으로 남북 간에는 냉기만 흐르고 있다.

　이 글의 '대북제재 단계에 따른 남북중 협력 방안'은 꺼져가는 한반도 국제 협력의 물꼬를 트고자 하는 하나의 제안이다. 제재 완화·해제만 손 놓고 기다리기보다는 지금 할 수 있는 작은 일부터 해보자는 것이다. 우선 한반도 평화 구축을 위한 남북 양자 협력이 요원한 상황에서 남북중 삼자 협력으로 협력 주체를 확대한다. 그리고 국제사회의 대북제재를 준수하면서 인도적 차원의 협력부터 진행해 나간다. 모두를 위한 의료, 교육, 관광, 환경 등에 집중한다. 이 과정에서 남북중 간에 협력 경험과 신뢰를 구축하고자 노력한다. 이렇게 쌓인 협력 경험과 신뢰는 향후 본격적인 남북중 사업이 가능해질 때를 위한 중요한 자양분이 될 수 있다. 다만 남북중 협력을 추진할 때 반드시 국내외의 공감대를 얻어야 한다. 첫째, 3각 협력 추진이 대북제재의 원칙에 어긋나지 않고 미국 등을 배제하는 방식이 아니라는 확신을 국제사회에 심어 주어야 한다. 한국과 중국은 대북제재의 책임 있는 국제사회의 주체로서 역할을 다해야 한다. 둘째, 남북중 협력에 대한 국내의 동의를 충분히 얻는 작업이 선행되어야 한다. 한반도 프로세스 과정에서 남북중 사업이 주는 의미에 대해 다수 국민들이 충분히 동의하는 하에서만 사업을 추진해야 한다. 그렇지 않으면 남남갈등으로 인해 지속적이고 안정적인 사업 추진이 어려워진다.

　지구상에서 한반도 평화프로세스 구현처럼 어려운 난제도 드물 것이다. 하지만 21세기 한반도에 사는 우리가 추진하지 않을 수 없는 사명이기도 하다. 어려운 현실을 돌파할 수 있는 다양한 아이디어와 강한 열정이 필요하다. 한반도 평화를 위한 남북중 협력의 가능성도 이런 차원에서 함께 논해야 한다.

두만강 지역 항구 물류협력

안궈산(安國山)*

1. 두만강 지역 항구 물류협력 현황과 문제점

두만강 지역 국제협력은 제기된 지 오래되었지만, 여러 문제들로 인해 진전이 순조롭지 않았다. 특히 항구 물류협력 분야는 더욱 그러한데, 북중, 중러가 협력 개발한 나진항, 청진항, 자루비노항 사업이 그 대표적인 사례이다. 북중 합작으로 개발된 나진항 1호 부두 현대화 확장 사업은 현재 난항을 겪고 있을 뿐만 아니라 북한은 훈춘창력공사(琿春創力公司)가 나진항 1호 부두를 50년간 임차한 계약을 인정하지 않고 있다. 중러 합작 개발된 러시아 자루비노항 복합항만(萬能海港) 사업도 진행이 순조롭지 않아 현재 기존의 자루비노항의 일부만 개선이 완료됐다. 그 이유는 다음과 같다.

첫째, 두만강 지역은 국제정치의 영향을 크게 받아 경제 무역 협력에 전력으로 집중하기 어렵다. 미국을 위시한 서방국가들은 공개적으로 혹은 암암리

---

* 옌벤대학 국제물류연구소 소장, 교수

에 동북아 지역 국제협력을 가로막고, 북한의 연이은 핵실험과 유엔 제재 등은 두만강 지역 국제협력의 우호적인 분위기를 심각하게 훼손했다.

둘째, 두만강 지역은 면적이 크지 않지만, 지역 내 당사국 간의 이익관계가 복잡하게 얽혀 있다. 러시아는 역사문제 등으로 중국기업들이 대거 러시아 극동지역에 진출해 대량 개발하는 것을 막고 있다. 북한은 중국과 러시아 두 대국 사이에서 균형을 맞춰 이익을 최대화하는 데 능하다.

셋째, 중국, 러시아, 북한 3개국은 모두 과거 사회주의 국가였지만, 지금은 각국의 국내 체제, 운영 메커니즘 및 이데올로기가 분명히 다르다. 러시아는 연방제 국가로, 중앙정부와 지방정부 간의 이익 갈등이 자주 발생하고, 극동개발부가 내놓은 정책인 프리모르스키에 이르기까지 집행이 꼭 순조로운 것만은 아니다. 북한은 전형적인 고도의 중앙집권적 전통 사회주의 국가여서 중국의 사회주의 시장경제체제에서 성장한 기업들이 적응하기 어려운 환경이다.

넷째, 지리적 위치상, 두만강 지역의 북, 중, 러 삼국의 각 지방정부는 모두 각국의 정치 경제 중심에서 멀리 떨어져 있어 중앙정부의 관심과 지원의 크기에 따라 정책적 운신의 폭이 달라진다. 또 해당 지방정부들이 중앙정부의 최신 정책방침을 제대로 파악하고 이해하는 데도 시차가 있을 수 있다.

다섯째, 항구 건설은 인프라 구축에 막대한 투자가 필요한 사업 중 하나이다. 특히 항구 건설에 맞춰 건설하는 철로, 도로 사업 또한 많은 투자가 필요하다. 따라서 민영기업으로선 장기 투자가 어려우며, 국유(대형) 기업 역시 '다사다난한 지역'에 대한 투자는 쉽지 않다.

2. 두만강 지역 항구 물류 협력의 새로운 구상
: '두만강 지역 다국적 항만 클러스터' 구축

1) 두만강 지역 다국적 항만 클러스터 구축의 목적과 의의

현재 두만강 지역은 세계에서 지정학적 영향이 가장 큰 지역 중의 하나이며 지역 내 국가 간 이익관계가 복잡하게 얽혀 있다. 어떻게 지정학적 영향을 피하거나 줄이고, 지역 내 국가 간 이해관계의 균형을 잡아 국제경제 무역 협력을 원활히 진행할 것인가가 30년 가까운 시간 동안 이뤄진 두만강 지역 국제협력이 우리에게 남긴 가장 큰 과제다. '두만강 지역 다국적 항만 클러스터' 구축은 다음의 목적과 의미가 있다.

첫째, '두만강 지역 다국적 항만 클러스터' 구축을 통해 국제 물류시장의 자원 배분 기능을 부각시켜 국가 요인이나 정치적 요인을 최대한 희석할 수 있다.

둘째, '두만강 지역 다국적 항만 클러스터'를 구축함으로써 참여국들의 이익 추구를 더욱 고려하여 지역 내 국가 간 새로운 이익 균형을 달성할 수 있다.

셋째, '두만강 지역 다국적 항만 클러스터' 건설로 두만강 지역 국제협력 및 나아가 동북아 해양 이익 공동체 건설의 토대를 마련하고 그 유효한 사례를 제시할 수 있다.

2) '두만강 지역 다국적 항만 클러스터'의 이론 및 실천의 근거

(1) 이론적 근거

항만 클러스터 구축의 이론적 연구는 주로 항구 클러스터 계획과 코피티션 (Co-opetition) 연구 두 가지 분야에 집중돼 있다. 그 가운데 국제무역, 항만 및 해운환경 변화에 따라 항만 클러스터의 코피티션 연구가 점점 현재 학계와 항만 운영업의 연구 포커스가 되었다.

지역 항만 클러스터 시스템 연구가 발전함에 따라 학자들은 항구 간에 경쟁관계가 존재할 뿐만 아니라 교차 배후지도 항구가 상호 보완 협력 관계를 형성하는데 유리하다는 것을 발견했다. 이런 협력형 경쟁 관계는 항만 클러스터 시스템을 끊임없이 진화시키는 내재적 동인이다. 이에 학자들은 항구의 경쟁과 협력이 병존하는 복잡한 관계에 주목하기 시작했다. 송(D. W. Song)은 항만 코피티션(co-opertition) 개념을 통해 전략적 각도에서 인접한 홍콩과 중국 남부 컨테이너 항만의 경쟁과 협력 문제를 연구했다. 또한 항구의 관리와 소유권 구조 측면에서 홍콩과 선전(深圳)항의 코피티션 상황을 분석했다. 중국 학자 왕쉬동(汪旭東)은 1999년 항구 간의 자발적 결합을 통해 공동의 발전을 모색할 수 있다는 '항구 협동'이란 개념을 제시했다. 마오보커(茅伯科)는 장강 삼각주(長三角) 항만 클러스터를 예로 들어 당시 중국 항만 클러스터는 내부적으로 여전히 경쟁관계가 주류이나, 경쟁의 초점이 지선항과 보급항의 네트워크 구축으로 이동했음을 설명했다. 즉 경쟁의 중점은 협력 파트너를 쟁취하고 경쟁력을 통합하는 쪽으로 이동했다는 것이다. 연구 결과는 지역 항구가 경쟁에서 협력으로 가기까지 정부 추진, 업종 협회, 기업 추진과 부동산 가격 등 4개 동력이 필요하다고 지적한다. 쫭페쥔(莊佩君)은 중국 홍콩과 선전항 컨테이너 부두의 경우 '경쟁자 간 협력'의 코피티션 전략이 항만 시장 지배력과 협상력을 높이는 장점이 있다고 지적했다.[1]

(2) 실천적 근거

해외에서는 코펜하겐-말뫼항(CMP, Copenhagen Malmo port)이 다국적 항만 통합 및 다국적 항만 클러스터 구축의 대표적 사례이다. 2001년 5월 15일 덴마크 코펜하겐항과 스웨덴 말뫼항이 연합해 만든 공동 운영 항구 성립이 선포됐다. 새로운 항구의 명칭은 코펜하겐-말뫼항(CMP)으로 외레순(Øresund

---

1) 孫光圻, 「中國港口資源整合的現狀, 問題與對策」, 『對話-主題』, 2010.04.

Bridge) 대교 개통에 이은 양국 협력의 또 하나의 조치였다.[2] 두 개 주권국가에 속한 항만이 하나가 된 것은 북유럽 항만 발전 과정의 중대한 혁신을 상징하며 세계 각국에 새로운 항만 국제협력 모델을 제공한다.

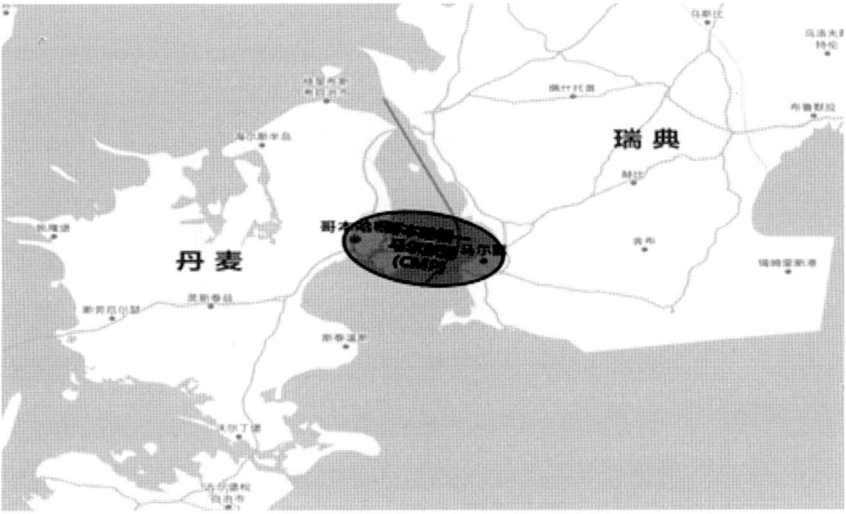

〈그림 1〉 코펜하겐 – 말뫼 항만 클러스터

중국에서는 중국 경제가 한 단계 더 지역화, 모듈화, 협동화되면서 항만 클러스터 연구도 점차 항만업 및 학계에서 중시되고 있다. 또한 전국 각지 항만 자원의 통합에서도 다양화, 선진화 추세가 꾸준히 나타나고 있다.

---

2) 李敏, 「哥本哈根 · 馬爾默港的啟示與河北港口發展」, 『中國水運』, 2015.02.

〈표 1〉 중국 주요 연해 항만 통합 사례

지역	시작 시기	초보적 통합 완성 시기	상장회사	통합플랫폼	통합내용
푸젠샤먼 (福建廈門)	2010	2013.12	샤먼항만서비스 (廈門港務) (3378HK)	샤먼 컨테이너부두그룹 (廈門集裝箱碼頭集團)	샤먼시 컨테이너 부두 자산 통합
저장성 (浙江省)	2015.8	2016.11	닝보항 (寧波港) (601018)	저장해항투자그룹 (浙江海港投資集團)	저장성 항구자산 통합
광시자치구 (廣西 自治區)	2017.2	2019.12	베이부만항 (北部灣港) (000582)	베이부만 국제항물그룹 (北部灣國際港物集團)	팡청구(防城區) 친저우시(欽州市) 베이하이(北海市) 3개항 통합
장쑤성 (江蘇省)	2017.5		난징항 (南京港) (002040)	장쑤항구그룹 (江蘇港口集團)	장쑤성 항구 자원 통합
랴오닝성 (遼寧省)	2017.6	2019.1	잉커우항 (營口港) (600317) 다롄항 (大連港) (601880)	랴오닝항구그룹 (遼寧港口集團)	랴오닝 항구 자원 통합
광둥 선전 (廣東深圳)	2017.11	2018.12	자오상쥐항구 (招商局港口) (0144HK) 자오상항구 (招商港口) (001872)	자오상항구 (招商港口) (001872)	자오상쥐항구 자산의 A주 플랫폼 편입
산둥성 (山東省)	2018.2	2019.8	칭다오항 (青島港) (601298, 6198HK) 르자오항 (日照港) (600017)	산둥항구그룹 (山東港口集團)	산둥성 항구 자원 통합

자료출처: 흥업증권경제금융연구원(興業證券經濟與金融硏究院)

3) '두만강 지역 다국적 항만 클러스터'의 범위

두만강 지역은 넓은 의미의 두만강 지역과 좁은 의미의 두만강 지역으로 나눌 수 있다. 넓은 의미에서 두만강 지역은 GTI(광역두만강 개발계획) 회원 국으로 중국, 러시아, 북한, 한국과 몽고를 포함한다. 좁은 의미에서 두만강 지역은 지린(吉林)성 훈춘(琿春)시와 러시아 프리모르스키의 하산스키군(Khasansky District), 북한의 나진·선봉 자유무역지구 등 약 1만㎢의 면적의 두만강 경제 구를 뜻한다. 본 연구에서는 창지투(長吉圖, 창춘－지린－두만강) 개발계획

요강, 빈하이(濱海) 2호선 등 정책 조치와 배후지 경제 상황 등의 요소를 고려해 두만강 지역을 좁은 의미의 두만강 경제구로 정의한다.

상술한 두만강 지역 범위 정의에 따르면 지역 내 항만은 두 나라의 7개 항구로 구성된다고 할 수 있다. 북한의 청진항, 나진항, 선봉항, 웅상항과 러시아의 슬라브얀카항, 자루비노항, 포세트항이 그것이다.

〈그림 2〉 두만강 지역 다국적 항구시설

4) '두만강 지역 다국적 항만 클러스터'의 지위 규정

(1) 전체적 지위의 규정

두만강 지역의 지리적 위치와 배후지 경제 상황, 국제경제 무역에서의 지위 등에 따라 본 글은 '두만강 지역 다국적 항만 클러스터'를 동북아 육해 연계 운송 물류 허브로 정의한다.

(2) 개별적 지위의 규정

- 허브항: 허브항은 지리적 우위가 뚜렷하고 발전 잠재력이 높고, 지선 항

로가 밀집되어 있으며 기초 조건이 상대적으로 좋은 화물 수집, 분산, 운반 네트워크 항구를 가리킨다. 기존 연구들을 참조하여 북한 나진항을 잠정적으로 허브항으로 정한다.

- 보급항: 나진항을 제외한 나머지 6개 항구는 잠정적으로 보급항으로 정한다.

상기 항구 지위 규정에 따라 앞선 연구를 바탕으로 이들 7개 항만의 기능을 분류할 수 있다.

① 청진항

청진항은 깊은 수심과 정박 길이 등 항구 자체의 특성과 배후지역인 청진지역의 경제 상황, 산업 분포 등 요소를 고려해 산적 화물, 일부 광물자원, 농산물 등을 갖춘 일부 국내 물류 부두로 건설해야 한다.

② 나진항

컨테이너, 유람선, 소량의 산적 화물 위주의 전용 부두

③ 선봉항

원유, 천연가스 위주의 전용 부두

④ 웅상항

목재, 석탄 위주의 전용 부두

⑤ 포세트항

러시아는 자용(自用) 항구로 지정해 대외적으로 개방하여 사용하지 않고 있으며 현재 러시아의 한 회사가 석탄 수출입을 운영하고 있다.

⑥ 자루비노항

컨테이너, 선적 화물, 식량, 콜드체인 물류 등

⑦ 슬라브얀카항

목재, 연료 등 자원 전용 부두

5) '두만강 지역 다국적 항만 클러스터' 구축 가능성

(1) 항만 클러스터 형성 요소

첫째, 공동의 운송 네트워크와 경제 배후지 범위

둘째, 지역·인접성과 국내외 시장 지역

셋째, 지역 내 개별적 항구 이익 주체의 존재

(2) '두만강 지역 다국적 항만 클러스터' 구축 요소

① 정치적 측면

- 중국과 러시아 양국은 이미 2017년 11월 중러 총리회담 발표문을 통해 러시아는 중국기업의 러시아 극동지역 항만물류, 자원 개발, 현대 농업, 인프라 구축, 관광 등 분야에서 개발을 통한 상호 이익 협력을 계속 지지한다고 밝혔다.

- 〈북중 공동개발 공동관리 나진·선봉 경제무역지구 관리위원회〉는 현재 북한이 제재를 받고 있는 상황에서 유일하게 운영 중인 북한과 외국의 협력기구이다. 최근 〈관리위원회〉는 새로운 나진항 개발계획을 수립했다.

- 북한과 러시아 양국은 전통적 우의가 있다. 2001년 8월 김정일은 러시아를 방문해 푸틴과 회담을 갖고 〈모스크바 선언〉을 채택했다. 러시아와 북한은 2013년 총 3.4억 달러를 투자해 총 길이 54km의 북한 나진항과 러시아 하산을 잇는 복궤 철도를 신설 개통했다. 현재 러시아가 70%, 북한이 30%의 지분을 갖고 있는 나선 국제 컨테이너 수송 합영회사(라선컨트란스, Rasoncontrans)가 운영 중이다.

② 기술적 측면

- 중러 협력의 경우 2010년 8월 중국 동북아철도그룹과 러시아 트로이츠해항 유한공사는 자루비노항 국제 합자 유한회사를 설립해 등록했다.[3] 중국 측의 자금 지원으로 자루비노항 4호 부두 인프라를 개선해 현재 항구

는 다양한 크기의 컨테이너를 하역, 운송, 저장하기 위한 부대시설 요건을 충족한다. 현재 지린(吉林)성 국내 무역화물의 월경 운송은 주로 자루비노항을 이용하고 있다. 훈춘－자루비노－닝보 등 항로가 이미 개통됐고 훈춘－자루비노－칭다오(青島) 등 항로도 개통할 계획이다.

- 북중 협력의 경우 2007년 훈춘창력공사(琿春創力公司)가 나진항 1호 부두를 임차해 업그레이드 리모델링을 시작했으며, 2011년 1월 처음으로 훈춘－나진항－상하이항의 국내 무역화물이 국경을 넘어 운송됐다.[4]

- 북러 협력의 경우 러시아는 나진항 3호 부두를 임차해 증축과 업그레이드를 마쳤다. 현재 북한은 제재를 받고 있는 상황에도 불구하고 3호 부두를 운영하고 있다.

6) '두만강 지역 다국적 항만 클러스터' 구축 모델

- 정부 통제형: 쑤저우(蘇州)항, 닝보－단둥(寧波－舟山)항, 옌타이(煙臺)항 등. 정부가 나서서 행정관할 내 관련 항만을 통합, 개편한 것이 특징이다.

- 소유권 연계형: 상하이항과 창장주(長江諸)항, 다롄(大連)항과 찐저우(錦州)항, 칭다오(青島)항과 웨이하이(威海)항 등. 관련 항만기업이 인수나 지분 참여 채널을 통해 항만 합자기업을 연합 구성한 것이 특징이다.

- 전략적 협력형: 칭다오(青島), 옌타이(煙臺), 르자오(日照) 등 3대 항구 등. 관련 항만기업이 자원 공유, 업무 협력 등 방식으로 전략적 연맹을 체결한 것이 특징이다.

- 코펜하겐－말뫼항 모델

3) 琿春市航務局, 『吉林省內貿貨物跨境運輸』, 2019.

4) 琿春市航務局, 『吉林省內貿貨物跨境運輸』, 2019.

7) '두만강 지역 다국적 항만 클러스터' 구축 순서

현재 두만강 지역은 지정학적으로 여전히 복잡하고 유엔 대북 제재가 계속되는데다 코로나 바이러스가 제대로 통제되지 않고 있다. 게다가 '두만강 지역 다국적 항만 클러스터' 구축 차제가 체계적이고 방대한 사업이기 때문에 '두만강 지역 다국적 항만 클러스터' 구축도 단계별로 이루어져야 한다. 본 연구는 아래와 같은 세 단계를 제안한다.

(1) 단기(2020~2025년)

- 새로운 '나진항 개발계획'을 지속적으로 보완한다. 〈북중 공동개발 공동관리 나선경제무역구 관리위원회〉(이하 약칭 '나선관리위원회')는 최근 나진항과 관련해 새로운 개발계획을 제정했다. 그중 부두 배치, 항구 및 배후지역 산업 배치 등은 좀 더 명확히 하고 세분화할 필요가 있다.
- 북한 나진항, 선봉항, 웅상항의 항만 자원을 통합한다. 나진항이 앞으로 지역 허브항이 되기 위한 가장 중요한 전제조건은 선봉항과 웅상항의 자원을 통합해 항만의 종합 경쟁력을 높이는 것이다. 현재 이들 3개 항구는 북한 나선특별시에 속하며 나선관리위원회가 관리하고 있다. 따라서 북한과 충분히 소통하고 협상한다면 단기간 내 이 문제를 해결할 수 있을 것이다.
- 훈춘창력공사가 보유한 북한 나진항의 지분을 명확하게 분석·정리하고 이를 바탕으로 나선관리위원회가 나진항 투자 기업(중국 측) 유치를 책임져야 한다. 나진항, 선봉항, 웅상항 등의 중국 투자 주체를 확정해 중요한 것과 부차적인 것을 가리지 않고 맹목적으로 뛰어드는 일이 없도록 해야 한다.
- 러시아와 지속적으로 소통해 자루비노항이 원활하지 못한 문제를 해결한다. 예를 들어 항만 확장, 인프라 개선, 통관 편리화 등이다. 대북 제재가

계속되는 현 단계에서 중국의 주요 대외 물류 통로는 여전히 자루비노 항구다. 러시아는 슬라브얀카항과 포세트항을 갖고 있지만, 항구 특성과 현황 등의 요소를 고려할 때 자루비노항이 여전히 강점을 가지고 있다. 다른 항구를 선택한다면 중국의 힘을 분산시켜 상대편에 협상 카드를 제시할 수밖에 없게 된다.

- 한국의 부산, 속초 등 해외 도시와 닝보, 칭다오, 다롄 등지의 협력을 지속적으로 강화해 자원을 확보한다. 충분한 자원 확보는 각국 정부와 관련 기업이 항만 개발에 적극성을 보일 때 비로소 가능하다.

- 두만강 지역 항만 연구를 계속 확대한다. 현재 본 프로젝트 팀은 상술한 항구의 비교 연구와 나진항, 선봉항, 웅상항 통합 연구를 거의 마쳤다. 이를 바탕으로 연구의 신뢰와 조작성을 향상하기 위해 러시아, 북한의 관련 전문가, 학자와 협력 연구를 진행해 최종적으로 각국 모두가 수용하고 신뢰할 수 있는 연구 결과를 도출한다.

(2) 중기(2025~2030년)

- 기존 항만투자 기업(예: 동북아철도그룹 등)을 바탕으로 북, 중, 러 삼자가 출자한 주식회사를 설립하고 북한의 나진항(선봉항, 웅상항 포함)과 러시아 자루비노항에 주로 투자해 각 측의 권리와 의무를 명확히 하고 다국적 항만 클러스터 관리 그룹(국)의 성립 토대를 다진다.

- 훈춘-자루비노, 훈춘-나선, 나선-자루비노를 잇는 고속도로 등 기초 인프라를 계속 보수하고 신축해 세 지역의 효율적 연결 토대를 마련한다. 연결 주체: 지린성 발전개혁위원회, 지린성 창지투 판공실

(3) 장기(2030~2035년)

- '두만강 지역 다국적 항만 클러스터' 구축 완성

- 실시간 동태 조정 및 삼자 이해관계 관리 협조 기제 설립
- 동북아 육해 연계 운송 물류 집산지 조성
- 동북아 운명공동체 공감대 확립

8) 리스크 및 보장 조치

(1) 리스크

① 정치적 리스크

- 미국을 위시한 서방국가의 방해(아시아 · 태평양 전략 등 포함)
- 중국 참여와 러시아 극동지역 개발에 대한 러시아의 경계
- 중국과 러시아 양국 사이에서 북한의 이익 최대화 균형 전략

② 기술적 리스크

- 항만 등 인프라에 대한 막대한 투자
- 국가별 투자 유치, 과세, 수출입, 세관 등 법률 규정의 상이함
- 국가별 항만관리, 항만세 등 규정의 상이함

(2) 보장 조치

- 일대일로 건설 과정에서 러시아와의 협력을 더욱 확대해 극동지역에 대한 러시아의 걱정을 줄임으로써 동북아 운명공동체 의식을 확립한다.
- 북중 양국 간의 고위급 경제 무역 협력 협상 기제를 조속히 회복한다.
- '두만강 지역 다국적 항만 클러스터'에 대한 북, 중, 러 3개국 다국적 중재 기구를 성립한다.

[성균중국연구총서 33]
미중 전략경쟁과 한반도

기   획   성균관대학교 성균중국연구소
책임편집   이희옥 · 이율빈

초판인쇄   2021년 2월 20일
초판발행   2021년 2월 26일

발 행 인   윤관백
발 행 처   도서출판 선인
등   록   제5-77호
주   소   서울시 마포구 마포대로4다길 4 곳마루B/D 1층
전   화   02-718-6252
팩   스   02-718-6253
이 메 일   sunin72@chol.com

정가 26,000원
ISBN 979-11-6068-456-8 93340